"十二五"普通高等教育本科国家级规划教材

iCourse·教材
国家级一流本科课程教材

U0771988

高等学校金融学专业主要课程精品系列教材

金融学

（第四版）

主　编　张　强　喻旭兰　乔海曙

副主编　段　进　王忠生

高等教育出版社·北京

内容简介

本书为"十二五"普通高等教育本科国家级规划教材,是国家级教学团队和国家级一流课程建设的最新成果,是高等学校经济学类核心课程教材之一,也是金融学专业主干课程教材。

《金融学》(第四版)及时补充反映新时代我国金融理论和实践的最新成果,讲好中国金融故事。全书分为金融基础、金融体系、金融调控与监管、金融创新与发展四个部分,以金融基本理论为主线,以金融机构和市场为载体,阐释金融运作基本原理和各要素间联系,说明金融政策和金融监管的作用机制,探讨金融的创新与发展。本书突出以下特点:第一,注重金融基础知识的提炼概括,构建金融基础理论框架,文字更精练,逻辑更严谨;第二,跟踪金融实践与金融改革的最新进展,将金融专业知识教育与思政教育紧密结合;第三,适应互联网时代学习模式的变化——用慕课生动呈现知识点,注重打造同教材配套的习题与案例、电子课件等配套资源,满足教与学的多元需求。

本书既可作为普通高等学校经济管理类学科的金融学课程教材,也可作为报考金融学专业各类研究生的参考书以及金融业内人士的参阅书籍。

图书在版编目(C I P)数据

金融学 / 张强, 喻旭兰, 乔海曙主编; 段进, 王忠生副主编 . -- 4 版 . -- 北京: 高等教育出版社, 2023.6

ISBN 978-7-04-060039-1

Ⅰ.①金… Ⅱ.①张… ②喻…③乔…④段…⑤王… Ⅲ.①金融学 – 高等学校 – 教材 Ⅳ.①F830

中国国家版本馆CIP数据核字(2023)第036793号

Jinrongxue

| 策划编辑 | 赵 鹏 | 责任编辑 | 付雅楠 | 封面设计 | 张 志 | 版式设计 | 于 婕 |
| 责任绘图 | 易斯翔 | 责任校对 | 刘俊艳 胡美萍 | 责任印制 | 赵义民 |

出版发行	高等教育出版社	网 址	http://www.hep.edu.cn
社 址	北京市西城区德外大街 4 号		http://www.hep.com.cn
邮政编码	100120	网上订购	http://www.hepmall.com.cn
印 刷	北京中科印刷有限公司		http://www.hepmall.com
开 本	787mm×1092mm 1/16		http://www.hepmall.cn
印 张	17.5	版 次	2008 年 2 月第 1 版
字 数	410千字		2023 年 6 月第 4 版
购书热线	010-58581118	印 次	2023 年 6 月第 1 次印刷
咨询电话	400-810-0598	定 价	48.00 元

第四版前言

《金融学》第一版教材自 2008 年问世以来,先后两次改版,得到广大使用者的普遍好评。第三版教材出版至今,已有 5 年时间。为进一步推进教材建设,教材编写团队立足于"国家级教学团队""国家级特色专业""国家级精品课程""国家级双语示范课程""国家级线上一流课程"以及"十二五"普通高等教育本科国家级规划教材等深厚建设根基,基于金课建设标准和打造新版高质量教材的要求,对《金融学》教材框架进行整体优化设计,更新优化教材内容,有机融入思政元素,提升教材的数字化水平,讲好中国金融故事,以求更好地发挥教材的立德树人功能。

近年来,全球数字科技加速发展,金融发展日新月异。我国金融改革发展取得新的重大成就,种类齐全、竞争充分的金融机构体系以及与中国特色社会主义相适应的现代金融市场体系基本建成。与此同时,当前,面对百年未有之大变局,我国经济增长下行压力加大,金融风险隐患有所增加,对金融发展和金融稳定提出更高要求。张强、喻旭兰、乔海曙三位教授及时组织富有经验的专家学者,适时开展《金融学》教材第四版的修订工作,及时反映新时代我国金融理论和实践的最新发展变化,补充和加强数字货币、人民币国际化、新型货币政策、注册制改革、金融稳定、金融创新发展等最新发展内容,力求教材内容贴近现实,更好地满足课程教学和人才培养需要。

基于前三版教材的编写经验和多年教学实践体会的总结与意见反馈,我们对教材的内容体系进行了重新编排,将教材结构体系优化为金融基础、金融体系、金融调控与监管、金融创新与发展四个板块,力求使教材内容更新、理论更深、文字更精、形式更美。教材充分考虑到互联网时代学习模式的变革,充分考虑新时代学生的特点与需求,教材内容和形式更贴近生活实际,更加科学、简洁、可读;通过资料框、二维码链接、在线习题等系列信息化手段和拓展性资源,为学生提供更好的学习体验。此外,教材建设通过系统强化价值引领,打造贯穿课程的思政内容;基于金融数字化转型,及时将数字科技等融入教材内容;通过建设国家级线上金课、教材数字化配套资源,实现育人要素与创新资源的开放式共享互动。

《金融学》第四版教材的编写工作由张强、喻旭兰、乔海曙担任主编,段进、王忠生担任副主编,负责提出教材修订方案,共同完成教材的审阅定稿工作。全体编写人员通力合作,书稿得以完成。教材编写分工如下:

第一章:乔海曙(教授、博士生导师)、喻旭兰(教授、博士)。

第二章:张强(教授、博士生导师)。

第三章:喻旭兰(教授、博士)。

第四章:刘晓剑(副教授、博士)。

第五章：刘轶（教授、博士）。

第六章：王修华（教授、博士生导师）、何婧（副教授、博士）。

第七章：张强（教授、博士生导师）、谈颢阳（博士）。

第八章：王于栋（讲师、博士）。

第九章：王于栋（讲师、博士）。

第十章：段进（副教授、博士）。

第十一章：王忠生（讲师、博士）。

第十二章：王忠生（讲师、博士）。

第十三章：马理（教授、博士生导师）。

在教材的编写过程中，我们参阅了国内外大量的教材、专著和学术论文，并得到了高等教育出版社和湖南大学的大力支持，在此一并表示诚挚的谢意。

由于时间和精力有限，书中的疏漏与不足之处在所难免，恳请广大同行与读者批评指正，以便不断完善与提高。

编　者

2023 年 5 月

第三版前言

金融活,经济活;金融稳,经济稳。随着金融产业的快速发展以及金融体系的日益完善,金融在今天已经被赋予越来越多的使命与功能。张强、乔海曙主编的《金融学》教材自 2008 年首版问世以来,随着金融市场的发展而不断更新,着力追求"内容更新、理论更深、文字更活",凸显编写者的匠心。本教材编写及授课团队持续推进金融学课程建设,先后获评"国家级教学团队""国家级特色专业""国家级双语示范课程"等荣誉,教材也于2012 年成功入选"十二五"普通高等教育本科国家级规划教材。目前该教材被国内数十所高校采用,更是成为金融学课程及经济学专业考研的指定或参考用书。除了内容的与时俱进,该书还配套编写了丰富的习题集、资料框、二维码的延伸阅读,供读者进行课后延伸学习与巩固。湖南大学金融学团队还制作了"金融学"慕课课程,为广大师生和社会读者提供了开放式、网络化、交互性的金融学综合教学资源平台,满足了教学的多元化需求。

在全球经济金融形势深刻变化的背景下,我国不断深化金融体制改革,推出了一系列金融改革措施。我国的金融业正处在规模快速增长,结构逐步优化,产品、制度和机构创新有效突破的重要阶段,金融市场、金融工具、金融政策、金融监管、国际货币体系等出现了新的变化,而这些新的变化给金融教育者、研究者及实践者带来了新的挑战。为充分反映金融理论和实践的最新发展,及时跟进金融市场的变化并积极探讨其对世界经济的影响,张强、乔海曙两位教授组织富有经验的专家学者开展《金融学》教材第三版的修订工作,力求教材内容贴近现实,更好地满足人才培养的需要。

基于前两版教材的编写和多年教学实践的总结及意见反馈,我们对教材内容进行了重新编排,教材结构优化为金融基础、金融体系、金融调控与监管、金融学说四个部分,文字表达更为精练,逻辑更加严密。充分考虑到"千禧宝宝"这一代学生的特点,教材的内容和形式更加接近我国当下现实,贴近生活实际,科学、简洁、可读。教材所有章节均以权威经典文献与当代金融发展的鲜活案例为参考,还参阅了国内外权威教材和诺贝尔奖获得者等学术前沿著作,体现了全球金融学及金融行业的最新发展动态。

《金融学》第三版教材由张强、乔海曙两位教授提出教材修订方案,并负责审阅定稿。书稿在全体编写人员的共同努力下,历经一年多时间,几易其稿而成。各章编写分工如下:

第一章:乔海曙(教授、博士生导师)、孙涛、杨蕾。

第二章:张强(教授、博士生导师)、胡磊、陈文韬。

第三章:喻旭兰(教授、博士)、彭缓缓。

第四章:刘晓剑(讲师、博士)。

第五章:刘轶(副教授、博士)、杨梦龙、赵胜男。

第六章：王修华（教授、博士生导师）、赵亚雄、张瑶玥、汪实璐。

第七章：张强（教授、博士生导师）、王达、谈颢阳。

第八章：王于栋（讲师、博士）。

第九章：段进（副教授、博士）。

第十章：王忠生（讲师、博士）。

第十一章：乔海曙（教授、博士生导师）、王忠生（讲师、博士）、谭煜、臧家珩。

第十二章：乔海曙（教授、博士生导师）、黄荐轩。

另外，乔海曙教授、喻旭兰教授，谭煜、黄荐轩、孙涛等硕士参加了教材二维码的制作与整理。

在本教材的编辑和出版过程中，我们参阅了大量专家的教材、专著和学术论文，并得到了高等教育出版社的大力支持，在此一并表示诚挚的谢意。

由于时间和精力有限，书中的疏漏与不足之处在所难免，恳请广大读者和专家批评指正。

编　者

2018 年 6 月

第二版前言

《金融学》教材自 2008 年年底由高等教育出版社出版以来,以教材设计的科学性、创新性、灵活性与前瞻性等特点,被国内数十所高校采用,获得广泛好评。近几年来,张强教授领衔的湖南大学金融学教学团队持续推进课程建设,2008 年获评"国家级教学团队""国家级特色专业",2010 年获评"国家级双语示范课程"。2012 年,金融学课程和教材建设再次取得显著成效和标志性成果,在"十二五"普通高等教育本科国家级规划教材全国遴选中,本教材成功入选。

2007 年以来,国内外金融形势发生了深刻变化。就国际而言,由美国次贷危机引发的全球金融危机,对全球经济和国际金融市场带来巨大冲击,欧债危机持续发酵影响全球。尽管当前世界经济复苏形势趋好,美国经济复苏加快,但欧债危机的阴影仍未散去,欧元区经济前景仍不容乐观。就国内而言,近年来我国不断深化金融体制改革,推出了一系列重大金融改革措施。在这一背景条件下,国际国内的金融机构、金融市场、金融业务、货币政策、金融监管以及国际货币体系等都出现了新的变化。为了充分反映金融理论和金融实践的最新发展,使得教材内容与时俱进,更好地满足人才培养的需要,我们组织了富有经验的专家学者主持教材的修订工作。

根据读者近年来在学习中的意见反馈以及教学实践总结,我们对教材部分章节的内容进行了重新编排,将教材内容体系进一步优化设计为金融概览、金融机构、金融市场与风险管理、金融调控与金融监管四篇,使得教材理论框架更为合理,逻辑体系更为严密,文字表述更为精练,内容更加贴近现实,更便于教师教学与学生学习。

第二版教材修订工作由张强、乔海曙两位教授提出教材修订方案,并负责审阅定稿。参加第二版教材修订工作的作者有:张强(湖南大学常务副校长、教授、博士生导师):第一章;乔海曙(教授、博士生导师):第四章、第十五章;陈雪飞(教授、博士):第七章、第八章;段进(副教授、博士):第五章、第十三章;喻旭兰(副教授、博士):第二章;邵新力(副教授)、刘晓剑(助理教授、博士):第三章;许朝晖(副教授):第六章;王于栋(助理教授、博士):第九章;徐加根(教授、博士):第十章;杨卫平(副教授、博士):第十一章;龙薇(副教授):第十二章;罗斌(副教授)、王忠生(助理教授、博士):第十四章。此外,吴敏博士、乔煜峰博士、李远航博士、李晋娴博士、李亦博硕士等也参与了教材部分章节的修订工作。

为配合本教材的修订与使用,适应新时期电子教学与网络学习的需要,本教材编写组建立了一支专业的课程支持团队,通过适时更新的课程网站(湖南大学课程中心网站,网址 http://kczx.hnu.cn/jrx.html),为使用本教材的师生提供课程最新动态、教学课件资源、疑难问题解答、模拟期末考试等多项远程教学支持。

在教材修订过程中,我们参阅了大量其他专家的教材、专著和学术论文,在此谨向原作者表示衷心感谢！同时,我们要感谢高等教育出版社对教材再版的大力支持,尤其感谢郭金录高级编辑为本教材修订工作所付出的辛勤劳动。

由于水平与精力的限制,尽管我们对教材的内容进行了反复讨论和推敲,但书中不足之处仍会存在,恳请广大教师、学生和相关读者批评指正。

编　者

2013 年 6 月

第一版前言

在人类数千年的物质文明发展进程中,金融厥功至伟。金融,常常被人形象地比喻为经济的血脉,这大致指出了金融在现代经济体系中的核心地位。由于金融技术的发展以及金融体系的日益复杂,金融在今天已经被赋予了越来越多的专业与神秘色彩。经济学、管理学专业基础核心课程金融学的教学,为我们进入金融的神圣殿堂开启了一扇门。

本教材是"金融学"国家精品课程建设取得的重要成果,其前身《货币银行学》教材曾获得第三届全国高校金融类优秀教材奖,被全国多所高校使用。根据金融形势的变化情况,本教材对原《货币银行学》一书的内容和结构作了适当调整,使之更适合于立志从事经济管理工作的青年学子。

本教材由国内多所著名高校的专家学者共同编著。编写组在长期研究并大量参阅国内外相关教材的基础上,力图以完整的理论框架、严密的逻辑体系、灵活的内容安排努力展现新时期我国金融学教材建设的最新进展与最高水平。本教材非常适合作为高校经济管理及其他相关专业的货币银行学、货币金融学、金融学基础与金融学等课程的教材,也可作为金融机构从业人员学习金融基础知识的参考书。

◑ 本教材具有"新""深""精"的三大特点,凸显编写者的匠心。

1. 内容更"新"。本教材从"大金融"着眼,在较少增加篇幅的前提下,较大幅度扩充了内容的覆盖面和信息量,如对证券公司、保险公司等金融机构的运作作了剖析,更新了相关数据,选取了典型案例,基本做到了国内与国际、历史与现状以及银行、证券、保险等多行业的兼收并蓄,以期能够比较全面、客观地反映现代金融业的概貌以及我国金融学的发展趋势。

2. 理论更"深"。本教材注重"宏观金融"与"微观金融"的有机结合。"宏观金融"部分,吸收了当代金融学发展的前沿理论,对金融调控、金融监管、金融政策等方面新的探索和实践进行了理论概括;"微观金融"部分,对现代金融学的发展进行了追踪,对金融市场、金融工程、金融风险管理的现代方法进行了难度适中的介绍。

3. 文字更"精"。本教材提供了清晰的理论体系框架,立足于金融学的基础课程要求,注重体系的提炼概括,力求做到观点明确、条理清楚、重点突出、语言生动、深入浅出,使艰深复杂的金融理论得到生动的诠释。对难以理解的微观金融现象,本书尝试辅以精辟的数学例证和典型的案例分析。本教材每章最后都附有小结、重要概念、思考题,有助于读者理解和掌握相关理论及知识。

◑ 本教材具备人性化的三大设计,非常适合"教"与"学"。

1. 动态的远程教学支持。本教材拥有强大的教材建设团队,通过时常更新的课程网站"金融课程教学网"(网址:http://www.jrkc.net/ 或者 http://www.jrkc.org.cn/),以"网络课堂""课程资料""疑难解答""模拟考试"等栏目,为使用本教材的师生提供课程最新动态、教学课件资源、疑难问题解答、模拟期末考试等多项动态的远程教学支持。

2. 灵活的教学内容安排。考虑到不同层次学生的差异化需要,本教材的内容经过了精心设计,分为五篇:"金融概览""金融中介""金融市场""金融风险管理""金融宏观调控"。不同层次的学校可以根据教学大纲要求和学生接受能力,对教学内容做出选择与安排。本教材的部分章节如"证券价值评估""资产组合与资产定价""金融工程基础""金融风险转移策略"等,侧重于现代微观金融领域,因为难度稍大,部分高校在教学中可以作为选修内容。由于在教材编写中已经充分考虑到这种需求并做了科学的内容编排,这样处理不会影响学生对金融学基础知识的掌握。

3. 细致的"教""学""考"服务。"方便教学、助力考研"是本书编写者的重要指导思想。考虑到研究生入学考试中金融学基础知识联考的需要,本教材内容与全国金融学联考的大纲要求进行了很好的衔接,涵盖了金融学研究生入学联考的绝大部分内容,便于考生的学习和复习。同时,与教材配套的"金融课程教学网"亦为本课程的学生及考研考生备考提供复习资料与模拟训练。

本教材由张强、乔海曙教授主持编写,段进、陈雪飞协助,历经两年的时间,几易其稿,终于完成。各章编写分工如下:

张　强(湖南大学副校长、教授、博士生导师):第一章。

乔海曙(教授、博士):第四章、第十四章。

陈雪飞(教授、博士):第七章、第八章。

段　进(副教授、博士):第十六章。

喻旭兰(副教授、日本东北大学博士):第二章。

邵新力(副教授):第三章。

吴玉宇(副教授、博士):第五章。

许朝晖(副教授):第六章。

王于栋(讲师、博士):第九章、第十章。

徐加根(副教授、博士):第十一章。

杨卫平(副教授、博士):第十二章。

王天轶(讲师、博士):第十三章。

龙　薇(副教授):第十五章。

罗　斌(副教授):第十七章。

另外,佘桂荣博士、武次冰博士、王忠生博士、谢顺利硕士、肖蓉蓉硕士等参加了部分章节的写作。

在本书编写过程中,我们参阅了大量教科书、金融论著和学术论文,吸收了有价值的观点,在此特向原作者致谢。本教材的出版,得到教育部、高等教育出版社、湖南大学等单位的热情关怀和大力支持,在此深表谢意!

由于时间和水平有限,本书难免会有疏漏和不足,恳请同行专家与广大读者予以批评指正。

张　强　乔海曙

2007 年 12 月

目　录

第一章
金融概述

金融活,经济活;金融稳,经济稳。经济兴,金融兴;经济强,金融强。

——习近平

本章学习目标

1. 了解金融的起源、发展及演变,理解金融的内涵与外延。
2. 了解金融体系的内在结构,理解和区分不同类型的金融体系。
3. 了解金融体系的运行,理解其基本功能和意义。
4. 了解我国金融业的发展现状及特点。

第一节　金融的内涵与外延

一、"金融"概念的起源与界定

在现代社会,金融可以说是一种既大众而又神秘的东西。从生产、经营到消费、投资,它存在于人们生活的方方面面,无论是资金盈余还是短缺,人人都可以通过它在一定程度上满足自己的需求。但是,即便人人都能运用金融、谈论金融,却不代表着人人都能很好地理解金融。事实上,即使到现在,理论界对"金融"的定义都未能完全达成一致,这主要还是因为金融本身一直处于不断发展和变化的过程中,这既是金融的神秘之处,也是它的魅力所在。

从历史上来看,中文语义中的"金融",最早出现于1915年出版的《辞源》,"今谓金钱之融通状态曰金融,旧称银根。各种银行、票号、钱庄,曰金融机构。"《通鉴长篇》:"公家之费,敷于民间者,谓之圆融。义金融为近。"在此之前,并未出现将"金"与"融"连用的工具书籍。经过近百年的使用和发展,金融概念的内涵和外延也在逐渐变化和明晰。19世纪后半叶,"金融"一词的概念基本成型。改革开放之后,"金融"更是成为我国经济生活中使用频率极高的词语之一。1992年邓小平曾指出,金融很重要,是现代经济的核心。2002年中共中央全国金融工作会议强调,搞市场经济,就离不开发达的金融,明确了金融在资源配置、调节经济以及维护国家经济安全中的重要地位。近年来,习近平也在多次讲话中谈到了金融的重要性,他曾提出:"金融活,经济活;金融稳,经济稳。经济兴,金融兴;经济强,金融强。"①

各专家学者由于所处的环境背景、时间节点和所选取的角度不同,对金融的理解和认识也有所差异,对金融的界定在短期内很难达成一致。为了更好地学习金融,我们需要对其定义进行整体上的把握,在厘清其本质内涵的基础上,探究其不断变化的外延形态。

目前来看,我们可以从广义和狭义两个方面对金融的含义加以理解。

从广义来看,《中国金融百科全书》中"金融"词条的注释为:"货币流通和信用活动以及与之相关的经济活动的总称。"其内容包括金融机构、金融工具以及金融市场等一切与货币信用相关的经济活动。具体来说,诸如货币的发行和转让、外汇的买卖、贴现市场和同业拆借市场的活动以及金融监管等,也属于金融活动。

从狭义来看,《新帕尔格雷夫货币金融大辞典》中提到,金融以其不同的中心点和方法论而成为经济学的一个分支,其中心点是资本市场的运营、资本资产的供给和定价。其方法论是使用相近的替代品给金融契约和工具定价。基本内容包括四个方面:有效率的市场、风险与收益、替代物与套利、公司金融。狭义的金融定义舍弃了货币和信用、金融宏观管理与政策,它意味着金融是独立于货币和信用之外的范畴,是储蓄者与投资者的行为。

本书主要从广义的角度理解金融的内涵,以此为基础对金融问题进行阐述。

二、金融范畴的演进与发展

金融范畴是指金融活动的范围和类型,即金融的外延。从其产生来看,它是货币范畴和信用范畴长期互相渗透所形成的新范畴。从最初的借贷和交易,到现在形态各异、规模庞大的各类金融市场,金融的范围和类型不断变化,金融范畴处在不断演进与发展的过程中。在现代资本主义市场经济之前,货币以实物和铸币形态存在,不依赖于信用的创造,而信用一直以实物借贷和货币借贷两种形式存在。货币和信用两者之间保持着各自独立的状态,属于两个范畴,没有产生任何的金融活动,自然也不存在金融范畴。

金融范畴的产生和演进大致可以分为以下三个阶段:

(一)金融范畴的萌芽阶段

当货币流通与信用活动联系日益加强,金融范畴开始萌芽。随着商品货币关系的发展,作为财富代表的货币在借贷中日益占据重要地位。虽然实物形态的借贷仍然大量存在,但货币借贷的扩展,使不流动的货币流动起来,加快了货币流通的速度,便利了货币在更广大地区的流动,并且信用流通工具的创造发挥了替代笨重铸币流通和弥补金属货币不足的作用。因此,信用的发展促进了货币流通,货币流通与信用活动开始相互渗透,二者之间的联系日益增强。此时,货币和信用相互渗透所形成的种种金融活动已开始萌芽,但仍未从货币和信用范畴中独立出来,形成一个新的范畴。因此,这一阶段应视为金融范

---

① 习近平.论把握新发展阶段、贯彻新发展理念、构建新发展格局[M].北京:中央文献出版社,2021.

畴的早期形态。

（二）金融范畴的产生阶段

当货币流通与信用活动紧密结合，金融范畴正式产生。随着资本主义经济的发展，在欧洲产生了现代银行。银行家签发允诺随时兑付金融铸币的银行券。银行券流通规模迅速扩大，越来越多地替代铸币，执行流通手段和支付手段职能。在银行存款业务的基础上，形成了既不使用铸币也不使用银行券的转账结算体系和在这个体系中流通的存款货币——用以结清大额交易的主要货币形态。20世纪30年代可兑现的银行券发展成为不可兑现的银行券。此时，任何信用活动均是货币的流通，信用资金的调剂影响着货币流通的速度和货币供给的分布。当货币流通和信用活动密不可分地结合在一起时，由二者长期相互渗透形成了新范畴——金融范畴。

（三）金融范畴的发展阶段

伴随着货币与信用相互渗透并形成新的金融范畴的过程，金融范畴也同时向投资、保险、信托和租赁等更广的领域覆盖。一方面，在金融与经济相互渗透融合的过程中，经济日益金融化，改变了传统上金融对经济的从属性、工具性与被动性地位，金融范畴也得以超越单纯的货币银行等简单的中介性业务，金融机构作为社会中介的服务性作用得到增强，其中包括金融咨询服务、金融信息服务、金融保障服务等；另一方面，金融范畴的演变不再仅仅基于实体经济发展的需要，而是同时基于微观主体资产选择和避免风险的需要，资本市场得到迅速的发展，如股票、债券、期货、期权、互换等金融产品的出现，进一步拓展了金融的范畴。

一般认为，20世纪60年代美国经济学家马柯维茨的资产组合理论及夏普的资本资产定价模型理论的提出并得到社会的认同，是传统金融和现代金融的分界线。随着经济的发展，直接融资在经济活动中的比重增大，间接融资的比重缩小，融资活动与投资活动呈现统一的趋势，为资本市场的运营创造了条件。随着融资方式的发展，金融工具也越来越多样化，在全部经济活动总量中使用比重越来越大。因此，现代金融活动更加侧重于资本市场上微观投资主体的经济活动，它强调金融活动的市场化，在市场化中要着力避免和转移风险，要进行资产组合，要合理定价，要有更多的金融商品可供选择。建立在现代金融活动基础之上的现代金融范畴也随之变化。

第二节　金融体系与运行

一、金融体系总览

上一节已经对金融的概念和范畴进行了基本介绍，那么，金融在日常生活中到底有什么作用？人们又能怎样运用它解决自己遇到的一些麻烦呢？举个例子，如果你有继续深造或者自主创业的意愿，却苦于资金短缺，而同一时刻，有很大一部分人思考着如何让手中盈余的钱产生更高的利润，此时就需要借助金融体系的力量，满足这两类人的需求。

一般认为,金融体系是由金融工具、金融中介、金融市场、金融制度等要素构成的综合系统,该体系作为经济体中资金流动的基本框架,实现资金在盈余者和短缺者之间的转移。

金融体系资金运行如图 1-1 所示,金融体系中各要素作为资金运行的基础、渠道、载体和保障,相辅相成,共同实现资金的融通。

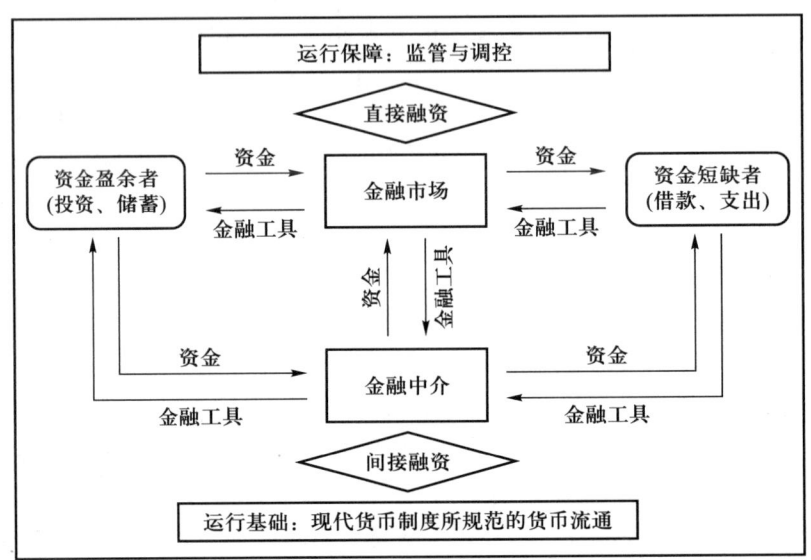

图 1-1　金融体系资金运行图

（1）运行基础:现代货币制度所规范的货币流通。这一要素作为覆盖整个金融体系的基础因素,是金融体系运行的前提。

（2）运行渠道:金融市场和金融中介。作为资金融通、运作的两大领域,它们是金融体系格局的决定性因素。在金融市场中进行的是直接融资,而通过金融中介进行的是间接融资。无论这种说法是否准确,融资活动的产生不是通过金融市场就是通过金融中介,这两者共同构成了金融体系运行的渠道。

（3）运行载体:金融工具。金融体系中存在着多种类型的金融工具,有为金融市场服务的,也有为金融中介服务的,融资的实现必须依托于金融市场和金融中介中的各类工具。

（4）运行保障:金融体系的监管与调控。由于金融的特殊性,金融体系的监管与调控在每个国家都是相当重要的,是金融体系运行中不可或缺的部分。

资料框 1-1

金融体系的功能

20 世纪 90 年代初,兹维·博迪和罗伯特·默顿提出从金融功能的视角对金融体系进行分析,理解金融体系如何运作,怎样随时间变化。他们认为这一框架的基本前提包括两个:一是金融功能比金融机构更加稳定,因为金融机构在国家之间通常会存在差异,也可能随时间而变化;二是金融机构的形式以功能为指导,即机构之间的创新和竞争将导致金融体系功能效率的提升。

从资源有效配置出发,金融体系的核心功能可以归纳为以下六项:

一是资源转移与调节功能,提供跨越时间、跨越空间来转移经济资源的方式。

二是风险分散与转移功能,使得风险通过金融体系进行转移,提供了风险管理的途径。

三是交易清算与结算功能,为商品、服务以及资金的交换提供便利。

四是归集资源与细分股份功能,通过归集居民户、投资者的资金,在投资中通过细分股份的方式为单个居民户提供参与筹集巨量资金的投资机会。

五是提供价格信息的功能,有助于在不同经济部门之间协调分散性决策的价格信息。

六是解决激励问题的功能。当金融交易双方存在信息不对称,或是一方代替另一方进行决策代理时,可能产生激励问题,包括道德风险、逆向选择等,而金融体系可以通过归集资金、分担风险以及专业化服务,提供减轻这些问题的办法。

资料来源:兹维·博迪,罗伯特·默顿,戴维·L.克利顿.金融学[M].2版.曹辉,曹音,译.北京:中国人民大学出版社,2013.

二、金融体系结构

金融体系是各种金融要素组合而成的整体,构成要素的综合运作才能保障其功能的发挥。接下来,主要从金融市场体系、金融机构体系、金融工具体系以及金融监管体系的角度介绍金融体系结构。

(一)金融市场体系

金融市场体系是指金融领域各种子市场的构成形式,包括各种相互独立而又联系紧密的市场。根据金融市场交易性质的区别,可以从不同的角度对其进行区分。最常见的划分方法就是根据交易的标的物,将金融市场划分为货币市场、证券市场、外汇市场、衍生品市场等;根据交易程序,将金融市场划分为发行市场(一级市场)和流通市场(二级市场);根据交易约定的偿还期限,将其分为短期资金市场和长期资金市场。

金融市场是以金融性资产为交易对象的场所,以资金供应者和需求者为交易主体,实现资金在两者之间的融通,形成了一定的供求关系。这里所说的交易场所既可以是有形的,如在证券交易所进行集中交易,也可以是无形的,如在金融机构柜台进行的分散式交易。在金融资产交易过程中金融市场产生了一定的运行机制,并以利率等价格形式表现出来。

(二)金融机构体系

金融机构体系是指由进行金融业务经营、管理的金融机构组成的统一整体,包括功能各异、规模不一的机构。按照金融机构业务运作特征,可以分为存款类金融机构和非存款类金融机构,其主要区别在于能否接受公众存款。按照金融机构的活动领域,可以划分为直接金融机构和间接金融机构。直接金融机构活跃于直接融资领域,主要提供证券发行、经纪、清算、登记等服务。间接金融机构活跃于间接融资领域,充当投资者和筹资者之间的中介,同时充当债权人和债务人的角色。按照金融机构在系统中的地位和职能,可以分为中央银行、商业银行、政策性银行以及其他金融机构等。

中央银行也被称为货币当局,作为"发行的银行""银行的银行""国家的银行",在金融机构体系中处于核心地位。商业银行作为最早出现的金融机构,以吸收存款、发放贷款、办理结算为主要业务,具有信用创造功能,在金融机构体系中处于主体地位。政策性银行一般由政府发起成立,以配合政府特定的经济政策和意图为目的,开展各项投融资活动。中国政府于1994年设立了三家政策性银行,分别为国家开发银行、中国进出口银行和中国农业发展银行,它们的活动不以营利为目的,并且根据分工不同,服务于特定的领域。其中国家开发银行后来转型成为开发性金融机构。除商业银行、中央银行及政策性银行之外,还有多种类型的非银行金融机构,如证券公司、保险公司、投资公司、信用合作社等。

由于世界各国在政治、经济、金融、文化发展等方面存在差异,金融机构体系的发展也各具特色,根据中央银行在金融机构体系中的地位,可以分为以中央银行为核心的金融机构体系、高度集中的金融机构体系以及不存在中央银行的金融机构体系。目前,在市场经济条件下,世界大多数国家还保持着以中央银行为核心、各类银行和非银行金融机构并存的金融机构体系。

(三) 金融工具体系

金融工具也称信用工具,是金融资产的外在表现形式。出售金融资产可以带来资金,购买金融资产可以获得未来收益的索取权,金融工具作为资产的载体,是实现资金融通的工具,是一种载明了资金供求权利和义务关系的合法凭证。

各种功能、类型各异的金融工具构成了金融工具体系。一般而言,可以将金融工具大致分为以下几类:① 货币市场工具。主要包括票据、国库券、可转让存单、回购协议、同业拆借资金等。② 资本市场工具。主要包括股票和债券等。③ 金融衍生工具。主要包括金融期货合约、金融期权合约以及金融互换合约等。

(四) 金融监管体系

金融监管体系是指由一国以法律法规形式所确立的、对金融活动进行监督管理的一整套机制及其执行机构的总和,主要包括金融监管机构的职能分工、作用机制等。金融监管体系着力于维护金融秩序、保护公平竞争、提高金融效率、确保金融体系的健全性。

根据监管主体及相关体制的安排,各国金融监管体系可以分为单一监管体制和多头监管体制。单一监管体制是指由一家金融监管机构对金融行业实施高度集中监管的体制,这一类监管机构通常是各国的中央银行。英国、荷兰、意大利等发达国家,以及大多数发展中国家都属于该类监管体制。多头监管体制是指不同类型的监管机构根据业务类型与范围不同,实施分类监管的体制,美国、加拿大等国都属于该类监管体制。其中,根据监管权限是否集中于中央,又可以细分为一元多头式监管体制和二元多头式监管体制。

后续章节会对金融市场、金融机构、金融工具以及金融监管进行更加深入和详细地介绍,故在此不作详述。

三、金融体系运行

作为现代经济的核心,金融的影响力不断增强,与社会经济活动、公众利益之间的联系日益紧密,金融体系的运行状态也成为影响经济持续、稳定、高效发展的关键因素。从经济金融发展的历史经验来看,金融体系运行有效率和稳定两大重心。其中运行的效率决定了金融体系的活力,运行的稳定决定了金融体系的弹性。

(一)金融体系运行的效率

当前,金融对于经济发展的作用毋庸置疑,提高金融体系运行的效率,也成为保障经济稳定、快速发展的关键性因素。金融体系运行的效率,体现为其承担经济社会职能的效果,具体包括金融体系在保持经济稳定、促进经济发展、控制金融风险以及优化资源配置等方面的实际作用,同时也要考虑在实现这些经济社会职能时所消耗的金融资源量。

金融体系运行的效率一般分为三个方面:

(1)宏观经济效率,从量的方面进行研究,反映了金融体系对宏观经济总量指标变动的实际影响,主要包括金融体系运行对经济发展的促进效率(金融发展效率)以及金融风险控制效率。

(2)金融机构效率,从金融机构经营的角度进行研究,通过其经营能力和盈利能力进行反映,体现在其提供的金融商品和服务对社会需求的满足程度。

(3)金融资源配置效率,从质的方面进行研究,反映的是金融体系优化社会资源配置的功能,主要包括金融市场发展的规模、结构及其变化情况(金融市场化水平),以及各金融市场的资金配置效率。

为对金融体系运行效率进行衡量,构建如表 1-1 所示的金融体系运行效率评价体系。

表 1-1　金融体系运行效率评价体系

分类	评价内容	评价方法
宏观经济效率	金融发展效率	金融相关比率等反映金融发展与实际经济增长的相关性指标
	金融风险控制效率	内部风险度量和控制(反映金融机构经营稳健性的指标,比如资本充足率;反映金融体系已存在风险的指标,比如不良资产率) 外部风险度量和控制(国家外债水平和财政赤字状况)
金融机构效率	经营能力	金融机构资产增速、金融机构资产占全体金融资产比重
	盈利能力	金融机构资产盈利率、资本盈利率等指标

续表

分类	评价内容	评价方法
金融资源配置效率	金融市场化水平	金融市场发展的规模、结构及其变化情况(市场化意味着金融资源可以按照市场竞争规则流动,追求更高的收益,提高社会资本产出水平)
	各金融市场的资金配置效率	信贷资金分配给市场、货币市场、资本市场和外汇市场等的实际运行能力,对融资需求的满足程度

(二) 金融体系运行的稳定

金融内在的脆弱性和金融活动的多样性极易导致金融风险甚至金融危机的产生,而经济全球化和金融自由化又加剧了金融内在的脆弱性和金融危机爆发的可能性,金融体系运行的波动对经济金融生活的影响越来越大,后果越来越严重,甚至会导致全局性、系统性风险,给社会稳定带来不利,因此金融体系运行的稳定性十分重要。

中国人民银行从 2005 年起定期编写和发布《中国金融稳定报告》和《中国区域金融稳定报告》,定期对金融体系运行的稳定性进行分析和评估,对于反映金融运行形势、防范化解金融风险、维护金融稳定具有重要基础作用。

目前,国际通行的金融稳定目标包括:价格稳定和支付体系安全、快捷、有效。而我国特有的金融稳定目标包括:国有银行消除潜在风险,发展成具有国际竞争力的商业银行;资本市场稳健发展,增加金融市场工具,为间接调控打下更好的基础;银行、证券、保险三业协调发展,优化融资结构,避免因个别机构风险引发社会不稳定因素。

随着我国金融改革的不断推进,金融体系日渐完善,对经济的持续稳定发展起到了积极的作用。但同时,我国金融体系依然面临较多问题。在金融体系运行效率方面,受社会经济环境、金融体系设计、金融机构经营机制以及金融市场发展等多方面因素影响,我国金融体系对经济发展总体支持力度不足,运行效率仍然有待提高;在金融体系运行稳定性方面,我国金融体系风险因素较多,潜在风险较大,金融不稳定性可能长期存在。因而,把握金融体系运行态势,提高金融体系运行效率,维护金融体系运行安全,对提高我国金融体系发展质量,实现经济持续、稳定发展具有重要意义。

此外,对于金融体系的监管调控,则是金融体系运行的"第三大重心"。由于金融具有特殊的公共性和全局性,一旦某家存款性金融机构陷入流动性困境,不仅会导致众多储户受损,也可能会引发更大规模的流动性危机,影响整体社会经济的稳定。由于金融行业存在诸多风险且影响深远,金融体系监管调控的重要性日益突出。金融体系的监管是金融体系稳定、有效率运行的有效保障,也决定了金融体系在遭受冲击时如何重返稳定、提高效率。金融体系运行的效率、金融体系运行的稳定以及对金融体系的监管调控,共同决定了金融体系的运行状态。

 相关链接:中国金融体系运行数据

第三节　金融历史与现实

一、金融的历史变迁

金融是经济的血液,金融的活血功能贯穿于整个政治经济社会的发展,以抽血、充血的方式引导社会资源的分配与再分配。随着社会经济的发展,金融的外在形态也千差万别,从钱庄、票号、银号、典当到现代社会的以银行为主体的金融体系,金融已经有了更加多元化的内涵和丰富的释义。千变万变,唯有本质不变。究其本质,金融为有钱人理财,为缺钱人融资,其要义是为实体经济服务。金融孕育于经济,产生于经济交易的需要,我们常常说的"一手交钱一手交货"就是金融最初的模样。而在现代社会,银行、证券和保险等金融机构支撑起金融业的总体框架,货币、信用、利率、汇率、危机等术语也是口耳相传,金融衍生品已成为金融业成长的历史见证。

货币的出现是金融史的起点,货币与金融形成密不可分的综合体,所有的金融行为和金融现象都是某种程度上或大或小的"货币"事件。从有形到无形,货币可以定价的物品越来越多,甚至各国政府开始协定以碳排放定价的形式来守护人类共有的蓝天。自货币诞生以来,货币"容颜"也是几经更替,从本身有价值、能充当抵押品的实物货币,到国家信用下的标准化的金属铸币,再到国家信用和银行信用并存的代用货币与信用货币,进一步演变到超单个国家信用的跨国货币(如欧元),甚至到以整个社会信用为基础的电子货币。整个货币形态演变的历程,就是信用关系不断拓展、货币逐步摆脱具体物质束缚的过程。

随着信用活动的广泛开展,以现代银行为代表的各类金融机构逐渐建立健全,渐渐形成了以各类经济单元为主体、以货币资金为交易对象、以各种金融工具为交易载体、以投融资为主要交易目的的层次齐全、形式多样、覆盖面广、规模庞大的金融市场。国际金融市场伴随着国际贸易的发展和世界经济格局的变化而演进,从荷兰的阿姆斯特丹,到英国的伦敦,再到美国的纽约,甚至到当今世界金融中心群雄并起。在数百年的时间内,金融市场不断进化,金融机构和金融工具遍地开花,金融业集聚社会精英和智慧,金融衍生产品和金融创新层出不穷,呈现出一派欣欣向荣的景象。

二、货币与信用

在日常生活中,货币被称作"钱","赚钱""花钱""存钱"等名词是社会经济生活的真实写照,美元、欧元、人民币等纸币是我们最常见的货币。但是货币是如何产生的,又如何服务于实体经济,则需要信用来搭桥牵线。现代信用货币凭借国家信用而产生,就等于是国家依靠自身的信用发行货币来购买民众的商品,国家所发行的货币流入到民众手中并流转。

(一)货币形态及制度演变

纵观货币发展史,货币形态演变的外在形式不断脱离具体物质形态的束缚,逐渐抽象

9

化和虚拟化。早期,货币是具有价值、能充作抵押品的实物,故称实物货币。该种货币可能是一头牛,也可能是一匹布,更可能是贝壳,总之,一切有价值的实物均可充当货币。随后,国家信用下的标准化的金属铸币出现了,各种金属铸币(铜钱、铁钱、金币、银币)构成货币的主要形态,而黄金和白银见证了世界经济资本化和现代化的主要轨迹。接下来,国家信用和银行信用并存的代用货币与信用货币登上了历史的舞台,并且信用货币的使用和影响一直持续到现在,以美元、欧元和人民币为代表的信用货币继续活跃在世界经济体系中。与此同时,依托电子计算机技术的发展,货币的形态演化为电子货币,比如说银行卡的存款额度、余额宝的余额、电子钱包等虚拟货币。未来,货币的形态可能进化成为数字货币。2019年年底以来,中国人民银行在深圳、苏州等地开展数字人民币的试点测试。2021年7月,我国央行数字人民币研发工作组发布《中国数字人民币的研发进展白皮书》。总体来看,货币形态的演变过程经历了萌芽、起步、发展、成熟、未来五大阶段。货币形态演变历程如表1-2所示。进一步地将货币提升至制度层面,从货币及货币制度两个方面来讲,货币存在的形态经历了银本位制、金银复本位制、金本位制和不兑现的信用货币制度四大类型。国际货币制度经历了从国际金本位制到布雷顿森林体系再到牙买加体系的演变过程,国际金本位制、以美元为中心的纸币本位制度、纯粹信用纸币制度勾勒出了世界货币发展的轨迹。

表1-2 货币形态演变历程

演变历程	萌芽阶段	起步阶段	发展阶段	成熟阶段	未来阶段
货币形态	实物货币	金属货币	信用货币	电子货币	数字货币
典型代表	布匹、贝壳等	金银币等	纸币	银行卡、电子现金等	某种数字货币

(二)货币与金融

随着商品经济中信用关系的扩展,货币的外延在不断延伸,货币与金融的关系日趋复杂和紧密。货币外延的扩展集中表现为信用货币不具有自身的内在价值,而是成为在交换领域中便利交易、计量商品价格的工具。不仅货币当局发行的信用货币是货币,而且很多金融机构提供的信用凭证和工商企业所使用的货币信用卡也在发挥货币的职能。互联网金融的出现对货币政策的调控产生了巨大的冲击。货币外延的扩展给货币需求函数注入了新的内容,市场利率、汇率、资产回报率、风险等因素也囊括在货币需求当中。

货币与金融关系的演变具体表现为:第一,货币职能的演变。即从专注交易职能到交易职能和资产职能并存。第二,货币考察对象和范畴的拓展。货币流通从现金流通延伸到现金流通与存款货币流通的有机统一,即广义货币流通。第三,货币的分类和计量。按照货币的流通性将货币划分为M0、M1、M2、M3、M4等多项指标,形成更为广义的货币概念,货币的考察对象已演变成一切可称为货币的金融资产。第四,货币政策的宏观调控。随着货币外延的拓展,货币供给不断增加新的内容,宏观调控的对象范围和传导也相应发生变化,货币政策调控的有效性问题已经成为现代货币金融学的核心问题。

（三）信用与金融

金融活动以信用为基础。在日常生活中,信用包括信托、恪守诺言、实践约定等内容。在市场交易中,信用产生于商品经济买卖中的延期支付,表现为借贷资本的运动,即资金所有者为获得利息收益将货币资金放贷给资金需求者的借贷行为。信用普遍存在于市场交易当中,而在交易关系中往往孕育着一种预期,为实现这种预期,需借助自身或外部的力量,减少不确定性,降低成本,规避风险。为此,交易双方致力于掌握对方的信息,信息对称成为信用交易即金融运行不可或缺的条件。

金融机构作为从事金融信用活动的企业,在金融市场上既是资金需求者又是资金借出者,其主要功能在于为资金的余缺双方充当信用媒介,帮助个人、企业、政府等非金融部门建立广泛的信用联系。金融机构凭借专业而又特殊的优势,穿梭于市场主体之间,强化市场主体信用,沟通资金余缺双方,提高金融资源配置效率。同时,在互联网技术支持条件下,新的信用形式应运而生,如芝麻信用,其信用分数被多国签证采信,信用制度在市场需求和新技术的共同驱动下不断健全完善。

在各类金融创新尤其是在金融科技快速发展的同时,完善社会信用体系建设,深化金融信用体系改革刻不容缓。在完善社会征信体系的基础上,以信用信息统计、分析、使用为社会信用体系建设的重要内容,借力金融科技挖掘信用价值,使大数据金融信用体系建设成为现代金融信用体系深化发展的重要抓手。同时,以推进金融信用信息基础数据库建设为主线,拓展信用产品应用场景,更加突出守信激励、失信惩戒、诚信自律,大力推动政务诚信、商务诚信、社会诚信、司法公信等重点领域的信用体系建设,构建社会信用体系发展新格局。

三、利息、利率与汇率

（一）利息与利率

货币具有时间价值,货币经过一段时间的投资或再投资会有一定的增值,而利息和利率就是衡量增值绝对幅度和相对幅度的指标。

利息的问题在社会生活中广泛存在。资本的流转是社会生活的重要内容,有资本的流转就存在利息的相关问题。一方面,利息是资金所有者因贷出货币的使用权而从借款者那里取得的报酬;另一方面,它是借贷者使用货币资金必须支付的代价。利息是一个很古老的金融范畴,存在于早期民商事法律关系之中,早在公元前19世纪的拉尔沙王国的《苏美尔法典》中就有对利息的规定,"租船之费"就是利息的雏形。在生活中,同租赁房屋所缴纳的房租相似,利息等同于房租,可以把房屋和货币资本（本金）都等同于实物资产,即投资人让渡实物资产的使用权而索要的补偿。从古至今,为了拿到更高的利息,获取最大化的货币资本增值,上至国王、贵族,下至平民百姓,可以说是八仙过海,各显神通。也正是利息,帮助资本家完成了原始的资本积累,从而为资本主义生产关系的形成奠定了深厚的物质基础。

利率是一定时期内利息额同借贷资本总额的比率,就是让渡资金使用权的价格,而这一价格以相对指标的符号表现出来。利率的种类繁多,市场利率和官定利率、基准利率和一般利率、固定利率和浮动利率、存款利率和贷款利率、名义利率和实际利率、年利率、月利率和日利率等构成了利率体系的基本框架。受到政治和经济发展阶段的影响,资金的供给和需求产生变动,利率以波动、震荡和平稳三种状态影响世界政治经济发展的走势。纵观世界金融发展历程,利率成为各国政府调控经济发展、缓和社会矛盾、增进社会福利的主要政策性金融工具。

(二) 汇率

国家间的贸易涉及不同货币之间的兑换及结算,外汇市场的交易决定货币兑换的比率,进而决定购买外国商品和资产的成本。汇率是国与国之间不同货币的折算比率,是以一国货币单位所表示的另一国货币单位的价格,因此又称汇价。简而言之,汇率是不同货币之间交易的价格。外汇汇率的标价方法主要有直接标价法、间接标价法和美元标价法三种类型。

汇率制度是国际货币体系的核心内容。国际货币体系的发展,实际上是储备货币形态的发展及其与汇率制度安排之间关系的演变。随着世界货币体系的演变,汇率决定理论的具体研究范畴也一直在发展,购买力平价理论、利率平价理论、国际收支说、资本市场说构成了汇率决定理论的基础。在后续的章节会详细介绍汇率决定理论的基本流派及各类学说。

根据汇率决定基础和变动幅度不同,汇率制度可以分为固定汇率制度和浮动汇率制度两大类型。目前,世界大多数国家所实行的汇率制度具有浮动特点,即管理浮动,货币当局对外汇市场进行干预,使汇率朝着有利于本国的方向变动。

四、金融市场与金融机构

(一) 金融市场

随着金融业的发展,市场秩序的建立,金融市场得以形成和演化。如同商品市场交易的是商品,金融市场交易的是金融产品和服务。作为金融交易的场所,金融市场是资金供应者与资金需求者双方通过信用工具进行交易而融通资金的市场,是金融领域各种市场的总称,包括长短期资金借贷市场,股票、债券等发行和流通市场,外汇、黄金买卖市场等。

金融市场和商品市场一样,由市场参与者、金融工具、交易价格、组织形式等基本要素组成。伴随着经济的飞速发展,金融市场内容日渐丰富,形成了既具体又复杂、既相互独立却又紧密相连的市场体系。根据金融市场交易的性质和特点不同,可以从不同角度进行分类。

按偿还期限不同,可分为期限 1 年以内(含 1 年)的货币市场和期限 1 年以上的资本市场;按交易性质不同,可分为发行市场(一级市场)和流通市场(二级市场);按交易的地域范围不同,可分为地方性金融市场与全国性金融市场、区域性金融市场与国际性金融市场;按交易对象不同,可分为证券市场、货币市场、保险市场、外汇市场、黄金市场等;按交割时间不同,可分为现货市场和期货市场;按交易场所不同,可分为有形市场和无形市场。

（二）金融机构

作为金融市场的主要参与主体，金融机构是指从事与金融服务业有关的金融中介机构，一般由银行和非银行金融机构组成。金融机构体系是一国金融体系的基础。在现代化金融机构体系中，金融机构体系主要由中央银行、存款类金融机构以及非存款类金融机构组成。

1. 中央银行

中央银行作为一种特殊的金融机构，是一国或地区货币金融管理机构。中央银行的业务不以营利为目的，业务活动对象是商业银行、其他金融机构以及政府，具有发行的银行、银行的银行和政府的银行三大职能。中央银行集中和垄断了货币发行权，为商业银行和其他金融机构提供存、放、汇等业务，代表国家贯彻执行货币金融政策，代为管理政府财政收支以及为政府提供各种金融服务，对金融市场实施管理、控制，着力维护金融体系的健全与稳定。中央银行运用特有的金融政策工具对全社会的货币信用活动进行调节和控制，进而影响国民经济的整体运行，实现既定的国家宏观经济发展目标。

2. 存款类金融机构

存款类金融机构是在间接金融领域中为资金供求双方提供融资服务的金融机构，主要由商业银行、储蓄机构、信用合作社、财务公司等组成。商业银行具有一般企业的基本特征，即以追求利润最大化为发展目标，并以吸收存款、发放贷款、办理中间业务为主要经营业务，遵循"三性"原则，开展多元化金融服务业务。储蓄机构是以吸收储蓄存款为主要资金来源的金融机构，多是由互助性质的合作金融组织演变而来。信用合作社是一种依据"合作社"理念和规范建立的互助合作性金融组织，主要以简便的手续和较低的利率向社员提供信贷服务，帮助社员解决经济能力薄弱的问题。财务公司，又称财务有限公司或金融公司，是一种经营部分银行业务的非银行金融机构，主要功能是为产业集团内部筹集、融通资金提供便利，大型财务公司还兼营外汇、联合贷款、包销证券、不动产抵押、财务及投资咨询服务等。

3. 非存款类金融机构

非存款类金融机构是不以吸收存款为主要资金来源，不直接参与存款货币创造的金融机构，主要包括证券公司、保险公司、信托公司、小额贷款公司、消费金融公司、新型金融机构等。非存款类金融机构主要由投资类金融机构、保障类金融机构和其他非存款类金融机构三大类别组成。非存款类金融机构虽不直接参与货币创造过程，但却拥有着各自独特的资金来源渠道，成本与收益高度依赖于金融资产价格变动，对金融风险管控和从业人员业务能力提出了很高的要求。非存款类金融机构较为庞杂，它们的出现使投融资机构、渠道、形式多样化，满足了社会大众多元化的金融需求，极大地促进了国民经济的发展。

五、金融危机与金融监管

（一）金融危机

高负债经营是金融机构的固有属性，这从先天层面决定了金融体系的脆弱性。金融体系一旦出现不稳定,就会导致金融危机。金融危机,通俗地讲是金融资产、金融机构或者金融市场所产生的危机,这种现象又可以统称为金融风暴,是指在金融往来中,由于其中的一个子系列在经营中发生风险而导致的一系列的连锁效应。资金链条断裂是金融危机的标志。纵观世界经济发展史,金融危机、经济危机始终伴随着经济发展间歇出现,一部世界金融史,就是一部金融危机史,历史上金融危机发生之频繁,远超人们的想象。从郁金香投机陷阱、南海公司投资泡沫、1929年开始的经济大萧条,到拉丁美洲债务危机、日本投资泡沫、亚洲金融危机,再到美国次贷危机、欧洲主权债务危机,在过去的几百年时间里,平均十年就发生一次金融泡沫或危机。危机带来的经济社会动荡给人们的生活带来了巨大的痛苦,无数人因此倾家荡产。特别是亚洲金融危机、美国次贷危机,无异于一场场超级大地震,波及世界每个角落,其能量之大、影响之广、破坏之重都是前所未有的,其带来的启示和反思也是极其深刻的。

（二）金融监管

金融监管与金融活动相伴相生,其要义在于制定好"游戏规则",让金融市场上的每个参与者在扮演好自己角色、把握好行为底线的同时,得到公正平等的市场机会。补齐监管短板,避免监管空白与重叠,形成金融发展和监管强大合力已经成为金融体制改革的核心任务。美国次贷危机后,各国政府相继对金融监管体制进行了大刀阔斧的改革,重拾严格监管理念。以《巴塞尔协议Ⅲ》和沃克尔规则为代表,监管者们构建了宏观审慎和微观审慎的框架,并以审慎监管和统筹监管为核心,注重系统化风险的防范,建立风险监测系统和长效机制,让金融监管为金融发展保驾护航。在金融业改革发展的大背景下,转型、创新成为行业趋势,尤其面对蓬勃发展的金融科技,由此产生的金融风险以及监管滞后等问题也逐渐显露,如何兼顾金融创新与风险防范成为各国金融监管面临的共同难题。在寻找监管与创新平衡的过程中,借力互联网科技发展的东风,监管沙箱、穿透监管等智慧监管模式应势而出。特别是监管沙箱模式,一出现即呈星火燎原之势,在全世界范围内进入实质性推广应用阶段。后续章节会对金融监管进行更加深入和详细的介绍,故在此不作详述。

相关链接：国际货币体系演变史(视频)

第四节　我国的金融行业

一、我国金融行业发展历程

在中国历史上,以货币和信用为两大范畴,中国金融在历史长河中不断演变发展。从历史发展脉络来看,货币和信用及相关制度的历史演变支撑着我国金融发展的基本框架。

（一）古代和近代金融发展历程

我国古代和近代金融发展历程是以货币和信用为两条主线发展起来的,按自身特有的发展轨迹逐步演变。

秦始皇统一中国,也统一了中国的货币制度。在此后的历史时期,货币的形态和制度处于不断演变和发展之中。唐朝对币制进行了较大的改革,开始出现的"飞钱"是货币支付手段职能发展的产物。宋朝时期开始出现纸币,"交子"是中国纸币的肇始,随后的元朝和明朝继续实行以纸币为主的货币制度,全国统一使用"中统钞"和"大明宝钞"。明朝中叶,铜钱、纸币和白银成为流通货币,直至明代中晚期,白银正式完成在中国的货币化。直至 19 世纪 30 年代,中国尽管经历了大小战争,浩劫无数,但始终固守白银为货币,其间银两和银元通用。鸦片战争后,中国一步步沦为半殖民地半封建社会,经历多次政治战乱与经济危机,大量白银流落海外,最终,北洋政府艰难告别白银,推行银元。国民政府统治时期,实行币制改革,废除银本位,相继发行法币和金圆券,却紧接着进入恶性通胀之中,其货币金融体系随着蒋介石政府的垮台而彻底瓦解。

在货币形态及制度演化的同时,信用形态和信用机构也在不断发展。高利贷资本和商人资本两种资本形态在民间兴起和发展,私人信贷、官府信贷、存款和汇兑等信用形态奠定了古代金融信用的基本框架。典当、柜坊、钱铺、钱庄、银号、票号、账局等信用机构以交替发展的形式逐渐渗透到平民生活中。商帮在中国金融信用史上留下了浓墨重彩的一笔,特别是晋商的票号,在中国金融业独领风骚上百年,实现了"汇通天下"。鸦片战争后,西方金融势力向中国渗透,中国金融信用随之演化。随着外商银行进入中国,商业银行、储蓄会、信托公司、证券公司、票据承兑所等金融机构逐步建立。在金融市场方面,银行同业拆借市场、钱庄同业拆借市场、票据贴现市场、外汇市场、黄金市场、白银市场初见端倪,上海开始成为全国性的金融中心。

(二) 新中国金融发展历程

自 1949 年中华人民共和国成立至改革开放之前,中国长期实行计划经济体制,金融在艰难中摸索前进。在这个时期,中国人民建设银行、中国农业银行、农村信用合作社等金融机构相继成立,银行体制开始集中统一,初步形成了"统贷统筹"的信贷资金管理体制,中国人民银行统管各行的资金融通。但在计划经济体制下,金融发展的意识和认识不充分,中央银行的地位和功能尚未显现,银行职能被削弱,货币、利率等金融工具及政策的作用也受到极大限制。"文化大革命"期间,中国的金融体系受到了猛烈冲击并遭到了严重破坏,新中国初期建立起来的金融体系受到了极大的摧残,正常的金融秩序受到了极大的干扰。1962 年恢复的中国人民建设银行在 1970 年被再次并入中国人民银行,1963 年再次建立的中国农业银行于 1965 年被并入中国人民银行,中国人民银行被短暂并入财政部,成为财政部主管货币发行和存贷款事务的司局。金融体系的动荡和混乱抑制了国家经济的发展,社会商品供应奇缺,国民经济发展缓慢,中国失去了一次发展的机遇。

(三) 改革开放以来的金融发展历程

自改革开放以来,中国经济保持快速增长,国内生产总值(GDP)由 1978 年的 3 645 亿元迅速跃升至 2022 年的 121 万亿元。金融作为现代经济的核心,金融体制不断得到调整和完善,我国金融业从单一的存贷款功能发展为适应市场经济要求的现代化金融体系,有力促进了经济增长和就业,成为国民经济重要行业之一。

党的十一届三中全会拉开了经济体制改革的序幕,中国现代金融体系在此基础上逐渐发展起来。金融业摆脱了计划经济体制下"大一统"金融体制的束缚,向市场化方向迈出了坚实的第一步。随着社会主义市场经济体系建设加速推进,我国的金融体制改革进入了调整与充实阶段。在银行层面,开展资产负债管理,组建城市合作银行,重点推动信贷体制的改革与深化。与此同时,为防范和化解金融风险,我国政府对金融体制进行了一系列的重大变革,相继成立了处理不良资产的金融资产管理公司,"一行三会"的分业金融监管体系形成。但随着混业经营趋势的发展,我国的金融监管框架再迎新的变化。2017年11月,国务院金融稳定发展委员会成立。2018年3月13日,国务院发布机构改革方案,银监会和保监会组建为银保监会,金融监管从"一行三会"步入"一委一行两会"新时代。2023年3月,我国通过新的国务院机构改革方案,组建国家金融监督管理总局,作为国务院直属机构,统一负责除证券业之外的金融业监管,强化机构监管、行为监管、功能监管、穿透式监管、持续监管,统筹负责金融消费者权益保护,加强风险管理和防范处置,依法查处违法违规行为。不再保留银保监会。

进入21世纪,经济的发展、财富的增加和金融商品的广泛交易推动着金融业成为一个日益重要的产业。特别在北京、上海等城市,金融服务业发展迅猛,已经成为部分经济发达省市的支柱产业,对这些区域的经济发展做出了巨大贡献。例如,2022年,北京和上海两地的金融业产值占地区GDP的比重均超过19%,金融业是拉动经济增长的第一大产业。另一方面,新科技革命和随之而来的金融产业革命也为金融产业的大发展、大繁荣带来良好契机。以互联网金融、普惠金融、科技金融为代表的新金融产业冲破旧有体制的束缚,异军突起,高歌猛进,正冲击及重塑传统金融和经济模式,助推我国新兴产业的兴起和发展壮大,金融真正意义上成为现代经济发展的主导产业和主引擎。

资料框1-2

表1-3中列示了我国改革开放40余年在金融领域的重大举措。

表1-3 改革开放40余年中国金融领域的重大举措

序号	金融领域改革发展重大举措
1	1980年,中国国际信托投资公司(CITIC)率先以融资租赁方式引进外资
2	1984年,中国人民银行开始专门行使中央银行职能,为宏观调控奠定了组织基础
3	1985年,外汇体制改革,为建设有管理的浮动汇率制度做了准备
4	1992年,股票市场推出,为直接融资开辟了新的渠道
5	1992年开始,先后成立三个监管委员会,"一行三会"分业金融监管体系逐渐形成
6	1993年12月,国务院推出《关于金融体制改革的决定》,为金融改革设计了框架
7	1994年,3家政策性银行相继成立,政策性业务与商业性业务开始分离
8	1994年,实现汇率并轨,建立起人民币浮动汇率制度

续表

序号	金融领域改革发展重大举措
9	1996年,建立全国统一的银行间同业拆借市场,让货币市场集中发挥作用
10	1998年,农村信用社与农业银行脱钩,为合作金融打下基础
11	1998年,成立人民银行大区分行,加强宏观调控
12	1999年,相继成立四大金融资产管理公司,处理四大国有商业银行的不良资产
13	2005年,国有商业银行进行股份制改造,建立现代商业银行
14	2006年,国有商业银行引进战略投资者,银行成为国家控股的现代股份公司
15	2008年,深化金融改革,推进利率市场化改革,深化人民币汇率形成机制改革
16	2009年,创业板正式推出开板,消费金融公司试点审批工作启动
17	2011年,中国人民银行发布《外商直接投资人民币结算业务管理办法》,境外人民币直接投资办法出台
18	2013年,上海自由贸易试验区挂牌成立,党的十八届三中全会明确提出建立存款保险制度
19	2014年,银监会首批5家民营银行开始试点
20	2015年,中国人民银行等十部委联合发布《关于促进互联网金融健康发展的指导意见》
21	2016年,人民币正式加入SDR货币篮子
22	2017年,国务院成立金融稳定发展委员会
23	2018年,中国银监会与中国保监会合并成立中国银保监会
24	2019年,科创板正式开板
25	2021年,成立北京证券交易所
26	2023年,全面实行股票发行注册制;成立国家金融监督管理总局;统筹推进中国人民银行分支机构改革;中国证券监督管理委员会调整为国务院直属机构;深化地方金融监管体制改革

二、我国金融业的规模

随着社会主义市场经济体制和新的金融体系的建立,中国的金融市场发展迅速,金融业规模不断扩大,金融业作为国民经济支柱性产业的地位更加突出,主要体现在以下几个方面。

(一)社会融资规模

社会融资规模是指一定时期(每月、每季或每年)内实体经济从金融体系获得的资金总额,由社会融资规模增量和社会融资规模存量组成。其中,社会融资规模增量是指一定时期内实体经济从金融体系获得的资金总额;社会融资规模存量则是指一定时期期末实体经济从金融体系获得的资金余额。2010年中央经济工作会议上正式提出社会融资规模的概念,2016 年政府工作报告明确提出社会融资规模的定量目标,并将社会融资规模余额增速与 M2 增速并列,社会融资规模由此正式成为货币政策的调控目标。在数量方面,社会融资规模也呈现出加速发展的强劲态势,其存量金额在 2022 年年底已突破 344 万亿元大关。其中,对实体经济发放的人民币贷款、政府债券、企业债券是社会融资规模三种最主要的融资模式,占同期社会融资规模增量的比重高达 88%。

(二)资产管理规模

近年来,随着国内资本市场深化改革的深入推进,我国资产管理行业迎来了一波又一波的"改革红利",资产管理在国内蓬勃兴起。银行、证券、保险、基金、信托等各类金融机构纷纷开展资产管理业务,大资产管理时代呼啸而来。资产管理公司,已由早期为了剥离不良资产而形成的四大资产管理公司发展到如今成为横跨各市场的证券公司、基金公司、信托公司、私募基金、保险资产管理、期货公司、第三方理财公司等。从规模总量上来看,2022 年全国资产管理规模已超过 118 万亿元。

(三)资产负债规模

自改革开放以来,我国金融业获得卓有成效的发展,资产负债规模保持良好的增长态势,金融实力大为增强,逐渐形成"一超多强"的金融发展格局(一超:银行业;多强:证券业、保险业、信托业)。

银行业作为现代金融业的霸主,资产负债总额均跨入"300 万亿元时代",已经成为服务实体经济的主要力量和创造国民财富的中坚力量。作为资本运作的弄潮儿,证券业紧抓资本市场发展之契机,迅速在金融市场竞争中站稳脚跟,总资产超过 13 万亿元。保险业也保持强劲增长势头,资产总额在 2022 年年底约 27 万亿元,特别是产险公司、寿险公司和再保险公司呈现出蓬勃发展的良好局面。在经济新常态的宏观背景下,信托业坚持风险防控与稳中求进的两手策略,经受住了市场波动的考验,信托资产负债规模突破 21 万亿元大关。

(四)金融机构网点规模

我国金融业网点数量和从业人员数量众多,分支机构更是深入大街小巷。2022 年,我国银行业金融机构网点共 22 万多家,证券营业部 1 万多家。

三、我国金融业的结构

改革开放 40 余年来,我国经济金融总量迅速扩张,金融资产总量大幅度增长,金融业已经成为国民经济发展的核心。在金融总量迅速扩张的同时,我国的金融结构也发生了巨大变化。

(一)金融产业结构

金融产业结构是银行业、证券业、保险业、信托业等金融系统内不同行业在整个金融产业中的数量与质量的相对规模、相互关系及其发展趋势。金融产业结构既反映了一定的金融功能和效率,也反映了一个经济的金融体系特征。金融发展要求金融产业各组成部分必须确定合理的结构关系,保持一定的配置比例而不能破坏彼此之间的协调,这样才能有效地发挥一定的金融功能。随着金融业态不断涌现,我国金融业已经从单一的银行业逐步演变为银行、证券、保险、信托等多业并存的大金融业。截至 2022 年 6 月,我国金融业包括 4 599 家银行业金融机构、140 家证券公司、139 家基金公司、237 家保险公司、68 家信托公司和 19 家民营银行。

（二）金融市场结构

我国的金融市场从 20 世纪 80 年代起步。伴随着金融效率的提升和金融功能的日趋完善,我国已经形成了一个交易场所多层次、交易品种多样化、交易机制多元化的金融市场体系。当前,我国金融已经形成了债券、股票、基金、票据、外汇、黄金等金融市场,同时还出现了债券回购、金融远期、金融期货、金融期权、金融互换、掉期交易等新型金融工具及金融衍生品市场。从市场类别来看,我国金融市场主要包括货币市场、资本市场、外汇市场和金融衍生品交易市场和其他类别金融市场,其中其他类别金融市场以黄金市场和离岸金融市场为重要组成。同时,以银行间市场为主体的场外市场和以交易所市场为主体的场内市场相互补充,金融市场结构清晰合理,金融发展日趋稳定。

（三）金融资产结构

从现代经济学角度看,经济主体持有的金融资产可以分为现金、银行存款、债券、股票和保费余额等。我国居民金融资产配置从单一的储蓄为主发展成为股票、基金、债券、储蓄存款等多元化配置的模式,并呈现出以下几个特点:一是现金和存款占金融资产的比重表现出明显的下降趋势,手持现金占家庭总资产的比重从改革开放初期的 44.61% 持续下降到 2019 年的 4.71%。二是股票债券类资产比重明显提高,居民持有的股票资产占家庭总资产的比重于 2010 年突破 20%,债券融资比例则高于 15%。三是保险资产呈增长态势,1985—1993 年,保险资产比例均低于 1%,但到 2018 年年底,保险资产占家庭总资产比重达到了 4.1%。

（四）融资结构

自改革开放以来,我国的融资结构随经济体制、金融体制改革的进行而发生变化,逐渐形成银行主导型和市场主导型两大融资类别。就社会融资存量结构而言,2022 年,以股票和债券为代表的直接融资存量规模接近 102 万亿元,融资占比为 29.6%。其中,债券融资占比为 26.5% 左右,股票融资占比为 3.1%。而以银行信贷为代表的间接融资存量规模为 242.4 万亿元,融资占比为 70.4%。因此,从中国社会融资存量的构成来看,社会融资结构仍然以银行信贷为代表的间接融资为主,以股票和债券为代表的直接融资比重仍然较低,社会融资存量结构与当前银行主导型金融结构相一致。另一方面,在社会融资增量结构中,以股票和债券为代表的直接融资比重呈现逐年上升趋势,直接融资增量的比重显著增加。从社会融资增量结构变化的视角考察,中国融资结构正在从银行主导型向市场主导型转变。

基 本 概 念

金融范畴　　金融体系　　金融机构　　金融工具　　金融规模　　金融结构

即 测 即 评

复习思考题

1. 简要说明金融的含义。

2. 简述我国金融学科知识的研究方向。

3. 阐述我国金融体系的基本功能。

4. 论述金融体系运行效率的主要构成及其评价。

5. 2018 年国际金融危机后,金融监管理念及体制出现哪些新的变化? 我国的金融监管又有哪些突破与创新?

第二章
货币

金银天然不是货币,但货币天然是金银。

——马克思

本章学习目标

1. 熟悉货币的含义、起源和货币形态演变过程。
2. 熟悉货币的主要职能及其发展过程。
3. 掌握货币层次的划分。
4. 掌握货币流通的含义及分类。
5. 了解货币制度的构成要素和演变过程。

第一节 货币的起源与发展

一、货币起源

(一) 货币的含义

一般认为,货币是商品劳务交易的媒介物,是支付及债务偿还的便利工具,是能固定充当一般等价物的特殊商品。作为在商品交换过程中发展的必然产物,货币在商品经济的矛盾运动中产生和不断发展。

(二) 货币起源的主要思想

货币在人类社会中已经有数千年的历史,它的产生与发展同交换存在着紧密的联系。根据世界各地的历史记载,人类社会都经历了由物物交换到媒介交换的重大转变。例如,在我国,最早较为定型的交易媒介叫作"贝",其他国家也有将牲畜作为媒介的历史。古今中外对货币的起源存在诸多看法,可将其归纳为以下三类:

（1）中国古代关于货币起源的观点主要是"先王制币"和"自然产生"。前者认为货币是圣王先贤为解决民间交换困难创造出来的；后者的代表人物是司马迁，他在《史记·太史公自序》中写道"维币之行，以通农商"，意思是货币是用来沟通产品交换的手段，是为适应商品的需要而自然产生的。

（2）西方关于货币起源的观点，大致可以概括为三种：一是"创造发明"，认为货币是由国家或先哲创造出来的；二是"便于交换"（也被称为"共同选择"），认为货币是人们为了解决直接物物交换的困难而共同选择出来的；三是"保存财富"，认为货币是为了保存、计量和交换财富而产生的。

（3）马克思在研究货币时提出，货币是商品交易中商品价值的表现形式，即价值形式。价值形式随着商品交换的发展而发展，经历了四个阶段的长期演变，最终演变产生了货币。

其一，简单价值形式。在人类社会生产发展到刚开始有剩余产品时，偶然会发生个别的剩余产品交换行为。一种商品的价值偶然地、简单地表现在另一种商品的使用价值上，就是简单价值形式。简单价值形式产生了货币的胚胎。

其二，扩大的价值形式。随着社会生产力的提高，商品交换变得经常而丰富，参加交换的商品逐渐增多。一种商品不再是偶然地与另一种商品相交换，而是和越来越多的商品相交换，由更多商品来表现自己的价值，称为扩大的价值形式。此时，货币的胚胎虽然开始成长，但是还没有分离出一种固定充当一般等价物的商品。

其三，一般价值形式。当商品交换在更广泛、更经常的条件下发展时，从众多商品里分离出一种市场上最常见、大家最乐意接受的商品作为一般等价物，所有商品都由这一种商品表现价值，即一般价值形式。商品的直接物物交换，变成以一般等价物为媒介的间接交换，一般等价物已经具有了货币的一般性质。一般等价物在初期并非固定，在不同时期、不同地区由不同商品充当，这妨碍了商品交换在更大范围、更深程度上的发展。

其四，货币价值形式。经过长期商品交换活动的演变，一般等价物固定在贵金属身上，由贵金属特别是金银来固定充当商品交换的媒介，这就是货币价值形式。

货币是价值形式发展的结果，是价值形式的完成形态。这就是马克思的货币起源说。

二、货币发展

（一）商品货币

商品货币是兼具货币与商品双重身份的货币。它在执行货币职能时是货币，不执行货币职能时是商品。它作为货币用途时的价值与作为商品用途时的价值相等，又称足值货币。在人类历史上，商品货币主要有实物货币和金属货币两种形态。

1. 实物货币

实物货币是货币形式发展最原始的形式，与原始、落后的生产方式相适应。作为足值货币，它是以其自身所包含的内在价值同其他商品相互交换。从形式上来看，实物货币是自然界存在的某种物品或人们生产的某种物品，并且是具有普遍接受性的实物。实物货币本身存在着难以消除的缺陷：它们或体积笨重，不便携带；或质地不匀，难以分割；或容易腐烂,不易储存;或体积不一,难以比较。它们不是理想的交易媒介,随着商品经济的发展,实物货币逐渐退出了货币历史舞台。

2. 金属货币

金属冶炼技术的出现与发展,为实物货币向金属货币转化提供了物质条件。凡是以金属为币材的货币都可以称为金属货币,铜、铁、金、银等都充当过金属货币的材料。各国采用何种金属货币作为法定货币,往往取决于该国的矿产资源状况、商品交换的规模以及人们的习俗等因素。金属货币具备耐久性、轻便性、可分性或可加工性、价值统一或均质性以及供给的稳定性等特征,能更有效地发挥货币的职能。金属充当货币材料出现过两种形式:一是称量货币;二是铸币。

在金属货币流通的后期,由于金银的采掘难以满足商品生产和流通发展的需要,代用货币出现并在一定时期内以过渡形式存在。代用货币一般是指由政府或银行发行的纸币或银行券,其本身价值低于(甚至远远低于)其所代表的货币价值。它通常作为可流通的金属货币的收据,代替金属货币参与到流通领域中。相比金属货币,代用货币不仅具有成本低廉、易于携带、节省稀有金银等优点,而且能克服金属货币在流通中"劣币驱逐良币"的问题。当代用货币最终与贵金属脱钩后,代用货币就演化成为信用货币。

(二)信用货币

信用货币是由国家法律规定强制流通、不以任何贵金属为基础、独立发挥货币职能的货币,是货币的现代形态。目前世界上几乎所有国家的货币都采用信用货币的形态。信用货币一般可分为辅币、主币、存款货币等几种主要形式,当前流通的电子货币是信用货币的一种新形式,并逐渐成为主要形式。

从历史的角度看,信用货币是金属货币制度崩溃的结果。20 世纪 30 年代,世界性的经济危机接踵而至,各主要经济国家先后被迫放弃金本位和银本位,所发行的纸币不能再兑换金属货币,于是产生了信用货币。信用货币是代用货币进一步发展的产物,其自身价值也远远低于货币价值。信用货币与代用货币的区别在于信用货币不以足值的金属作保证,而是以信用作保证,由政府强制发行,并且是法偿货币,任何人都必须接受。

一般而言,信用货币作为一般的交换媒介,需满足两个条件:第一,人们对此货币有信心;第二,货币发行有立法保障。二者缺一不可。信用货币具有如下特征:一是信用货币是一种价值符号,与黄金已经完全脱钩;二是信用货币是债务货币,实际上是银行债务的凭证;三是信用货币具有强制性,国家通过法律手段确定其为法定货币;四是信用货币还具有管理货币性质,国家可以通过银行来控制和管理信用货币流通。

(三)信用货币支付的电子化

随着科技的飞速进步和信息技术的广泛应用,电子商务得以迅猛发展,电子货币应运而生,并使信用货币在行使交易媒介职能上表现出电子化的趋势。关于电子货币的定义,巴塞尔银行监管委员会认为,电子货币是指在零售支付机制中,通过销售终端、不同的电子设备之间以及在公开网络(如 Internet)上执行支付的"储值"或"预付支付机制"。所谓储值,是指保存在物理介质如智能卡、多功能信用卡中用来支付的价值。预付支付机制则是指存在于特定软件和网络中的一组可以传输并可用于支付的电子数据,通常也被称为"数字现金"。

我国电子货币的主要表现形式是银行卡。中国人民银行发布的《2022 年支付体系运行总体情况》显示,截至 2022 年年末,全国银行卡发卡数量 94.78 亿张。2022 年全国共发生银行卡交易 4 519.45 亿笔,金额 1 011.94 万亿元,银行卡的卡均消费金额为 1.37 万元。此外,用户存放于支付宝、微信支付等第三方支付平台账户内的款项资金也是电子货币的新的表现形式之一。

未来随着电子商务和网络虚拟交易的逐渐发展,电子货币将在我们的日常经济生活中扮演越来越重要的角色。它使传统意义上的信用货币在当今高度信息化和网络化的环境下呈现出了新的表现形式,标志着信用货币在行使交易媒介职能上迈入了崭新的阶段。

(四) 数字货币

随着信息科技的发展以及移动互联网、可信可控云计算、终端安全存储、区块链等技术的演进,全球范围内支付方式发生了巨大的变化,数字货币产生并发展起来,它综合了纸币和电子货币的优点,同时又有自身独特的优势。数字货币在某些特性上与纸币更为接近,如不需要银行中介、具有较高的匿名性,同时还具备电子货币的优点,包括可追踪记录、支付效率高等。数字货币基于分布式、可编程等区块链及其他数字技术,能做到更低的使用成本、更可靠的账本记录、更有效率的管理,同时系统安全性更高。未来数字货币的发行和流通能提升支付清算效率,推动经济提质、增效、升级。

由电子货币转变为数字货币的过程是货币的进步与变革。在电子货币中,人们账户中代表货币价值的数字与纸币是相对应的,而数字货币不需要对应纸币,货币的介质将从纸张真正变成数字,运送方式从物理运送变成了电子传输,保存方式从央行的发行库和银行机构的业务库变成了储存数字货币的数据空间。随着信息技术的进一步发展,分布式、可编程等区块链技术出现,数字货币借鉴了区块链的核心内涵与优势后,得以在我国部分城市封闭试点发行。数字人民币是中国人民银行发行的数字形式的法定货币,采取中心化管理、双层运营。法定数字货币的研发与应用,使得零售支付更为便捷安全,有利于高效满足数字经济下的公众货币需求,并助力数字经济快速发展。

值得注意的是,比特币等"虚拟货币"不由货币当局发行,不具有法偿性与强制性等货币属性,不具有与货币等同的法律地位,并且不具备提供"清偿服务"和"核算单位价值稳定化服务"等公共产品服务的能力,实质上只是一种非货币数字资产。

资料框 2-1

比 特 币

2008 年,中本聪发表经典论文《比特币:一种点对点的电子现金系统》,提出了一种全新的电子化支付思路——建立完全通过点对点技术实现的电子现金系统,将查姆的三方交易模式转变为去中心化的点对点交易模式。比特币是一个互相验证的公开记账系统,具有总量固定、交易流水全部公开、去中心化、交易者身份信息完全匿名等特点。在比特币基础上又发展出了基于区块链技术的各种私人加密货币,也称为"代币"。比特币背后的底层技术"区块链"是由按照时间顺序排列的数据区块组成的链式结构数据库,是一个去中心、去信任、集体维护的防篡改、防伪造的分布式账本,这种加密货币技术在金融业的应用将可能引发整个金融运行模式的重构,其分布式一致性账本、不可篡改等特性能够解决诸多场景中的痛点,从技术底层架构上对现有场景进行重塑,因此具有广阔的应用前景。

中国人民银行在关于防范代币发行融资风险的公告中指出,代币发行融资中使用的代币或"虚拟货币"不由货币当局发行,不具有法偿性与强制性等货币属性,不具有与货币等同的法律地位,不能也不应作为货币在市场上流通使用。准确地说,以比特币为代表的私人数字货币虽然名义上叫"币",但实质上只是一种非货币数字资产。区块链技术解决了私人数字货币的支付技术信任问题,却不能解决它们的资产价值信任问题。价值不稳定决定了比特币等私人数字货币难以成为真正的数字货币。

资料来源:中国人民银行网站。

第二节 货币职能

货币职能是指货币在经济活动中的功能和所起的作用。随着研究不断深入,学者们对货币职能提出了不同观点。马克思在《资本论》中将典型货币——金币的职能划分为价值尺度、流通手段、贮藏手段、支付手段和世界货币五种。随着金币逐步退出历史舞台,进入信用货币阶段,西方学者在前人研究的基础上将货币职能划分为交易媒介、价值标准、贮藏手段以及延期支付标准四大职能。随着社会的发展,货币职能的研究也在进一步拓展。本节我们将从货币的交易媒介、价值标准和贮藏手段职能三个方面进行介绍。

一、货币的交易媒介职能

货币的交易媒介职能是指货币在商品交换中充当媒介,降低交易成本的功能。在人类社会早期货币还没有出现的年代,人们进行商品交换是十分复杂的:交易双方若想完成商品交换必须互相拥有对方需要的商品,还必须在同样的地点、同样的时间有这样的需求才能保证交易的完成,这在那个交通极度不发达的时代是非常困难的。商品交换的复杂性严重影响了社会的发展与进步。货币出现后,有交换需求的人只要先将自己的商品换成货币再去购买就可完成,大大提升了商品交换的效率。与此同时,只要市场上有所要购买的商品就能用货币完成交易,不用再去寻找交易对手,也不用担心时间、地点等不一致对交易产生的影响,交易成本大大降低。

随着社会分工不断深化,商品交易得到了极大的发展并且出现了远期交易。货币在远期交易中充当交易媒介,具有延期支付的职能,只有在约定支付日期到来时,货币才进入流通。这在很大程度上改变了商品流通的过程,人们可以在没有货币的情况下获得商品,从而商品转让与其实现价值在时间、空间上就出现了分离,买卖双方也由单纯的交易关系转化为债权债务关系,信用由此产生。

二、货币的价值标准职能

货币的价值标准职能是指货币作为记账单位被用来计算商品和劳务的价值的功能。货币的价值标准职能必须借助价格标准来衡量。所谓的价格标准是指单位货币所代表的直接购买力。在没有货币的物物交换时代,商品交换时交易双方需要记住两种商品之间交换的比率,但是如果有人想用自己拥有的商品和劳动交换其他商品时,又需要记住另一个不同的交换比率,那么交易就十分复杂。

货币出现以后,一切商品的价值均以货币表示,物物交换时的交换比率换成了价格,最大限度地减少了人们计算交易比率的时间。此外,货币的价格标准具有可分性,能够解决交易比率不能满足的种种情况,因此,货币的价值标准职能很好地保证了商品交易顺利进行。

三、货币的贮藏手段职能

货币的贮藏手段职能是指可以推迟货币用来交换实际物品和劳务的时间,而将其作为价值贮藏的功能,弗里德曼称之为"购买力的暂栖地"。马克思称之为货币的"暂歇"。货币作为一般等价物逐步成为衡量社会财富的标准与单位,并成为财富的直接化身,这便引起了人们贮藏它的欲望。

随着社会发展,对于货币贮藏的解释也在逐渐发生变化,其本质意义主要是对货币退出流通领域被贮藏起来这一现象的解释。但是这种功能对货币也提出了一定的要求,即价值相对稳定。如果某个国家信用出现危机或者通货膨胀较为严重,囤积大量该国纸币就不能达到贮藏的效果,因为这种货币由于贬值而失去了贮藏的意义。

货币行使贮藏手段职能时会退出市场流通,这就会对商品经济中的货币流通量起到调节作用。一般说来,当流通中需要的货币量减少时,多余的货币就会退出流通;当流通中需要的货币量增加时,部分被贮藏的货币就会进入流通,这就对市场中流通的货币量起到了调节作用。

第三节　货币层次与货币流通

一、货币层次

(一) 货币层次划分的含义

货币层次划分是指把流通中的货币量按照其流动性的大小分成若干层次,从而界定货币构成范围的一种方法。研究货币层次的目的是在货币形式发展、货币范围扩大的条件下,更好地把握货币流通的结构和流通的渠道,更好地对货币运行进行计量与管理。

当前,对货币层次划分的标准主要是货币的流动性。流动性是指金融资产以合理的成本及时转化为现金进而形成现实购买力的难易程度。一般来讲,现金货币的流动性大于活期存款,活期存款的流动性大于定期存款。不同层次的货币流动性不同。按照这一标准,各国形成了不同的统计口径,划分出了 M1、M2、M3、M4 等多项指标,形成了更为广义的货币概念。依据货币流动性差别划定货币层次有利于宏观经济的调控,有利于对货币流通进行更加准确和全面的了解。

在货币层次划分的基础上,人们统计分析货币量时,还把货币量定义为狭义货币量和广义货币量,以便从货币结构的角度分析货币流通状况。狭义货币量是指货币层次中的现金和银行活期存款,是可以立即作为流通手段和支付手段的货币。狭义货币量是最活跃的购买力,对货币流通影响最为强烈,与宏观经济市场供求具有高度的相关性,是中央银行严格关注和控制的货币量。广义货币量是指狭义货币量加上准货币。准货币主要是指除现金、活期存款以外,银行机构的各种定期存款、储蓄存款和一批易于变现的短期信用工具。广义货币量一旦变现,也可以用于购买与支付,加大了流通中的货币量,对于货币流通与宏观调控均具有同样重要的意义。

(二) 货币层次划分的形式

世界各国对于货币层次的划分方法并不相同。其中最早公布货币供应量指标的为美国。随后,主要组织及国家分别出台了各自的划分方法。西方发达国家根据各自国情的需要,对于货币层次进行了不同的划分,但是大多数国家通常划分为如下形式:

M1 = 流通中现金 + 商业银行的活期存款

M2 = M1 + 商业银行的定期存款和储蓄存款

M3 = M2 + 其他金融机构的定期存款和储蓄存款

M4 = M3 + 其他短期流动资产(如国库券、银行及商业承兑汇票、人寿保险单等)

从 1994 年第三季度起,中国人民银行推出我国的货币供应量统计指标,并按季向社会公布。随后自 2001 年 6 月起,中国人民银行先后四次修订货币供应量统计口径。我国目前使用的是 2018 年 1 月修改后的划分口径,货币层次包括:

M0:流通中现金。

M1:M0 + 单位活期存款。

M2:M1 + 居民储蓄存款 + 单位定期存款 + 单位其他存款 + 证券公司客户保证金 + 外资合资金融机构存款 + 住房公积金中心存款 + 非存款类金融机构存款(含货币基金存款(含存单))。

二、货币流通

货币作为交易媒介形成的连续不断的运动即为货币流通。以往货币流通分为现金流通与存款货币流通两种形式。随着科技与金融的不断发展,电子货币作为新的流通形式出现,并且占比迅速增长,与其他两种流通方式形成了统一的货币流通状态。下面我们将货币流通分为现金流通、存款货币流通与电子货币流通进行介绍。

现金流通即以纸币和铸币作为流通手段和支付手段所进行的货币收付。在当前我国实行现金管理条件下,现金货币流通领域主要是与居民个人有关的货币收付和企业单位间的小额货币收支。我国人民币现金货币是以中国人民银行为中心,通过商业银行和其他金融机构的业务活动,经过发放回收贷款,买卖证券、外汇、黄金等信贷资金投放渠道以及以商品交易结算、劳务费用结算、财政收支结算等为代表的非信贷规模渠道进入流通,然后又通过产品销售、服务事业、信用、财政税收收入等渠道回到各商业银行和其他金融机构,最后流回中国人民银行,退出流通。

存款货币流通也叫非现金流通,即通过银行存款账户划转款项进行的货币收付行为。具体表现为存款人在银行开立存款账户的基础上,通过在银行存款账户划转款项进行货币收付的行为。存款货币流通必须以各企业、单位和个人在银行开立存款账户为条件。根据不同经济内容,存款货币流通渠道可分为两大类:一类是资金划转并不涉及银行信贷总规模,具体表现为存款货币在银行存款人各存款账户之间的等量转移。这类渠道主要包括商品交易结算、劳务费用结算和财政收支结算。另一类资金转移涉及银行信贷资金的投资与发放,具体包括贷款的发放与回笼,证券、黄金、外汇的买卖以及票据贴现业务的办理和到期兑付等。其中,信贷资金投放渠道会引起流通中存款货币数量的变动。

电子货币流通是指一定金额的现金或存款从发行者处兑换并获得代表相同金额的数据,通过电子化方式转移给支付对象并完成流通的方式。随着当代科技的发展,在日常生活中,人们越来越多地利用以支付宝和微信为代表的第三方支付平台进行移动支付。除此之外,随着电子银行业务的拓展,非现金流通的业务也逐步通过电子货币流通实现,比如商品交易结算、财政收支结算等。电子货币流通由于其具有方便、安全、快捷的特点,已经替代了大部分的现金流通以及存款货币流通。但在一些欠发达地区,技术、设备等的欠缺使电子货币无法流通,仍以现金与存款为主。此外,某些大额交易也需要通过银行柜台业务进行办理,电子货币流通并未完全替代其他流通渠道,而是互为补充,方便了人们的日常生活。

随着信息科技的发展以及移动互联网、可信可控云计算、终端安全存储、区块链等技术的演进,电子货币开始向数字货币演变。数字货币流通与传统信用货币流通的区别主要集中在以下几点:第一,在货币流通的速度上,数字货币以价值的数字化符号作为流通媒介,而传统信用货币则是以传统物理货币与电子货币的组合作为流通媒介。因此与传统信用货币相比,数字货币的发行与流通成本较低且流通速度更快。第二,在货币流通的限制上,数字货币流通突破了传统信用货币发行与流通的技术限制,能够克服传统地理空间、主权领土空间的物理限制。第三,在信用规模调控中,数字货币通过国家货币当局设置的数字货币账户调控商业银行的数字货币信用规模,而传统信用货币则通常依靠国家货币当局设置的法定准备金率、再贴现率和公开市场业务来调控商业银行的信用规模。

总的来说,信用货币是数字货币发行与流通的基础,数字货币代表了信用货币的演化方向。

三、货币存量与流量

在统计分析货币流通状况时,一般采用货币存量的概念。货币存量是指一国或地区在某一时点上各经济主体所持有的现金和存款货币的总量,是某个时点的余额,这也是中国人民银行统计货币时所用的货币供应量概念。前文所论及的货币层次结构和各层次货币的数量统计,均属于货币存量的研究范畴。

随着微观金融领域对现金流量计算的兴起,货币流量也作为一个新的概念被提出。货币流量是指一国或地区在某一时期内各经济主体使用货币所完成交易的总量。货币流量是一个时期指标,与货币存量作为时点指标不同,它在数学意义上具有可加性。

第四节 货币制度

一、货币制度的构成要素

货币制度,又称币制或货币本位制,是指一个国家用法律规定的该国货币的流通结构和组织形式。货币制度主要由以下四个要素构成。

(一)货币金属(货币材料)

规定货币材料是货币制度最基本的内容。历史上,货币制度规定以什么材料制造本位货币,就形成了什么样的货币本位制度。在金属货币流通条件下,货币金属是整个货币制度的基础,形成了金属货币制度。在信用货币流通条件下,由银行信用发行的纸币为主要流通形式,信用货币的币值以流通中商品的价值为基础,此种货币制度也称为信用货币本位制。

(二)货币单位

货币单位是指规定货币单位的名称及货币单位所含的货币金属重量。与规定货币单位密切相关的是规定"价格标准"。在金属货币流通条件下,货币价格标准是铸造单位货币的法定金属量。在信用货币制度下,货币不规定含金量,货币单位和货币的价格标准融为一体,货币的价格标准即法定货币的单位及其划分的等份,如人民币元、角、分单位。

(三)本位币、辅币的发行和流通程序

本位币是一个国家的法定通货。在金属货币流通条件下,本位币实行"自由铸造和熔毁"的原则,即国家允许公民自由地将金银送往国家造币厂,按照国家规定铸造成本位币,也可将持有的金属本位币送至铸造厂熔为金属条块。在信用货币流通条件下,信用货币作为国家垄断发行、强制流通的价值符号。无论是金属货币本位,还是信用货币本位,本位币在流通中实行"无限法偿"的原则,即法律赋予它具有无限的支付能力。

辅币是本位币以下的小额货币,主要用于日常零星交易和找零。辅币不允许自由铸造,只有国家有权铸造辅币,辅币实行"有限法偿"原则。所谓"有限法偿"原则,是指在每一次支付中,如果使用辅币支付的数额超过法定限额,收款人可以拒绝接受。

（四）准备制度

准备制度又称发行保证制度,在金属货币流通条件下,是指国家所拥有的金块和金币总额,是国家的金银储备。这是决定一个国家货币稳定与否的重要因素。信用货币制度下,货币发行的准备制度基于国家信用,信用货币是中央银行代表国家对持有者的负债,国家信用是信用货币履行货币职能的价值基础。

二、货币制度的演变

货币制度的演变如图 2-1 所示。

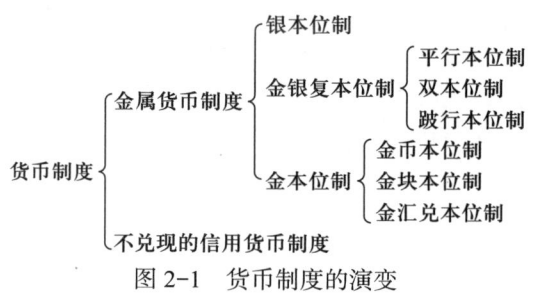

图 2-1　货币制度的演变

（一）金属货币制度

1. 银本位制

银本位制是以白银作为本位币的货币制度。这是最早的货币制度。银币为无限法偿的本位币,可以自由铸造,自由输入输出。19 世纪末,各国先后放弃银本位制而采取金银同时流通的货币制度。

2. 金银复本位制

金银复本位制是以金币和银币同时作为本位币的货币制度,又称复本位制。金银复本位制按照金银两种贵金属的不同关系分为如下三种:

（1）平行本位制,即国家不规定金银之间的比价,金银按照各自的实际价值进行交换的本位制。

（2）双本位制,即国家用法律形式规定金银之间的比价,金银按法定比价进行流通的本位制。在双本位制下会出现一种叫作"劣币驱逐良币"的现象(又称格雷欣法则)。具体来说,它就是当黄金与白银的法定比价与市场比价不一致时,市价比法定价格高的金属货币(良币)在流通中的数量逐渐减少,市价比法定价格低的金属货币(劣币)在流通中的数量逐渐增加,会导致货币流通不稳定。

（3）跛行本位制,即金银复本位制向金本位制过渡时期的一种货币制度。在这种制度下,国家规定金币可以自由铸造而银币不允许自由铸造,实际上使得银币仅充当辅币角色。

3. 金本位制

金本位制是以黄金作为本位币材料的货币制度,包括金币本位、金块本位制和金汇兑本位制,主要存在于 19 世纪末至 20 世纪 30 年代。

（1）金币本位制。这是以金币作为本位币流通的货币制度，是金本位制中最典型的形式。金币本位制下，金币可以自由铸造，黄金可以自由输入输出，银行券可以兑换黄金。它是比较稳定的货币制度。

（2）金块本位制。这是一种没有金币流通，但流通中的银行券、纸制货币符号等可以按照规定限额与金块汇兑的制度。在这个制度下，国家规定了金币为本位币，但国内不流通金币。流通中的货币符号可以兑换黄金。

（3）金汇兑本位制。金汇兑本位制又称虚金本位制，是一种没有金币流通，也不允许银行券等货币符号汇兑金块，而是用银行券等货币符号兑换外汇，外汇可以在国外兑换黄金的货币制度。这种货币制度下的国家，同另一个实行金币本位制的国家的货币保持固定比价，存放外汇黄金，通过无限制地供应外汇，以维持本国币值稳定。

（二）信用货币制度

1. 黄金非货币化

随着金本位制的崩溃，黄金开始了非货币化进程。黄金退出流通市场，不再具有货币的流通职能而被储存起来的过程称为黄金的非货币化。1976 年在国际货币基金组织（IMF）的提议和组织下，国际社会达成《牙买加协议》，正式宣布黄金非货币化。协议规定废除黄金条款，取消黄金官价，各会员国中央银行可按市价自由进行黄金交易，取消会员国相互之间以及会员国与 IMF 之间须用黄金清算债权债务的义务。

2. 信用货币制度的含义与特征

信用货币制度又称为管理纸币本位，是由中央银行代表国家发行以国家信用为基础的信用货币作为本位币，由政府赋予本位币无限法偿能力并通过银行信用程序进入流通的货币制度。信用货币制度呈现以下特征：

（1）流通的货币主要是由现金和银行存款组成的信用货币。这些货币不规定含金量，不能兑换黄金，不建立金准备，所以它们本身并没有实际价值，而是作为一种价值的符号来充当商品交换的媒介，发挥货币的基本职能。

（2）各国货币的发行都受政府的管控，大都由国家授权的银行来进行。货币供应量不像金本位制下取决于一国的金银存储量，而是取决于政府对经济发展或其他因素的判断而制定的货币政策。货币投放过多会导致通货膨胀，物价飞涨；过少则会带来通货紧缩，物价下跌。

（3）货币通过信用程序投入流通领域，通过金融机构的业务投入流通。无论是现金还是存款货币，都是通过金融机构存款的存取，黄金、外汇和有价证券的买卖，银行贷款的发放等金融业务进入流通，这就完全有别于金属货币通过自由铸造进入流通的情况。

（4）国家对货币流通的调节对经济发展有着特定作用。因此，货币政策日益成为国家干预经济、实施宏观调控的重要手段之一。在当今经济社会，货币供给量的变化对经济的影响十分广泛。改变货币供给量，可以达到政府预定的经济目标。

（三）国际货币制度的发展演变

进入信用货币制度之后，国际货币制度经历了从布雷顿森林体系、牙买加体系到区域性货币体系的发展演变过程。

1. 布雷顿森林体系

1944 年 7 月,44 个同盟国一致通过了以美国《怀特方案》为基础的《国际货币基金协定》和《国际复兴开发银行协定》,总称《布雷顿森林协定》,从而形成了以美元为中心的国际货币体系,即布雷顿森林体系。布雷顿森林体系的内容主要包括:建立一个永久性的国际金融机构,即国际货币基金组织;规定以美元作为最主要的国际储备货币,实行美元－黄金本位制;国际货币基金组织向国际收支赤字国提供短期资金融通;取消外汇管制;制定了稀缺货币条款。

布雷顿森林体系形成后,国际货币基金组织和世界银行的活动对世界经济的恢复和发展起了积极作用。进入 20 世纪 60 年代后,随着美国经济实力相对减弱,在"特里芬难题"的影响下,美国国际收支逆差迅速增加,黄金储备大量外流。所谓特里芬难题,是指单一国别货币(如美元)充当世界货币时,该种货币将面临保持币值稳定和提供充分的国际清偿力之间的矛盾:若美国国际收支长期保持逆差,国际储备资产就会发生过剩现象,造成美元泛滥,进而导致美元危机;相反,若美国的国际收支长期保持顺差,国际储备资产就不能满足国际贸易发展的需要,就会发生美元短缺现象。从 1960 年起,美元危机迭起。为此,美国于 1971 年宣布实行"新经济政策",停止各国政府用美元向美国兑换黄金。1973 年美元危机中,美国再次宣布美元贬值,导致各国相继实行浮动汇率制,以代替固定汇率制,布雷顿森林体系崩溃。

2. 牙买加体系

1976 年 1 月,国际货币基金组织在牙买加首都金斯敦召开会议,达成了《牙买加协议》,逐渐形成牙买加体系。牙买加体系的内容主要包括如下四点:黄金非货币化、汇率多样化、提高特别提款权的国际储备地位、扩大对发展中国家的资金融通。

在牙买加体系下,国际经济交往继续得到发展。多元化的储备结构摆脱了布雷顿森林体系下各国货币间的僵硬关系,为国际经济提供了多种清偿货币。但随着形势的发展,牙买加体系的种种缺陷也逐渐暴露出来,进一步改革国际货币制度成为世界各国一致关注的问题。

3. 区域性货币体系

区域性货币体系,是指一定地区内的有关国家和地区在货币金融领域实行协调与结合,形成一个统一体,最终实现一个统一的货币体系。目前,在世界范围内已经出现了若干个货币联合体,其中欧洲经济与货币联盟最为完善和典型。

这些区域性货币体系形成的最重要的理论依据就是蒙代尔提出的"最适度货币区理论"。这个理论的主要内容是:在一些经济联系非常紧密,生产要素相对来说可以自由流动,经济发展水平差异不大的地区执行统一货币制度,可以节约交易成本,减少汇率风险。

区域性货币体系的作用大小受区域内经济协调性与各区域间信用基础影响。由于各国不能执行独立货币政策,只能遵守统一货币政策,因而区域性货币体系内经济政策缺乏协调性。区域性货币体系的信用基础不足,区域性货币的地位缺乏坚实的政治后盾和信用基础,这在很大程度上削弱了区域性货币体系的内在稳定性。

资料框 2-2

欧元与欧元体系

欧元是欧洲联盟中 20 个国家的货币。1999 年 1 月 1 日,欧元在欧洲联盟各成员国范围内正式发行。它是一种具有独立性和法定货币地位的超国家性质的货币。欧盟根据《马斯特里赫特条约》的规定,欧元于 2002 年 1 月 1 日起正式流通。

欧元的 20 个成员国是德国、法国、意大利、荷兰、比利时、卢森堡、爱尔兰、西班牙、葡萄牙、奥地利、芬兰、立陶宛、拉脱维亚、爱沙尼亚、斯洛伐克、斯洛文尼亚、希腊、马耳他、塞浦路斯、克罗地亚。2008 年 5 月,欧洲中央银行提出,欧洲央行和以欧元为货币的成员国国家中央银行构成欧元体系。欧洲中央银行是欧元体系的中央银行,它负责欧元的发行与流通,制定货币政策以保证欧元区的物价稳定。欧元区国家的中央银行参与欧元纸币和欧元硬币的印刷、铸造与发行,并负责欧元区支付系统的运作。2023 年 1 月 1 日,克罗地亚正式加入欧元区。

2016 年 6 月 23 日,英国举行了脱欧公投。公投结果显示,脱欧派胜出,英国随后终止其与欧盟(及其前身)长达 43 年的一体化关系。2020 年 1 月,欧盟正式批准了英国脱欧,同年 12 月,欧盟与英国就贸易在内的一系列合作关系达成协议。英国脱欧可能引发欧盟内其他国家效仿,欧盟内部将充满矛盾与不确定性,欧洲银行业的风险有所上升,欧盟经济复苏压力加大。2020 年年初暴发的全球新冠疫情,以及 2022 年暴发的俄乌冲突,给欧元区供应链造成了不小的冲击,加剧了欧洲制造商面临的财务困境并持续拖累欧元区疲软的经济增长。

资料来源:整理自欧盟官方网站。

三、我国现行的货币制度

1948 年,中国人民银行成立,同时发行人民币作为全国的统一货币,建立起了我国的人民币制度。人民币制度是一种信用货币制度。

(一) 人民币是我国唯一合法的通货,具有无限法偿能力

人民币作为中国人民银行发行的信用货币,没有法定含金量,也不能自由兑换黄金。人民币的单位是"元","元"是本位货币,辅币是"角""分",采用十进制。国家规定人民币限额出入国境,国内不允许金银外汇计价流通,一切货币收付、结算和外汇牌价均以人民币为支付手段。

(二) 人民币实行垄断发行

人民币的发行权集中于中央,实行高度统一的计划管理。人民币发行计划批准权属于国务院,中国人民银行在国务院批准额度内,在经济发行原则的指导下,组织年度的货币发行和货币回笼。

（三）人民币经常项目可自由兑换，将有序实现人民币资本项目可兑换

人民币已于 1996 年实现了在国际收支经常项目下的自由兑换，在国家统一规定下的国内外汇市场可自由买卖外汇。公民经国家外汇管理局批准后，可以携带一定金额人民币出境。2015 年 10 月党的十八届五中全会通过《中共中央关于制定国民经济和社会发展第十三个五年规划的建议》，提出：有序实现人民币资本项目可兑换，推动人民币加入特别提款权，成为可兑换、可自由使用的货币。人民币国际化取得积极进展，人民币可兑换、可自由使用程度不断提高。2022 年，党的二十大再次强调，有序推进人民币国际化。

（四）在特定历史条件下形成的特殊货币制度现象

由于历史原因，在现阶段我国的货币制度较为特殊，可以说是一种"一国四币"的特殊货币制度：中国大陆以人民币为本位币，中国香港和中国澳门在 1997 年及 1999 年回归后仍然维持原有的货币金融体制，分别使用港元（港币）和澳门元作为法定货币，而中国台湾地区则使用台币。四种货币各限于本地区流通，人民币与港元、澳门元之间按照以市场供求为基础决定的汇率进行兑换，澳门元与港元直接挂钩，新台币则主要与美元挂钩。

 相关链接：人民币加入 SDR，你的资产如何配置（视频）

资料框 2-3

人民币国际化

人民币在不断地走向国际化，这是市场驱动的过程，是伴随着中国的经济、跨境贸易和投资实力增强而逐步发生、发展的过程。一方面，人民币有我国当前强大的经济实力以及稳定的政治格局的强力支撑；另一方面，人民币本身币值稳定，具有良好的国际信誉。

近年来，人民币在周边国家和地区的流通主要分为三种类型。一是在中国的香港、澳门和台湾地区，随着经济联系日益密切，人民币的兑换和使用相当普遍。二是在中越、中俄、中朝、中缅、中老等边境地区，人民币的流通使用伴随着边境贸易、边民互市贸易、民间贸易和边境旅游业而不断发展。三是在新加坡、马来西亚、泰国、韩国等国家，人民币的流通使用伴随旅游业的兴起而不断发展。

在发达国家地区，人民币国际化的进程也在不断推进。在欧洲地区，英国已成为第二大离岸人民币清算中心。中英两国使用人民币开展的贸易合作不断增加。在美国等地区，伴随着经济全球化进程，中国政府努力拓展人民币的海外使用，吸引资金回流境内。2016 年中美经济对话，推进了人民币业务在北美地区开展和人民币国际化。

2015年11月30日,IMF正式宣布,人民币将于2016年10月1日纳入特别提款权(SDR)货币篮子,这是历史上第一次增加SDR篮子货币,各国央行持有的人民币资产被IMF承认为外汇储备,是人民币国际化的一个重要里程碑。《2021年人民币国际化报告》显示,2020年,人民币跨境收付金额合计为28.39万亿元,同比增长44.3%。其中,实收14.10万亿元,同比增长40.8%;实付14.29万亿元,同比增长48.0%,收付比为1:1.01,净流出1857.86亿元。人民币跨境收付占到同期本外币跨境收付总额的46.2%,为历史新高。2021年前6个月,人民币跨境收付金额为17.57万亿元,占同期本外币跨境收付总额的48.2%。人民币在国际上得到广泛认可,并发挥着结算、投融资、储备货币等作用,人民币国际化的进程将会不断推进。

资料来源:中国人民银行网站。

基 本 概 念

货币　　信用货币　　货币职能　　货币层次　　格雷欣法则　　特里芬难题
信用货币制度

即 测 即 评

复习思考题

1. 简述货币起源的主要思想。
2. 简述货币形态的演变过程。
3. 货币职能有哪些?
4. 货币层次划分的标准是什么?我国的货币层次是如何划分的?
5. 货币制度构成的基本要素有哪些?
6. 简述我国现行货币制度。

第三章
利率

当一定时期的利率水平降低到不能再低时,货币需求弹性就会变得无限大,即无论增加多少货币,都会被人们储存起来。

——凯恩斯

本章学习目标

1. 掌握信用、利息及利率的含义。
2. 掌握单利法和复利法的计算。
3. 熟悉各种收益率的计算。
4. 掌握影响利率水平的因素。
5. 掌握利率的决定理论。
6. 掌握我国的利率市场化改革。
7. 了解利率的风险结构和期限结构。

第一节　信用、利息与利率

一、信用

(一) 信用的含义

经济范畴的信用是一种以偿还本金和支付利息为条件的借贷行为,其特征是货币或商品的所有者将其货币或商品暂时转让给他人使用,借贷双方约定期限,借者按期归还本金,并支付给贷者一定利息。

（二）信用的特征

1. 信用是货币（商品）使用权的暂时让渡

信用关系是一种债权债务关系，是债权人在一定时期内将一定数量的实物或一定数额的货币使用权暂时让渡给债务人。

2. 债务偿还性

实物和货币的暂时让渡是以偿还为先决条件的。债权人贷出的实物或货币资金，要求在信用关系到期时，按一定方式得到返还。也就是说，债权人有到期追索其债权的权利，同样，债务人也有到期偿还所借债务的义务。

3. 债权收益性

信用关系建立在有偿的基础上，也就是说，债权人在让渡实物或货币的使用权时，要求在归还时有一定的增值或附加额。

4. 信用活动风险性

信用活动风险性是指债务人到期不能按期足额归还债权人的本金和利息的可能性。债权人到期能否收回本金，很大程度上取决于债务人的信誉和能力、国家法律制度的完善程度以及社会道德规范，从而具有很大的不确定性。

（三）信用的形式

信用是在商品货币经济有了一定发展的基础上产生的。早期的信用活动大部分属于高利贷信用。经过较长的历史演变，随着商品货币经济的发展，尤其是随着市场经济在全球经济中占主体地位，信用形态发展为多种现代信用形式并存，即高利贷信用、商业信用、银行信用、国家信用、消费信用、国际信用等。

1. 高利贷信用

高利贷信用是指以通过贷放货币或实物而获取高额利息为特征的借贷活动。早期的信贷活动大部分属于高利贷形式，具有利率高、剥削重的特点，是广泛存在于奴隶社会和封建社会的一种古老的信用关系。私有制与商品交换的出现是高利贷产生的根源。小生产者的广泛存在是高利贷信用存在和发展的经济基础。

高利贷的贷款者包括商人和货币经营者、寺庙、教堂和修道院以及奴隶主、封建贵族等。借款者包括统治阶级和小生产者。马克思在对高利贷作定性分析的时候曾指出，将所借资金投入非生产领域和贷款者对货币资金增值额的要求违反社会平均利润分配规律是高利贷活动的两个特征和衡量标准。

随着商品经济的发展，现代信用在资本主义社会中得到了极大发展，并在社会主义社会中得到快速的发展与完善。但高利贷信用在特定时期或特定地区仍然可能因为资金供求关系紧张而存在。由于信用活动越来越多地出现在现代经济生活中，有人把现在的经济称作"信用经济"，足见信用活动在现代经济生活中的重要地位和作用。

现代信用形式多种多样，按照不同的划分标准，信用可以有不同的表现形式。按照授受主体，可以分为商业信用、银行信用和国家信用等；按照信用用途，可以分为生产信用与消费信用等。

2. 商业信用

商业信用是指企业单位之间在买卖商品时,以延期付款或预付货款的形式提供的信用。它是以商品形态提供的信用,有着多样的具体形式,如赊销赊购、分期付款、预付货款等。

由于商业信用直接以商品生产和流通为基础,并为商品生产和流通服务,所以商业信用对于加速资金的循环和周转,促进生产和流通的发展,具有重要作用。但商业信用有其自身局限性:第一,规模上和数量上的局限性。商业信用的最高限度仅仅是工商企业现有资金的利用,数量有限。第二,方向上的局限性。它只能向商品直接需求者提供信用,或者需求者向供给者预付货款。第三,信用能力上的局限性。企业之间在发生商业信用时需要了解相互之间的信用能力。第四,期限上的局限性。商业信用只适用于短期借贷。

3. 银行信用

银行信用是指银行及其他金融机构以货币形式,通过存款、贷款等业务提供的信用。它是现代信用经济中的重要形式,是在商业信用基础上产生并发展起来的,并克服了商业信用的局限性。

银行信用具有以下三个特点:第一,银行信用的债权人主要是银行,也包括其他金融机构;债务人主要是从事商品生产和流通的工商企业和个人。第二,银行信用的客体是单一货币资金。这一特点使得银行信用克服了商业信用在规模上、数量上和方向上的限制。第三,银行信用的能力和作用范围大大提高。由于银行与社会发生广泛的信用关系,利用社会资金能力强,具有众多的机构和较高的稳定性和信誉,相比商业信用大大提高了信用能力和作用范围。银行信用在整个经济社会信用体系中占据着核心地位,发挥着主导作用。虽然银行信用成了现代经济中信用的主要形式,但是它不能完全代替商业信用,二者之间可能存在密切的联系。

4. 国家信用

国家信用是指以国家和地方政府为债务人而形成的一种信用形式。国家信用包括内债和外债两种。国家以债务人身份向本国居民、企业、团体取得的信用,形成国家的内债。国家以债务人身份向外国居民、企业、团体和政府取得的信用,形成国家的外债。

国家信用与商业信用、银行信用不同,它与生产流通过程无密切联系,国家利用这种形式筹措资金,可以发挥以下特殊的作用。首先,国家信用可以调剂政府收支短期不平衡。一国财政收支在财政年度内,常因先支后收而发生暂时的不平衡,这样就可以借助发行国库券这种短期债券解决收支矛盾。其次,国家信用可以弥补财政赤字。由于各种原因,政府经常出现较大的财政赤字,为了弥补财政赤字,不得不经常发行国债。最后,国家信用可以协调经济发展。政府通过发行各种长期和短期债券,有效地引导社会资源在国民经济各个部门之间的合理流动,从而促进经济的协调发展。

5. 消费信用

消费信用是指工商企业或金融机构向消费者个人提供的、用于满足其生活消费需要的信用。现代经济中的消费信用是与商品,特别是耐用消费品的销售紧密联系在一起的。消费信用方式一般包括赊销、分期付款、消费信贷三种。

消费信用的一个十分重要的工具就是信用卡。信用卡是银行(或信用卡公司)对具有一定信用的顾客发行的一种赋予信用的证书。信用卡的基本功能包括转账结算、储蓄、汇兑、消费贷款等。

6. 国际信用

国际信用是指各国政府或者金融机构之间相互提供的信用,是国际经济发展过程中资金运动的主要形式,主要包括出口信贷、政府信贷、国际金融机构信贷、补偿贸易等。随着世界经济和贸易全球化的不断推进,国内的商业信用、银行信用、国家信用等扩展到了世界范围,并呈蓬勃发展之势。国际信用日益成为国际结算、扩大进出口贸易、加强国际交往的重要工具。

(四)信用工具

1. 信用工具的含义

信用工具是指以书面形式发行和流通、借以保证债权人或投资人权利的凭证。信用工具是一种证明债权债务或所有权关系的信用凭证,是具有法律效力的契约,一般注明交易金额、偿还债务的具体条件。

2. 信用工具的分类(具体内容参见第五章金融市场)

(1)按信用工具的性质分为债权凭证和所有权凭证。

债权凭证代表了持有人即债权人对发行人即债务人的债权。债权人可以在约定期限要求还本付息,故债权凭证也称为约定证券,如国库券、公司债券、支票、汇票等。

所有权凭证也称权益证券,代表了持有人即股东对企业的所有权,持有人分享企业盈利也承担风险,只有股票一种。所有权凭证表明资金的投入并非取得债权而是所有权,因而无权据以索要本金,只可以在必要时通过转让所有权,即以出售证券的方式收回本金。

(2)按信用工具的期限分为短期信用工具和长期信用工具。

短期信用工具也称货币市场信用工具,通常是指期限在一年以下(含1年)的信用工具,包括国库券、商业票据、银行票据、支票以及信用证等。

长期信用工具也称资本市场工具,通常是指期限在一年以上的信用工具,包括股票和中长期债券等。

(3)按信用工具发行者的性质分为直接信用工具和间接信用工具。

直接信用是指资金短缺单位非金融机构(债务人)在金融市场上从资金盈余单位(债权人)那里直接融通货币资金的信用形式。最常见的直接信用工具是股票和债券。金融中介在直接信用活动中的作用由它参与直接信用活动的具体方式决定,如果是充当投融资双方的交易中介,则只赚取佣金和其他服务收入,不承担投资风险;如果是直接以债权人或债务人身份进入金融市场参与投融资活动,则会赚取投资收益并承担投资风险。

间接信用是指资金盈余单位把资金存放(或投资)到银行等金融中介机构,再由这些机构以贷款或证券投资的形式将资金转移到资金短缺单位手中的信用形式。间接信用工具主要包括存款单、可转让存单等。

二、利息

(一) 利息的含义

利息是货币资金的所有者在不改变所有权的前提下,在一定期限内因让渡货币资金的使用权而从借款者那里取得的一种报酬。在商品经济中,利息是与信用相伴随的一个经济范畴。在信用活动中,货币所有者在一定条件下让渡货币资本的使用权,货币使用者到期偿还借款时还必须支付一个增加额,这个增加额就是利息。通俗地讲,利息是借贷资金的价格,是借贷资金的增值额。因此,从外在形式上看,利息是借款人支付给贷款人超过本金的那部分金额;从利息与借贷过程的内在规定性来看,利息是借贷活动存在和发展的基本条件。对货币贷出者来说,利息是贷款人让渡货币资金使用权而获得的报酬;对货币借入者来说,利息是借款人取得货币资金使用权而付出的代价。

(二) 利息本质理论

1. 古典经济学的利息本质理论

古典经济学的利息本质理论中比较有影响力的主要有:威廉·配第与约翰·洛克的"利息报酬说",达德利·诺思的"资本租金论(资本余缺论)",坎蒂隆的"利息是货币价格"理论和亚当·斯密的"利息剩余价值说"。

2. 近代西方经济学的利息本质理论

(1) 西尼尔的"节欲论"。西尼尔认为,工资是工人劳动的报酬,利润则是资本家节欲的报酬。工人放弃自己的安逸和休息而去劳动,这就是做了牺牲,工资就是这种牺牲的报酬。资本家放弃了货币资本的个人消费,利润就是这种牺牲的报酬。

(2) 庞巴维克的"时差利息说"。庞巴维克认为利息是由现在物品与未来物品之间在价值上的差别所产生的,人们主观评价现在物品要比同类等量的未来物品具有更大的价值,二者之间存在着价值时差,利息是对价值时差的一种补偿。

(3) 凯恩斯的"流动性偏好说"。英国经济学家凯恩斯把利息作为人们放弃流动性偏好的报酬。他认为,人们有以货币形式保持财富的心理倾向,即持有货币这种流动性最强的财富形式的偏好。流动性偏好的强弱程度,取决于保持货币而得到的效用与放弃货币而得到的收益的比较。于是,利息成了一定时期内放弃流动性的报酬。

3. 马克思利息本质学说

马克思从借贷资本运动过程来分析利息的来源并揭示利息的本质。在资本主义制度下,借贷资本从产业资本循环过程中形成,反过来又服务于产业资本的再生产,它是一种独立存在的货币形态的资本,经过借贷过程,产生利息。产业资本家为了扩大再生产,获得更多的利润,从借贷资本家那里借入一部分货币资本,将其投入生产过程,在生产过程中雇佣工人并占有他们的剩余劳动,从而获得利润。到期归还所借货币资本时,就必须把所得利润的一部分以利息形式支付给借贷资本家。这样,利润就被分割成两部分,产业资本家所留的部分是企业的纯利润,借贷资本家收取的部分是利息。因此,利息是工人在生产过程中创造的归货币资本家占有的剩余价值的部分,资本利息的实质是剩余价值的转化形式,体现了借贷双方资本家共同剥削雇佣工人所创造的剩余价值的信用关系。

三、利率的含义和分类

(一)利率的含义

利率是利息率的简称。它是指借贷期内所形成的利息额与所贷资金额(本金)的比率,因此,利率也可视为货币资产的价格,反映利息水平的高低。用公式表示为:

$$i = \frac{\Delta p}{p} \qquad (3-1)$$

式中:i 为利息率;

p 为本金;

Δp 为本金的增值额即利息。

但是,利率这种货币资产价格与一般商品价格不同的是,支付一般商品价格购买的是商品的所有权,而支付利息获得的仅仅是货币在一段时间内的使用权。因此,借款不仅要支付利息,而且要归还本金。

(二)利率的分类

利率的种类繁多,体系庞杂,可以从不同角度进行分析。按照不同的标准可以将利率划分为不同的种类,本书将对几种主要利率类别进行介绍。

1. 实际利率与名义利率

实际利率是指物价不变,从而货币购买力不变条件下的利率。实际利率又分为事前实际利率和事后实际利率。事前实际利率是指依据预期物价水平变动调整的利率。事后实际利率是指依据实际价格水平变动调整的利率。名义利率是指包括通货膨胀风险补偿的利率,计算公式为:

$$i = r + p \qquad (3-2)$$

式中:i 为名义利率;

r 为实际利率;

p 为借贷期内通货膨胀率。

但是通货膨胀对于利息部分也有使其贬值的影响。因此,名义利率应向上调整,可写成:

$$i = (1 + r)(1 + p) - 1 \qquad (3-3)$$

从式 3-3 可以推出实际利率计算公式:

$$r = \frac{1 + i}{1 + p} - 1 \qquad (3-4)$$

式 3-4 是国际上通用的实际利率计算公式。

资料框 3-1

负 利 率

负利率分为名义负利率和实际负利率。实际负利率是指通货膨胀率高过银行存款利率,物价指数(CPI)快速攀升,导致银行存款利率实际为负。名义负利率是指存款利率为负值,理论上现实生活中应该不存在这种情况,但是近年来负利率作为一个热词出现在我们的视野中,最开始主要包含作为货币政策工具的负利率和国债二级市场交易形成的负利率。作为货币政策工具的负利率是指对于商业银行存放在中央银行的超额准备金,中央银行不但不付利息,还要收取一定的费用。国债二级市场交易形成的负利率是指前述负利率通过影响商业银行行为,传导至国债二级市场,随着收益率曲线不断下移,二级市场的负利率再次传导至国债发行市场。

国际金融危机之后,一些发达经济体的中央银行开始将负利率作为非传统货币宽松的政策手段之一,想通过负利率刺激消费和投资的增长,从而实现经济的提振。本轮负利率政策的实施始于丹麦中央银行,其 2012 年 7 月开始对金融机构在丹麦中央银行的定期存款利率(通常期限为一周)下调至 -0.2%;2014 年 6 月欧洲中央银行已连续四次下调隔夜存款利率至 -0.4% 的水平;2015 年 1 月 22 日起,瑞士中央银行为活期存款账户设定的利率水平为 -0.75%,从而瑞士中央银行的利率走廊区间变为 -1.25% 至 -0.25%;2015 年 2 月瑞典中央银行首次将主要利率下调至负值,并于 2015 年两次深化负利率政策;2016 年 1 月 29 日,日本中央银行引入"负利率下的 QQE"政策,实施三级利率体系,采取 -0.1% 的利率,成为亚洲首个实施负利率的国家。

资料来源:孟祥娟.负利率政策:故事的开始即是无奈[EB/OL].证券之星网,2016-10-21.

2. 年利率、月利率与日利率

按照计算利息的期限单位不同,利率可以划分为年利率、月利率和日利率。年利率是以年为计算单位,一般以本金的百分之几表示,称为年息几厘。如贷出货币资本 1 万元,一年获利 520 元,年息就是 5.2%,惯称为 5 厘 2 毫。月利率以月为计算单位,一般以本金的千分之几表示,称为月息几厘。日利率习惯叫"拆息",是以日为计算单位,一般以本金的万分之几表示,称为日息几厘。在实际应用中,年利率与月利率使用比较广泛,而日利率主要应用于大型企业、银行、证券公司或其他非金融机构进行大笔的短期投融资过程中。因为与这些机构相关的资金量特别大,即使日利率比较低,但由于基数大,日利息仍然可观,在财务处理中不容忽视。

3. 基准利率与一般利率

基准利率是整个金融市场上以及整个利率体系中具有普遍参照作用和决定作用的利率,处于关键地位。其他利率随基准利率的变动而变动,这些其他利率就是一般利率。不同的国家在同一时期或者同一国家在不同时期,基准利率都有可能不一样。很长一段时间里,西方国家一般以银行间报价利率(IBOR)作为基准利率。其中伦敦银行间同业拆放利率(LIBOR,2022 年 1 月 1 日起终止部分报价)曾是世界金融市场上最重要的基准利率。目前各国推进基准利率改革的模式主要有两种：一种是以美国和英国为代表的经济体，采取无风险基准利率（RFRs），完全替代之前的 IBOR 类基准利率，比如美国的有担保隔夜融资利率（SOFR）、英国的英镑隔夜平均指数（SONIA）；另一种是以欧元区和日本为代表的经济体，引入 RFRs 的同时，对现有 IBOR 报价机制进行改革，提高 IBOR 报价的可靠性，允许多个基准利率并存。中国在利率市场改革进程中，高度重视基准利率体系建设，积极培育发布基于实际交易的拆借利率和回购利率作为基准利率。

4. 其他

根据信用行为期限不同，利率分为长期利率与短期利率。一般来说，一年以下（含一年）的信用行为通常叫短期信用行为，相应的利率则是短期利率，如短期资金市场的国库券利率、票据贴现利率、银行短期存贷款利率及拆借利率等。一年以上的信用行为通常叫长期信用行为，相应的利率则是长期利率，如资本市场上的长期债券利率、长期抵押贷款利率等。总体而言，长期利率水平高于短期利率水平。

根据确定方式不同，利率分为市场利率、官定利率和公定利率。市场利率是在借贷市场中，由借贷资金的供求关系直接决定、不受非市场因素限制的利率。官定利率是一国政府金融管理部门或者中央银行确定的利率，它是国家为了实现宏观调控目标的一种政策手段，例如中央银行的再贴现率就是典型的官定利率。公定利率是介乎市场利率与官定利率之间、由非政府部门的金融行业自律性组织（如银行公会）所确定的利率，这种利率对其会员银行具有约束性。官定利率、公定利率与市场利率有着密切的关系。

根据利率是否变动，利率分为固定利率和浮动利率。固定利率是在借贷期内不做调整的利率。实行固定利率，对于借贷双方准确计算成本与收益十分方便。但是当币值发生波动时，固定利率的计息方式可能严重影响债权人或债务人的收益。比如，通货膨胀严重时，实行固定利率，不利于债权人，尤其是长期放款的债权人损失更多，因此，固定利率一般适用于短期借贷。对于长期借贷，借贷双方更愿意采用浮动利率。浮动利率是指在借贷期内，可随市场资金供求状况的变化定期调整的利率。根据借贷双方的协议，由一方在规定时间依据某种市场利率进行调整，一般调整期为半年。实行浮动利率，可以使借贷双方承担的利率变化风险较小，利息负担也较公平。

利率各种分类之间是相互交叉的。例如，两年期的居民储蓄存款利率为 2.25%，这一利率既是年利率，又是固定利率、名义利率与长期利率。在任何时间段，市场都会存在着各类利率，并且各类利率之间和各类利率内部相互影响、相互制约，从而构成一国利率体系的有机整体。

第二节　利率的计算

一、货币的时间价值

货币的时间价值是指货币经历一定时间的投资和再投资所增加的价值，即当前所持有的一定量的货币比未来获得的等量货币具有更高的价值。在商品经济中，货币的时间价值是客观存在的。例如，将资金存入银行可以获得利息，将资金运用于公司的经营活动可以获得利润,将资金用于投资可以获得投资收益。这种由于资金运用实现的利息、利润或投资收益就表现为货币的时间价值。货币的时间价值之所以存在,主要是因为:

(1) 货币可以满足当前的消费或用于投资产生回报,货币占用具有机会成本;

(2) 通货膨胀会使货币贬值;

(3) 投资有风险,需要提供风险补偿。

由于货币具有时间价值,今天的 500 元和一年后的 500 元是不等值的。今天将 500 元存入银行,在银行利率为 10% 的情况下,一年以后会得到 550 元,多出的 50 元利息就是 500 元经过一年时间的投资所增加的价值,即货币的时间价值。显然,今天的 500 元与一年后的 550 元相等,500 元和 550 元是处于不同时间点的资金,一般用现值(Present Value,PV)和终值(Future Value,FV)两个概念表示不同时期的货币价值。由于不同时间资金的价值不具有可比性,所以在进行资金价值大小对比时,必须将不同时间的资金折算为同一时间。

二、单利法和复利法

利息的计算有两种基本方法,即单利法和复利法。

(一) 单利法

单利法是指在计算利息额时,不论期限长短,仅按本金计算利息,所生利息不再加入本金重复计算。单利计算方法简单,一般适用于短期信贷。其计算公式为:

$$I = P \times i \times t \tag{3-5}$$

式中:I 为利息额;

P 为本金;

i 为利率;

t 为时间。

若用终值 FV 代表本金和利息之和即"本利和",则可用公式表示为:

$$FV = P + I = P + P \times i \times t = P(1 + i \times t) \tag{3-6}$$

例 3.1 甲借给乙 1 000 元,年利率为 10%,按单利法计算,三年后乙一共需要偿还多少钱?

$$FV = 1\,000 \times (1 + 10\% \times 3) = 1\,300 (元)$$

(二) 复利法

复利法与单利法相对应,是指在计算利息时,要按一定期限,将所得利息作为新的本金继续计算,逐期滚算,即"利生利""利滚利"。其计算公式为:

$$FV = P(1 + i)^n \tag{3-7}$$

$$I = FV - P \tag{3-8}$$

式中:P 为本金;

FV 为本利和;

n 为期数。

例 3.2　甲借给乙 1 000 元,三年后要求乙偿还本金和利息,如果年利率为 10%,按年复利,那么三年后乙一共需要偿还多少钱?

$$FV = P(1+i)^n = 1\,000(1+10\%)^3 = 1\,331(元)$$

通过比较单利法和复利法计算的公式,我们可以发现:用单利法计算利息手续简便,易于计算借款成本,有利于减轻借款者的利息负担,对借款者相对有利。用复利法计算利息,程序相对复杂,复利计息资金的贷出方实际上获利更多,但增加了借款者的利息负担。

（三）现值和终值

通常用复利法计算货币的时间价值,即现值与终值。现值是指未来货币现在的价值。如在年利率为 5% 的条件下,年初将 500 元存入银行,10 年后从银行一次性取出 814.45 元,那么存入银行的这笔资金就是现值(如图 3-1 所示)。也就是说,10 年后的 814.45 元现在值 500 元,这个过程也被称为对未来的贴现。

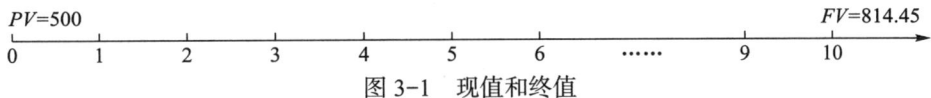

图 3-1　现值和终值

终值是指未来某个时间点的价值,即一笔资金按照一定的利率复利计息,经过若干时期后包括本金和时间价值在内的未来价值。

例 3.3　现值 500 元在年利率 5% 的条件下,10 年后的终值是多少?

$$FV = 500 \times (1+5\%)^{10} = 814.45(元)$$

通过上述过程发现,现值(PV)和终值(FV)是两个互逆的过程,而且现值和终值之间存在下述关系:

$$PV = \frac{FV}{(1+i)^n} \quad 或 \quad FV = PV \times (1+i)^n \tag{3-9}$$

式中:i 为利率;

n 为时间。

从公式可以看出现值和终值主要受到利率和时间的影响。而一笔资金的时间价值其实就是终值和现值之间的差值,所以影响货币时间价值关键的因素就是利率和时间。

（四）连续复利法与有效年利率

在复利计算中,利率周期通常以年为单位,它可以与计息周期相同,也可以不同。当计息周期小于一年时,就出现了名义利率和有效年利率的概念。有效年利率是指按照给定的计息期利率和每年复利次数(m)计算利息时,能够产生相同结果的每年复利 m 次的年利率。假设 i 表示名义利率,m 表示一年内复利次数,有效年利率用 EAR 表示,则:

$$EAR = \left(1 + \frac{i}{m}\right)^m - 1 \tag{3-10}$$

例 3.4　假设年初投资 5 万元,名义年利率为 12%,那么,按照半年、季度、月度复利的有效年利率分别是多少?

$$EAR_{半年} = \left(1 + \frac{12\%}{2}\right)^2 - 1 = 12.36\%$$

$$EAR_{季度} = \left(1 + \frac{12\%}{4}\right)^4 - 1 = 12.55\%$$

$$EAR_{月度} = \left(1 + \frac{12\%}{12}\right)^{12} - 1 = 12.68\%$$

在名义利率相同的情况下,复利频率不同,有效年利率也不同。随着复利次数的增加,有效年利率也会不断增加,但是增加的速度会越来越慢。当复利期间变得无限小的时候,相当于连续计算复利,被称为连续复利计算,则计算连续复利终值的公式为:

$$FV = PV \times e^{i \times t} \tag{3-11}$$

式中:e 为自然对数的底数,约等于 2.718 2;

i 为名义年利率;

t 为时间(以年为计量单位)。

例 3.5 年初投资 5 万元,年利率为 12%,那么,1 年后的连续复利终值是多少?

$$EAR_{连续} = 50\ 000 \times 2.718\ 2^{0.12} = 56\ 374.64(元)$$

三、年化收益率

理财产品中会经常接触到年化收益率的概念,尤其是银行推出的各类存款类理财产品广泛地使用高年化收益率来吸引投资者的眼球。虽然年化收益率和利率的表现方式很像,但两者区别很大。利率就是指一定期限内实际利息额与存(贷)款本金的比率。如年利率为 3.5%,就是指一笔钱投资一年实际收益的比率为 3.5%。而年化收益率是把当前收益率(日收益率、周收益率、月收益率)换算成年收益率来计算的,是一种理论收益率,并不是真正能够取得的收益率。年化收益率下实际收益的计算公式为:

$$R = P \times r_{年化} \times \frac{D}{365} \tag{3-12}$$

式中:R 为实际收益;

P 为本金;

D 为实际期限;

$r_{年化}$ 为年化收益率。

例 3.6 如某银行推出期限为 60 天、年化收益率为 3.5% 的固定收益理财产品,如果购买了 10 万元的理财产品,实际上到期后能收到的利息是多少?

$$R = 100\ 000 \times 3.5\% \times \frac{60}{365} = 575.34(元)$$

式 3-12 的计算只是针对固定收益产品。在浮动收益产品中,年化收益率只是未来短期内收益率的参考,不能够作为投资的实际收益率。如 7 日年化收益率,又叫 7 日预期年化收益率,它是过去最近 7 日的平均收益水平进行年化以后得出的数据。随着市场行情的变化,收益率会发生变化,对应的年化收益率也会变动。这种情况下,就只能到年终的时候才能计算出真实的年收益率。

无论是固定年化收益率,还是浮动年化收益率,都只是一个短期收益的年化显示,只有在未来收益都能一直保持不变的情况下,年化收益率才会等于年收益率。投资者在看到某理财产品标明高年化收益率时不要太过追崇,一旦未来收益率下跌,那么预期年化收益率就毫无意义了。

四、到期收益率

在经济学中,利率最准确的计量指标就是到期收益率。当经济学家使用利率一词时,他们指的就是到期收益率。到期收益率就是使债务工具所有未来收益的现值与其现在的价值相等的贴现率,通常到期收益率就是以年收益率为基准。为更好地理解到期收益率的含义,下文以普通贷款、固定支付贷款、息票债券和贴现发行债券四种不同本息偿付方式的信用市场工具为例分别计算到期收益率。

(一)普通贷款

普通贷款是指贷款人向借款人提供一定数量的资金,借款人在到期日向贷款人还本付息。许多货币市场信用工具采用这种偿付方式。

例3.7 某银行向某企业发放1 000万元的商业贷款,要求1年后共偿付1 100万元。令1年后偿付的1 100万元的现值与现在借入的1 000万元相等,那么到期收益率计算如下:

$$PV = \frac{FV}{(1+i)^n} \tag{3-13}$$

式中:PV 为贷款的金额,即 FV 的现值;

　　　FV 为偿付的金额;

　　　n 为借款年数。

$$1\ 000 = \frac{1\ 100}{1+i}$$

计算得出 $i=10\%$,即到期收益率为 10%。

(二)固定支付贷款

固定支付贷款,也被称为分期偿还贷款,即贷款人向借款人提供一定金额的贷款,在到期日之前,借款人每经过相同的时间间隔都要向贷款人偿还相同的金额,在到期日刚好把所有的本金和利息都偿还完。房屋抵押贷款的分期付款就是典型的例子。

例3.8 王小姐购置一处新房,需要向银行贷款600万元,要求在未来的24年内每年偿还43.38万元。令每年偿还金额的现值之和与该房屋现在的价格相等。

$$PV = \frac{43.38}{1+i} + \frac{43.38}{(1+i)^2} + \cdots + \frac{43.38}{(1+i)^{24}} = 600(万元)$$

通过计算得出 $i=5\%$,即到期收益率为 5%。

固定支付贷款的到期收益率计算公式如下:

$$PV = \frac{FP}{1+i} + \frac{FP}{(1+i)^2} + \cdots + \frac{FP}{(1+i)^n} \qquad (3-14)$$

式中:PV 为贷款的金额;

$\quad FP$ 为偿付的金额;

$\quad n$ 为借款年数。

这个计算过程比较复杂,现实生活中通常使用财务计算器来实现。

(三) 息票债券

息票债券,该种债券的发行人在到期日之前,每年向债券持有人支付固定金额的票面利息,在到期日再一次性归还债券的票面价值。息票债券的到期收益率计算方法与固定支付贷款的相似,债券的现值就等于每年支付的利息的现值与到期日支付的票面价值的现值之和。

例 3.9   现在的价格为 1 000 元、5 年到期、每年偿付的固定利息为 158 元的债券,到期后再偿还债券的面值 1 000 元。令该债券所有偿付额的现值与债券现在的价格相等。

$$PV = \frac{158}{1+i} + \frac{158}{(1+i)^2} + \cdots + \frac{158}{(1+i)^5} + \frac{1\,000}{(1+i)^5} = 1\,000\,(\text{元})$$

通过计算得出 $i = 15.8\%$,即到期收益率为 15.8%。

息票债券的到期收益率计算公式如下:

$$PV = \frac{C}{1+i} + \frac{C}{(1+i)^2} + \cdots + \frac{C}{(1+i)^n} + \frac{F}{(1+i)^n} \qquad (3-15)$$

式中:PV 为息票债券的现值;

$\quad C$ 为每年的息票利息;

$\quad F$ 为债券的面值;

$\quad n$ 为借款年数。

(四) 贴现发行债券

贴现发行债券,即债券的发行人以低于债券面值的价格出售给债券购买者,在到期日按照债券的面值偿付持券人,其间不支付任何利息,因此又被称为零息债券。贴现发行债券的到期收益率的计算方法与普通贷款的相似,即到期偿付的面值的现值与该种债券现在的购买价格相等。

例 3.10   5 年期的国债,售价为 620.92 元,票面价值为 1 000 元,该贴现发行债券的到期收益率计算就是令票面金额的现值与该债券的售价相等。

$$PV = \frac{1\,000}{(1+i)^5} = 620.92\,(\text{元})$$

通过计算得出 $i = 10\%$,即到期收益率为 10%。

贴现发行债券的到期收益率计算公式如下:

$$PV = \frac{F}{(1+i)^n} \qquad (3-16)$$

式中：PV 为贴现债券的售价；

F 为贴现债券的面值；

n 为借款年数。

例 3.11 一年期的贴现发行债券，面值 1 000 元，如果售价是 900 元，它的到期收益率是多少？

$$900 = \frac{1\ 000}{1+i}$$

即：$i = \dfrac{1\ 000 - 900}{900} = 11.1\%$

通过计算得出 $i = 11.1\%$，即到期收益率为 11.1%。

如果贴现发行债券的时间小于 1 年或者等于 1 年，其到期收益率的计算公式都可以写成：

$$i = \frac{F - PV}{PV} \tag{3-17}$$

通过推算，可以看出 1 年期的贴现发行债券收益率计算公式是式 3-16 中当 $n=1$ 时的特例。

五、持有期收益率

在涉及利率问题的分析中，通常会遇到持有期收益率这一概念。有的时候持有期收益率就是利率，如银行 1 年期定期存款的利率为 2.75%，那么将资金存入银行，1 年后的收益率就是其利率 2.75%。但很多时候持有期收益率与利率并不相同。在实际投资过程中，真正能够衡量投资人在一定时期内持有某种有价证券所获收益多少的指标是持有期收益率。持有期收益率是指投入一定的资金之后，在未来的一段时间内，所有的收益减去初始投资的部分占初始投资的比率。

对于任何有价证券而言，收益都包括两部分：利息收入和有价证券价值的变动带来的收益。因此，持有期收益率就是有价证券持有人的利息收入和有价证券价值变动的总和占购买价格的比率。在时间 t 到时间 $t+1$ 期间，持有一种债券的持有期收益率的表达式为：

$$i = \frac{C + P_{t+1} - P_t}{P_t} = \frac{C}{P_t} + \frac{P_{t+1} - P_t}{P_t} \tag{3-18}$$

式中：i 为时间 t 到时间 $t+1$ 期间持有债券的收益率；

C 为时间间隔内的利息；

P_{t+1} 和 P_t 分别为时间 $t+1$ 和 t 的债券价格。

通过对公式的分解，发现持有期收益率由两项构成：第一项是当期的收益率，即利息除以购买价格；第二项是资本利得率，即债券价格相对初始价格的变动。

例 3.12 现在的价格为 1 000 元、5 年后到期、每年偿付的固定利息为 158 元的息票债券，一年以后以 1 050 元的价格卖出，则持有该债券 1 年的收益率是多少？

$$\frac{158 + (1\ 050 - 1\ 000)}{1\ 000} \times 100\% = 20.8\%$$

通过例题不难发现,持有期收益率是针对持有期间而言的,并不只是考虑票面的收益。

如果投资者持有债券的期限为多年,考虑到复利的作用,则年均持有期收益率的计算公式如下:

$$\sum_{i=1}^{T} = \frac{C}{(1+y_{HP})^i} + \frac{P_T}{(1+y_{HP})^T} - P = 0 \tag{3-19}$$

式中: P 为债券购买的价格;

P_T 为债券的出售价格;

y_{HP} 为该债券的持有期收益率。

相关链接:货币时间价值的应用——年金

已知 P、C、P_T 和 T,就可以用财务计算器算出该债券的持有期收益率 y_{HP}。此时持有期收益率就是使投资者持有债券期间获得的各个现金流的净现值等于零的贴现率。

第三节　利率的决定

一、影响利率水平的因素

确定合理的利率水平是运用利率杠杆调节经济的关键环节。然而,确定利率水平并不是人们的单纯主观行为,必须遵循客观经济规律的要求,综合考虑影响利率变动的各种因素,并根据经济发展和资金供求状况灵活调整。影响利率的因素极为复杂,最主要的有以下方面。

(一) 社会平均利润率

利息是借款人将借入资金所创造的利润的一部分支付给贷款人的报酬,而借款人在借入资金后进行的生产过程中,由于社会竞争的结果只能得到社会平均利润率水平的利润。因此,社会平均利润率就成为决定和影响利率水平的基本因素。

当资本量一定时,平均利润率的高低决定着利润总量大小。若平均利润率较高,借款人得到的利润总量就大,能够支付给贷款人的利息也就较多;反之,若平均利润率较低,借款人得到的利润总量就小,能够支付给贷款人的利息相应也就较少。

(二) 借贷资金的供求关系

利率是借贷资金的"价格",它必然会随着借贷资金市场供求关系的变化而变化。这是市场经济的基本规律。

在成熟的市场经济条件下,当借贷资金市场上资金供不应求时,利率水平会上升;相反,当资金供过于求时,利率水平就会下降。利率水平的这种变化反映着借贷资金市场上资金的供求状况,同时也调节着借贷资金市场上资金的供求状况。也正因为如此,国家才常常通过调整利率政策来调节资金的供求状况。

此外,借贷资金市场的资金供求状况对利率水平的影响和决定作用与该国市场经济的发展程度也有着十分密切的联系。一般来讲,市场经济发达的国家,利率水平受借贷资金供求状况的影响比较大;反之,市场经济不发达或欠发达的国家,其利率水平受借贷资金供求状况的影响相应要小一些。

(三)通货膨胀预期

在预期通货膨胀率上升时,利率水平有很强的上升趋势;在预期通货膨胀率下降时,利率水平也趋于下降。物价上涨引起的通货膨胀对于资金的贷出者来说,不仅会造成利息的实际价值下降,而且可能造成借贷资金本金贬值。因为当名义利率低于同期的通货膨胀率或物价上涨率时,实际利率为负。因此,在存在较高的通货膨胀率,尤其是存在通货膨胀预期的条件下,资金借入者为获得足够的资金来源,就要提高合同利率(名义利率)。

(四)经济政策

中央银行利用手中所掌握的货币政策工具,通过变动再贴现率、信用规模和货币供给,或直接干预各种存贷款利率,都会通过不同途径对利率水平产生影响,且中央银行的货币政策对短期利率的影响作用大于对长期利率的影响。一般来说,在实施扩张性货币政策时,预期利率是下降的;在实施紧缩性货币政策时,预期利率是上升的。

财政政策主要是通过财政开支增减和税收变动影响利率的。政府支出增加,直接提高投资水平,因此引起收入水平和利率水平上升;在既定收入水平下,政府增加税收直接使人们的实际收入下降,储蓄和投资减少,导致国民收入下降,同时减少货币需求,在货币供给量不变时利率下降。因此,税收往往与国民收入和利率水平呈反方向变化。

(五)国际利率水平

由于世界经济的全球化,国际利率具有很强的联动性,世界市场的利率总会通过国际资本的流动对一国利率的形成产生直接的影响。不论国内利率水平高于或低于国际利率水平,在资本自由流动的条件下都会引起货币市场上资金供求状况的变化,因而必然引起国内利率的变动。

(六)经济周期

经济通常会经历繁荣、衰退、萧条、复苏四个阶段,周而复始。与商品经济联系紧密的利率同样也表现出很强的周期性,在经济周期的扩张期(繁荣、复苏阶段)利率上升,而在经济衰退期(衰退、萧条阶段)利率下降。一般来说,在经济的繁荣阶段,市场需求旺盛,订货饱满,商品畅销,生产趋升,投资者和消费者对资金的需求迅速上升,利率水平不断提高。在经济的衰退阶段,会发生相反的情况,市场需求疲软,订货不足,商品滞销,生产下降,消费者需求减少,投资急剧下降,利率水平不断下降。然而,现实中利率的周期性波动远远比上述情况复杂得多。

二、利率决定理论

(一)古典利率理论

古典利率理论是一种实际利率理论,形成于 17 世纪,流行于 19 世纪末 20 世纪初,代表人物如庞巴维克、马歇尔、费雪等。其强调非货币的实际因素对利率决定的影响,认为利率取决于资本的供给和需求两个因素:资本供给来自人们节制消费即储蓄,资本需求是指厂商的投资。这样,储蓄和投资成为决定利率水平的两大因素:当储蓄大于投资时,利率下降;当储蓄小于投资时,利率上升;储蓄与投资的均等决定均衡利率。

储蓄流量会因利率的提高而增加,所以储蓄是利率的增函数;投资流量会随着利率的提高而减少,所以投资是利率的减函数。而利率的变化取决于投资与储蓄的均衡。如图 3-2 所示,资本供给即储蓄用 S 曲线表示,向右上方倾斜,储蓄是利率的增函数,$S=S(r)$。资本需求即投资用 I 曲线表示,投资与利率呈负相关关系,随着利率的提高而下降。投资是利率的减函数,$I=I(r)$,该曲线向右下方倾斜。两线相交的点所确定的利率 R_e 为均衡利率。在 R_e 点处,每个资金需求者均可如数获得贷款,每个资金供应者都愿意满足所有的借款需求,借贷双方均衡。若增加储蓄,而投资不变,那么 S 曲线向右移动至 S',此时均衡利率水平就下降到 R_1。显然,若储蓄不变,投资增加,那么由于 I 曲线右移动到 I',均衡利率水平就上升到 R_2。

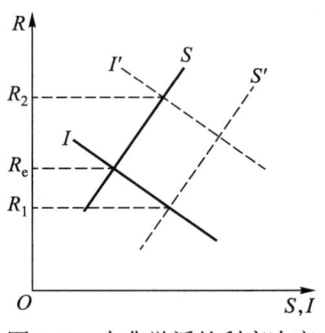

图 3-2 古典学派的利率决定

(二)凯恩斯利率理论

凯恩斯认为利息是人们放弃流动性偏好的报酬,是一种纯货币现象,属于货币经济范畴而非实物经济范畴。因此,利率水平不是由借贷资本的供求关系来决定的,而是由货币市场的货币流通量的供求关系来决定的,利率的变化是货币供给和货币需求变动的结果。利率取决于流动性偏好和货币数量相均衡的水平。

货币供给量是由中央银行决定的。在中央银行不改变政策时,货币供给量将保持不变。因此,货币供给量不受利率变化的影响。如图 3-3 所示,货币供给曲线 M 由货币当局决定,在坐标中表现为一条垂直线。货币需求量与国民收入同方向变化,与利率反方向变化。货币需求量与利率之间的关系叫作流动性偏好函数(参见第九章第一节内容)。流动性偏好函数的图像叫作流动性偏好曲线,如图 3-3 中的曲线 L 所示。货币需求量与利率反方向变化,在坐标中表现为一条向右下方倾斜的曲线。均衡利率是由货币供给量和货币需求量相等时决定的,如图中 R_e 所示。在一定时期,人们的流动性偏好保持相对稳定。在中央银行改变政策时,货币供给量将发生变化,M 曲线将随之移动,则利率发生相应变化。如果人们的流动性偏好增强,货币需求量大于货币供给量,利率就上

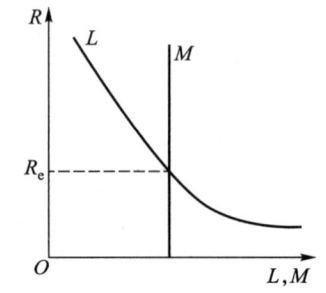

图 3-3 凯恩斯学派的利率决定

升;相反,如果人们的流动性偏好减弱,货币需求量小于货币供给量,利率就下降。当人们的流动性偏好所决定的货币需求量与货币当局所决定的货币供给量相等时,利率便达到均衡水平。

（三）可贷资金理论

1937年罗伯逊在《另一种利率理论》和俄林在《对斯德哥尔摩学派储蓄与投资理论的某些说明》中提出,利率并不是由货币供求决定的,而是由可贷资金供求决定的。后来经英国经济学家勒纳综合并将其公式化形成可贷资金理论,该理论试图将实际因素及货币因素对利率的影响综合起来考虑。

可贷资金理论从可用于贷放的资金的供给及需求来考察利率的决定。可贷资金的需求来自一定期间投资流量和该期间人们希望保有的货币余额,主要由以下部分组成:个人消费借款,即个人消费超出其收入的部分;企业借款,即投资,企业扩大再生产需要增加的资金;政府借款,即政府自我平衡财政收支或进行公共事业投资而借款。可贷资金的总需求是利率的减函数,反映在图3-4中是一条向右下方倾斜的曲线 D。

可贷资金的供给则来自同一期间的储蓄流量和该期间货币供给量的变动,主要由以下部分组成:个人储蓄,取决于收入的高低;企业储蓄,主要是折旧与未分配的利润;政府增加的货币发行;银行信用。可贷资金的总供给是利率的增函数,反映在图3-4中是一条向右上方倾斜的曲线 S。利率越高,可贷资金的供给越多;利率越低,可贷资金的供给越少。可贷资金理论认为可贷资金总需求和总供给的均衡点决定利率水平,反映在图3-4中是均衡点 R_e。

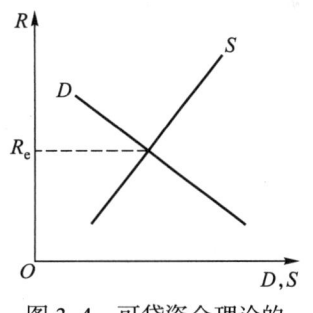

图3-4　可贷资金理论的
利率决定

古典利率理论、凯恩斯利率理论、可贷资金理论等利率决定理论,主要是从整个经济的角度分析均衡利率水平的决定问题。它们都假定市场上只有一种利率。但事实并非如此,利率是多种多样的,均衡利率不能解释它们。那么,几种利率交织又会是怎样一种情况呢? 会对经济产生怎样的影响呢? 不同的利率有不同的风险,同一种利率也有不同的期限结构。这就需要从理论上来解释市场复杂的利率风险结构和利率期限结构究竟是怎样形成并如何决定的。

三、利率风险结构理论

利率风险结构是指期限相同的各种金融资产通过不同的利率水平所表现出来的风险结构。例如,同样是一年期债券,国家债券、金融债券、公司债券的利率会依次上升,原因在于不同的债券其风险结构不同。此风险结构通过利率水平表现不同金融资产所承载的各种风险大小。对于期限相同的债券来说,不同债券的利率各不相同,并且利率之间的差幅随时间的变化而变动。出现这一现象的主要原因是各种债券的违约风险、流动性风险和税收因素不同,这三个因素在利率风险结构决定中起着决定性的作用。

（一）违约风险

违约风险又称信用风险。债的违约风险是指债券发行人可能违约，即不能支付利息或者在债券到期时不能清偿面值。债券所具有的这种风险影响着债券的利率。债券的违约风险越大，它对投资者的吸引力就越小，因而债券发行者应支付的利率就越高；反之，利率越低。有风险债券和无风险债券之间的利率差被称为风险溢价，它是人们为持有某种风险债券所必须获得的额外利息。政府债券通常被认为是无风险的，因为政府总是能够通过增加税收或印刷钞票的办法来清偿债务，因此政府债券几乎没有什么违约风险。公司债券，尤其是遭受巨大损失的公司的债券很可能延期支付债券利息，这些公司债券的违约风险很大。因此，在其他条件相同的情况下，违约风险越小的债券利率将越低。

（二）流动性风险

流动性风险通常有两种含义：一种是从金融资产的可变现度来度量的风险，具体表现为金融机构为了履行支付合约，将金融资产迅速变现为现金的便捷性。常用的度量指标有：流动性缺口、资产负债率、流动比率等。另一种是将金融资产按照市场价格或与之相近的价格进行买卖而不遭受损失成功变现的能力。后一种定义更符合流动性的本义。资产的流动性越大，越受人们的欢迎。有一些债券还本付息可能不成问题，但缺乏流动性。这会影响到人们对这些债券的需求，因为人们总是偏好于流动性较高的资产，以便在必要的时候能够将它迅速变现。因此，在其他条件相同的情况下，流动性越高的债券，利率将越低。

债券的流动性可以用它的变现成本来衡量。通常债券的变现成本包括两个方面：一是交易佣金；二是债券的买卖差价。交易佣金就是投资者买卖债券时必须向经纪商支付的手续费。在任何一个交易时点上，债券市场上都有两个价格，一个是债券出售者报出的债券卖出价，一个是债券购买者报出的买入价，并且前者总是高于后者。投资者买入债券时，支付的是卖出价，但是当他将手中的债券变现时，得到的却是买入价。因此，其间的差价就构成了一项变现成本。

对于那些交易十分频繁的债券来说，由于市场上随时都有很多的卖者和买者，所以其买卖差价将很小；那些交易不是很活跃的债券，买卖差价就要更大些，因为想出售这些债券的人可能要花较多的时间来找到一个合适的买主，为了将手中的债券迅速变现，他只好接受一个较低的价格。因此，交易越活跃的债券，其变现成本越小，流动性也就越大，利率越低。

（三）税收因素

税收因素是指债券利息收入的税收待遇根据债券的种类不同而存在差异，这种差异影响着债券的利率水平。对违约风险和流动性风险的分析可以得出一个结论：如果一种债券比另一种债券的违约风险大或流动性风险高，那么这种债券的利率就会高于另一种债券的利率。但是长期以来违约风险为零，且有极高流动性的美国联邦政府债券利率却始终高于有一定的违约风险且流动性更低的州和地方政府债券。

不同的债务工具享有不同的税收政策，税收待遇的差异将会导致债券持有人的最终利益不同。在美国，如果仅仅从风险和流动性方面考虑，那么州和地方政府债券的利率就应高于联邦政府债券利率,但是长期以来的现实表明并非如此。导致这一结果的原因是两种债券适用的税收政策不同,州和地方政府债券的利息收入是免交联邦所得税的,而联邦政府债券的利息收入要交联邦所得税。债券持有人真正关心的是税后的实际利率,因此,当债券利息收入的税收待遇由于债券的种类不同而存在着差异时,这种差异就必然要反映到税前利率上来。税率越高的债券,其税前利率也就应该越高。由此就可以理解为什么美国联邦政府债券利率高于州和地方政府债券利率了。

四、利率期限结构理论

利率期限结构是指在某一时点上,不同期限资金的收益率与到期期限之间的关系。严格地说,是指某个时点具有相同违约风险、流动性风险、税收待遇,但期限不同的债券的即期利率与到期期限的关系及变化规律,反映了期限长短对收益率的影响。一般地,某一给定时点上的贴现发行债券的到期收益率就是即期利率。把即期利率与到期期限的关系以几何图形展示出来,结果就出现一条整体表现即期利率与到期期限关系的曲线,这条曲线就是利率期限结构的表现形式,在我国债券市场上被称为"即期收益率曲线"。

即期利率与到期期限之间的关系复杂多变,造成即期收益率曲线的形态也不尽相同,但是有四种基本类型:上升型、下降型、扁平型、驼峰型。出现这些现象的原因是投资者对各种债券的市场预期、市场分割和期限选择不同,这三个因素在利率期限结构的决定中起着决定性作用。

(一)市场预期

市场预期理论认为利率期限结构取决于市场对未来利率的预期,在投资期限给定的情况下,投资者对投资对象的期限偏好无差异,期限不同的债券是完全替代品。上升的利率期限结构表明市场预期短期利率未来会上升,平坦的利率期限结构表明市场预期短期利率未来不会变动,下降的利率期限结构表明短期利率未来会下降。

当市场交易者一致预期未来利率会上涨时,他们会抛售手中的长期债券,因为长期债券的不确定性大,在利率上涨时其价格的下降幅度也比较大。长期债券供大于求的结果,将导致长期债券的价格下降,长期债券收益率上涨,也带动了长期即期利率上涨,此时利率期限结构呈现上升型。反之,当人们预期未来利率下降时,将购进长期债券,长期债券供不应求促使长期债券的价格上升,长期债券收益率下降,带动长期即期利率下降,利率期限结构呈现下降型。当市场交易者预计未来利率不变时,人们保持现有的长期债券的购买量,长期债券收益率和长期即期利率都保持不变,利率期限结构呈现水平型。

(二)市场分割

市场分割理论认为债券市场处于分割状态,市场由具有不同投资期限偏好的投资群体组成,到期期限不同的债券根本无法相互替代。每类投资者对于某类期限的偏好是固定的,即偏好于利率期限结构的特定部分。利率期限结构所代表的各个期限的利率之间没有内在的联系,各种利率都具有相对的独立性。长短期利率只分别取决于长短期资金的供求。利率期限结构的形状取决于短期资金市场供求与长期资金市场供求的比较,即

各类资金供求曲线交叉点的利率(均衡利率)之间的比较。如果长期资金的均衡利率 >
中期资金的均衡利率 > 短期资金的均衡利率,期限结构呈上升趋势;反之则呈下降状态。
如果三者相等,则是平坦的。

（三）期限选择

期限选择因素是指长期债券的利率等于该债券到期日之前短期利率预期的平均值加
上该种债券随供求条件变化而变化的期限升水。假设不同期限的债券是不完全替代品,
一种债券的预期回报率可以影响具有不同期限债券的预期回报率。因为投资者具有某种
投资偏好,习惯于投资某一种特定期限的债券,但是仍然关心那些非偏好债券的预期回报
率。由于对债券期限有所偏好,所以只有当能够获得更高一点的预期回报率时,他们才愿
意购买非期限偏好的债券。不同期限的债券市场虽然不能等同于同一个市场,但也不是
完全独立的,不同期限债券市场之间有着千丝万缕的关系,替代性与期限偏好兼而有之。
通常筹资者必须向长期债券购买人支付正值的期限升水,以补偿他们承担的增加的风险,
而且期限升水随着债券期限的延长而增大。

资料框 3-2

收益率曲线的解读

收益率曲线是指同一信用等级、剩余期限不同的债券的到期收益率与到期期限之
间的关系组成的曲线。一条合理的债券收益率曲线将反映出某一时点上(或某一天)
不同期限债券的到期收益率水平。值得注意的是,在现实生活中,由于收益率曲线上
不同点的流动性偏好有可能不同,因此,这些收益率曲线除了反映投资者对某种证券
期限的偏好,还包括了其他因素的影响。

债券收益率曲线的形状可以反映出当时长短期利率水平之间的关系(见图3-5),
它是市场对当前经济状况的判断及对未来经济走势预期(包括经济增长、通货膨胀、资
本回报率等)的结果。债券收益率曲线通常表现为四种情况:一是正向收益率曲线,表
明在某一时点上债券的投资期限越长,收益率越高,也就意味社会经济处于增长期阶段;

二是反向收益率曲线,表明在某一
时点上债券的投资期限越长,收益
率越低,也就意味着社会经济进入
衰退期;三是水平收益率曲线,表
明收益率的高低与投资期限的长
短无关,也就意味着社会经济出现
极不正常的情况;四是波动收益率
曲线,表明债券收益率随投资期限
不同而呈现波浪式变动,也就意味
着社会经济未来有可能出现波动。

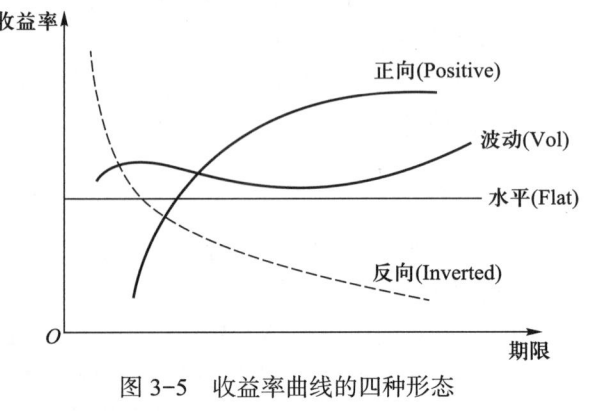

图 3-5 收益率曲线的四种形态

　　国债收益率是衡量国债投资收益高低的比率,反映一定量的投资本金每年所能产生的收益的百分数。国债收益率曲线是描述某一时点上一组上市交易的国债收益率和它们的到期期限之间相互关系的数学曲线。如果以国债收益率为纵轴,以到期期限为横轴,将每种国债的收益率与它的到期期限所组成的点,拟合成一条曲线就是国债收益率曲线。

　　自 2016 年 6 月 15 日起,中国人民银行在官方网站发布中国国债及其他债券收益率曲线。上述曲线由中央国债登记结算有限责任公司编制(图 3-6),其中 3 个月期国债收益率是用于计算国际货币基金组织特别提款权(SDR)利率的人民币代表性利率。在央行网站发布国债收益率曲线是国际通行做法。中国人民银行网站发布国债等债券收益率曲线,可为境内外机构和投资者了解、参与中国债券市场提供便利,提升市场主体对国债收益率曲线的关注和使用程度,夯实国债收益率曲线的基准性,为进一步深入推进利率市场化改革奠定更为坚实的基础。

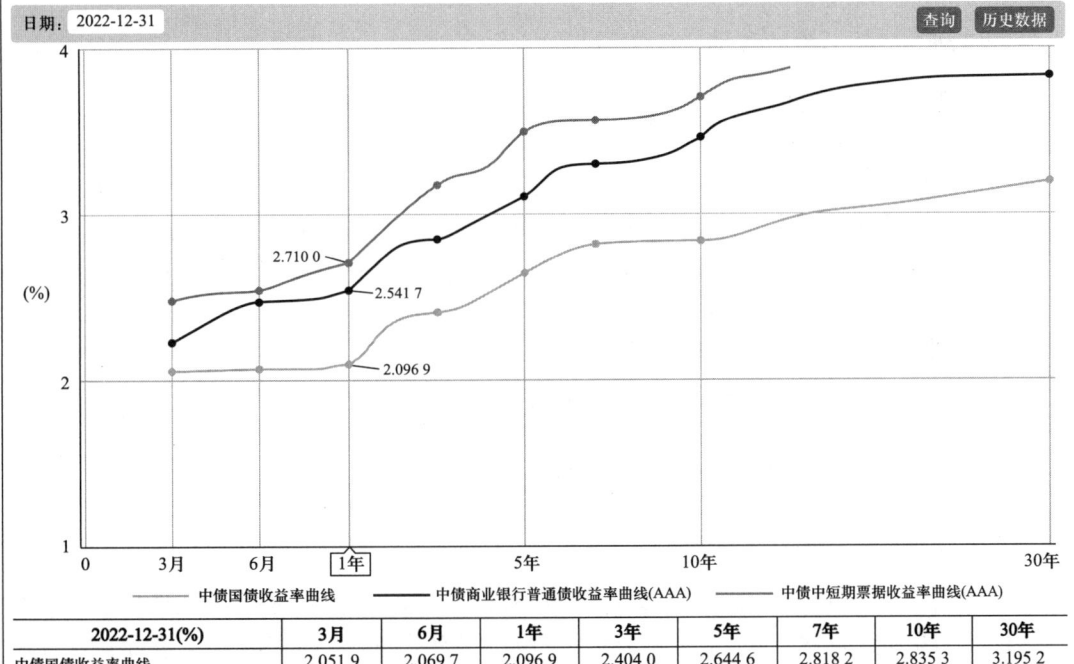

2022-12-31(%)	3月	6月	1年	3年	5年	7年	10年	30年
中债国债收益率曲线	2.051 9	2.069 7	2.096 9	2.404 0	2.644 6	2.818 2	2.835 3	3.195 2
中债商业银行普通债收益率曲线(AAA)	2.230 2	2.474 4	2.541 7	2.850 2	3.106 1	3.298 2	3.460 4	3.834 6
中债中短期票据收益率曲线(AAA)	2.479 5	2.539 2	2.710 0	3.174 0	3.500 4	3.566 6	3.699 6	

注:表中三个月期限国债收益率是用于计算SDR利率的人民币代表性利率

图 3-6　2022 年 12 月 31 日我国国债及其他债券收益率曲线

资料来源:

1. 李磊宁,高言,戴韡.固定收益证券[M].北京:机械工业出版社,2014.
2. 中国人民银行网站。

第四节　我国的利率体系与利率市场化改革

一、利率体系

（一）利率体系的含义

利率体系是指在一个经济运行机体中存在的各种利息率由各种内在因素联结成的有机体，主要包括利率体系结构和各种利率间的传导机制。

依据不同标准划分的利率种类适用于研究不同的利率问题。在同一经济运行机制中存在着各种利息率，例如中央银行对商业银行的再贴现率、商业银行在中央银行的存款利率、银行之间的同业拆借利率、银行吸收的各类存款利率、银行发放的各种贷款利率、政府债券利率、企业债券利率等。各种利率并不是孤立的，而是形成了一种内在联系的体系，即利率体系。

（二）利率体系结构的组成

由于世界各国的经济体制不同、经济条件不同，因而利率体系各有特色。就一般情况而言，利率体系结构主要由中央银行利率、商业银行利率和市场利率组成。中央银行利率主要有中央银行对商业银行和其他金融机构的再贴现利率，以及商业银行和其他金融机构在中央银行的存款利率。商业银行利率主要有商业银行和其他金融机构吸收的各种存款的利率、发行金融债券的利率、发放各项贷款的利率、商业银行之间互相拆借资金的同业拆借利率。市场利率主要有各经济单位和个人之间直接借贷货币资金的利率，以及政府部门、企业发行各种债券的利率。

在各种利率中，中央银行利率对商业银行利率和市场利率具有调节作用，甚至中央银行调整利率的意图都对其产生直接影响。商业银行利率和市场利率灵敏地反映着货币资金供求状况，是中央银行调整利率的指示器。

（三）各种利率之间的传导机制

各种利率之间的传导是通过以下途径进行的：第一，中央银行调整对商业银行的再贴现率，调节商业银行的可贷资金量，影响商业银行的存、贷款利率，进而调节金融市场上货币资金的供求状况，使市场利率朝着中央银行的调节目标变动。第二，中央银行直接在金融市场上买卖有价证券，调节市场货币资金供求状况，进而调节商业银行利率和市场利率。第三，中央银行一般把市场利率作为其货币政策的中间目标，依此监测货币政策的执行情况，根据市场利率变动情况相应采取调节措施，其中包括调整中央银行利率。

二、我国的利率体系

改革开放前，我国采用的是典型的国家管理和控制的利率管理体系，利率由国务院统一制定,中国人民银行统一管理。中央银行很难根据市场变化而随时调整利率。随着改革开放的推进,我国开始建立健全由市场供求决定的利率体系,理顺各种利率之间的传导机制,并取得初步成效。

(一) 改革开放前的利率管理体系

新中国成立初期,为迅速集中资源、重建经济、稳定物价,国家对利率进行了严格管理,并灵活调整利率水平,实行差别利率,有力地支持了国民经济的恢复。

"文化大革命"期间,受对利率认识的局限和"左"的思想的影响,利息被看作资本主义的东西,利率管理也向简化档次、降低水平的方向发展,利率在国民经济中的调控作用不断弱化,但利率集中管理的方式仍然没有改变。

(二) 改革开放初期的利率管理体系

改革开放后,随着以经济建设为中心地位的确立,国民经济管理逐步由事务管理转向价值管理,调控方式逐步由以指令性计划为主的直接控制转向以经济手段为主的间接控制,利率在国民经济宏观调控中的重要性重新显现出来,利率管理体系也不断得到完善和发展。

1988 年 10 月,中国人民银行下发了《关于加强利率管理工作的暂行规定》,首次以部门规章的形式对利率管理进行了专门规范,初步明确了中国人民银行利率管理的主体地位和管理范围。1990 年中国人民银行下发了《利率管理暂行规定》,对中国人民银行利率管理的职责范围进行了全面的界定,并明确了中国人民银行各级机构在利率管理中的职责。此时,中国人民银行对利率管理的范围覆盖了几乎所有资金价格和对计息规则的管理。在完善利率管理制度的同时,通过适度扩大金融机构存、贷款利率浮动幅度和下放利率浮动权的形式,对利率管理体系改革进行了积极尝试。

(三) 利率市场化改革

1993 年,党的十四届三中全会通过的《中共中央关于建立社会主义市场经济体制若干问题的决定》和国务院作出的《关于金融体制改革的决定》提出了利率市场化改革的基本设想。2002 年,党的十六大重申"稳步推进利率市场化改革,优化金融资源配置"。2013 年 7 月,国务院办公厅发布的《关于金融支持经济结构调整和转型升级的指导意见》提出"稳步推进利率市场化改革,更大程度发挥市场在资金配置中的基础性作用",加速推动我国利率市场化改革进程。改革开放 40 多年来,中国人民银行一直根据宏观经济形势变化和货币政策需要,灵活运用利率杠杆,稳步推进利率市场化。

1. 利率市场化的含义

利率市场化是指利率由市场资金的供求状况来决定,由市场配置资金流向和资金价格。利率市场化是建设社会主义市场经济体制、发挥市场配置资源作用的重要内容,是加强我国金融间接调控的关键,是完善金融机构自主经营机制、提高竞争力的必要条件。

(1) 利率市场化并不是指利率百分之百由市场自由决定。利率市场化虽然加大了利率由市场决定的比重,但并不是指利率百分之百由市场自由决定。各国货币当局都掌握一定的控制利率,并对市场利率发生作用。以市场经济高度发达的美国为例,它在 1986 年完全废除《Q 号规则》后,美联储仍通过它所掌握的贴现率来操纵市场利率的变动,银行、非银行金融机构和社会公众始终习惯于把美联储的贴现率当成一个重要指标来看待。

(2) 利率市场化采取渐进式比较合适。按照国际货币基金组织和世界银行专家的观点,只有一国宏观经济稳定和银行监管充分有效同时存在时才可能迅速实现利率市场化,否则需要一个创造条件的过程。大多数国家在实现利率市场化之前通常都不具备上述两个条件,所以必须采用渐进式改革,比如韩国和中国台湾就是通过渐进式利率改革、在整个改革过程中保持对利率的灵活管理实现利率市场化的。

利率市场化的步骤是由各种利率在国民经济中的地位、作用以及其本身的成熟程度来决定的。在海外,一些国家的利率市场化都是先从发展货币市场入手,通过增加短期金融工具产品和扩大货币市场规模来完善货币市场,使非贷款类短期金融资产利率自由化,从而产生一个可靠的货币利率信号,形成对银行存贷款利率的影响,最终形成市场化的利率体系。例如,日本是先国债,后其他品种;先银行同业,后银行与客户;先长期利率,后短期利率;先大额交易,后小额交易,最后扩展到所有利率的自由化。

2. 我国利率市场化改革的进程

(1) 全国金融机构之间利率市场化。1996 年全国银行间同业拆借市场联网运行,由此全国统一的银行间同业拆借市场利率形成。1998 年国家放开了政策性金融债券的发行利率。在这一阶段,我国基本实现了金融机构之间的利率市场化。

(2) 金融机构贷款的利率市场化。1998—1999 年中国人民银行两次扩大贷款利率浮动幅度,2000 年放开了外汇贷款利率,2002 年将金融机构对所有企业贷款利率上浮30%,2003 年将贷款利率浮动幅度扩大到 50%,2004 年年初扩大浮动幅度上限至 70%,同年 10 月,中国人民银行完全取消商业银行贷款利率上浮的限制,商业银行可自主根据企业和具体业务的风险状况进行定价。至此,国内商业银行人民币贷款利率已经过渡到上限放开、实行下限管理的阶段。在这一阶段,贷款利率的市场化改革取得了初步成功。

(3) 利率市场化的完成。2005 年,中国人民银行允许贷款利率在规定的基准利率基础上下浮 10%,改变了我国长期以来贷款利率不能下浮的历史。从 2005 年 9 月开始,各家商业银行可以自主决定存款的计息方式,存款利率的市场化终于迈出了历史性的一步。2013 年 7 月,我国全面放开了金融机构贷款利率管制。2015 年 10 月起,我国对商业银行和农村合作金融机构等不再设置存款利率浮动上限。这意味着,中国已经基本取消利率管制,实现了利率市场化(见图 3-7)。

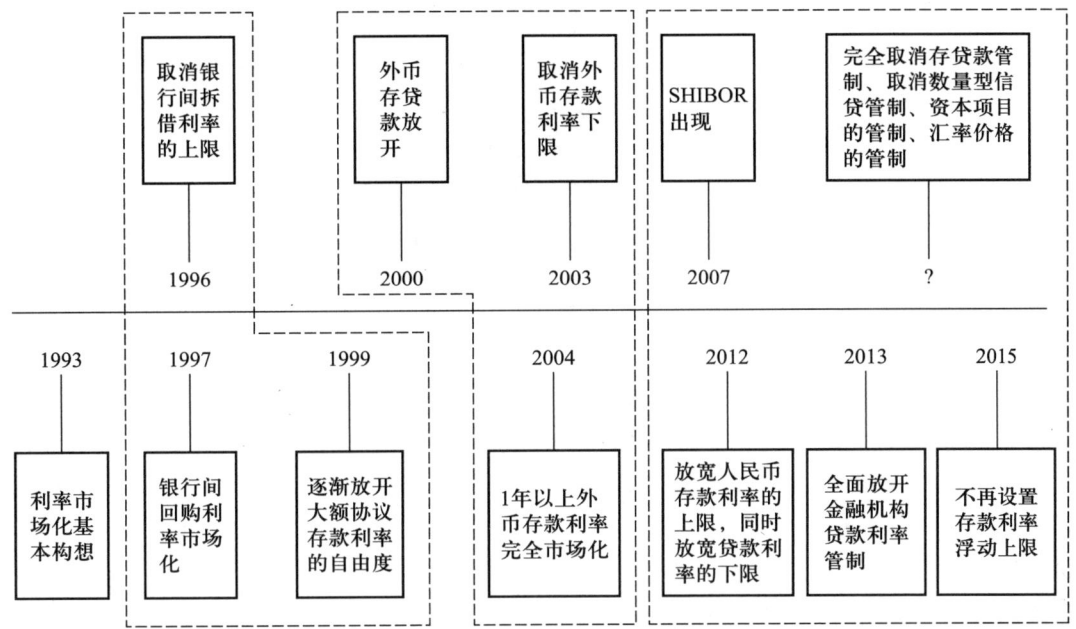

图 3-7 我国利率市场化进程图

资料框 3-3

政策利率与利率走廊

目前,中国人民银行的政策利率体系有短期政策利率和中期政策利率两种。短期政策利率是公开市场操作 7 天期逆回购利率(DR007),中期政策利率是中期借贷便利(MLF)利率。

我国采用利率走廊的模式将短期利率的波动限制在合理范围内。存贷款便利利率分别构成这条走廊的下限与上限。我国央行打造了常备借贷便利(SLF)利率为上限、超额准备金利率为下限的利率走廊。其中,SLF 是央行按需向金融机构提供短期资金的工具,由于金融机构可按 SLF 利率从央行获得资金,就不必以高于 SLF 利率的价格从市场融入资金,因此 SLF 利率可视为利率走廊的上限。超额准备金利率是央行对金融机构存放在央行的超额准备金付息的利率,由于金融机构总是可以将剩余资金放入超额准备金账户,并获得超额准备金利率,就不会有机构愿意以低于超额准备金利率的价格向市场融出资金,因此超额准备金利率可以视为利率走廊的下限。

资料来源:易纲.中国的利率体系与利率市场化改革[J].金融研究,2021(9):1-11.

基 本 概 念

利率　　实际利率　　名义利率　　基准利率　　资金的时间价值　　现值
终值　　持有期收益率　　到期收益率　　有效年利率　　年化收益率

即 测 即 评

复习思考题

1. 影响利率水平的因素有哪些?

2. 影响利率风险结构的因素有哪些?

3. 对利率期限结构起决定性作用的因素有哪些?

4. 假设投资者 A 购买了面值 100 元的债券 B,贴现发行价格为 90 元,年限为 1 年,该债券到期后到期收益率为多少?

5. 一投资者购买了某银行的期限为 180 天的投资理财产品 20 万元,年化收益率达到 4.5%,到期后该投资者的收益为多少?

6. 某投资者有一笔闲置资金 500 万元,打算存入银行,现有两种方案可供选择。A 方案:银行利率为 4%,每季度计息一次;B 方案:银行利率为 5%,每半年计息一次。两种方案中哪种 1 年后所获得的资金较多?

7. 甲借钱给乙 10 万元,年利率 10%,按单利计算,5 年后还本付息。乙借后马上转借给丙,期限和利率不变,但按年复利,也是 5 年后一次还本付息。乙 5 年后能够从中获得多少收益? 这个收益的现值是多少? (精确到元)

第四章

汇率

为什么政府要干预外汇市场，因为汇率反映国内政策。

——弗里德曼

本章学习目标

1. 掌握国际收支的含义及国际收支平衡表账户的组成。
2. 掌握国际收支失衡及其影响。
3. 掌握外汇和汇率的定义及类别。
4. 掌握基本的外汇交易。
5. 了解汇率制度的定义及分类方法。
6. 掌握影响汇率变动的因素。
7. 掌握国际储备的概念及构成。
8. 了解国际资本流动的原因及影响。

第一节　国　际　收　支

一、国际收支的概念及统计原则

（一）国际收支的概念及演变

国际收支的概念产生于 17 世纪，最初它只是被简单地解释为一国的外贸收支。随着国际经济交往不断扩大，国际收支被用来反映一国的外汇收支，这是狭义的国际收支概念，以收付为基础。第二次世界大战后，不涉及外汇收支的交易，比如说补偿贸易、易货贸易、无偿物资援助等在国际经济交往中的作用越来越重要，此时国际收支的记录以交易为基础，即现在使用的广义的国际收支概念。广义的国际收支是指反映一个经济体（国家或地区）与其他经济体之间发生的进出口贸易、投融资往来等各类经济交易的经济过程或者现象,以及对外金融资产负债的存量状况。其中,经济交易根据交易性质分为交换和转移两种类型。交换(Exchange)是指双方对等交换一项经济价值的交易,如货物和服务的购买、资产购置、雇员报酬、股息等。转移(Transfer)是指一方提供(或获得)一项经济价值,而没有获得(或提供)具有对应经济价值的交易,如缴税、债务减免、捐赠等。

1948 年,国际货币基金组织(IMF)出版《国际收支手册》第一版(Balance of Payments Manual,BPM1),国际收支正式成为统计项目。国际货币基金组织的所有成员(国家或经济体)有义务定期向其报送国际收支统计数据。随着国际社会和经济的不断发展变化,国际货币基金组织也在不断修改完善手册的内容和要求。2009 年,国际货币基金组织推出最新的《国际收支手册》第六版(BPM6)成为指导 IMF 各成员开展国际收支统计工作的最新标准。

(二) 国际收支的记账方法及原理

国际收支统计数据通过汇总整理最终形成国际收支平衡表(Balance of Payments,BOP)。国际收支平衡表采用复式记账法,即"有借必有贷,借贷必相等"的记账原则。同一笔国际经济交易要同时记入国际收支平衡表中相应项目的借方和贷方,且金额相等。其中贷方分录被记为正值,记录外汇流入本国的过程,表示实际资源出口和对外资产减少或者对外负债的增加。借方分录被记为负值,记录外汇流出本国的过程,表示实际资源进口和对外资产增加或者对外负债的减少。比如中国的制造商把一台设备出口给美国进口商,中国制造商要求美国进口商在 90 天内付清款项。此时设备的出口会被作为贷方记录在国际收支平衡表经常账户的商品子账户中,而中国制造商对美国进口商的商业信用会作为借方记录在国际收支平衡表金融账户的其他投资子账户中。原则上国际收支平衡表所有项目的借方分录合计金额与贷方分录合计金额相等,故称国际收支平衡表。

对于绝大部分的非储备货币发行国来说,除了一些不涉及货币收付的实物交易,国际收支平衡表的贷方反映的是外汇供给(收入),借方反映的是外汇需求(支出)。如果国际收支平衡表的某个项目或账户是贷方余额,即贷方金额 > 借方金额,则存在盈余或者顺差(Surplus),说明外汇供给大于外汇需求;反之,如果国际收支平衡表的某个项目或账户是借方余额,即贷方金额 < 借方金额,则存在赤字或者逆差(Deficit),说明外汇供给小于外汇需求。值得注意的是,盈余或者赤字只能运用于国际收支平衡表中的一个特定区域,因为所有账户的借方与贷方总和应该始终相等。

二、国际收支平衡表的结构

根据 BPM6,国际收支平衡表包括经常账户、资本和金融账户、净误差与遗漏。

(一) 经常账户 (Current Account,CA)

经常账户由货物和服务、初次收入与二次收入三个项目构成。

1. 货物和服务（Goods and Services）

货物又称有形贸易（Visible Trade），记录一国商品的进出口。BPM6 将货物划分为一般商品、转手买卖和非货币黄金三项。服务又称无形贸易（Invisible Trade），记录服务的输出入（进出口），即本国消费外国的服务数额（服务输入或进口）和外国消费本国的服务数额（服务输出或出口）。

2. 初次收入（Primary Income）

初次收入反映的是机构单位因其对生产过程所做的贡献或向其他机构单位提供金融资产和出租自然资源而获得的回报。它主要包括雇员报酬、投资收益和其他初次收入。

其中投资收益是投资金融资产所得到的回报。其他初次收入主要记录对产品和生产的税收和补贴等生产性收入以及出租自然资源获得的租金收入等财产性收入。

3. 二次收入（Secondary Income）

二次收入又称经常转移，包括政府和私人经常转移两个方面。政府经常转移主要包括政府间经济和军事援助、战争赔款、捐款等，私人经常转移主要包括侨民汇款、年金、赠与等。

（二）资本和金融账户

1. 资本账户（Capital Account）

资本账户记录的是非生产非金融资产[①]的取得和处置。例如，向使馆出售的土地、资本转移等。资本转移同样也分为政府和私人资本转移两个方面，主要包括债务减免和其他资本转移等。

2. 金融账户（Financial Account）

金融账户反映资本的流出与流入。金融账户包括直接投资、证券投资、金融衍生工具和雇员认股权、其他投资和储备资产五个子账户。

（三）净误差与遗漏（Net Errors and Omissions）

任何国家的国际收支平衡表都有此账户。国际收支平衡表是按照复式簿记的原理来记录的，发生任何一项交易，借方和贷方各进行相应记录，金额相等、方向相反。因而，从理论上来说，所有经济交易记录后，借方总额和贷方总额应该相等，净差额为零。但是实际上国际收支是一种统计报表，在各国实际编制平衡表的过程中会有一些统计误差，因此通常设置"净误差与遗漏"项目进行平衡。

中国国际收支平衡表（2020—2021 年）如表 4-1 所示。

---

① 非生产非金融资产包括：自然资源，如土地、矿产权、林业权、水资源、渔业权、大气空间和电磁光谱；契约、租约和许可；营销资产（和商誉），如品牌、报刊名称、商标、标志和域名等。

表 4-1　中国国际收支平衡表（2020—2021 年）　　　　单位：亿美元

项目①	2020 年	2021 年
一、经常账户	2 740	3 173
A. 货物和服务	3 697	4 628
a. 货物	5 150	5 627
贷方	24 972	32 159
借方	−19 822	−26 531
b. 服务	−1 453	−999
贷方	2 352	3 384
借方	−3 805	−4 384
B. 初次收入	−1 052	−1 620
贷方	2 417	2 745
借方	−3 469	−4 365
C. 二次收入	95	165
贷方	376	492
借方	−281	−327
二、资本和金融账户	−1 058	−1 499
A. 资本账户	−1	1
贷方	2	3
借方	−2	−2
B. 金融账户	−1 058	−1 500
资产	−6 263	−8 116
负债	5 206	6 616
1. 非储备性质的金融账户	−778	382
资产	−5 983	−6 234
负债	5 206	6 616
2. 储备资产	−280	−1 882
三、净误差与遗漏	−1 681	−1 674

资料来源：国际收支报告（2020 年、2021 年）。表中数据由于计算过程中的四舍五入，总项和并不百分之百等于分项和。

———————————

① 经常账户和资本账户按总额记录，而金融账户采用净额记录，即贷方减去借方的余额。BPM6 给出了金融账户新的记录方法，通过数值的正负说明资产或负债的增加或减少。我国则仍沿用以往的借贷记录法。

资料框 4-1

"十三五"期间我国证券投资双向开放提速

"十三五"期间,国家外汇管理局认真贯彻落实党中央、国务院关于推动形成全面开放新格局的部署要求,证券市场双向开放步伐明显加快。2016 年,"深港通"正式开通;2017 年,"债券通"北向正式开通;2018 年,以原油期货为代表的境内期货市场开始对外开放,A 股被纳入 MSCI 指数;2019 年,取消 QFII/RQFII[①]投资额度限制,"沪伦通"正式落地;2020 年,进一步扩大 QFII/RQFII 投资范围、放宽准入要求,明确资金管理要求,富时罗素 WGBI 指数纳入中国国债取得重要进展,境外红筹企业回归境内科创板上市。

外资持续净买入境内证券,持有境内证券市值稳步上升。以 2020 年为例,境外对我国证券投资者净流入(负债净增加)2 547 亿元,较 2019 年增长 73%,以债券投资为主。从境外对我国证券投资的主要渠道看,一是境外机构投资境内债券市场(包含"债券通"和银行间债券市场直接入市)1 792 亿元,增长 1.2 倍;二是非居民购买我国机构境外发行的股票、债券 389 亿美元,增长 74%;三是通过"沪股通"和"深股通"渠道净流入资金 306 亿美元,下降 39%;四是通过合格境外机构投资者渠道净流入 111 亿美元。此外,银行承兑远期信用证形成资金净流出 51 亿美元,增长 50%。

境内投资者布局海外市场,境外投资需求进一步满足。2020 年,我国对外证券投资净流出(资产净增加)1 673 亿元,较 2019 年增长 87%,以股权投资为主。从对外证券投资的渠道看,一是我国居民通过"港股通"和"基金互认"等渠道净购买境外证券 866 亿美元,增长 1.7 倍;二是境内各类金融机构净购买境外证券 826 亿美元,增长 45%;三是净增持境外银行承兑远期信用证 2 亿美元,下降 22%。此外,我国居民净减持非居民境内熊猫债 24 亿美元。对外证券投资主要投向中国香港。2020 年恒生 AH 溢价指数维持在近十年高位。从市盈率、市净率等指标看,香港地区股市处于估值洼地,吸引全球投资者增配港股。

当前证券投资双向开放格局,有利于在"十四五"时期加快构建以国内大循环为主体,国内国际双循环相互促进的新发展格局,也将为跨境资本双向均衡流动提供政策保障和开放环境。

资料来源:国家外汇管理局国际收支分析小组.2020 年国际收支报告[M].北京:中国金融出版社,2021.

三、国际收支失衡的影响

如前所述,国际收支无论顺差还是逆差都是失衡状况。在国内外经济相互影响的作用下,如果一国国际收支持续大幅度顺差或逆差而得不到改善,会对该国宏观经济目标的实现产生不利影响,甚至影响到地区乃至国际经济关系。

---

① QFII 为合格境外机构投资者;RQFII 为人民币合格境外机构投资者。

（一）国际收支持续大量逆差对经济的影响

（1）一国国际收支逆差，给本币带来贬值压力，市场上的短期资本有外流倾向，可能导致国际收支状况进一步恶化，出现货币危机。

（2）逆差给本币带来贬值压力，如果该国政府为保持其货币汇率稳定而动用国际储备对外汇市场进行干预，一方面，将导致对内货币供给减少，会造成国内的货币紧缩形势，利率水平上升、投资消费支出减少，对商品市场需求减少，最终导致产出下降和失业率上升，抑制国民经济增长以及国内财政状况；另一方面，通过国际储备来弥补持续性的高额逆差，则该国的国际储备会大量流失甚至枯竭，削弱其对外支付能力以及国家金融实力，降低该国在国际上的对外信用。

（3）若该国政府通过对外借款来解决国际收支逆差情况，如果积累太多偿还不了，有可能引发国家债务危机。

（二）国际收支持续大量顺差对经济的影响

一国国际收支顺差，外汇收入增加，国际储备增加，对外支付能力加强，国家声誉提高，但同时也会产生一些不利影响。

（1）顺差给本币带来升值压力，若该国政府为减轻压力购入外币被动投放基础货币，会带来国内货币供给增长过快和通货膨胀的压力，对货币调控的自主性和有效性形成一定制约。

（2）一国持续大量顺差意味着出口大于进口，国内总供给与总需求平衡遭到破坏，意味着大量资源流向外向型经济部门，不利于产业结构和地区结构的调整。

（3）一国国际收支顺差意味着主要贸易伙伴国的逆差，这容易引起国际经济交往中的贸易摩擦和冲突，导致国际贸易成本上升，不利于地区和国际经济的和谐发展。

总而言之，国际收支持续的大量顺差或逆差都会产生诸多不利影响，因此，各国货币当局都以国际收支平衡作为一国宏观经济调节的重要目标。

四、国际收支失衡的调节

国际收支失衡是经常现象，就一个国家来说，无论是顺差，还是逆差，特别是长期性的、持续性的、巨额的失衡都应当采取适当的政策和措施进行调节。国际收支调节包括自动调节机制和政策调节机制。

（一）国际收支自动调节机制

1. 金本位制度下的国际收支自动调节机制

金本位制度下的国际收支自动调节机制又被称为"价格－现金流动机制"，是1752年由英国经济学家大卫·休谟（David Hume）最早提出来的，所以又称"休谟机制"。金本位制度下的国际收支自动调节过程涉及三个子环节，即黄金输出入、物价变动和进出口增减。在金本位制度下，当一国国际收支出现逆差时，意味着对外支付大于收入，黄金外流增加，导致货币供给下降；在其他条件既定的情况下，物价下降，该国出口商品价格也下降,出口增加,国际收支因此得到改善。

2. 纸币本位下的国际收支自动调节机制

在纸币本位下,国际收支的自动调节机制又细分为固定汇率制度下的自动调节机制和浮动汇率制度下的自动调节机制。在固定汇率制度下,一国外汇管理当局为了维持汇率的稳定,会通过外汇储备变动来干预外汇市场,而这种干预行为会引起利率、价格和国民收入的变动,因此,国际收支自动调节机制是通过国内宏观经济变量的变化来影响国际收支使之趋于平衡。在浮动汇率制度下,国际收支的自动调节机制是通过汇率变动来实现的,即国际收支差额会引起汇率的变化,并通过后者调节国际收支。

(二) 国际收支政策调节机制

当一国出现国际收支失衡、市场失灵时,国际收支自动调节机制的作用将被削弱或失效,政府可通过外汇平准基金、财政政策、货币政策、汇率政策、直接管制政策、供给调节政策等来进行国际收支调节。以财政政策与货币政策为例,当一国出现国际收支逆差时,政府可以采取紧缩性财政政策,降低投资和消费,使物价相对下降,从而促进出口,减少进口,改善国际收支。此外,该国还可以通过提高再贴现率促使利率上升,抑制投资和消费,使物价下降影响进出口来改善国际收支。上述的财政政策和货币政策在调整国际收支时存在一定的局限性,可能同国内其他经济目标发生冲突。且各国政府调节国际收支时往往以本国利益为出发点,采取的有关调节措施可能对其他国家产生不利影响,从而导致其他国家采取相应的报复措施。因此,在开放经济条件下,各国政府之间需要加强对国际收支调节政策的国际协调,以维护世界经济与金融的正常秩序与运转。

第二节　外汇市场

一、外汇与汇率的概念

外汇是指以外币表示的可以用作国际清偿的支付手段和资产,也就是各国外汇管理法令中所称的外汇。我国 2008 年 8 月 5 日公布并于同日开始实施的修订后的《中华人民共和国外汇管理条例》中第 3 条规定,我国所称外汇包括:① 外币现钞,包括纸币、铸币;② 外汇支付凭证或者支付工具,包括票据、银行存款凭证、银行卡等;③ 外币有价证券,包括债券、股票等;④ 特别提款权;⑤ 其他外汇资产。

汇率又称外汇汇价,是两种不同货币之间的折算比率。如果把一国货币看成一种商品,则汇率是用另一国货币表示的一国货币的相对价格,也可以说是以另一国货币直接购买此"商品"(一国货币)的价格。在这里,作为"商品"的一国货币是被报价币,又称做基准货币。而用来标示"商品"价格的另一国货币是报价币。例如,2023 年 2 月 10 日,USD/CNY=6.812 0,就意味着如果用人民币来衡量美元价格,1 美元等于 6.812 0 元人民币。在这里,美元是被报价币,人民币是报价币。按市场惯例,汇率的标价通常由 5 位有效数字组成。汇率报价中的最小变动单位,通常被称为"点"。在外汇市场上,除日元等少数币值较小的货币外,汇率报价中每一点的数值通常为 0.000 1。

在外汇市场中进行交易时,通常采用双向式报价。即报价方(银行或经纪商)同时向客户报出买入价(Bid Rate)和卖出价(Offer Rate)。买入价表示报价方愿意买入被报价币的价格。卖出价表示报价方愿意卖出被报价币的价格。比如 USD/JPY=110.32/40,其中 110.32 是报价方买入 USD(被报价币)卖出 JPY(报价币)的价格,110.40 是报价方卖出 USD(被报价币)买入 JPY(报价币)的价格。反之对客户来说,110.32 是客户卖出 USD 买入 JPY 的价格,而客户买入 USD 卖出 JPY,则以 110.40 的价格成交。

在上述报价中,相对于被报价货币而言,总是买价在前、卖价在后,而且买价总是小于卖价,买卖价之间的差额就是报价方买卖被报价币的收益。中间汇率,又称中间价,是买入价和卖出价的算术平均数。电台、电视台、报纸等媒体上通常公布的汇率就是中间汇率。确定两种不同货币之间的比价,应先确定用哪个国家的货币作为被报价币。根据确定的标准不同,可分为不同的汇率标价方法。

二、汇率标价方法

1. 直接标价法

直接标价法是用一定数额的本国货币来表示一定单位(1 个外币单位或 100 个、10 000 个、100 000 个外币单位)的外国货币的标价方法,换句话说,就是一定单位(1 个外币单位或 100 个、10 000 个、100 000 个外币单位)的外国货币可以兑换成多少单位的本国货币。在直接标价法中,被报价币是外国货币,报价币为本国货币。例如,在中国银行间外汇市场上美元对人民币汇率的中间价为 1USD=6.292 1RMB,也就是 1 美元可以折合成 6.292 1 元人民币。

2. 间接标价法

间接标价法是以一定单位的本国货币为标准,折算为一定数额的外国货币来表示其汇率的方法。在间接标价法中,被报价币是本国货币,报价币为外国货币。例如,在纽约外汇市场上 1USD=0.775 8GBP,意味着 1 美元本币可以兑换 0.775 8 个单位的外币英镑。英国一直使用间接标价法。美国长期以来一直采用直接标价法,但在第二次世界大战后,美元在国际支付和国际储备中逐渐取得统治地位,为了与国际外汇市场上对美元的标价一致,从 1978 年 9 月 1 日起,美国除对英镑继续使用直接标价法外,对其他货币一律改用间接标价法。此外,欧元区、新西兰、加拿大、澳大利亚等国家或地区也使用间接标价法。也就是用外国货币来表示本国货币的价格,看看一单位本币可以兑换成多少单位的外币。

在直接标价法下,外国货币的数额固定不变,汇率的高低或涨跌都以相对的本国货币数额的变化来表示。一定单位外币折算的本国货币增多,说明外币升值,本币贬值。在间接标价法下,本国货币的数额固定不变,汇率的高低或涨跌都以相对的外国货币数额的变化来表示,此种关系正好与直接标价法下情形相反。所以,在引用某种货币的汇率说明其汇率涨跌时,必须明确来源于哪个外汇市场,即采用哪种标价法,以免混淆。

直接标价法和间接标价法都是针对本国货币和外国货币之间的关系而言的。相对于某个国家或某个外汇市场而言,本币以外其他各种货币之间的比价则无法用直接或间接标价法来表示。比如在中国银行间外汇市场上,想要知道美元兑英镑的汇率既不能用直接标价法也不能用间接标价法。事实上,第二次世界大战以后,特别是欧洲货币市场兴起以来,国际金融市场之间外汇交易量迅速增长,为便于国际外汇业务交易,银行间的报价都以美元为标准来表示各国货币的价格,至今已成习惯。这种以有关国家的货币直接针对美元来报送价格,即以美元为被报价币的方法称为"美元标价法"。世界各金融中心国际银行所公布的外汇牌价,除了英镑、爱尔兰镑、澳元、新西兰元、欧元采用"单位镑"法,即每1英镑、1澳元、1新西兰元、1欧元兑多少美元的标价方法,其他货币均采用"单位元"标价法,即每1美元兑多少其他国家货币的标价方法。

资料框 4-2

谁付了啤酒账?

一条边界线把A镇分为两半,一半属墨西哥而另一半则属美国。尽管如此,小镇上的居民还是不受国别束缚自由往来。快乐的青年弗朗西斯科住在A镇的墨西哥一侧,他的唯一嗜好是喜爱杯中物,却经常囊中空空。为了一杯啤酒,弗朗西斯科整天在墨西哥和美国之间来回穿梭寻找机会。终于,他发现了在墨西哥和美国之间存在着一种特殊的货币情况:在墨西哥,1比索[①]值美元的90分;在美国,1美元值90墨西哥分。于是,弗朗西斯科决定把他的发现付诸实践。他先走进一家墨西哥小酒吧,要了一杯价格为10墨西哥分的啤酒,付了1比索,找回90墨西哥分。之后,他到美国一边的小镇上,把剩下的90墨西哥分换了1美元,用10美分买了一杯啤酒,找回90美分。接着他又回到墨西哥的小镇上,把90美分换为1比索,继续买啤酒喝,这样在两个小镇上喝来喝去,总还是有1美元或1比索。于是,他持续不断地重复这一方法,整天在墨西哥和美国之间愉快地喝啤酒。

弗朗西斯科能在两国不断地喝到免费啤酒,是因为两国存在汇率差。在美国,美元与比索的汇率是1:0.9,但在墨西哥,美元和比索的汇率约为1:1.1。正是靠这两国汇率的差异,进行套利活动,他喝到了免费啤酒。

资料来源:根据相关资料整理。

三、外汇市场及交易

(一)外汇市场及其参与者

外汇市场是指进行外汇买卖的场所或网络。大体可分为两类:有固定交易场所的有形市场和没有具体交易场所的无形市场。外汇市场是一个24小时连续运转的全球市场,其交易的参与者主要有五类:外汇银行、外汇经纪人、顾客、非银行交易商和中央银行。

根据外汇交易的主体不同,外汇市场可以分为银行间外汇市场和客户外汇市场。银

---

① 1墨西哥比索=100墨西哥分。

行间外汇市场,又称"同业市场"或"外汇批发市场",是指由外汇银行之间相互买卖外汇而形成的市场。客户外汇市场,亦称"外汇零售市场",是指外汇银行与一般顾客(进出口商、个人等)进行交易的市场。银行间外汇市场进行的是单笔在100万美元以上的交易。人们不可能在银行间外汇市场上为满足个人留学和旅游所需来购买外汇,而是应该进入零售市场从外汇银行那里购买。

(二) 外汇交易

外汇交易是指以一定的交易方式买卖以外币表示的支付手段或信用工具的活动。这里只介绍两种最常见的外汇交易:即期外汇交易和远期外汇交易。

1. 即期外汇交易

即期外汇交易,又称现汇交易,是指买卖双方约定于成交后的两个营业日内交割的外汇交易。即期外汇交易的交割日又称起息日,是指买卖双方将资金交与对方的日期。包括三种情况:标准交割日、隔日交割和当日交割。① 标准交割日是指在成交后第二个营业日交割。目前大部分的即期外汇交易都采用这种方式。② 隔日交割是指在成交后第一个营业日交割。某些国家如加拿大由于时差的原因采用这种方式。③ 当日交割是指在成交当日进行交割。如以前在香港外汇市场用美元兑换港币的交易(T/T)可在成交当日进行交割。

2. 远期外汇交易

远期外汇交易,又称期汇交易,是指外汇买卖成交后并不立即办理交割,而是根据合同的规定,在未来某一约定的日期按约定的汇率办理交割的外汇交易。远期外汇交易使用的汇率是远期汇率。远期汇率的标价方法有两种:① 直接报出不同币种不同期限的远期汇率。② 只标出远期汇率与即期汇率的差额,这一差额叫远期差价,在具体交易时再由交易者根据当日即期汇率推算出远期汇率。远期汇率比即期汇率高称为升水,低称为贴水,两者相等的称为平价。

例如我国的A公司2016年4月主动与某银行长沙分行联系,告知6月25日将有一笔出口货款200万英镑入账,公司想用这笔款项来支付当月的原材料购买费用。由于6月23日将举行英国退欧的公投,结果将会对英镑的汇率产生影响。A公司希望该银行能够设计一个规避汇率风险、锁定换汇成本的方案,因此该银行建议可进行一笔卖出200万英镑的2个月远期外汇交易,锁定2个月后英镑兑人民币的汇率,从而避免了可能因英镑贬值带来的损失。

四、人民币外汇市场

人民币外汇市场包含两个层次:银行对客户市场和银行间外汇市场。2022年,人民币外汇市场累计成交34.5万亿美元,较2019年增长2.8%。其中银行对客户市场和银行间外汇市场分别成交5.76万亿美元和28.74万亿美元。

(一) 银行间外汇市场的运行

现阶段我国的银行间外汇市场是指市场参与者之间通过交易中心进行外汇交易的市

场。银行间外汇市场的参与者包括会员、尝试做市机构和做市商。

（1）会员是指经批准进入银行间外汇市场交易的机构,分为人民币外汇会员、外币对会员和外币拆借会员。2015年11月25日,首批7家境外央行类机构在中国外汇交易中心完成备案,正式进入中国银行间外汇市场。包括香港金融管理局、澳大利亚储备银行、匈牙利国家银行、国际复兴开发银行、国际开发协会、世界银行信托基金和新加坡政府投资公司,涵盖了境外央行(货币当局)和其他官方储备管理机构、国际金融组织、主权财富基金三种机构类别。

（2）尝试做市机构是指经批准在银行间外汇市场向市场尝试持续提供相应交易品种买、卖双向报价的机构,分为即期尝试做市机构和远期掉期尝试做市机构。尝试做市机构不具备人民币外汇做市商的权利与义务。

（3）做市商是指经批准在银行间外汇市场向市场持续提供买、卖双向报价并在规定范围内承诺按所报价格成交的机构,分为人民币外汇做市商和外币对做市商。申请人民币外汇做市商资格须首先申请相应做市品种的尝试做市资格。

银行间外汇市场提供的外汇交易业务模式,包括竞价交易、询价交易和撮合交易等交易模式。竞价交易也称匿名交易,是指双方通过系统匿名报价,系统按照价格优先、时间价格优先的原则进行匹配以达成交易,交易达成后双方通过集中净额清算模式进行清算的交易。询价交易是指由双边授信关系的交易双方,通过外汇交易系统双边直接协商交易要素达成交易,交易达成后通过双边清算模式或净额清算等其他清算模式进行清算的交易模式。撮合交易是指交易双方基于双边授信,按照价格优先、时间优先的原则订单自动匹配结合,点击成交达成交易,交易达成后双方通过双边清算或者集中净额清算模式进行资金清算的交易模式。

现阶段我国外汇交易的品种包括即期、远期、外汇掉期、货币掉期和外汇期权五类人民币外汇产品。

资料框 4-3

外汇市场深度和广度持续扩展

外汇市场是我国金融市场的重要组成部分,在宏观调控、资源配置、汇率形成和风险管理中发挥重要作用。党的十八大以来,国家外汇管理局加快完善外汇市场体制机制,不断推动外汇市场建设。外汇市场深度和广度的持续扩展提高了市场内在稳定性,应对外部冲击压力的能力不断增强。

丰富外汇市场产品体系。经过多年的建设发展,我国外汇市场已经形成了包括即期、远期、外汇掉期、货币掉期和期权等国际成熟市场的基础产品体系,基本能够满足市场主体多样化的汇兑和汇率避险保值需求。银行间外汇市场的可交易货币由2005年前的5种外币扩大至目前的29种发达和新兴市场货币,银行柜台外汇市场的挂牌货币超过40种,基本涵盖了我国跨境收支的结算货币。

扩展外汇市场参与主体。截至 2021 年年底，具有即期结售汇和衍生品业务资格的银行分别为 515 家和 124 家。银行间外汇市场已形成以境内银行为主、境内外各类机构并存的格局，参与机构共计 764 家，其中非银行金融机构 112 家。

持续推进外汇市场对外开放。随着金融市场对外开放和人民币国际化稳步推进，境外央行、人民币业务清算行、人民币购售业务参加行等境外机构有序进入境内市场。同时，为更好地吸引国际投资者进入境内资本市场，我国银行间债券市场允许境外投资者参与境内外汇衍生产品市场，为境外投资者提供配套汇率避险服务，外汇市场与债券市场、股票市场对外开放形成了良性互动。

不断完善外汇市场基础设施。目前，我国银行间外汇市场已具有国际市场主流和多元化的交易清算机制，交易模式可选择三种电子交易模式以及货币经纪公司的声讯经纪服务，清算方式可选择双边清算或中央对手集中清算。同时，交易后确认、冲销、报告等业务也广泛运用于银行间外汇市场，提升了市场运行效率和风险防控能力。

持续完善外汇市场监管框架。近年来，国家外汇管理局根据我国外汇市场发展实践，积极吸收国际外汇市场成熟规则，不断完善外汇市场监管法规体系，通过监管能力建设持续加强外汇市场交易行为监管。

资料来源：中国货币网。

（二）人民币汇率报价

1. 外汇牌价

外汇牌价是外汇指定银行外汇兑换的挂牌价，是各银行根据中国人民银行公布的人民币市场中间价以及国际外汇市场行情，制定的各种外币与人民币之间的买卖价格。这种价格在同一天中不变，不同日期则价格可有变动。各银行可基于市场需求和定价能力对客户自主挂牌人民币对各货币的汇价，现汇现钞挂牌买卖价没有限制，根据市场供求自主定价。外汇牌价有直接标价法和间接标价法两种。我国外汇牌价采取直接标价法，即以一定数量的外币折合多少人民币挂牌公布。

银行的卖出价高于买入价，两者之间的差价是银行开展外汇买卖业务的收益。现钞的买卖价差要高于现汇的买卖价差，这是因为两者的成本不一样。由于外币现钞不能在交易的当地流通使用，需要把现钞运往国外，所以它不仅不能立即获得存款和利息，而且保管现钞得支付费用。等到现钞积累到足够数量，银行才能把这些外币现钞运送到国外，存在国外的银行里。直到此时，银行才能获得在国外银行的外汇存款并开始获得利息。银行收兑外币现钞需要支付的具体费用包括：现钞管理费、运输费、保险费、包装费等。银行要将这些损失及费用转嫁给进行现钞交易的顾客，因此现钞的买入价要低于现汇的买入价，而现汇的卖出价要低于或者等于现钞的卖出价。如表 4-2 所示。

表 4-2 中国银行 2023-02-11 外汇牌价

货币名称	代码	交易单位	现汇买入价	现钞买入价	现汇卖出价	现钞卖出价	中行折算价
美元	USD	100	679.92	674.39	682.8	682.8	678.84
日元	JPY	100	5.166	5.0055	5.204	5.212	5.163 6
欧元	EUR	100	724.93	702.41	730.28	732.63	728.86
英镑	GBP	100	818.84	793.39	824.87	828.51	822.63
港币	HKD	100	86.61	85.92	86.95	86.95	86.48
加拿大元	CAD	100	508.75	492.68	512.5	514.76	504.65
卢布	RUB	100	9.27	8.85	9.65	10.07	9.31
南非兰特	ZAR	100	37.87	34.96	38.13	41.1	38.21

资料来源：中国银行官网。

2. 银行间外汇市场报价

现阶段我国银行间外汇市场包括人民币外汇市场、外币对市场和外币拆借市场，这里我们主要介绍前两种。人民币外汇市场上进行的交易是指买入人民币并卖出外汇，或者买入外汇并卖出人民币的交易，比如美元兑人民币（USD/CNY）。外币对市场进行的交易是指不涉及人民币的外汇对外汇的交易，比如欧元兑美元（EUR/USD）。

以中国银行间外汇市场即期交易为例。即期交易的对象有两种：一种是人民币外汇交易，另外一种是外币对交易。因此相对应的也有人民币外汇即期报价和外币对即期报价，如表 4-3 和表 4-4 所示。其中买入价（买报价）是指做市商或者报价方为买入基准货币而报出的价格。卖出价（卖报价）是指做市商或者报价方为卖出基准货币而报出的价格。

表 4-3 人民币外汇即期报价：2023-02-11 3:00（北京时间）

货币对	买报价	卖报价
USD/CNY	6.812 0	6.817 0
EUR/CNY	7.268 2	7.274 8
100JPY/CNY	5.178 2	5.182 1
HKD/CNY	0.867 65	0.868 43
GBP/CNY	8.209 6	8.218 2
AUD/CNY	4.710 6	4.714 2
NZD/CNY	4.295 4	4.298 8

资料来源：中国货币网。

表 4-4 外币对即期报价：2022-02-13 16:58（北京时间）

货币对	买报价	卖报价
AUD/USD	0.693 14	0.693 19
EUR/JPY	141.357	141.360
EUR/USD	1.067 44	1.067 46
GBP/USD	1.204 59	1.204 63
USD/CAD	1.335 65	1.335 66
USD/CHF	0.924 83	0.924 86
USD/HKD	7.849 92	7.849 97
USD/JPY	132.429	132.435
USD/SGD	1.331 96	1.332 04

资料来源：中国货币网。

五、汇率制度

汇率制度又称汇率安排，是指一国货币当局对本国汇率确定和调整的基本原则和方式做出的一系列规定和安排。根据汇率决定基础和变动幅度不同，汇率制度可以分为固定汇率制和浮动汇率制两大类型。

从汇率制度的演变过程来看，19 世纪末 20 世纪初和 1945—1973 年，世界各国主要实行的是固定汇率制；1973 年以后则主要实行的是浮动汇率制。从各国实行汇率制度的具体情况来看，除了纯粹的金本位制和一些短暂的历史阶段，完全固定的汇率制度和完全浮动的汇率制度在现实当中是极少存在的，现实中各国选择的汇率制度一般兼有固定汇率制和浮动汇率制的某些特点，发展中国家实行的汇率制度具有固定汇率制的特点多一些，发达国家实行的汇率制度则具有浮动汇率制的特点多一些。

（一）固定汇率制

固定汇率制是指以本位货币自身的价值或以其法定含金量作为确定汇率水平的基础，汇率相对固定或汇率波动幅度被限定在一个狭小范围之内的汇率制度。固定汇率制一般可分为金本位制下的固定汇率制和布雷顿森林体系下的固定汇率制。

在 18 世纪和 19 世纪，主要国家流通的货币都是具有一定成色和重量的金币或者金币的代表——银行券。金币可以自由铸造，辅币和银行券可以自由兑换金币或等量黄金，并且黄金可以自由输出入。在该制度下，两国货币之间的汇率由它们各自的法定含金量之比——铸币平价决定。只要两国货币的法定含金量不变，两国货币的汇率就保持稳定。比如当时英国规定每一个英镑铸币含有 7.322 4 克纯金，美国规定每一个美元铸币含有 1.504 656 克纯金。英镑与美元之间的汇率就由它们各自的法定含金量之比来决定，即一英镑等于 4.866 5 (7.322 4/1.504 656) 美元。

虽然现实交易中的汇率会受外汇供求等因素的影响而波动,但其波动的范围仅限于黄金输出点和输入点之间。汇率波动的最高界限是铸币平价加上运输黄金的费用,即黄金输出点;汇率波动的最低界限是铸币平价减去运输黄金的费用,即黄金输入点。超过或者低于这一界限,就会引起黄金的输出和输入,进而引起外汇供求变化及货币汇率的自动调节,自发地维持汇率稳定。比如,当外汇升值,超过黄金输出点时,进口商对外汇的需求会转为对黄金的需求,进口商通过输出黄金来支付进口货款,促使汇率币值回落。反之,当外汇贬值,低于黄金输入点时,出口商对外汇的供给会转为对黄金的供给,出口商通过输入黄金来收取出口货款,从而促使汇率币值上升。总结而言,外汇市场的汇率受外汇供求关系的影响,以黄金输送点为界限,围绕铸币平价上下波动。

布雷顿森林体系下的固定汇率制是美元与黄金挂钩,其他货币与美元挂钩的"双挂钩"制度。其具体内容包括:① 美元与黄金的兑换比例为1盎司黄金 =35 美元,各国政府可以随时用美元向美国政府按这一官价兑换黄金。为了维护这一黄金官价不受国际金融市场金价的冲击,各国政府需协助美国政府共同干预市场的金价。② 国际货币基金组织成员的货币直接与美元挂钩,确定其与美元的比价,这样就可以通过各自与美元的比价来确定各国货币相互之间的汇率。各国货币对美元的汇率只能在平价上下各 1% 的限度内波动。超过这个限度,各国中央银行有义务在外汇市场上进行干预,以保持汇率的稳定。只有在一国国际收支发生根本性不平衡时,才允许变动货币平价。各成员如需变更平价,必须事先通知国际货币基金组织。如果变动的幅度超过 10%,须取得国际货币基金组织同意后才能变更。

(二)浮动汇率制

浮动汇率制是指汇率水平由外汇市场上的供求关系决定,政府对此不加干预的汇率制度。在浮动汇率制下,由于货币当局不再规定汇率波动幅度的界限,也不再承担维持汇率稳定的义务,汇率根据外汇市场中的外汇供求状况自行浮动和调整。然而在实践中,货币当局并非绝对不干预外汇市场的供求。因此,根据货币当局对市场干预程度的不同可以将浮动汇率制分为自由浮动和管理浮动。前者也称为清洁浮动,货币当局对外汇市场不加任何干预,完全听任外汇供求关系影响汇率的变动。后者又称为肮脏浮动,货币当局对外汇市场进行干预使汇率朝着有利于本国利益的方向发展。目前,世界各国实行的都是管理浮动,自由浮动成为理论上的一种模式。此外,浮动汇率制还可以根据货币集团关系的不同划分为单独浮动制和联合浮动制。

布雷顿森林体系崩溃后,国际货币体系从钉住美元为主的固定汇率体系进入固定汇率与浮动汇率体系并行的时代。各国根据自身经济发展水平和运行状况自主选择汇率制度。

资料框 4-4

国际货币基金组织的汇率制度分类

国际货币基金组织(IMF)在每年编制的报告《汇兑安排与汇兑限制年报》(*Annual Report of Exchange Arrangement and Exchange Restrictions*)中对各成员宣称的汇率制度情况进行汇总。IMF 的分类方法对各成员来说事实上已成为法定方法,以各成员公开宣称的汇率制度为依据,是一种名义分类方法。然而,由于各成员所宣称的汇率制度与实际汇率安排往往存在名实不符的问题以及欧元区的诞生,1999 年 1 月 1 日起,IMF 采用基于各成员名义汇率制度的事实分类法,即根据货币当局的政策意图和各成员货币汇率的弹性程度等实际表现来划分汇率制度。

2009 年之前,国际货币基金组织将汇率制度分为三大类(8 小类),即硬钉住(包括无独立法定货币、货币局安排)、软钉住(包括传统钉住、水平区间内钉住、爬行钉住、爬行区间)和浮动汇率制度(包括事先不公布汇率目标的有管理浮动、独立浮动)。

为了更好地与国际经济形势和汇率体系的改变相适应,IMF 在 2009 年对事实分类法做出重大修订,调整为三大类加一残差项(共 10 小类):硬钉住、软钉住、浮动汇率制度、残差项。如表 4-5 所示。

表 4-5　2021 年各汇率制度在 IMF 成员中的分布

汇率制度类别	汇率制度类型	比例(%)
硬钉住	无独立法定通货汇率安排	7.3
	货币局制度	5.7
软钉住	传统钉住	20.7
	稳定化安排	12.4
	爬行钉住	1.6
	类似爬行安排	12.4
	水平区间钉住	0.5
浮动汇率制度	有管理浮动	16.6
	自由浮动	16.6
残差项	其他管理安排	6.2

资料来源:根据 IMF《汇兑安排与汇兑限制年报(2021)》整理。

第三节　汇率的决定与变动

一、汇率决定理论

汇率决定是汇率理论中的核心问题,许多西方经济学者从不同角度对其进行了分析说明,形成了多种理论学说。

(一)购买力平价理论

购买力平价是西方众多汇率决定利率中最具影响力的理论。瑞典经济学家卡塞尔在1922年出版的《1914年以后的货币和外汇》一书中对其进行系统阐述。购买力平价可以分为两种形式,即绝对购买力平价和相对购买力平价。前者说明在某一时点上汇率决定的基础,后者说明某一段时间汇率变动的原因。

绝对购买力平价是购买力平价理论最典型的形式,其基本观点是一个国家的货币与另外一个国家货币之间的比价是由两种货币在各自国内的购买力之比决定的。而货币的购买力实际上是一般物价水平的倒数。用 P、P^* 分别表示本国物价水平和外国物价水平,S 是直接标价法下的汇率,则绝对购买力平价可以表示为:

$$S = P/P^*$$

相对购买力平价是由绝对购买力平价推导出来的,但更具有操作性。将绝对购买力平价等式两边取自然对数,得:

$$\ln S = \ln P - \ln P^*$$

对上式进行差分,得:

$$\Delta S = \Delta P - \Delta P^*$$

相对购买力平价意味着,汇率的升值或贬值是由两国通货膨胀率的差异所决定的。如果本国通货膨胀率超过外国,则本币将贬值。

(二)利率平价理论

1923年,凯恩斯在其著作《论货币的改革》中较为系统地阐述了利率平价说,其后的经济学家们逐步地完善了这一理论。利率平价理论认为,某种货币的远期汇率是由两个国家金融市场中的利率水平决定的。如果不考虑其他因素,远期汇率与即期汇率之差等于两国利率之差。因为国际资本流动的主要目的是获得投资收益,高利率引起资本流入,低利率引起资本流出。资本的流出流入改变外汇供求关系进而使汇率发生相应的变化,最终两国之间的利率差会由两国间的汇率差所抵消,使得同一笔资金在国内外投资的收益相等。

(三)国际收支说

国际收支说是从分析影响国际收支进而影响汇率变动的因素入手,分析汇率决定的一种理论。外汇汇率是由外汇供求决定的,而外汇供求又是由国际收支决定的。当国际收支赤字,外汇供应减少或外汇需求增加时,外汇升值;反之,国际收支盈余,外汇供给增加或外汇需求减少时,外汇贬值;当国际收支平衡、外汇供求均衡时,此时的汇率即为均衡汇率。

(四)资产市场说

资产市场说是20世纪70年代中期以后发展起来的一种重要的汇率决定理论。它是在国际资本流动获得高度发展的背景下产生的,因此,特别重视金融资产市场均衡对汇率变动的影响。一国金融市场供求关系失衡后,市场均衡的恢复在各国资产具有完全流动性的条件下,能通过国际资产市场的调整来完成。汇率作为两国资产的相对价格,可以通过其变动消除资产市场的超额供给或者超额需求。均衡汇率就是指两国资产市场供求存量保持均衡时的两国货币之间的相对价格。资产市场说分为汇率的货币论和汇率的资产组合平衡论两种。

二、汇率变动的影响因素

作为一国货币对外价格的表现形式,汇率受到国内因素和国际因素等诸多因素影响。同时,由于货币是国家主权的一种象征,因此,除经济因素外,它常常还会受到政治、社会等因素的影响。下面我们仅就影响汇率变动的主要因素进行分析。

(一)国际收支

通俗地说,国际收支即一国对外经济活动中所发生的收入与支出。从短期看,一国国际收支是影响该国货币对外比价的直接因素。当一国的国际收入大于支出时,即一国国际收支出现顺差时,表现为外汇(币)的供给大于需求,因而本国货币汇率上升,外国货币汇率下降。相反,当一国国际收入小于支出时,即出现国际收支逆差,在外汇市场上则表示为外汇(币)的供应小于需求,因而本国货币汇率下降,外国货币汇率上升。

必须指出,国际收支状况并非一定会影响到汇率变动,这主要看国际收支顺(逆)差的性质。短期的、临时的、小规模的国际收支差额,可以轻易地被国际资本的流动、相对利率和通货膨胀率、政府在外汇市场上的干预和其他等因素抵消。但是,长期的巨额国际收支逆差,一般会导致本国货币汇率下降。

(二)相对通货膨胀率

货币的对内价值是决定其对外价值(汇率)的基础,货币对内价值的变化必然引起其对外价值的变化。对内价值具体体现于货币在国内的购买力高低,而通货膨胀正是纸币发行量超过商品流通所需货币量所引致的购买力下降、物价上涨的现象。一国出现通货膨胀意味着该国货币代表的价值量下降。因此,国内外通货膨胀率差异是决定汇率长期趋势的主导因素。当一国出现较他国更为高企的通货膨胀率时,其商品成本加大,出口商品以外币表示的价格必然上涨,该商品在国际市场上的竞争力就会削弱,引起出口减少,同时提高外国商品在本国市场上的竞争力,造成进口增加,从而改变经常账户收支。此外,通货膨胀率差异还会通过影响人们对汇率的预期,作用于资本与金融账户收支。当一国通货膨胀率较高时,人们就会预期该国货币的汇率趋于疲软,因此将手中的该国货币转化为其他货币,造成该国货币的汇率下跌。一般而言,相对通货膨胀率持续较高的国家其货币在外汇市场上趋于贬值;反之,相对通货膨胀率持续较低的国家其货币汇率则趋于升值。

(三)相对利率水平

利率作为货币资产的一种"特殊价格",是借贷资本的成本或收益,它与各种金融资产的价格、成本和利润紧密相关。一国利率上升,会使该国金融资产对本国和外国的投资者更具吸引力,从而吸引资金流入,本币升值。反之,当一国利率水平低于其他国家时,外汇市场上本币、外币资金供求的变化会降低本国货币的汇率。

值得注意的有两点:第一,这里所说的利率对汇率的影响是指相对利率水平。如果本国利率上升,但上升的幅度不如外国利率上升的幅度,或不如本国通货膨胀率上升的幅度,则不会导致本国货币汇率上升。第二,与国际收支、通货膨胀、总需求等因素不同,利率变动对汇率的影响更多的是对短期汇率的影响,利率对长期汇率的影响十分有限。

(四)市场预期

市场预期有时能对汇率产生重大的影响。在国际金融市场上,短期性资金达到了十分庞大的数字。这些巨额资金对世界各国的政治、经济、军事等因素都具有高度的敏感性,受着预期因素的支配,一旦出现风吹草动,就到处流动,或为保值,或为获取高额投机利润。这就常常给外汇市场带来巨大冲击,成为各国货币汇率频繁起伏的重要根源。就经济方面而言,市场预期包括对国际收支状况、相对物价水平、相对利率水平或相对资产收益率以及对汇率本身等的预期,它常常表现为市场信号的变化,甚至是蛛丝马迹的变化。只要市场上预期某国货币不久会下跌,那么市场上立即就可能出现抛售该国货币的活动,造成该国货币的市场价格立即下降。

(五)政府的市场干预

尽管第二次世界大战后西方各国政府纷纷放松了对本国的外汇管制,但政府的市场干预仍是影响市场供求关系和汇率水平的重要因素。各国中央银行为维护经济稳定、避免汇率变动对国内经济造成不利影响,往往对外汇市场进行干预,其主要通过在外汇市场买卖外汇,改变外汇的供求,从而改变汇率走势来达到其政策目的。例如当一国货币汇率处于较高水平而影响该国国际收支和经济发展时,该国中央银行就会向外汇市场抛出本币而收购外汇,从而使本币汇率下跌,以达到扩大出口和推动国内经济发展的目的。相反,当一国货币汇率水平过低而影响该国货币的国际信誉时,中央银行则向市场抛出外汇而收购本币,从而使本币汇率上升。政府干预汇率往往是在特殊情况下(如市场汇率剧烈波动、本币大幅度升值或贬值等),或者为了特定的目标(如促进出口、改善贸易状况等)而进行的,因而它对汇率变化的作用一般是短期的,无法从根本上改变汇率的长期走势。

（六）经济增长率

经济增长率对汇率的影响是多方面的。当一国实际经济增长率提高时,一方面反映该国经济实力增强,其货币在外汇市场上易被依赖,货币地位提高,使该国货币汇率有上升趋势;另一方面,经济高速增长,其国民收入提高,可能加大该国对进口原料、设备等生产资料及消费品的需求,在该国出口不便的条件下,将使该国进口大量增加,导致国际收支项目逆差,造成该国货币汇率下降。但如果该国经济以出口导向为主,经济高增长则意味着出口增加,从而使经常项目产生顺差,导致该国货币汇率上升。同时,一国经济增长势头好,一国的利润率也往往较高,由此吸引外国资金流入本国,进行直接投资,从而改善资本账户收支。一般来讲,高经济增长率在短期内不利于本国货币在外汇市场上的行市,但从长期看,却有力支持着本币的强劲势头。

综上所述,影响汇率变动的因素有很多,它们之间相互联系、相互制约,甚至相互抵消,关系相当复杂。因此,我们在分析汇率变动时,不能只从某一角度和某一因素进行,而要从不同角度全面综合剖析。同时,在众多因素中,由于国家不同、时间不同、各影响因素所占的重要程度不同,因此考虑分析汇率变动还要与一定的社会经济条件和特定的时间相联系,以保证分析的客观性和全面性。

资料框 4-5

人民币汇率制度市场化改革

2005 年 7 月 21 日,我国对人民币汇率形成机制进行了改革。改革后的人民币汇率实行以市场供求为基础、参考一篮子货币进行调节、有管理的浮动汇率制度,人民币汇率不再单一盯住美元,汇率市场化水平不断提高。

人民币汇率中间价是即期银行间外汇交易市场和银行挂牌汇价的最重要参考指标,也是衡量一国货币价值的重要指标。中国外汇交易中心于每日银行间外汇市场开盘前向所有银行间外汇市场做市商询价,并将全部做市商报价作为人民币对美元汇率中间价的计算样本,去掉最高报价和最低报价后,将剩余做市商报价加权平均,得到当日人民币对美元汇率中间价,权重由中国外汇交易中心根据报价方在银行间外汇市场的交易量及报价情况等指标综合确定。

中国人民银行一直着力于完善人民币兑美元汇率中间价形成机制。2015 年 8 月 11 日,中国人民银行宣布自当日起,做市商在每日银行间外汇市场开盘前,参考上日银行间外汇市场收盘汇率,综合考虑外汇供求情况以及国际主要货币汇率变化向中国外汇交易中心提供中间价报价。2015 年 12 月 11 日,中国外汇交易中心发布人民币汇率指数,强调要加大参考一篮子货币的力度,以更好地保持人民币对一篮子货币汇率基本稳定。2016 年 2 月,中国人民银行明确了"收盘汇率＋一篮子货币汇率变化"的人民币兑美元汇率中间价形成机制。其中,"收盘汇率"是指上日 16 时 30 分银行间外汇市场的人民币对美元收盘汇率,主要反映外汇市场供求状况。"一篮子货币汇率变化"是指为保持人民币对一篮子货币[1]汇率基本稳定所要求的人民币对美元双边汇率的调整幅度,主要是为了保持当日人民币汇率指数与上一日人民币汇率指数相对稳定。2017年2月,中间价对一篮子货币的参考时段由报价前24小时调整为前一日收盘后到报价前的15小时,避免了美元汇率日间变化在次日中间价中重复反映。2017年5月26日,在人民币持续贬值的大背景下,央行首次宣布加入逆周期因子[2],以适度对冲市场情绪的顺周期波动,有效抑制了外汇市场上的"羊群效应"。

　　未来人民银行将继续推进汇率市场化改革,完善以市场供求为基础、参考一篮子货币进行调节、有管理的浮动汇率制度,保持人民币汇率弹性,发挥汇率调节宏观经济和国际收支自动稳定器的作用。注重预期引导,保持人民币汇率在合理均衡水平上的基本稳定。

资料来源:根据相关资料整理。

第四节　国际储备与国际资本流动

一、国际储备

（一）国际储备的定义与作用

国际储备(International Reserve)亦称官方储备,是指一国政府所持有的,备用于弥补国际收支赤字、维持本币汇率等的国际上普遍接受的一切资产。通常所讲的国际储备是狭义的国际储备,即自有储备。广义的国际储备是指一国的国际清偿力,是一国自有储备和借入储备之和,既包括一国为本国国际收支赤字融通的现实能力,又包括融通的潜在能力。

国际储备的作用体现在以下三个方面:

(1)弥补国际收支赤字。这是一国持有国际储备的基本职能。对于短期的、季节性或偶然性的国际收支失衡,通过动用国际储备,能在不影响内部均衡实现的前提下消除赤字,达到外部均衡。

(2)调节本币汇率。一国持有的国际储备可用于干预外汇市场,熨平本币汇率的暂时波动。

(3)充当信用保证。充足的国际储备,可支持和维持国内外公众对本国货币政策、汇

---

[1]　为便于市场从不同角度观察人民币有效汇率的变化情况,中国人民银行也同时列出了参考BIS货币篮子、SDR货币篮子计算的人民币汇率指数。做市商在报价时既会考虑CFETS货币篮子,也会参考BIS和SDR货币篮子,以剔除篮子货币汇率变化中的噪音。

[2]　2020年10月27日,外汇交易中心公告称会陆续主动将人民币对美元中间价报价模型中的"逆周期因子"淡出使用。调整后的报价模型有利于提升中间价报价的透明度、基准性和有效性。

率管理政策和货币的信心,以维持本国货币的稳定。同时,国际储备也是一国对外举债的保证。

(二)国际储备的构成

这里仅介绍狭义的国际储备,即自有储备的构成,主要包括一国的黄金储备、外汇储备、在 IMF 中的储备头寸和特别提款权。

1. 黄金储备

黄金储备是指一国货币当局所集中持有的货币性黄金。自 1976 年起,根据国际货币基金组织的《牙买加协议》,黄金与国际货币制度和各国的货币脱钩,黄金不再成为货币制度的基础,也不准用于政府间的国际收支差额清算。但是由于黄金长期以来一直被人们认为是一种最后的支付手段,所以黄金仍然为各国货币当局持有的国际储备的一部分。

2. 外汇储备

外汇储备是指一国货币当局持有的外国可兑换货币,包括银行存款和有价证券。外汇储备是当今国际储备的主体,在世界国际储备总额中的比重最大。

3. 在 IMF 中的储备头寸

在 IMF 中的储备头寸,也称普通提款权,是指国际货币基金组织的成员按规定从国际货币基金组织提取一定数额款项的权利,是国际货币基金组织最基本的一项贷款。

4. 特别提款权

特别提款权是国际货币基金组织创设的无偿分配给各成员用以补充现有储备资产的一种国际储备资产。国际货币基金组织于 1970 年创设特别提款权,并按成员认缴份额向成员分配。

(三)国际储备的管理

国际储备的管理是指一国货币当局根据一定时期内本国经济发展的要求和国际收支状况,对国际储备的规模、结构等进行确定和调整,以实现储备资产规模适度化、结构最优化的整个过程,是一国宏观金融管理的重要组成部分。国际储备的管理包括量的管理和质的管理两个方面。

1. 量的管理

量的管理是指对储备规模的确定和调整,即通常所说的国际储备的水平管理或总量管理。由于持有国际储备存在机会成本,因此,国际储备应该保持适度的规模。

2. 质的管理

质的管理是指对国际储备结构的确定和调整,也被称作国际储备的结构管理,是指一国如何最佳地配置国际储备资产,从而使黄金储备、外汇储备、在 IMF 的储备头寸和特别提款权四个部分的国际储备资产持有量之间,以及各部分的构成要素之间保持合适的数量构成比例。

国际储备的管理必须遵循安全性、流动性和营利性"三性"原则。安全性是指外汇储备存放风险低,不易受损。流动性是指需要动用外汇储备时能够迅速实现无损变现。营利性是指储备资产的增值及获利。必须在确保安全性与流动性的前提下,争取最大限度的收益。

资料框 4-6

外汇储备信息透明度稳步提升

作为国际金融市场负责任的长期投资者,我国外汇储备一直致力于稳步提升信息透明度,为国内外各界了解外汇储备经营管理情况提供有效、可靠、权威的途径。

采纳国际先进标准,提高数据披露质量。自 2015 年 7 月起,采纳 IMF 的数据公布特殊标准(Special Data Dissemination Standard,SDDS),每月发布"官方储备资产"数据和"国际储备与外币流动性数据模板"。与此前采用的数据公布通用标准(General Data Dissemination Standard,GDDS)相比,SDDS 在数据覆盖范围、公布频率、公布时效、数据质量、公众可得性等方面均有明显提高。

加强数据解读,提升信息披露效果。外汇储备相关数据专业性较强,影响因素较多。自 2016 年 6 月起,国家外汇管理局新闻发言人每月第一时间就外汇储备规模变动情况答记者问,深入解读外汇储备规模变动原因。同时,不断拓展沟通渠道和方式,通过新闻发布会、媒体采访、热点问答等方式,借助国家外汇管理局网站、官方微信公众号、报纸杂志等渠道,及时回应社会关切。

丰富信息披露内容,全面展现外汇储备经营管理成效。2019 年 7 月,通过《国家外汇管理局年报(2018)》专栏,首次披露我国外汇储备的历史货币结构和投资收益等重要数据,并全面介绍外汇储备投资理念、风险管理框架、全球化经营方式等情况。同时,国家外汇管理局网站同步发布《外汇储备投资管理热点问答》。此次披露进一步提升了我国外汇储备信息透明度,有利于外界更加全面、准确地了解我国外汇储备经营管理方式和效果。

下一步,外汇储备将继续开展规范化、专业化、国际化经营,提高经营管理水平,遵循国际标准,提升信息透明度,努力打造国际一流资产管理机构。

资料来源:《国家外汇管理局年报(2019)》。

二、国际资本流动

(一)国际资本流动的概念和原因

国际资本流动是指一国资本流向别的国家或地区的活动过程。具体而言,就是指资本跨越国界,到别的国家和地区进行生产方面或金融方面的投资活动。

第二次世界大战以前,传统的国际资本流动格局主要是发达资本主义国家向其殖民地、半殖民地或附属国的直接投资或长期贷款。第二次世界大战后,由于科学技术的飞速发展,国际分工体系发生根本性变革,国际资本流动格局发生深刻变化,由传统的发达国家向发展中国家的单向流动转变为发达国家对发展中国家、发达国家相互之间、发展中国家对发达国家的多层次、多方向流动。

国际资本流动的最根本原因在于各国的资本收益率存在差异。无论是直接投资、间接投资还是银行贷款，都是为了获得比国内投资更高的利润，或为了分散投资风险。发达的工业化国家在经济发展过程中不断积累的过剩资本，为了追逐利润，源源不断地流向经济落后、储蓄不足但又急于发展本国经济的发展中国家，因而形成巨大的、持续的国际资本需求。国际金融市场的不断发展、开放，国际金融创新的不断深化等诸多因素促进了国际资本流动的进一步发展，同时也刺激了巨大的国际资本的投机性需求，以分散风险、投机获利为主要交易动机的国际投机资本流动飞速增长的趋势日渐突出。

(二) 国际资本流动的经济影响

1. 国际资本流动的积极作用

国际资本流动本质上是生产要素的国际化配置和组合。国际资本流动的大规模发展对资本输出国、资本输入国以及国际经济势必产生深远的影响。

整体而言，国际资本流动促进了世界经济的增长和稳定。其积极作用主要表现在：

第一，国际资本流动在一定程度上打破了国与国之间的界限，使得各种生产要素在全球范围内得到有效配置，有助于国际贸易的顺利开展，有助于全球性国际收支的平衡，有助于世界总产量的提高，有助于全球经济福利的增加。

第二，国际直接投资有效地促进了生产技术在全球范围的传播，有效地促进了国际分工及其交换体系的变革，使科学技术成为全人类共同的财富。

第三，国际间接投资利用不断变革和有效的市场使得投资者可以对其有价证券资产进行更为广泛的多元化组合，有利于分散投资风险。

2. 国际资本流动的消极作用

国际资本流动的影响是多重的，除积极作用外，也会给资本输入国、资本输出国乃至整个世界经济带来消极影响，冲击有关国家经济，加速国际金融风险传递，甚至引发债务危机、货币危机。

(三) 国际资本流动管理

由于资本的输出和输入直接影响一国的国际收支，因此无论是发展中国家还是发达国家，都很重视资本的输出和输入，根据不同的政策需要对资本流出和流入实行不同方式、不同程度的管理。一般而言，国际资本流动管理可分为直接型管理和间接型管理。直接型管理侧重通过作用于资本项目经济交易的直接管制措施实现对资本流出和流入的管理，如审批管理、比例限制、限额控制等；间接型管理是指通过价格等市场因素从经济利益上诱导资金流向，从而趋利避害，实现国际资本的有效利用。

由于各国的国情不同，对资本输出和输入的态度不同，管理的侧重也就不一样。除了实施直接型或间接型管理，有些国家还从国际资本流动期限结构、国际资本流动投入方向等不同方面施行适合于特定时期本国具体国情的国际资本流动管理策略。一般来说，发展中国家由于外汇资金紧缺，一般对资本的输出限制较严；对有利于发展本国经济的外国资本的流入，则实行各种优惠措施，积极引进。与此同时，采取严格措施限制本国资金的外流。对于发达国家而言,由于其自身资金实力雄厚,国内市场又处于饱和状态,需要寻找新的投资场所,因而允许资本自由输出。而对于那些国际收支长期顺差,本币不断升值,国内通货膨胀压力急剧增大的国家,则对资本输入施加限制。

基 本 概 念

国际收支　　外汇　　汇率　　直接标价法　　间接标价法　　汇率制度
购买力平价　　利率平价　　国际储备　　国际资本流动

即 测 即 评

复习思考题

1. 简述国际收支失衡的影响。

2. 说明汇率的概念及其标价方法。

3. 简述影响汇率变动的因素。

4. 简述国际储备的概念及构成。

5. 2023 年 2 月 10 日,纽约外汇市场报出 GBP 1=USD 1.205 8/62,若某一出口商持有 GBP 1 000 000,可兑换多少美元?

6. 简述国际资本流动的经济影响。

第五章
金融市场

　　证券、股市,这些东西究竟好不好,有没有危险,是不是资本主义独有的东西,社会主义能不能用? 允许看,但要坚决地试。

——邓小平

本章学习目标

1. 掌握货币市场的含义、特征与分类。
2. 掌握资本市场的含义、特征与分类。
3. 掌握金融衍生市场的含义、特点与分类。

第一节　货币市场

一、货币市场概述

(一) 货币市场的含义

　　货币市场又称为短期资金交易市场,是指交易期限在1年以内(含1年,下同)的短期金融交易市场。货币市场尽管是根据交易期限来定义的,但其之所以称为货币市场,是因为该市场上交易的对象主要是货币或和货币最为接近的金融工具。货币或近似货币的金融工具交易频繁、买卖方便、变现迅速,是流动性极强的金融工具,有些国家直接将它们列入广义货币的范围。货币市场的名称实际由此而来。

　　作为短期资金融通市场,货币市场是金融市场的重要组成部分。根据交易对象不同,货币市场可以分为短期政府债券市场、同业拆借市场、票据市场、回购协议市场、大额可转让定期存单市场、货币基金市场等若干个子市场。根据交易区域划分,货币市场还可以分为国内货币市场与国际货币市场。

资料框 5-1

欧洲美元市场

欧洲美元市场是经营欧洲美元的国际货币市场。所谓欧洲美元,是指存放在美国以外或美国银行国外分行的美元存款。欧洲美元与美国国内流通的美元是同质的,具有相同的流动性和购买力。所不同的是,欧洲美元不由美国境内金融机构监管,不受美联储相关银行法规、利率结构的约束。

欧洲美元市场的优势在于不受任何国家金融法令监管、免税、不缴纳法定储备金、流动性强。其主要作为银行间同业短期资金批发市场,参与者多为商业银行、各国央行及政府,主要借款人为跨国公司,交易对象多为具有标准期限的定期存款和可转让存单。

随着市场业务的不断拓展,目前欧洲美元市场的地理范围和借贷币种也正在不断扩大。其交易币种已经不局限于美元,还包括各种境外交易货币,如在日本境外存贷的日元资金、英国境外的银行所吸收和贷出的英镑资金等。

资料来源:根据《金融时报》资料整理。

(二)货币市场的特征

货币市场有多个不同的子市场,不同子市场有不同的特点。但总的来说,它们共同的特点有以下几个方面:

1. 交易期限短

最短的交易期限,如同业拆借中的“日拆”或隔夜拆借,期限仅为 1 天甚至只有半天;交易期限较长的一般也不超过 1 年,大多在 3~6 个月。货币市场由于交易期限较短,价格波动范围较小,收益较低,相应的风险也较低。

2. 交易的目的主要是解决短期资金周转的供求需要

在社会再生产过程中,企业、银行等经济主体有时会产生暂时多余的短期闲置资金,这些资金要寻找出路,以便获取收益。与此同时,又会有一些企业、银行等经济主体急需短期周转资金,以解决临时资金不足,这样就构成了对货币市场的需求。

3. 交易对象是货币或准货币,具有很强的流动性

货币市场的交易对象是货币,或者是具有很强流动性且极容易变现为货币的金融工具,这些金融工具在一些国家被列入广义货币的范围,具有很强的流动性。

二、短期政府债券市场

(一)短期政府债券的含义

短期政府债券是指政府部门以债务人身份承担到期偿付本息责任的、期限在 1 年以内的债务凭证。在很多国家,广义的短期政府债券不仅包括国家财政部门所发

行的短期债券,即国库券,还包括地方政府及地方政府代理机构所发行的短期债券。而狭义的短期政府债券则仅指国库券。一般来说,短期政府债券市场就是指国库券市场。

政府发行短期债券的目的一般有两个:一是满足政府部门短期资金周转的需求。政府收支有季节性的变动,即使每一年度的预算平衡,其间也有可能在一段时间内资金短缺,需要筹措短期资金,此时政府部门就可以发行国库券以保证临时性的资金需求。二是为中央银行的公开市场业务提供可操作的工具。国库券是中央银行进行公开市场操作的有力工具,是连接货币政策和财政政策的契合点。

（二）短期政府债券的特点

与其他货币市场工具比较,短期政府债券有一些优良的市场特征,主要包括以下方面:安全性高,短期政府债券由财政部门发行,是政府的直接债务,一般被认为不存在违约风险;流动性强,短期政府债券往往能够在组织完善、运行高效的市场上进行交易,这使其具有极强的流动性;收入免税,政府为增强短期政府债券的吸引力,通常给予购买者税收方面的优惠,如豁免收入税;面额小,短期政府债券的面额远远低于其他货币市场工具的面额。

短期政府债券凭借其具有的上述优良特征,市场规模增长迅速,已经成为众多国家货币市场上交易量最大的金融工具之一。

（三）我国的短期政府债券

我国 1996 年开始发行短期国债,目前短期国债有 91 天、182 天、273 天三个品种。2020 年度,91 天债券发行 47 只,发行期数最多,发行总额为 12 832.54 亿元;182 天债券发行 17 只,发行总额为 6 158.10 亿元。与美国美联储公开市场业务主要操作短期国债不同,我国央行的公开市场业务操作的货币政策工具既有中国人民银行发行的央行票据,也包括财政部发行的短期国债。

三、同业拆借市场

（一）同业拆借市场的含义

同业拆借市场也称同业拆放市场,是指金融机构之间以货币借贷方式进行短期资金融通活动的市场。同业拆借的资金主要用于弥补短期资金的不足、票据清算的差额及解决临时性的资金短缺需要。同业拆借市场交易量大,能敏感地反映短期资金供求关系,显示并影响货币市场利率。

（二）同业拆借市场的特征

同业拆借交易的期限以 1~2 天最为常见,最短期的为隔夜拆借,这些时间很短的拆借因为其拆借资金主要用于弥补借入者头寸资金的不足,也被称为头寸拆借。其他还有拆借时间较长的,如 7 天、1 个月、3 个月、6 个月等。在我国,每笔拆借交易的最低拆借金额为人民币 10 万元,最小拆借金额变动量为人民币 1 万元,日计数基准为实际天数 /360。

（三）我国的同业拆借市场

我国的同业拆借起步于 1984 年,当时中国还实行高度集中的信贷资金管理体制,银行间资金余缺只能通过行政手段纵向调节。经过 30 多年的发展,目前已经形成了全国统一的同业拆借市场,生成了由市场供求决定的、统一的同业拆借利率,实现了同业拆借利率的市场化。2022 年,我国同业拆借市场累计成交额为 146.8 万亿元。

资料框 5-2

上海银行间同业拆放利率（SHIBOR）

上海银行间同业拆放利率（Shanghai Interbank Offered Rate,SHIBOR）,以位于上海的全国银行间同业拆借中心为技术平台计算、发布并命名,是由信用等级较高的银行组成报价团自主报出的人民币同业拆放利率计算确定的算术平均利率,是单利、无担保、批发性利率。目前,对社会公布的 SHIBOR 品种包括隔夜、1 周、2 周、1 个月、3 个月、6 个月、9 个月及 1 年。

SHIBOR 报价银行团现由 18 家商业银行组成。报价银行是公开市场一级交易商或外汇市场做市商,是在中国货币市场上交易相对活跃、信息披露比较充分的银行。中国人民银行成立 SHIBOR 工作小组,依据《上海银行间同业拆放利率（SHIBOR）实施准则》确定和调整报价银行团成员、监督和管理 SHIBOR 运行、规范报价行与指定发布人行为。

全国银行间同业拆借中心受权 SHIBOR 的报价计算和信息发布。每个交易日根据各报价行的报价,剔除最高、最低各 4 家报价,对其余报价进行算术平均计算后,得出每一期限品种的 SHIBOR,并于 11:00 对外发布。

资料来源:中国外汇交易中心暨全国银行间同业拆借中心。

四、票据市场

（一）票据

票据包括支票、本票和汇票。支票是出票人签发的、委托办理支票存款业务的银行或者其他金融机构在见票时无条件支付确定的金额给收款人或者持票人的票据。本票是出票人签发的、承诺自己在见票时无条件支付确定的金额给收款人或者持票人的票据。汇票是出票人签发的、委托付款人在见票时或者在指定日期无条件支付确定的金额给收款人或者持票人的票据。

（二）商业票据

商业票据是指以大型企业为出票人、到期按票面金额向持票人付现而发行的无抵押担保的承诺凭证,可以分为真实性商业票据和融资性商业票据。我国《票据法》规定,票据的签发、取得和转让,应当遵循诚实信用的原则,具有真实的交易关系和债权债务关系。商业票据市场就是商业票据发行与交易的市场。美国的商业票据一般属于本票性质,英国的商业票据属于汇票性质。在我国,通常所说的商业票据包括商业汇票与企业短期融资券。

商业票据最初是因商品交易的需要而产生的,是商业信用的一种工具。后来,商业票据不限于在商业信用中使用,逐渐演变成为货币市场上筹措资金的一种工具。由于商业票据没有担保,仅以企业的信用为保证,因而一般情况下,能发行商业票据的公司都是资金实力雄厚、运作良好、信誉卓著的大公司。

商业票据一般面额较大。例如,美国的商业票据大多面额在 10 万美元以上。商业票据的期限一般较短,直接销售的商业票据的平均偿还期通常为 20~40 天。商业票据因为期限短,二级市场并不活跃,交易量很小。

（三）银行承兑汇票和商业承兑汇票

由银行承兑的商业汇票称为银行承兑汇票,而由银行以外的付款人承兑的汇票称为商业承兑汇票。银行承兑汇票的承兑人是银行,是建立在银行信用基础上的票据行为;商业承兑汇票的承兑人为金融机构以外的其他企业,是建立在商业信用基础上的票据行为。相对而言,银行承兑汇票的信用要远远高于商业承兑汇票的信用,因而被广泛使用。

（四）我国的票据市场

1981 年,为了防止企业间赊销、相互拖欠,上海等地开始试办商业汇票承兑与贴现业务,标志着中国票据市场的起步。1995 年《中华人民共和国票据法》正式颁布,对有效规范票据行为、保证票据的正常使用和流通起到了重要作用,同时为中国票据市场发展奠定了法律基础,标志着中国票据市场进入了一个新的发展阶段。1999 年中国人民银行下发《关于改进和完善再贴现业务管理的通知》,改革了再贴现与贴现率的确定方式,扩大了贴现率的浮动范围。至此,中国票据市场发展的法律框架基本形成,票据市场步入规范与稳步发展的轨道。以商业汇票为例,2021 年,全年票据市场业务总量 167.32 万亿元,同比增长 12.87%。其中,承兑金额 24.15 万亿元,增长 9.32%;背书金额 56.56 万亿元,增长 19.84%;贴现金额 15.02 万亿元,增长 11.93%;贴现利率为 2.85%,下降 13 个基点。

五、回购协议市场

（一）回购协议

回购协议是指交易的一方在出售证券的同时,和证券的购买方签订协议,约定在一定期限后按原定价格或约定价格购回所卖证券,从而获取即时可用资金的一种交易行为。从本质上说,回购协议是一种质押贷款,其质押品为证券。回购协议的期限很短,一般是隔夜或 7 天。期限超过 30 天的回购协议又称定期回购协议。

与回购协议概念相反的是逆回购协议。在逆回购协议中,买入证券的一方同意按约定期限以约定价格出售其所买入证券。从资金供应者的角度看,逆回购协议是回购协议的逆向交易。回购协议与逆回购协议实际上是一个问题的两个方面。每笔回购协议交易由一方的回购协议和另一方的逆回购协议组成。

(二) 债券回购交易

债券回购交易是指一种以债券为质押品拆借资金的信用行为。买卖双方在成交的同时就约定于未来某一时间以某一价格双方再行反向成交,并由融资方以商定利率支付利息。一笔回购交易涉及两个交易主体(以券融资方和以资融券方),两次交易契约行为(初始交易和回购期满时的回购交易),两次清算。

(三) 我国的债券回购市场

我国的债券回购市场主要有两个:一是银行间债券回购市场,二是由上海证券交易所、深圳证券交易所组成的交易所回购市场。我国国债回购交易自 1993 年正式开展以来,经过多年的发展实践,市场规模增长迅速。1994 年,我国债券回购交易总额在 3 400 亿元左右。2021 年,我国债券市场回购交易总量超过 1 395.40 万亿元,其中银行间市场债券回购累计成交 1 045.20 万亿元,交易所债券回购累计成交 350.20 万亿元。

六、大额存单市场

(一) 大额可转让定期存单

大额可转让定期存单简称 CD 或 CDs,是银行或其他金融机构发行的有固定面额、可转让流通的定期存款凭证。大额可转让定期存单首创于美国,是美国银行业为规避利率管制而推出的一项金融创新。大额可转让定期存单的发行人通常是资力雄厚、信誉卓著的大银行。在美国,根据发行人性质一般可分为四种类型:一是由美国的银行在美国国内发行的,被称为国内存单(Domestic CD);二是由国外银行发行的,以美元作为计价方式的 CD,被称为欧洲美元存单(Eurodollar CD)或欧洲存单(Euro CD);三是由国外银行的美国分支机构发行的 CD,被称为扬基存单(Yankee CD);四是由储蓄和贷款机构以及存款性银行发行的 CD,被称为储蓄存单(Thrift CD)。

在美国,大额可转让定期存单有非常活跃的二级市场。大额可转让定期存单的持有者如果急需资金,可以在二级市场上将存单出售,由票据经销商买入。票据经销商可以将这些存单持有至到期日,兑取本息,也可以再到二级市场上转让出售。

(二) 我国的大额存单与同业存单

大额存单是指由银行业存款类金融机构面向非金融机构投资人发行的、以人民币计价的记账式大额存款凭证,是银行存款类金融产品,属一般性存款。我国大额存单的发行采用电子化的方式,可以在发行人的营业网点、电子银行以及第三方平台和经中国人民银行认可的其他渠道发行。2015年6月,中国人民银行发布《大额存单管理暂行办法》。办法规定,个人投资人认购大额存单起点金额不低于30万元,机构投资人认购大额存单起点金额不低于1 000万元。大额存单期限包括1个月、3个月、6个月、9个月、1年、18个月、2年、3年和5年共9个品种,并规定,大额存单发行利率以市场化方式确定。固定利率存单采用票面年化收益率的形式计息,浮动利率存单以上海银行间同业拆放利率为浮动利率基准计息。2021年金融机构发行大额存单5.4万期,发行总量为11.3万亿元。

同业存单是指由银行业存款类金融机构法人在全国银行间市场上发行的记账式定期存款凭证,是一种货币市场工具。2013年12月,中国人民银行公布《同业存单管理暂行办法》。该办法规定,我国的同业存单发行采取电子化的方式,在全国银行间市场上公开发行或定向发行。全国银行间同业拆借中心(以下简称同业拆借中心)提供同业存单的发行、交易和信息服务。同业存单的投资和交易主体为全国银行间同业拆借市场成员、基金管理公司及基金类产品。同业存单按发行利率、发行价格等以市场化方式确定。固定利率存单期限原则上不超过1年,为1个月、3个月、6个月、9个月和1年,参考同期限上海银行间同业拆放利率定价。浮动利率存单以上海银行间同业拆放利率为浮动利率基准计息,期限原则上在1年以上,包括1年、2年和3年。2022年,我国同业存单发行总量20.5万亿元。

资料框 5-3

通过货币市场基金投资货币市场工具

货币市场工具的利率是市场化的,能够提供比银行储蓄存款更高的收益,但其交易门槛比较高,很多投资者很难直接参与货币市场工具的交易,货币市场基金应运而生。

货币市场基金是指主要投资于货币市场的短期(1年以内)金融工具,如国库券、商业票据、银行承兑汇票等的投资基金,最早出现在20世纪70年代初的美国。这种基金以短期投资为主,流动性较好,并且回报率通常高于银行储蓄存款,并可自行与其他类型基金相互转换,深受投资者欢迎。

近年来,随着互联网的普及,出现了基于互联网的互联网型货币基金,这类基金充分发挥了互联网便利快捷的巨大优势,有效地结合了传统的场外赎回型货币基金与场内赎回型货币基金的特点。例如,以天弘余额宝货币市场基金为代表的这类基金利用手机或计算机终端通过支付宝、微信等第三方支付平台直接申购和赎回,操作便利,投资起点较低,推出后发展迅速,2017年天弘余额宝货币市场基金余额突破1.4万亿元人民币,成为全球第一大货币市场基金。

资料来源:根据《金融时报》资料整理。

第二节　资本市场

一、资本市场概述

(一) 资本市场的概念

资本市场是指交易期限在 1 年以上的长期金融工具交易市场,主要目的在于满足工商企业的中长期投资需求和政府弥补财政赤字的需要。资本市场主要指证券市场,此外还包括中长期信贷市场和非证券化的产权交易市场。证券市场又可分为股票市场、债券市场以及由这两个市场派生出来的证券投资基金市场和金融衍生市场。通常对资本市场的论述主要是讨论证券市场。

(二) 资本市场的功能

与货币市场相对应,资本市场也是现代金融市场的重要组成部分。资本市场的本义是中长期资金融通的市场,但随着市场经济的发展,资本市场已经远远超出了其原始内涵,在经济中发挥着更加重要的作用。

1. 投融资功能

有了资本市场,各个融资主体在银行之外,就有了第二条融资渠道。融资功能是与投资功能相对应的,如果融资主体发行的股票或债券没有投资价值,不被投资者接受,那么其融资功能就难以实现。

2. 资源配置功能

资源配置功能是指资本市场通过对资金流向的引导而对资源配置发挥导向性作用的功能。投资主体作为经济人,始终具有明确的逐利动机,在这种动机的驱动下,利用资本市场的评价、选择和监督机制,促使资金流向高效益部门,优化资源配置。

3. 产权功能

资本市场的产权功能是指其对市场主体的产权约束和在充当产权交易中介方面所发挥的功能。它具体体现在两个方面:一是有利于对市场主体的产权产生约束。通过资本市场特别是股票市场,上市公司产权结构发生变化,有利于形成对市场主体的产权约束,促进其内部治理结构的完善。二是有利于促进产权交易。资本市场通过融通资金、传递产权信息、提供中介服务等途径,可以有效推动产权交易。

4. 定价功能

资本的真实价值在生产经营领域中往往难以准确测定。只有将其投入市场,经过广大投资者反复交易这一社会评价过程,其价值才能得到充分体现。

(三) 发行市场与交易市场

1. 发行市场

发行市场也称为初级市场、一级市场,是证券初次发行的市场。在发行市场,发行人通过发行证券募集资金,而投资者则通过购买证券进行投资。

证券发行方式有公募和私募之分。公募是指发行人公开向社会公众发行证券,私募则是指发行人向特定的投资者发行证券。

2. 交易市场

交易市场又称次级市场、二级市场、流通市场,是指对已发行证券进行买卖的市场。证券交易市场主要有场内交易与场外交易两种形式。

场内交易主要是在证券交易所内进行。世界各国证券交易所的组织形式大致可分为两类:公司制和会员制。公司制证券交易所是以股份有限公司形式成立的并以营利为目的的公司法人。会员制证券交易所是会员自愿组成的、不以营利为目的的社团法人。

资料框 5-4

我国的证券交易所

上海证券交易所成立于 1990 年 11 月 26 日,同年 12 月 19 日开业,归属中国证监会直接管理。其主要职能包括:提供证券交易的场所和设施;制定证券交易所的业务规则;接受上市申请,安排证券上市;组织、监督证券交易;对会员、上市公司进行监管;管理和公布市场信息。上证所市场交易采用电子竞价交易方式,所有上市交易证券的买卖均须通过计算机主机进行公开申报竞价,由主机按照价格优先、时间优先的原则自动撮合成交。

深圳证券交易所成立于 1990 年 12 月 1 日,是为证券集中交易提供场所和设施,组织和监督证券交易,由中国证监会直接监督管理。其主要职能包括:提供证券交易的场所和设施;制定本所业务规则;接受上市申请、安排证券上市;组织、监督证券交易;对会员和上市公司进行监管;管理和公布市场信息;中国证监会许可的其他职能。

北京证券交易所(简称北交所)于 2021 年 9 月 3 日注册成立,是经国务院批准设立的我国第一家公司制证券交易所,受中国证监会监督管理。其经营范围为依法为证券集中交易提供场所和设施、组织和监督证券交易以及证券市场管理服务等业务。北交所"脱胎"于新三板精选层,仍是新三板的一部分,与创新层、基础层一起组成"升级版"新三板,被赋予了"反哺"新三板的使命。

场外交易市场也称柜台交易或店头交易,是指在证券交易所以外进行证券买卖交易的市场。场外交易最早是在证券商的柜台上进行,现在一般没有固定的场所,主要利用电话或网络进行。近年来,因为先进的电子计算机技术和互联网技术的广泛应用,场外交易市场得到迅速发展。

二、股票市场

(一)股票的含义

股票是指股份公司发行的、表示股东按其持有的股份享受权益和承担义务的可转让凭证。股票代表股东对公司的所有权,并作为股份公司资本的构成部分,可以转让、买卖或作价抵押。股票的持有者可以凭借股票来证明自己的股东身份,参加股份公司的股东大会,对股份公司的经营发表意见。股票持有者还可以凭借股票参加企业的利润分配,也就是通常所说的分红,以此获得一定的经济利益。

（二）股票的分类

股票市场上股票种类繁多,根据不同的标准,可以有不同的分类。根据股东权利不同进行分类,股票可分为普通股和优先股。

普通股是股份有限公司最重要、最基本的一种股份,其持有者是构成股份公司股东的基础成员。普通股有以下几个特征:一是经营参与权。普通股股东可以参与公司经营管理,拥有选举、表决的权利。二是收益分配权。普通股股东有权凭其所持有的股份参加公司盈利分配,其收益与公司经营状况直接相关,具有不确定性,且盈利分配顺序在优先股之后。三是认股优先权。如果股份公司增发普通股股票,原有普通股股东有权优先认购新发行的股票,以保证其对股份公司的持股比例保持不变。四是剩余资产分配权。股份公司破产清盘时,在其清偿债务和分配给优先股股东之后,剩余资产可按普通股股东所持有股份进行分配。

优先股是指在取得固定股息和剩余财产索取权方面比普通股享有优先权的股票。优先股具有以下特征:一是约定股息率。优先股股东的收益先于普通股股东支付,一般事先确定固定的股息率,其收益与公司经营状况无关。二是优先清偿剩余资产。股份公司破产清盘时,优先股股东的分配优先于普通股股东。三是表决权受限制。优先股股东无经营参与权和选举权。四是一般不能上市交易。即优先股的流通性受到一定限制。

根据我国股票发行和交易范围不同进行分类,股票可分为 A 股、B 股、H 股。其中,A股即人民币普通股,是指由我国境内公司发行,主要供境内机构、组织、个人以人民币认购和交易的普通股股票;B 股是指用人民币标明面值,由境内公司在境外发行,在境内的证券交易所上市,由境内外居民或机构用外币买卖的股票;H 股是指我国企业(公司)在内地注册,在香港发行上市的外资股票。

资料框 5-5

多层次资本市场

党的十八届三中全会通过的《中共中央关于全面深化改革若干重大问题的决定》提出的健全多层次资本市场体系,是完善现代市场体系的重要内容,也是促进我国经济转型升级的一项战略任务。早在 2003 年,中央就提出建立多层次资本市场体系。当时主要是考虑我国股票市场只有面向大中型企业的主板市场,层次单一,难以满足大量中小型企业特别是创新型企业的融资需求。狭义的多层次资本市场是指包括主板、创业板、科创板、新三板(中小企业股份转让系统)、各地区域股权转让市场等在内的多层次股票市场体系。广义的多层次资本市场是指包括主板、科创板、创业板、新三板、区域性股权市场、债券市场、期货及衍生品市场、证券公司柜台市场等在内的多层次资本市场体系。

（三）股票价格指数

股票价格指数是表明股票平均价格水平及其变动并衡量股市行情的指标,是股票报告期平均价格与基期平均价格相比较的结果。报告期是指要侧重研究和反映的一个时点,而基期是作为比较的历史上的某一特定时点。股票价格指数习惯上以点数表示,基期股票价格指数一般设为100点或1 000点。

在我国,股票价格指数由上海证券交易所和深圳证券交易所分别编制。目前上海证券交易所编制的影响力较大的指数是上证综合指数,而深圳证券交易所编制的影响力较大的指数是深证成分股指数。2005年4月上海证券交易所和深圳证券交易所共同联合发布了反映A股市场全貌的沪深300指数。

不同国家和地区的证券交易所都有其主要的股票价格指数。道·琼斯股票价格平均指数是美国道·琼斯公司编制并公布的、用以反映美国纽约证券交易所股票行情变化的股票价格指数。标准普尔指数是由美国标准普尔公司编制并发表的、反映美国股票市场行情变化的股价指数。恒生指数是由香港恒生银行编制并公布的、用以反映中国香港股市行情变化的股价指数。金融时报指数是由伦敦金融时报指数国际公司编制并公布的、用以反映英国伦敦证券交易所股票行情变化的股价指数。日经指数是由日本经济新闻社编制并公布的、用于反映日本股票市场行情变化的股价指数。

三、债券市场

（一）债券的含义

债券是政府、公司、金融机构等社会经济主体为筹措资金而向投资者发行的、承诺按约定的期限和利率水平支付利息和偿还本金的债权债务凭证。债券的偿还期限通常在1年以上,为中长期债券,属于资本市场上的金融工具。也有一些债券的偿还期限在1年或1年以下,为短期债券,属于货币市场上的金融工具。

债券具有以下特性:一是偿还性。债券具有偿还期限,且一般时间较长,这既不同于货币市场金融工具的短期性,也明显不同于股票的非偿还性。二是流动性。债券在到期以前,往往能够在二级市场流通,其流通性强于银行中长期存款,但一般弱于货币市场金融工具。三是安全性。债券的安全程度根据债券的种类不同而有所不同。国债的安全性高于其他所有金融工具,金融债券的安全性与银行存款相当,而企业债券的安全性一般低于银行存款,但高于股票。四是收益性。债券的收益与交易价格比较稳定,无论是提前交易还是持有到期,通常都能够获得稳定的收益。债券的收益率通常高于银行存款,其收益的稳定性要高于股票。

（二）债券的类型

债券种类繁多,按发行主体不同,可分为政府债券、公司债券和金融债券三大类。政府债券的发行主体是政府,公司债券的发行主体是股份公司或其他工商企业,而金融债券的发行主体是银行或非银行金融机构。

1. 政府债券

政府债券也称公债,是指中央政府、政府机构和地方政府发行的债券。政府债券因为以政府的信誉作保证,通常无须抵押,风险较小。政府债券根据具体发债机构不同,又分为中央政府债券、地方政府债券和政府机构债券三类。

中央政府债券也称国家公债或简称国债,是指财政部发行的以国家财政收入为偿还保证的债券,国债发行量大、品种多,是政府债券市场最主要的投融资工具。2022年,我国国债发债规模为9.6万亿元。

地方政府债券是指由地方政府发行的债券,是地方政府筹措财政收入的一种形式,发债收入列入地方政府预算。根据资金用途和偿还资金来源分类,地方政府债券分为一般责任债券(普通债券)和专项债券(收入债券)。2022年,我国地方政府债券发债规模为7.4万亿元。

政府机构债券是指财政部以外的其他政府机构或以政府为依托的机构所发行的债券。我国的政府机构债券包括三种债券。第一种是中央汇金投资有限责任公司(简称汇金公司)2010年在全国银行间债券市场发行的汇金债券。第二种是中国铁路总公司新发行和继承原以铁道部名义发行的各类债券。第三种是城投债。城投债又称"准市政债",是地方投融资平台作为发行主体,公开发行的债务融资工具。

资料框 5-6

我国的地方政府债券

新中国最早的地方政府债券是1950年由当时的东北人民政府发行的东北生产建设折实公债,共发行3 000万分,分上、下两期,公债面值以实物为发行本位。发行时每分之值以沈阳市当时高粱米五市斤、五福布一市尺、粒盐五市斤、原煤三十四市斤的市价综合折算。年息五厘,利息每年还一次,分5年还清,还本付息均以东北银行总行公布的实物市价为计算标准,这些债券偿还后,很快就停止了地方政府债券发行。直到2009年,为应对国际金融危机,增强地方安排配套资金和扩大政府投资的能力,根据《预算法》特别条款规定,国务院决定在规模控制的前提下允许地方政府发行债券。由省、自治区、直辖市和计划单列市政府为发行和偿还主体,由财政部代理发行并代办还本付息和支付发行费。2009年和2010年各发行2 000亿元人民币的地方政府债券,全部由财政部代发。2011年10月,财政部发布了《2011年地方政府自行发债试点办法》。自此,部分省、市试点自发地方政府债券,但还本付息仍由财政部代办。2014年开始,我国地方政府债券自发自还在沪、深、浙、广等10个省市试点。根据资金使用不同,我国的地方政府债券可分为一般责任债券与专项债券。一般责任债券是为了缓解资金紧张或解决临时性的经费不足,其还本付息得到地方政府信誉和税收的支持。发行专项债券是为了筹集资金完成某项具体工程,其还本付息来自项目的收益、收费及地方政府特定的税收或补贴。2015年,财政部印发《2015年地方政府专项债券预算管理办法》与《2015年地方政府一般债券预算管理办法》两个文件,明确地方政府一般债券收入、安排的支出、还本付息、发行费用纳入一般公共预算管理;专项债券收入、安排的支出、还本付息、发行费用纳入政府性基金预算管理。

2. 公司债券

广义的公司债券是指公司为筹措营运资本而发行的债券,也被称为公司信用类债券,在我国主要包括非金融企业债务融资工具、企业债券以及公司债券、可转换债券、可分离债、中小企业私募债,非金融企业发行的交易所资产支持证券等。2022 年,我国公司信用类债券(包括非金融企业债务融资工具、企业债券以及公司债券、可转换债券等)发行规模为 13.8 亿元。下面只介绍三种主要的公司信用类债券。

(1) 非金融企业债务融资工具是指具有法人资格的非金融企业在银行间债券市场发行的、约定在一定期限内还本付息的有价证券。我国的非金融企业债务融资工具主要包括短期融资券(短融,CP)、中期票据(中票,MTN)、中小企业集合票据(SMECN)、超级短期融资券(超短融,SCP)、非公开定向发行债务融资工具(PPN)、资产支持票据(ABN)等类型。

(2) 企业债券以及公司债券,它们在本质上是同一类债券。从其概念来说,公司债券属于企业债券,但是在实际操作中,二者在发行主体、监管机构以及规范的法规方面存在区别。

企业债券是指在我国境内具有法人资格的企业依照法定程序发行、约定在一定期限内还本付息的有价证券。目前发行企业主要为中央政府部门所属机构、国有独资企业或者国有控股企业。我国企业债券的发行大致始于 1984 年。1984—1986 年,一些企业自发地向社会和企业内部集资,累计发行企业债券约 100 亿元。1987 年 3 月,国务院颁布了《企业债券管理暂行条例》并开始编制企业债券发行计划。近些年来,企业债券市场稳步发展。

公司债券是指公司依照法定程序发行、约定在一定期限(1 年以上)还本付息的有价证券。2007 年中国证监会正式颁布施行的《公司债券发行试点办法》标志着我国正式启动了公司债券的发行工作,在我国发行的公司债券需要符合《证券法》《公司法》和《公司债券发行试点办法》的有关规定。目前,发行公司范围仅限于沪、深证券交易所上市的公司及发行境外上市外资股的境内股份有限公司。

(3) 可转换债券(可转债)是指一类比较特殊的公司信用类债券,债券持有人可以在一定期限内按约定的条件将债券转换为公司股票,是我国上市公司较多使用的一种债务融资工具。可转换债券具有以下特性:一是债权性。可转换债券有明确规定的利率和期限。如果不转换成股票,可转换债券具有与普通债券一样的特性,投资者可以持有债券到期并获得本金和利息。二是股权性。可转换债券在转换成股票之前是纯粹的债券,但转换成股票之后,原债券持有人就由债权人转变为公司的股东并享有相应的权利。三是可转换性。债券持有者有权按约定的条件将可转换债券转换为股票,也有权不将其转换为股票而一直持有到期。

3. 金融债券

金融债券是指银行和非银行金融机构为筹集资金而发行的债券。在欧美国家,由于金融机构大多属于股份公司性质,金融债券被当作公司债券看待,并无特别之处。不过,商业银行的信誉一般要高于普通公司,因而金融债券的信用评级普遍较高,信用风险一般小于普通公司债券。

我国将金融债券严格区别于公司债券,实行完全不同的管理办法。1985年,中央政府决定由中国工商银行、中国农业银行发行金融债券,开办特种贷款。此后,这两家银行又多次发行金融债券,中国银行、中国建设银行也陆续发行了金融债券。1988年,部分非银行金融机构开始发行金融债券。1993年,中国投资银行(该银行1981年12月成立,1998年12月并入国家开发银行)被批准在境内发行外币金融债券。1994年,我国政策性银行成立后,发行主体从商业银行转向政策性银行,当年仅国家开发银行就7次发行了金融债券,总金额达到758亿元人民币。1997—1998年,经中国人民银行批准,部分金融机构发行了特种金融债券,所筹集资金专门用于偿还不规范证券回购交易所形成的债务。

目前,我国的金融债券在全国银行间债券市场发行和交易,发行主体包括政策性银行、商业银行、企业集团财务公司及其他金融机构,债券品种包括央票、国开行金融债、政策性金融债、商业银行普通债、商业银行次级债、商业银行资本混合债、证券公司债券、同业存单等。2022年我国金融债券的发行规模达到1.8万亿元。

(三)债券发行与流通

债券发行市场又称债券一级市场,是债券发行人向债券投资人发售债券的市场。债券一级市场的活动除了发行债券,还包括发行人支付利息、偿还本金以及赎回和回售债券等。

债券流通市场又称为债券二级市场,是债券投资人进行债券交易的市场。债券一经发行,即确立了一定的债权债务关系,通过债券流通市场,投资者可以把债券转让或把债券变现,实现债权债务关系的转移。

债券流通市场和发行市场相辅相成,是互相依存的整体。发行市场是整个债券市场的源头,是债券流通市场的前提和基础。发达的流通市场是发行市场的重要支撑和必要条件。

债券流通市场分为场内交易市场和场外交易市场。目前我国的债券场内交易市场为交易所债券市场,场外交易市场由银行间债券市场和银行柜台市场两个部分组成。

资料框 5-7

中国债券市场的对外开放

近年来,我国债券市场对外开放稳步推进,在"走出去"和"引进来"方面取得了显著进展。

"走出去"方面:积极推动境内金融机构赴境外发行人民币债券。2007年中国人民银行与发改委共同发布了《境内金融机构赴香港特别行政区发行人民币债券暂行管理办法》,允许符合条件的境内金融机构赴港发行人民币债券。2013年以来,中国工商银行、国家开发银行、中国建设银行又先后赴伦敦试点发行人民币债券65亿元,中国银行、中国农业银行等也先后在境外发行了外币二级资本债券、绿色债券。

"引进来"方面:一是稳步推进境外机构在银行间债券市场发行债券。2005年,中国人民银行与财政部等部门共同发布了《国际开发机构人民币债券发行管理暂行办法》,允许国际开发机构在境内发行人民币债券,国际金融公司和亚洲开发银行率先在银行间债券市场发行40亿元人民币债券。2013年,境外非金融企业在境内债券市场筹集人民币资金的渠道建立,境外非金融企业在银行间市场交易商协会注册后即可在银行间市场发行熊猫债。2015年9月,香港上海汇丰银行有限公司和中国银行(香港)有限公司,首次获准在银行间债券市场发行人民币债券。二是不断开放境外机构投资银行间债券市场,并持续提升管理的市场化程度与投资的便利性。自2010年以来,中国人民银行先后允许符合条件的境外央行或货币当局、主权财富基金、国际金融组织、人民币境外清算行和参加行、境外保险机构、RQFII和QFII进入银行间债券市场。截至2021年年末,已有1016家境外机构进入我国银行间债券市场;截至2022年年末,中国债券市场存量规模达144.8万亿元人民币,其中国际投资者持债规模达3.4万亿元人民币。

资料来源:根据《中国货币政策执行报告》及相关网站资料整理。

(四)债券的信用评级

信用评级是指由专门从事信用评级的机构依据一定的指标体系对准备发行的债券的还本付息可靠程度做出客观公正的评定。信用评级机构作为资本市场不可或缺的参与者,其主要功能是作为信息中介,缓解发行人和投资者之间的信息不对称问题,从而降低发行人的融资成本。目前,国际上著名的信用评级机构有美国标准普尔公司、美国穆迪公司等。我国的信用评级机构主要有中诚信国际信用评级公司、大公国际资信评估有限公司、上海远东资信评估公司等。

决定债券信用等级的因素主要有发行人的偿债能力、发行人的资信状况和投资者承担的风险程度等。不同的信用评级机构有不同的信用等级划分标准,如美国标准普尔公司一般将债券的信用级别分为AAA、AA、A、BBB、BB、B、CCC、CC、C、D 10个等级(可进一步用"+""-"号进行微调),其中AAA级为最高级,D级为最低级,BBB(含)以上为投资级债券,其余为投机级债券。等级越高,安全性越高。

四、证券投资基金市场

(一)投资基金的含义

投资基金是指通过发行基金份额或基金股份的方式,汇集不特定多数且具有共同投资目标的投资者的资金,委托专门的基金管理机构进行投资管理,实现利益共享、风险共担的一种投资工具。

投资基金的产生与经济的发展有着紧密的联系。1868年11月组建的英国"海外和殖民地政府信托"是公认设立最早的投资基金机构,投资标的以国外殖民地的公司债为主。当时为设立投资基金而发行收益债券,每 100 英镑面值按 85 英镑出售,固定利率 6%,信托期限为 24 年,投资者可得年收益率为 7% 以上,而当时政府债券的利率只有 3.3%,该机构成立时募集了 100 万英镑,并投资于伦敦交易所上市的 17 种政府债券,它的产生受到广大投资者的热烈欢迎,此后投资基金在英国得到了迅速发展。

投资基金之所以在各国都得到普遍发展,是因为它具有如下作用:一是聚集资金,稳定和繁荣资本市场。投资基金是一种可以将分散的小额资金汇集成大规模投资资金的集合投资工具。基金可以最广泛地吸收社会闲散资金,积少成多,汇集成规模巨大的投资资金参与证券市场投资,有利于稳定和繁荣资本市场。二是规模经营,分散投资风险。投资基金由于规模较大,资金雄厚,完全可以把投资者的资金分散投资于不同的有价证券,通过不同的投资组合,有效避免投资风险,大大提高投资的安全性和收益率。三是专家管理,提高投资者收益。投资基金的运营和各种投资决策的制定都由基金管理人负责,而基金管理人聘请的管理人员大多受过专门训练,在投资领域积累了相当丰富的经验,能够更好地利用各种金融工具,抓住市场的投资机会,为投资者创造更多的收益。四是流动性好,方便投资者的资金进出。

(二)投资基金的主要类型

1. 根据基金组织形式不同,分为契约型投资基金与公司型投资基金

契约型投资基金也称作信托型投资基金,是指依据一定的信托契约通过发行收益凭证而组建的投资基金。在契约型投资基金的运作中,主要的当事人是基金投资者、基金托管人和基金管理人三方。公司型投资基金是依据公司法成立的、投资于特定对象的股份制投资公司形式的基金。公司型投资基金在组织结构上与股份有限公司类似。我国的证券投资基金均为契约型投资基金。

2. 根据基金份额能否赎回与买卖方式不同,分为封闭式基金与开放式基金

封闭式基金是指经核准的基金份额总额在基金合同期限内固定不变,基金份额可以在依法设立的证券交易场所交易,但基金份额持有人不得申请赎回的基金。开放式基金是指基金份额总额不固定,基金份额可以在基金合同约定的时间和场所申购或者赎回的基金。

20 多年来,随着金融市场的迅速发展与科学技术的进步,投资基金也产生了许多新产品,比较有代表性的有 ETF 与 FOF。ETF 是指可以在交易所交易的开放式基金。ETF 存在一级和二级两个市场,投资者可以在一级市场用一篮子股票进行申购和赎回,也可以在二级市场用现金买入和卖出。对于一般投资者而言,交易所交易基金主要还是在二级市场上进行买卖。FOF 是一种专门投资于其他投资基金的基金,FOF 并不直接投资股票或债券,其投资范围仅限于其他基金,通过持有其他投资基金而间接持有股票、债券等证券资产。

(三)我国的证券投资基金

1998 年 3 月 27 日,经证监会批准,南方基金管理公司和国泰基金管理公司分别发起设立了两只规模均为 20 亿元的封闭式基金——基金开元和基金金泰,由此拉开了中国证券投资基金发展的序幕。1998 年,我国共设立了 5 家基金管理公司,管理封闭式基金数量 5 只,资金募集规模 100 亿份,年末基金资产净值合计 107.4 亿元人民币。1999 年,基金管理公司的数量增加到 10 家,全年共有 14 只新的封闭式基金发行。2000 年 10 月 8 日中国证监会发布了《开放式证券投资基金试点办法》。2001 年 9 月,我国第一只开放式基金——华安创新基金诞生,这使我国基金业的发展实现了从封闭式基金到开放式基金的历史性跨越。此后,开放式基金逐渐取代封闭式基金成为中国基金市场发展的方向。2004 年 10 月成立了国内第一只上市开放式基金(LOF)——南方积极配置基金,2004 年年末推出了国内首只交易型开放式指数基金(ETF)——华夏上证 50ETF,2006 年 5 月推出了国内首只结构化基金——国投瑞银瑞福基金,2007 年 9 月推出了首只 QDII 基金——南方全球精选基金 QDII 基金,2008 年 4 月推出了国内首只社会责任基金——兴业社会责任基金,2009 年 5 月推出了 ETF 联接基金等。层出不穷的基金创新产品极大地推动了我国基金业的发展,截至 2022 年,我国境内共有基金管理公司 142 家,其中,外商投资基金管理公司 47 家,内资基金管理公司 95 家;取得公募基金管理资格的证券公司或证券公司资产管理子公司 12 家、保险资产管理公司 2 家。以上机构管理的公募基金资产净值合计 26.03 万亿元。

第三节　金融衍生市场

一、金融衍生工具概述

(一) 金融衍生工具的概念

金融衍生工具是相对于金融原生工具而言的。货币、债券、股票等金融工具,其价值直接依附于实物资产,称为金融原生工具或基本金融工具。金融衍生工具是指那些价值依赖于原生金融工具的金融产品。金融衍生工具是依附于货币、债券、股票等金融原生工具而产生的,其价值变化主要取决于金融原生工具的价值变动。金融衍生工具主要用于投机、套利和套期保值,其中,套期保值是一般工商企业从事金融衍生工具交易最主要的目的。

(二) 金融衍生工具的特点

1. 杠杆投资效应

杠杆投资是指自有资金只占投资总规模的小部分,投资者用少量资金"撬动"了大规模的资金交易。所有金融衍生工具要求投资者的初始支付很少,甚至没有初始支付,这意味着衍生合约交易都是低成本的,但是任何一份衍生合约所代表的标的资产的交易规模却是巨大的。如在股票期权交易中,投资者在订立合约时只要支付几百美元的资金,就可以交易价值上万美元的股票,标的资产价格任何微小的变动都可能给期权交易者带来巨大的收益或损失。

2. 交易的跨期性

金融衍生工具是交易双方当前通过对利率、汇率、股价等因素变动趋势的预测,约定在未来某一时间按一定条件进行交易或选择交易与否的合约。与传统的即期交易相比,金融衍生工具交易均为将要在未来某个时间完成的交易,即其时间属性是未来的。从合约的签订到履行,金融工具的价格将可能发生剧烈的变动。

（三）金融衍生工具的分类

根据合约标的不同,衍生工具可分为商品衍生工具和金融衍生工具。商品衍生工具是指以实物商品为标的资产的衍生工具,如大豆期货、实物期权。金融衍生工具是指以金融资产为标的资产的衍生工具,如利率期货、股票期权、利率互换等。金融衍生工具一般包括远期合约、期货合约、期权合约和互换合约。

根据交易双方权利和义务不同,衍生工具可分为远期类衍生工具和期权类衍生工具。远期类衍生工具的价值支付对交易双方而言是一种对等的义务,合约一旦签订,合约中指明的价值支付就必须在约定时间发生。由于这种权利和义务的完全对等,在订立远期类衍生工具合约的时候,任何一个交易方都不需要向另一方进行价值补偿。常见的远期类合约主要有远期合约、期货合约和互换合约三种。期权类衍生工具合约有时也被叫作选择权类合约,这类衍生工具中交易双方的权利和义务是不对等的。事先约定的支付不一定非要被执行,其中一个交易者可以对其进行选择(执行或者不执行),另一方则只能被动地遵循前者的选择。由于拥有选择权的一方获得了这种在交易中的灵活性,他就必须在订立合约时对另一方进行价值补偿。期权类合约包括期权、认股权证、可转换债券等。

（四）金融衍生产品的产生与交易

1972 年,美国芝加哥商品交易所(CME)创办了国际货币市场分部,推出了英镑、加元、西德马克、日元、瑞士法郎、墨西哥比索等货币期货合约,标志着金融衍生工具的诞生。1973 年美国芝加哥期货交易所(CBOT)正式推出股票期权。1975 年美国芝加哥期货交易所推出利率期货。1981 年美国所罗门兄弟公司成功推出货币互换交易。1982 年,堪萨斯城市交易所推出道琼斯综合指数期货合约的交易。金融衍生产品被创造出来之后,获得了市场广泛认可,发展迅速。根据国际期货业协会(FIA)公布的 2021 年全球 85 家交易所场内衍生品(期货和期权)交易情况,2021 年,全球期货和期权交易量 625.85 亿手,连续 4 年创下纪录新高。

金融衍生产品交易可分为场内交易和场外交易。场内交易,又称交易所交易,是指所有的供求方集中在交易所进行竞价交易的交易方式。期货交易和部分标准化期权合约交易都属于这种交易方式。场外交易,又称柜台交易,是指交易双方直接成为交易对手的交易方式,互换交易和远期交易主要是场外交易。

资料框 5-8

中国金融期货交易所

中国金融期货交易所(以下简称中金所)是经国务院同意,中国证监会批准设立的,专门从事金融期货、期权等金融衍生品交易与结算的公司制交易所。中金所由上海期货交易所、郑州商品交易所、大连商品交易所、上海证券交易所和深圳证券交易所共同发起,于 2006 年 9 月 8 日在上海正式挂牌成立。

　　中金所以服务实体经济需要,服务多层次资本市场体系建设为宗旨,通过向市场提供安全、高效、完善的金融衍生产品及服务,促进金融风险合理转移与配置,提升金融市场效率,促进社会经济繁荣。中金所的主要职能是组织安排金融期货等金融衍生品上市交易、结算和交割,制定业务管理规则,实施自律管理,发布市场交易信息,提供技术、场所、设施服务,以及履行中国证监会许可的其他职能。

　　中金所按照"高标准、稳起步"的原则,采取全电子化交易方式,积极推动金融期货新品种的上市,努力完善权益、利率、外汇三条产品线,满足参与者多样化风险管理需求。目前在中金所上市交易的金融衍生产品包括沪深 300 股指期货、中证 500 股指期货、上证 50 股指期货、5 年期国债期货、10 年期国债期货等。

　　资料来源:根据中国金融期货交易所网站资料整理。

二、远期交易

(一) 远期合约的含义

　　远期合约是指由买卖双方在成交日订立的、约定在未来某一时间以确定价格交割特定数量的某种标的资产的协议。远期合约与即期合约相对应,即期合约是指在今天就要买入或卖出资产的合约。在远期合约中规定在将来买入标的物的一方称为多头方,而在未来卖出标的物的一方称为空头方,合约事先约定的资产的未来交割价格被称为远期价格。通过使用远期合约,交易双方可以在当前时点锁定未来的资产交易价格,规避价格风险。

(二) 远期合约交易的优缺点

　　远期合约约定的是未来交割,不要求交易者在合约订立时就持有标的资产,只要保证到期时能执行合约就可以了,其交易规模也由交易双方自行协商,合约条款根据交易双方的实际情况而定制,具有高度灵活性。

　　远期合约一般在场外交易,没有固定的、集中的交易场所,不利于信息交流和传递,不利于形成统一的市场价格,市场效率低,且由于远期合约是交易双方定制的,每份远期合约都可能不同,合约流动性差。此外,远期合约缺少第三方对交易中信用风险的控制,违约风险较大。

三、期货交易

(一) 期货合约的含义

　　期货合约是指协议双方约定在将来的某一特定时间按约定条件(包括价格、交割地点、交割方式)买入或者卖出一定数量的某种标的资产的标准化协议。期货合约的实质同远期合约是一样的,可以看作标准化的远期合约。如果标的资产是金融资产,就是金融期货合约。根据标的资产不同,金融期货可分为货币期货、利率期货、股票指数期货等多种类型。

(二) 期货合约的交易与结算机制

期货交易双方并不直接交割资产或者清算损益,他们都通过交易所指定的清算公司进行结算。这称作期货交易的间接清算制度。在间接清算制度下,交易双方之间不直接进行结算和清算,一切资产交割和损益结算都直接由清算公司完成。期货清算公司可能由交易所直接设立,也可能是独立的金融中介机构。我国期货交易所一般指定符合规定的结算银行进行清算。间接清算的存在使得所有达成的交易合约都由清算公司统一管理,清算公司通过对会员账户的管理控制交易的违约风险,大大提高了期货交易的效率。

如果交易者选择持有期货合约至到期并交割资产时,清算公司向合约买方(多头方)交割标的资产,买方则向清算公司支付价格。同时,合约卖方(空头方)向清算公司交割标的资产,清算公司则向卖方支付价格。现实中,由于标准化的期货合约培育了一个高度活跃和发达的二级交易市场,因此大部分的期货交易者并不对标的资产的交割感兴趣,而只关注期货价格的波动。他们会通过"平仓"这种交易方式来避免发生实物交割,并提前实现期货合约的价格损益。所谓平仓就是用一个数量相同但是方向相反的交易头寸去冲抵原先建立的交易头寸,平仓之后交易者的持仓量为零,价差形成交易损益,同时两个头寸相反的合约使其避免了实物交割。

间接清算制度实际上将交易者的违约风险转嫁给了清算公司,清算公司为了控制违约风险,在期货交易中实行每日"盯市"结算制度,也就是每天根据期货价格波动强制结算交易者的当日损益。在"盯市"结算制度下,清算公司会在每日收市时,用当日的结算价计算每个交易者未平仓头寸的当日损益并记入他们在清算公司的账户,这个账户称为"保证金账户"。每位交易会员都会被要求在清算公司开设保证金账户,并且根据交易规模的一定比例往账户中预存一定现金作为保证金,这笔现金称为初始保证金。在交易过程中,清算公司根据每天的交易损益增减保证金账户的余额。如果账户余额低于一定的水平,清算公司就会要求交易者向账户补充保证金,这称为发出"支付命令"。如果会员不能及时按照支付命令向账户补充资金,清算公司就会清算会员的保证金账户,强行终止交易。

(三) 期货市场的功能

(1) 价格发现。期货市场是一个高度活跃的交易市场,期货非实物交割的方式降低了交易成本,使得期货价格变动更连续,对信息的反应更加灵敏。投资者会将自己对现货价格的走势判断带入期货交易之中,以求获利。当信息有效地在期货和现货市场之间传递时,基于信息的期货价格变动也必然反过来影响到现货市场交易者对未来的预期,从而影响现货价格的变化。

(2) 套期保值。套期保值是指面临价格风险的主体利用一种或几种衍生工具对冲所承担风险的行为。具体而言,通常是在现货市场买进或卖出某种金融商品的同时,在期货市场卖出或买进同种金融商品,以期货交易的盈亏弥补现货交易的亏盈。

(3) 套利与投机。套利是指利用资产定价的错误、市场缺乏有效性等机会,通过买进价格被低估的资产,同时卖出价格被高估的资产来获取无风险利润的交易策略。投机是指人们根据自己对金融期货市场的价格变化趋势的预测,通过看涨时买进、看跌时卖出而获取利润的交易行为。期货市场的套利与投机活动对提高市场的有效性与流动性具有十分重要的作用。

四、期权交易

(一) 期权合约的含义

期权合约是指期权的买方有权在约定的时间或约定的时期内,按照约定的价格买进或卖出一定数量的相关资产,也可以根据需要放弃行使这一权利。期权合约买卖的是一种权利,为了取得这种权利,期权合约的买方必须向卖方支付一定数额的费用,即期权费。

(二) 期权合约的类型

根据权利性质不同,期权分为看涨期权(认购期权)和看跌期权(认沽期权)。看涨期权的买方在购买了看涨期权后就有权利按照约定的价格,在未来某一特定时间从权利卖方手中购买一定数量的某种标的资产。看涨期权的买方还可以在约定时间选择放弃执行这项权利,即不购买标的资产。看跌期权的买方在购买了看跌期权后就有权利按照约定的价格,在未来某一特定时间向权利卖方出售一定数量的某种标的资产。看跌期权的买方还可以在约定时间选择放弃执行这项权利,即不出售标的资产。

根据权利的执行时间不同,期权分为欧式期权、美式期权和百慕大期权。欧式期权只有在到期日当日合约买方才能选择是否执行权利,到期日之前期权不能被执行。美式期权的买方可以选择在合约订立日至到期日之间的任何一天执行合约。百慕大期权的买方可以在事先指定的存续期内的若干个交易日行权。

根据标的资产不同,期权还可分为利率期权、股票期权、外汇期权、股指期权、期货期权等多种类型。

资料框 5-9

我国的贷款市场报价利率与利率期权交易

2019 年 8 月 17 日,中国人民银行发布改革完善贷款市场报价利率形成机制公告,在报价原则、形成方式、期限品种、报价行、报价频率和运用要求六个方面对 2013 年开始公布的贷款基础利率(Loan Prime Rate,LPR)进行改革,将其中文名改为贷款市场报价利率,英文名 LPR 保持不变。贷款市场报价利率是由具有代表性的报价银行,根据本行对最优质客户的贷款利率,以公开市场操作利率(主要指中期借贷便利利率)加点形成的方式报价,由中国人民银行授权全国银行间同业拆借中心计算并公布的基础性贷款参考利率,各金融机构都需要主要参考 LPR 进行贷款定价。现行的 LPR 包括 1 年期和 5 年期以上两个品种。

2020 年 3 月 23 日,全国银行间同业拆借中心正式推出利率期权业务。此次推出的利率期权产品挂钩 LPR 利率,包括利率互换期权和利率上下限期权。利率期权是对现有利率衍生品序列的重要补充,在 LPR 改革进程中推出 LPR 利率期权业务有助于金融机构有效管理利率风险,也有助于更好地服务实体企业。该 LPR 利率期权业务上线以来,市场主体踊跃参与,机构类型覆盖大型商业银行、股份制银行、城商行、农商行、外资银行、证券公司等。2021 年度,利率期权交易共计成交 390 笔、756.21 亿元。其中,利率互换期权成交 32 笔、名义本金 15.60 亿元;利率上 / 下限期权成交 358 笔、名义本金 740.61 亿元。

资料来源:全国银行间同业拆借中心网站。

五、互换交易

(一) 互换合约的含义

互换合约是指交易双方在约定的合约有效期内,按照约定的条件,交换不同金融工具的一系列支付款项或收入款项的合约。最初的互换协议在 20 世纪 80 年代出现,目前已经成为最成功的场外交易的衍生合约。利率互换和货币互换是两种最基本的互换合约。

(二) 利率互换与货币互换

1. 利率互换

利率互换是指交易的一方同意在未来的一定的期限内按照事先商定的固定利率,以一笔确定的名义本金为基础,支付一系列的利息给另一方。同时,交易的另一方在同样的期限内按照某一浮动利率在同样的名义本金基础上支付一系列的利息给对方。

利率互换交易可以改变交易者债务或者资产的利率安排。利率安排一般是指债务融资采用浮动利率还是固定利率。从效用最大化的角度来看,当预期未来市场利率上升时,作为债权人会偏好浮动利率安排,而债务人则偏好固定利率安排;如果预期未来市场利率下降,那么债权人就会偏好固定利率安排,债务人则偏好浮动利率安排。互换协议能满足融资者借助互换协议来改变利率安排的需求。

2. 货币互换

货币互换是指用一种货币的本金和固定利率利息支付与另一种货币的本金和固定利率利息支付进行交换。与利率互换不同的是,货币互换要求合同订立日和到期日进行本金的互换,本金的互换比率与订立日两种货币的汇率一致。

货币互换使交易者的债务或者资产在不同币种之间转换。由于货币互换涉及两种货币的本金和利息的互换,因此交易者会面临汇率风险。

(三) 我国的互换交易

2006 年 1 月 24 日,中国人民银行发布《中国人民银行关于开展人民币利率互换交易试点有关事宜的通知》。同年 2 月,国家开发银行与中国光大银行完成首笔人民币利率互换交易。2022 年,人民币利率互换名义本金总额为 21 万亿元。

我国的货币互换交易主要发生在中国人民银行与其他国家的央行之间。2008 年以来,中国人民银行先后与其他国家央行及货币当局签署了超过 3 万亿元人民币的双边本币互换协议,这体现了其他国家和地区对人民币的真实需求与认可。推广人民币互换有助于维护金融体系稳定,同时能扩大人民币流通范围,推动人民币国际化。

基 本 概 念

金融市场	货币市场	同业拆借市场	银行承兑汇票	回购协议
资本市场	股票债券	投资基金	金融衍生工具	远期合约
期货合约	期权合约	互换合约		

即 测 即 评

复习思考题

1. 简述货币市场的含义和特征。
2. 简述我国的多层次资本市场。
3. 简述我国债券市场的主要品种。
4. 简述普通股与优先股的特点。
5. 简述远期交易的优缺点。
6. 简述期货合约的交易与结算机制。
7. 简述期权交易的主要类型。

第六章

存款类金融机构

对银行来说最具有重要意义的始终是存款。

——马克思

本章学习目标

1. 了解存款类金融机构及其构成。
2. 了解商业银行产生与发展的过程。
3. 掌握商业银行的职能及类型。
4. 掌握商业银行的业务。
5. 掌握商业银行的经营原则。
6. 了解我国存款类金融机构的构成。

第一节　存款类金融机构的构成

一、存款类金融机构的含义与特点

存款类金融机构包括中央银行和其他存款类金融机构。本章主要介绍其他存款类金融机构,中央银行在第八章另做说明。存款类金融机构是在间接金融领域中为资金供求双方提供融资服务的金融机构。该类机构的共同特征是以吸收存款为主要负债,以发放贷款为主要资产,以办理转账结算为主要中间业务,直接参与存款货币的创造过程。其业务运作特点有:① 信用性。存款类金融机构无论负债业务还是资产业务都遵循信用原则,即以还本付息为条件的借贷行为,因此,获得存款者的信任与挑选资信良好的贷款者是存款类金融机构正常运营的基础。② 风险性。存款类金融机构业务开展的信用性和高杠杆经营,使得其在激烈的竞争中产生了信用风险、市场风险、操作风险等诸多风险。③ 服务性。提供金融服务便利是存款类金融机构的业务宗旨。

一般来说,存款类金融机构主要包括商业银行、储蓄机构、信用合作社和财务公司。随着市场竞争和法律变迁,一方面,各种存款类金融机构通过提供差异化的金融产品和服务,形成了功能上相互补充的有机体系;另一方面,其业务之间也呈现出重合与交叉的态势。

二、存款类金融机构的分类

按照存款类金融机构业务活动的目标不同,可以分为管理性、商业性和政策性(专业性)三类。各种存款类金融机构有各自特定的业务,通过提供不同的金融服务,功能互补。存款类金融机构的构成如图 6-1 所示。

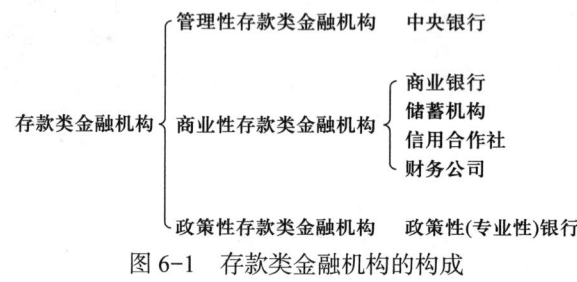

图 6-1　存款类金融机构的构成

（一）管理性存款类金融机构

管理性存款类金融机构是指中央银行。中央银行作为发行的银行、银行的银行、政府的银行,其业务活动目标不是营利,而是对经济、金融的宏观调控和管理,保持金融稳定。中央银行在集中存款准备金、充当最后贷款人、组织支付清算等方面的功能都是其他存款类金融公司无法替代的。

（二）商业性存款类金融机构

商业性存款类金融机构的业务活动以营利为目的,实现企业价值最大化。商业性存款类金融机构主要是指商业银行、储蓄机构、信用合作社、财务公司等。

1. 商业银行

商业银行是最早产生的、具有典型存款类金融机构特点和占比最大的机构。汉语"银行"是指专门从事货币信用业务的机构,英文 Bank 则源于意大利文 Banca 或者 Banco,原意是指商业交易所用的长凳、桌子和存放钱财的柜子,后来泛指专门从事货币存贷和办理汇兑、结算业务的金融机构。

（1）早期银行的出现。世界上最早的银行是意大利于 1587 年成立的威尼斯银行。中世纪的威尼斯凭借其优越的地理位置而成为著名的世界贸易中心,各国商人云集于此,为了顺利地进行商品交换,需要把各自携带的大量的各地货币兑换成威尼斯地方货币,于是就有专门的货币兑换商出现,从事货币兑换业务。

随着商品经济的发展,货币收付的规模日益扩大,各地商人为了避免长途携带大量金属货币产生的不便和危险,便将用不完的货币委托货币兑换商保管,后来又发展到委托货币兑换商办理支付和汇兑,货币兑换商则借此集中了大量货币资金。

当货币兑换商发现这些长期大量集存的货币余额相当稳定,可以用来发放高利贷,获取高额利息收入时,货币兑换商便从原来被动接受客户委托保管货币,转变成积极主动揽取货币保管业务,并通过降低保管费或不收保管费来竞争货币保管业务,到后来当货币兑换商给委托保管货币的客户一定好处时,保管货币业务便演变成了存款业务。同时,货币兑换商还将货币全额准备的做法改为部分准备金制度,而其余所吸收的存款则用于贷款取息。此时,货币兑换商也就演变成了集存贷款、汇兑支付和结算业务于一身的早期银行了。当时的威尼斯银行也应运而生。

(2) 现代银行的产生。早期银行带有高利贷性质,它不能满足资本主义工商业发展的需要,也不能适应资本主义生产关系的确立。由此,早期银行必须向符合资本主义经济发展的现代银行转化。

现代银行主要通过两条途径产生。第一条途径是从早期的高利贷性质的银行逐渐适应新的条件转变而来,尽管转变过程十分缓慢。第二条途径则是按资本主义原则,以股份公司形式组建而成,这是大多数商业银行的演变方式,其中以 1694 年成立的英格兰银行为典型。英格兰银行是历史上第一家股份制银行,它以较低的贷款利率向工商企业发放贷款,是现代银行业产生的象征。

中国的第一家商业银行是由盛宣怀于 1897 年创办的中国通商银行,其注册资金 500 万两,股东为封建官僚、买办及钱庄的资本家。中国最早由官方开办的国家银行是清政府于 1905 年在北京设立的"户部银行",其目的是整顿币制,推行纸币,以济财政。

如今的商业银行已成为全面经营货币信用商品和提供金融服务的特殊企业,而其与工商企业同宗又有所区别。相同点是:它们的业务活动都在社会再生产过程之内,经营活动的目的都是获得最大限度的利润。不同点是:商业银行的经营领域不是一般的商品流通而是货币信用领域,其经营方式也不是一般的商品买卖,而是货币有条件地暂时让渡,通过货币的借贷获取利息,形成利润。

资料框 6-1

银行 4.0 时代

在经历了以物理网点为中心的银行 1.0 时代和以自助式服务为标志的银行 2.0 时代之后,智能手机的普及掀起了一股移动支付潮流,银行业迎来了随时随地满足需要的银行 3.0 时代,即移动支付时代。商业银行逐步实现了从传统物理网点服务向线上、移动化服务的转变。然而,这种转变更多的只是信息化、线上化升级,而并未在银行业务范围和商业模式上产生本质上的变化。随着人工智能、大数据、云计算和区块链等金融科技的广泛应用,商业银行转型迎来了新的机遇和可能。无形化、开放化、智能化的银行 4.0 时代就此到来。

布莱特·金在其畅销书《银行 4.0》一书中,将银行 3.0 描述为 "Always banking, never at a bank",而银行 4.0 则是 "Banking Everywhere, never at a bank"。一字之差,点明了银行 4.0 实现了业务模式的根本转变,形成一种嵌入式"无所不在的银行"状态。

在银行 4.0 时代,银行业务的效用和体验将完全脱离物理网点和以物理网点为基础的渠道延伸,将让银行业务的效用和体验不再依附某个具体金融产品,而是直接嵌入到我们的日常生活场景中。银行 4.0 时代意味着银行业将全面进入数字化时代,银行服务变得无处不在,融入各类生活场景,提供"个性化、智能化、实时化、综合化"的金融服务。

在银行 4.0 时代,面对复杂多变的内外部环境和金融科技浪潮,银行的数字化转型正面临新的机遇与挑战。坚持科技创新引领战略转型,在高效满足客户金融服务需求的同时形成差异化的竞争优势,都将成为银行在数字化时代稳健运行的必然选择。

资料来源:布莱特·金. 银行 4.0[M]. 广州:广东经济出版社,2018.

相关链接:商业银行——装点城市的最佳名片

2. 储蓄机构

储蓄机构是指为家庭储蓄存款与投资提供专门服务的金融中介机构。其主要资金来源于储蓄存款,大部分资金运用于发放不动产抵押贷款、市政机构贷款和购买债券、股票等长期投资。

储蓄机构起源于 18 世纪的意大利,是一个由宗教和其他团体持股的联合股份制银行机构。它的具体名称在不同国家也有所差异。西方国家大多设有专门针对储蓄机构的管理法令,一方面是为了保护小额储蓄人的利益,另一方面则是规定其所聚集的大量资金须投向何处。过去,储蓄机构的业务受到不得经营支票存款、不得经营一般工商业贷款等诸多规定的限制,但如今这些限制已逐步放开,一些储蓄机构开始经营过去只有商业银行才能经营的业务。

3. 信用合作社

信用合作社是一类依据"合作社"理念和规范建立的互助合作性金融组织。这类金融机构一般规模不大,其基本经营目标是以简便的手续和较低的利率,向社员提供信贷服务,主要业务是吸收社员存款和向有需求的社员发放贷款。它的特色在于其独特的组织原则:自由参加,即进入和退出都没有限制;社员直接参加民主管理,实行一人一票制,民主平等;利润返还、股利分红。

1849 年由雷发巽创建的救助合作社的成立,标志着世界上最早的信用合作社出现。随着 1850 年舒尔茨创办的城市信用合作社——平民银行的设立,英、法等国也逐渐建立起信用合作社。

不同国家对信用合作社的称呼有所不同,美国称为"信用社",日本称为"信用协同组合",德国称为"信用合作银行"。各国信用合作社的种类也多样,有农村信用社、农业生产信用合作社、渔业生产信用合作社、林牧业合作社等,而我国只根据社员身份,将其分为农村信用合作社和城市信用合作社。

4. 财务公司

财务公司是一种经营部分银行业务的非银行金融机构,主要是为企业技术改造、新产品开发及产品销售提供中长期金融服务。国际上,财务公司一般可分为企业附属财务公司和非企业附属财务公司。企业附属财务公司由企业(主要是大型制造业)设立,通常以促进本企业商品流通、销售为特色,为企业服务。非企业附属财务公司包括银行附属财务公司、银企合资财务公司和独立财务公司,一般是因金融创新规避监管和弥补银行的不足而设立,为企业和个人提供金融服务。我国的财务公司是由企业集团内部集资组建的非银行金融机构,其宗旨和主要任务是为本企业集团内部成员筹集和融通资金,支持集团企业技术改造、新产品开发与产品销售。它的特点是业务范围、主要资金来源与运用都限定在集团内部,为集团内部成员提供金融服务,包括吸收成员单位存款、对成员单位发放贷款等。因此,财务公司在我国属于存款类金融机构之一。

(三)政策性存款类金融机构

政策性存款类金融机构主要以贯彻政府的经济政策为目标,在特定的专业领域开展金融业务,通常不以营利为主要目的。政策性存款类金融机构的主要功能一般是纠正市场失灵,在政府的支持下开展专业性金融业务,对经济的均衡发展发挥积极作用。世界上许多国家都设立了政策性存款类金融机构,种类较多。如日本开发银行、日本国民金融公库、日本输出入银行;韩国设有韩国开发银行、韩国进出口银行、韩国中小企业银行、韩国住宅银行等;法国设有法国农业信贷银行、法国对外贸易银行、法国土地信贷银行、法国国家信贷银行等。我国有中国进出口银行、中国农业发展银行等。

第二节 商业银行的职能与业务

一、商业银行的职能

为了保持足够的竞争力和满足社会的需求,现代商业银行承担着越来越多的职能。现代商业银行的职能主要包括信用中介职能、支付中介职能、信用创造职能、金融服务职能和调节经济职能。

(一)信用中介职能

信用中介职能是指商业银行将资金从盈余单位转移到具有投资价值与机会的单位,使有限的资金发挥最大的经济效益。信用中介是商业银行最基本的,也是最能表现其经营特征的职能。商业银行通过吸收存款等负债业务,动员和集中社会上一切闲置的货币资本,而后通过贷款等资产业务,将吸收的资金贷放到国民经济的各个部门使用。这样,商业银行实际上成了货币资本的贷出者和借入者之间的中介人,为资金从资金闲置者流向资金短缺者架起了一座沟通的桥梁,正如马克思指出的:"银行一方面代表货币资本的集中,贷出者的集中,另一方面代表借入者的集中。[①]"

商业银行的信用中介职能在国民经济中发挥着重要作用:将社会闲散资金转化为生产经营资金;将社会的小额资金转化为生产经营所需的大额资金;将社会的短期闲散资金的长期稳定余额转化为长期的生产经营资金;引导社会资金从效益低的部门流向效益

---

① 马克思恩格斯文集(第七卷)[M].北京:人民出版社,2009.

高的部门。商业银行的信用中介职能克服了企业及个人相互之间进行直接信用借贷的各种局限性和困难,加强了货币资金借入者和贷出者的信用联系,使得借贷行为在当事人各方对借贷数量、借贷期限、利息要求、信誉状况等互不了解的情况下得以完成,进而使社会的资源得到了优化配置,社会闲散资金的潜力得到了最大程度的挖掘和发挥,社会总资本的运用效率得到了很大的提高。

(二) 支付中介职能

支付中介职能是指商业银行代表客户支付商品和服务价款,例如签发和支付支票、电汇资金、电子支付、现金支付等。商业银行经常通过存款在账户上的转移代理客户支付,在存款的基础上为客户兑付现款,成为社会各团体和个人的货币保管者、出纳者和支付代理人。商业银行作为社会的支付中心、国民经济的总出纳和"公共簿记",其支付中介职能是以信用中介职能为基础的。此外,对于支票、汇票等信用工具进行的账款结算,可能在同一银行开户的客户之间进行,也可能在不同银行开户的两家客户之间进行,因此商业银行在执行支付中介职能时,其存款结构也往往随之变化。

商业银行的支付中介职能形成了以商业银行为中心的国民经济支付链条和债权债务关系。商业银行在办理支付的过程中,由于广泛使用了支票和先进的结算支付工具,不仅减少了现金支付的不便和风险,节约了流通费用,还增加了自己的利润来源,加快了货币资金结算和周转的速度,大大提高了资金的使用效率,为客户的经济活动提供了方便。

(三) 信用创造职能

信用创造职能是指商业银行利用存款发放贷款,在支票流通和转账结算的基础上,贷款又转化为派生存款,在这种存款不提取或不完全提现的情况下,除了必须上存中央银行的法定存款准备金,存款就增加了商业银行可用的资金来源,最后整个商业银行体系形成了数倍于原始存款的派生存款。商业银行的信用创造职能是在信用中介职能和支付中介职能的基础上发展起来的。它包括两个方面:一方面,随着信用制度的发展,商业银行在银行信用的基础上创造了可以替代货币的信用流通工具,如银行券、支票等,这种信用流通工具可以代替现实货币流通,从而扩大了社会的信用总量;另一方面,商业银行能够在支票广泛流通和实施转账结算的条件下,进行存款货币的创造,从而在货币传导机制中发挥重要作用。

商业银行的信用创造职能对于社会经济发展具有极其重要的意义,当社会货币需求旺盛时,商业银行可以加大信用创造的力度,扩大社会的货币总供给量,满足投资、消费的需要,促进经济的发展;当社会处于通货膨胀的状态时,商业银行可以减小信用创造的力度,减少社会货币总供给,从而保持货币币值稳定,抑制通货膨胀。银行的信用创造职能可以对社会的货币供应量、信贷总规模和国民经济运行产生很大影响,因此商业银行在国民经济中占有极其重要的地位,成为金融监管机构的重点监管目标。

(四) 金融服务职能

金融服务职能是指商业银行利用其提供的信用中介和支付中介服务,凭借自身社会联系面广、信用可靠、信息灵通等优势,借助计算机、互联网等先进技术和手段,为客户提供担保、信托、租赁、保管、咨询、经纪、代理融通等业务。商业银行通过这些业务进一步扩大了社会联系面,增加了市场份额,同时也增加了非利息收入。

商业银行发挥金融服务职能,既是现代经济生活多样化、企业经营环境复杂化的客观要求,也是银行间及银行与其他金融机构间市场竞争日益激烈的结果。服务水平的高低、服务能力的强弱,已成为衡量商业银行竞争力的重要尺度。随着信息技术的飞速发展,商业银行的金融服务职能也越来越重要。现在整个银行业正发生着巨大的革命性变化,逐步向"电子银行""网上银行"的虚拟化方向发展。如何借鉴国际先进经验,保持竞争优势,不断开发新的服务领域和服务品种,已成为各国商业银行在竞争中求发展所面临的一个新的艰巨任务。

（五）调节经济职能

调节经济职能是指商业银行通过其信用中介活动,调剂社会各部门的资金余缺。同时,在中央银行货币政策的指引和国家其他宏观政策的影响下,调节经济结构以及投资与消费的比例关系,从而引导资金流向,调节产业结构,发挥消费对生产的引导作用。有时,商业银行还可通过在国际市场上的融资活动来调节本国的国际收支状况。

二、商业银行的业务

要理解商业银行的运作,首先要认识商业银行的资产负债表。表 6-1 列举了某银行主要的资产、负债和所有者权益项目。我们也可以将商业银行的资产负债表理解为银行的资金来源(负债)、资金投入的用途(资产)和资本来源(所有者权益)的列表。银行通过存款和借款等负债业务来获取资金,而后将这些资金用于发放贷款和购买证券等资产业务。持有的证券和发放贷款等所获取的收益高于它们支付负债的利息和费用的部分就是银行的利润。

表 6-1　某银行资产负债表

2020 年 12 月 31 日　　　　　　　　　　　单位:百万元

资产:		负债:	
现金及存放中央银行款项	2 816 164	吸收存款	20 614 976
存放同业款项	453 233	同业及其他金融机构存放款项和拆入资金	2 293 272
贵金属	101 671	已发行债务证券	940 197
拆出资金	368 404	向中央银行借款	781 170
衍生金融资产	69 029	卖出回购金融资产款	56 725
买入返售金融资产	602 239	其他负债	1 056 561

续表

资产：		负债：	
发放贷款和垫款	16 231 369	负债总额	25 742 901
金融投资	6 950 653	所有者权益：	
长期股权投资	13 702	股本	250 011
固定资产	172 505	其他权益工具	99 968
土地使用权	14 118	资本公积	134 263
无形资产	5 279	其他综合收益	15 048
商誉	2 210	盈余公积	275 995
递延所得税资产	92 950	一般风险准备	350 228
其他资产	238 728	未分配利润	1 239 295
		少数股东权益	24 545
		所有者权益总计	2 389 353
资产总计	28 132 254	负债与所有者权益总计	28 132 254

（一）资本业务

资本业务就是筹措商业银行资本的业务。商业银行资本是指银行股东为赚取利润而投入银行的货币和保留在银行中的收益,是商业银行生存和发展的前提或基础,也是一家银行实力强弱的标志。2010年12月颁布的《巴塞尔协议Ⅲ》将银行的资本划分为核心一级资本、其他一级资本和二级资本,规定银行必须满足总资本和核心资本两个资本充足的要求。该协议明确了一级资本的主要形式必须是普通股和留存收益,核心一级资本是一级资本里排除了混合负债后的资本,包括普通股、资本公积、盈余公积、一般风险准备、未分配利润等。二级资本则包括未公开储备、重估储备、普通准备金、混合资本工具和长期附属债务。

资料框 6-2

账面资本、监管资本和经济资本

商业银行资本项目包含多种内容。随着银行管理理论和实践的发展,人们对银行资本的认识也不断加深,产生了账面资本、监管资本和经济资本等相互联系的资本概念。

账面资本是指根据一定的会计方法和规则,在商业银行资产负债表上反映出来的资本,它体现为商业银行的所有者权益。账面资本反映的是商业银行实际持有的资本水平。

　　监管资本是指监管机构根据当地情况规定要求银行执行的强制性资本标准,反映了商业银行必须持有的资本水平。不同的监管主体制定了不同的监管规则,典型的是《巴塞尔协议》所规定的资本要求,《巴塞尔协议》成了国际银行业的准则。各国监管机构也因地制宜地根据本国情况设立了各自的监管资本标准。

　　经济资本是指商业银行管理层内部评估的在一定置信水平下用来缓冲资产或业务非预期损失的资本,反映了商业银行应该持有的资本水平。在数量上,经济资本等于非预期损失。比如,给定一年的时间和99.9%的置信水平,也就是银行对风险的容忍度设定为0.1%,表示银行在12个月内耗尽资本的概率维持在0.1%水平,银行遭受非预期损失不超过资本的可能性为99.9%。经济资本是银行内部的风险缓冲器。经济资本与银行的非预期损失直接对应,是银行测量所需资本的科学尺度。

　　根据现代商业银行资本的新理念,账面资本、监管资本和经济资本在本质上是相同的,都是用来缓冲商业银行的非预期损失,只是资本概念建立的基础与资本管理活动的内容有所不同。经济资本是账面资本和监管资本的重要参考,账面资本的数量应当大于或等于经济资本数量,监管资本则以经济资本测算为基础并附加超额资本要求。

　　资料来源:彭建刚.商业银行管理学[M].5版.北京:中国金融出版社,2019.

(二)负债业务

　　负债业务是商业银行筹措资金,借以形成资金来源的业务,它是商业银行开展资产业务和其他业务的基础和前提。商业银行的负债包括存款负债、借款负债、发行金融债券以及其他应付款等。

1. 存款负债

　　存款业务是商业银行最基本和最重要的业务,也是商业银行最主要的资金来源。存款业务是商业银行对存款客户的一种负债,客户向银行提供这种负债的多少和期限,在很大程度上取决于客户本身,而不是由商业银行所决定的。所以,存款业务对商业银行来说是一种被动型负债。

　　存款业务种类的划分,依据不同的标准有所不同。按照存款对象不同,可分为单位存款(对公存款)、个人存款(储蓄存款)、财政性存款。单位存款是指单位存款人以机关、团体、部队、企业、事业单位或其他组织的名义在银行开立存款户而存入的款项;个人存款是指个人存款人以自然人名义在银行存入的款项;财政性存款是财政部门存放在银行的财政资金。按存款期限长短可分为活期存款、定期存款、定活两便存款等。活期存款是指存入时不确定存期,可以随时存取的存款;定期存款是指存入时规定存期,到期支取的存款;定活两便存款是指存入时不规定存期,存款人可随时支取,支取时按同档次定期存款利率的一定比率确定存款利息的一种存款。

　　随着金融市场的不断发展,存款品种也不断地发展创新,比如大额可转让定期存单、协定存款和结构性存款等产品的出现,使银行存款类型更加丰富。

2. 借款负债

商业银行在资本和存款不能满足其业务发展需要的情况下,可以采用借款负债的方式,通过借入资金来满足其业务发展需要。商业银行借款的途径和方式主要包括同业借款、向中央银行借款和回购协议。

(1) 同业借款。同业借款是指银行同业间调剂资金余缺的一种短期资金借贷行为,包括同业拆借、同业抵押借款、转贴现等方式。同业借款的主要目的是缓解临时资金周转困境,期限一般较短,最短的只有一天或一夜,一般不需要抵押品。同业借款通常发生在商业银行在中央银行的准备金账户上,实际上是对超额准备金的调剂。

(2) 向中央银行借款。向中央银行借款是指中央银行作为银行的银行、商业银行的最后贷款者,在商业银行出现资金困难时通过再贴现和再贷款等方式借款给商业银行。再贴现是指商业银行把自己办理贴现业务时买进的但尚未到期的票据再转卖给中央银行以提前取得资金。再贷款则是中央银行对商业银行的信用放款,也称直接借款。资金用途一般只限于弥补准备金临时性短缺,而不能用于扩大放款和投资。近年来,中央银行创设了新的货币政策工具,如常备借贷便利(SLF)、中期借贷便利(MLF)和抵押补充贷款(PSL)等。这些工具不仅可以调节信贷总量,还可以实现差别性的定性调节目的,已成为商业银行向中央银行获取资金的重要来源。

(3) 回购协议。回购协议是指银行在出售证券等金融资产时签订的协议,商定在未来某一时刻以某一特定的价格购回其金融资产,以获得即时可用资金。大多数的回购协议以政府债券作担保,从形式上看是证券的买卖,而实际上是银行以证券作担保而进行的资金借贷行为。

3. 发行金融债券

在我国,金融债券是指商业银行为了筹措中长期的项目资金而发行的债券。银行对发行金融债券的数量、期限、利率和方式等有较大的主动权,因此所筹资金的稳定性高。而欧美等西方国家则将金融机构发行的债券归类于公司债券。

4. 其他应付款

其他应付款是指商业银行在同业往来及办理中间业务的过程中,利用在途时间占有的他行资金、未交税金及应上交的银行收益等。

(三) 资产业务

资产业务是指商业银行将其通过各种途径取得的货币资金加以运用的业务。一般来说,商业银行的资产业务包括现金资产、贷款业务、票据贴现以及证券投资等。

1. 现金资产

现金是银行资产中最富有流动性的部分,是一项特殊的资产项目,基本上不给银行带来直接的收入,而法律上又对其持有量有严格规定。现金资产是那些与现金等同,可随时用于支付的银行资产,包括库存现金、存放中央银行准备金存款、存放同业存款和托收中现金。

(1) 库存现金。库存现金是指保存在金库中的现钞和硬币,它主要用于应付客户提现和银行日常开支。由于库存现金不带来收益,因此,对一家银行来说,要尽量压缩库存现金量,减少不必要的风险和费用。库存现金量随银行所在地区、客户习惯、季节以及银行本身工作效率不同而不同。

(2) 存放中央银行准备金存款。存放中央银行准备金存款是指商业银行为保证存款支付及资金清算而存入中央银行的准备金存款,包括法定存款准备金和超额准备金两部分。法定存款准备金是指商业银行按照法律规定比率向中央银行缴纳的存款准备金;超额准备金在我国又被称为备付金,是指商业银行在中央银行准备金存款账户中超出法律规定的那部分存款,可随时用于支付或清算。

(3) 存放同业存款。存放同业存款是指商业银行存放在其他银行的现金资产,以便于同业之间收付有关款项和相互代理业务。商业银行在其他银行开立的存款账户,可随时支取,因此视同现金资产。

(4) 托收中现金。托收中现金是指银行收到客户交来的由其他银行付款的票据,应向其他付款银行收取,但尚未收到的资金。它在托收未达之前是一笔占用资金,收妥后成为存放同业存款。随着电子支付网络系统的发展,托收在途资金的数量大规模减少。

2. 贷款业务

贷款是指商业银行作为贷款人,按照一定的贷款原则和政策,以还本付息为条件,将一定数量的货币资金提供给借款人使用的借贷行为。贷款业务是商业银行取得收益的主要手段。各国商业银行的贷款种类很多,可根据不同的标准进行划分。

(1) 按风险程度划分。1998 年以前,我国的商业银行沿袭《金融保险企业财务制度》中的规定,把贷款划分为正常、逾期、呆滞和呆账四种类型,后三种合称为不良贷款,即"一逾两呆"。这种分类方法简单易行。但随着经济改革逐步深入,这种分类方法的弊端逐渐显露,已经不能适应经济发展和金融改革的需要。

1998 年以后,我国逐步全面推行五级分类制度,贷款按风险程度可以分为正常类、关注类、次级类、可疑类和损失类,如图 6-2 所示。根据《商业银行金融资产风险分类办法》,正常类是指债务人能够履行合同,没有客观证据表明本金、利息或收益不能按时足额偿付;关注类是指虽然存在一些可能对履行合同产生不利影响的因素,但债务人目前有能力偿付本金、利息或收益;次级类是指债务人无法足额偿付本金、利息或收益,或贷款已经发生信用减值;可疑类是指债务人已经无法足额偿付本金、利息或收益,贷款已发生显著信用减值;损失类是指在采取所有可能的措施后,只能收回极少部分的贷款,或损失全部贷款。后三类统称为不良贷款。

(2) 按保障程度划分。贷款按保障程度可以分为信用贷款和担保贷款。信用贷款是指完全根据借款人的信用,即借款人的品德和财产情

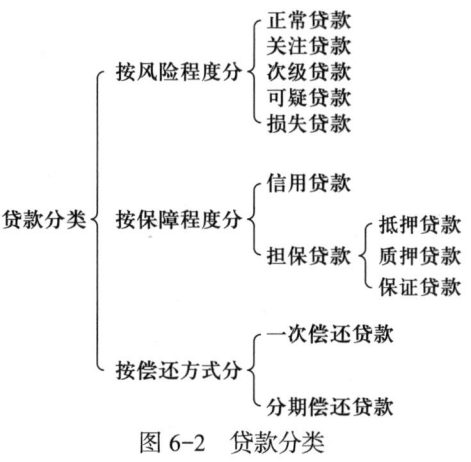

图 6-2　贷款分类

况、预期未来收益及过去偿债记录而发放的,无须任何担保品的贷款;担保贷款是指以某些特定的财产或信用作为还款保证的贷款,包括抵押贷款、质押贷款和保证贷款。抵押贷款是指按照规定的抵押方式以借款人或者第三人的不动产或动产作为抵押而发放的贷款;质押贷款是指按照规定的质押方式以借款人或第三人的动产或权利作为质押物而发放的贷款;保证贷款是指按照规定的方式以第三人承诺在借款人不能偿还贷款时,按约定承担一般保证或连带责任保证为前提而发放的贷款。

(3)按偿还方式划分。贷款按偿还方式可以分为一次偿还贷款和分期偿还贷款。一次偿还贷款是指要求借款人于最后到期日前偿还其全部本金和利息的贷款,一般适用于短期周转性贷款或金额较小的贷款;分期偿还贷款是指要求借款人按规定期限分次偿还本金和利息的贷款,一般适用于中长期、不动产和消费贷款等。

3. 票据贴现

票据贴现是指票据持有人以未到期票据向商业银行兑取现款,商业银行从票据中扣除自贴现日起到票据到期日止的利息,将余额支付给持票人的资金融通行为。银行办理票据贴现,须按一定的利率计算利息,这种利率称为贴现率。

未到期票据贴现付款额的计算公式是:

$$贴现付款额 = 票据到期值 - 贴现利息$$

$$= 申请贴现额 \times (1- 年贴现率 \times 贴现天数 /360) \tag{6-1}$$

商业银行的贴现率也称市场贴现率,它取决于两个因素:一是短期资金的供求情况,短期资金供给增加或需求减少将使贴现率下降,反之则上升;二是再贴现率的高低,中央银行提高再贴现率,将会使贴现率上升,反之将会使其下降。贴现天数一般按实际天数计算,按照惯例"算头不算尾",从贴现之日起算至票据到期的前一日止。票据贴现利息的计算可分为不带息票据的贴现计算及带息票据的贴现计算。

例 6.1 不带息汇票面额为 10 000 元,到期日为 2022 年 7 月 20 日,持票人于 2016 年 4 月 21 日向银行申请贴现,银行年贴现利率为 3.6%,持票人需要支付的贴现利息是多少?

$$贴现利息 =10\ 000 \times 3.6\% \times 90/360=90(元)$$

贴现计算天数时采用"算头不算尾"的方式,从 4 月 21 日至 4 月 30 日为 10 天,5 月和 6 月为 61 天,7 月 1 日至 7 月 19 日为 19 天,共 90 天。银行在贴现当日付给持票人 9 910 元,扣除 90 元贴现利息。

例 6.2 2022 年 3 月 23 日,企业销售商品收到一张面值为 10 000 元,票面利率为 6%,期限为 6 个月的商业汇票。当年 5 月 2 日,企业将上述票据到银行贴现,银行贴现率为 8%。假定在同一票据交换区域,则票据贴现利息是多少?

$$票据到期值 =10\ 000 \times (1+6\% \times 6/12)=10\ 300(元)$$

$$票据贴现利息 = 票据到期值 \times 年贴现率 \times 贴现天数 /360$$

$$=10\ 300 \times 8\% \times 144/360=329.60(元)$$

该应收票据到期日为 9 月 23 日,其贴现天数应为 144 天,即 5 月 2 日至 31 日的 30 天加上 6 月、7 月和 8 月的 92 天,再加上 9 月 1 日至 22 日的 22 天。

4. 证券投资

证券投资是指商业银行利用其所吸收的资金,在公开市场上购买有价证券的一种资金运用业务。不同国家对商业银行证券投资的范围有不同规定,许多国家禁止商业银行购买股票,而允许其购买政府债券、公司债券和货币市场投资工具。我国商业银行的证券投资业务,根据分业监管的规定,主要是指购买国库券和按国家规定购买金融债券的业务。

(四) 中间业务

中间业务是指不构成商业银行表内资产、表内负债,形成银行非利息收入的业务,即能为商业银行带来货币收入,却不直接列入银行资产负债表内的业务,也有教材将其称为表外业务。在对中间业务和表外业务的认识上,大致可以归纳出以下四种观点:一是狭义的中间业务不同于狭义的表外业务;二是中间业务包含表外业务,这里中间业务是广义的;三是表外业务包含中间业务,这里表外业务是广义的;四是中间业务就是表外业务。本教材采用第二种观点。从商业银行开展中间业务的功能和形式的角度,可将中间业务分为以下九大类。

1. 支付结算类中间业务

支付结算类中间业务是指由商业银行为客户办理因债权债务关系引起的与货币支付、资金划拨有关的收费业务。

2. 银行卡业务

银行卡是指由经授权的商业银行向社会发行的具有消费信用、转账结算、存取现金等全部或部分功能的信用支付工具,包括借记卡、贷记卡和准贷记卡。

3. 代理类中间业务

代理类中间业务是指商业银行接受客户委托,代为办理客户指定的经济事务,提供金融服务并收取一定费用的业务。

4. 担保类中间业务

担保类中间业务是指商业银行为客户的债务清偿能力提供担保,承担客户违约风险的业务,主要包括银行承兑汇票、备用信用证和各类保函等。

5. 承诺类中间业务

承诺类中间业务是指商业银行在未来某一日期按照事前约定的条件向客户提供约定信用的业务,主要是指借款承诺,包括可撤销承诺和不可撤销承诺两种。

6. 交易类中间业务

交易类中间业务是指商业银行为满足客户保值或自身风险管理等方面的需要,利用各种金融工具进行的资金交易活动,主要包括金融衍生业务。

7. 基金托管业务

基金托管业务是指有托管资格的商业银行接受基金管理公司委托,安全保管所托管基金的全部资产,为所托管的基金办理基金资金清算款项划拨、会计核算、基金估值并监督管理人投资运作。银行作为基金托管人,为基金开设独立的银行存款账户,负责账户的管理,并收取托管费。

8. 咨询顾问类业务

咨询顾问类业务是指商业银行依靠自身在信息、人才和信誉等方面的优势,收集和整理有关信息,并通过对这些信息以及银行和客户的资金运动进行记录及分析,形成系统的资料和方案,然后提供给客户,以满足其业务经营管理和发展需要的服务活动。

相关链接:我国当前商业银行经营管理实践的十大变化

9. 其他类中间业务

其他类中间业务是指不能归入以上八类的业务,包括保管箱业务和信托业务等。

第三节 商业银行的经营与管理

一、商业银行的经营原则

(一)安全性

安全性是商业银行经营的首要原则和三大原则的核心。它包含两重意义:一是银行投入的信用资金在不受损失的情况下如期收回,能保持和发展银行的经营规模和业务能力;二是银行不会出现因贷款本息不能按期收回而影响客户提取存款的情况。商业银行经营的安全性主要表现在:将资产分散化,降低资金运营中的风险;加强对客户的资信调查和经营预测,从制度上保证信用资金的及时回笼;资产负债清偿期限合理匹配,时刻保持银行的清偿能力;保持一定比例的流动性较高的资产,如活期贷款、短期流动资金贷款等。

(二)流动性

流动性是商业银行经营的重要原则。它是商业银行能够随时应对客户提取存款、支付到期债务和满足客户必要的贷款融资需求的一种支付能力。商业银行经营的流动性主要表现在时刻满足资金的流动性需求。根据资金流动性变化规律,运用一定的预测分析工具对未来的流动性需求和供给做出正确估计并做出适当的资金安排。商业银行如果不能满足正常的客户提存或者融资支付,就有可能造成损失,极端情况下可能带来银行破产。

(三)营利性

营利性是商业银行经营的核心目标。商业银行经营的动力来自营利,商业银行的所有业务经营活动,包括战略定位、产品设计、市场推广、品牌塑造、组织构造、资源配置、公共关系和金融服务等,都必须始终以营利性为原则和目标。商业银行经营的营利性主要表现在:在决策指标上,银行在配置每一笔资金时,都要考虑在一定的收入水平上,选取机会成本最低的资产项目,或者在一定的机会成本水平上,选取收入最高的资产项目,以期取得最大的经济利润;在会计指标上,银行在某一考核期内,表现出较高的资本收益率、资产收益率和每股利润等。

二、商业银行的管理

(一)商业银行的风险管理

商业银行是经营风险的企业,经营过程中面临多种风险,科学的风险管理对商业银行经营至关重要。从商业银行面临的风险类型来看,信用风险是指由于交易对手违约导致银行产生损失的可能性。市场风险是指由于市场利率、汇率等价格变动给银行造成损失的可能性。操作风险是与业务操作相关联的风险,是指由于不完善或有问题的内部程序、人员及其系统或由外部事件所造成银行损失的可能性。商业银行应通过风险识别、风险评估、风险处理等环节,预防、回避、分散或转移经营中的风险,从而减少或避免经济损失,保证经营安全。

(二)商业银行流动性管理

商业银行流动性是指商业银行以合理成本及时获得充足资金,用于偿付到期债务、履行其他支付义务和满足正常业务开展的其他资金需求的能力。商业银行流动性管理既要在经营活动中保持足够的高质量的流动性资产来满足存款人支取现金、支付到期债务和借款者正常贷款等经营需要,又要避免流动性盈余带来的过高成本,保持适度的流动性是商业银行流动性管理追求的目标。

(三)商业银行资产负债管理

商业银行资产负债管理是一种全方位的管理方法,是银行为了达到已确定的经营目标,对银行各种业务进行的协调管理。从商业银行的发展过程来看,商业银行资产负债管理经历了资产管理、负债管理和资产负债管理三个阶段。

1. 资产管理阶段

资产管理是商业银行资产负债管理的第一阶段。从商业银行出现到 20 世纪 50 年代,由于商业银行的负债来源较为固定,主要取决于居民的存款意愿,而其利润主要来源于资产业务,因此银行家们普遍认为商业银行经营管理的重要决策领域不是负债而是资产。商业银行应当将经营管理的重点放在资产业务上,通过资产结构的安排,求得安全性、流动性和营利性的统一。

2. 负债管理阶段

负债管理是商业银行资产负债管理的第二阶段。20 世纪 60 年代中后期,西方商业银行的资金来源出现了紧张的局面,与此同时,西方经济持续繁荣,商业银行面临很强的贷款需求。面对来自两头的压力,西方商业银行将对资产负债表的管理重点放在了负债方面,负债管理战略开始风靡西方各国。该战略认为商业银行在保持流动性方面,没有必要完全依赖建立分层次的流动性储备资产。一旦需要资金周转,可以向外举债,只要市场上能借到资金,就可以大胆放款。

3. 资产负债管理阶段

资产负债管理是商业银行资产负债管理的第三阶段。20 世纪 70 年代中期以后,在商业银行实现业务计算机化、综合化和国际化,以及商业银行利率风险、信用风险、流动性风险日益突出和新出现中间业务风险的背景下,伴随着负债管理逐渐成熟,商业银行资产负债管理产生了。资产负债管理战略要求商业银行将资产与负债的期限结构进行合理匹配,以降低流动性风险;将资产和负债总量结构进行合理搭配,以降低利率风险;将资产收益和负债成本进行合理搭配,以提高银行利润水平;将资产与负债各自内部结构进行合理搭配,以提高银行管理效率。资产负债管理战略的主要管理方法有平衡的流动性管理、资产负债比例管理、利率敏感性分析与缺口管理和持续期缺口管理,后两者在实务操作中尤为重要。

第四节　我国的存款类金融机构

我国的存款类金融机构主要由商业银行、政策性银行、开发性银行、信用合作社、财务公司构成。

一、商业银行

(一)大型商业银行

大型商业银行是指由国家控股的商业银行。作为我国银行体系的主体,大型商业银行包括中国工商银行、中国农业银行、中国银行、中国建设银行、交通银行和中国邮政储蓄银行。其中,工、农、中、建四家银行前身是国有专业银行。随着金融体制改革的不断深化,国有专业银行的传统分工也逐步被打破,在1993年转变成国有商业银行。2004年以后,经国务院批准,国有商业银行先后进行股份制改造,成为国有控股的股份制商业银行。2004年,交通银行通过财务重组由股份制商业银行改制为国有商业银行。2007年,在改革原邮政储蓄管理体制的基础上,中国邮政储蓄银行有限责任公司成立,2012年整体改

相关链接:新常态下银行业的发展策略

制为股份有限公司,是我国第六家大型商业银行。目前,这六大商业银行均已成功上市。具体来说,中国建设银行和交通银行于2005年上市,中国工商银行和中国银行于2006年上市,中国农业银行则于2010年上市,中国邮政储蓄银行2016年香港联交所上市,2019年上交所上市。

(二)股份制商业银行

股份制商业银行是指为打破大型商业银行垄断,引进竞争机制,促进金融业整体实力和服务水平而建立的,不承担政策性业务的全国性商业银行。股份制商业银行已经成为中国商业银行体系中的"第二梯队"。自1987年4月成立中信实业银行开始,在经济发展迅速的地区,股份制商业银行陆续成立。截至2022年年末,共有12家股份制商业银行,具体包括中信银行、中国光大银行、华夏银行、广东发展银行、平安银行、招商银行、上海浦东发展银行、兴业银行、中国民生银行、恒丰银行、浙商银行和渤海银行。

（三）城市商业银行

城市商业银行是指在对城市信用社清产核资的基础上，通过吸收地方财政和企业资金组建而成的区域性商业银行。其市场定位是服务地方经济、服务中小企业和服务城市居民，一般服务范围仅限于所处区域。

城市商业银行被称为中国商业银行体系继大型商业银行和全国性股份制银行之后的"第三梯队"。自 20 世纪 90 年代中期从城市信用社改造而来之后，经过十几年的发展，在监管部门和地方政府大力支持下，城市商业银行已经逐渐发展成熟，一些规模大、经营好的城市商业银行获得银监会的许可跨区经营。截至 2021 年年末，全国城市商业银行共有 128 家。

（四）农村商业银行

农村商业银行是由辖内农民、农村工商户、企业法人和其他经济组织共同发起成立的股份制地方性金融机构。其主要以农村信用社和农村信用社县（市）联社为基础，以为当地农民、农业和农村经济发展提供金融服务，促进城乡经济协调发展为主要任务。

2001 年 11 月，我国诞生了张家港、常熟和江阴三家首批农村商业银行。2008 年银监会又对农村商业银行设立条件进行了重大调整，取消了发起人数量、金融机构持股比例和投资者区域的一系列限制政策措施，为其跨区域发展创造了有利条件。截至 2021 年年末，我国农村商业银行共有 1 596 家。

（五）村镇银行

村镇银行是指经中国银行业监督管理委员会依据有关法律、法规批准，由境内外金融机构、境内非金融机构、境内自然人出资，在农村地区设立的，主要为当地农民、农业和农村经济发展提供金融服务的银行类金融机构。

村镇银行的建立有效地填补了农村地区金融服务的空白，加大了农村地区的金融支持力度。2006 年，银监会出台了《关于调整放宽农村地区银行业金融机构准入政策更好支持社会主义新农村建设的若干意见》，提出在湖北、四川、吉林等 6 个省（区）的农村地区设立村镇银行试点，全国的村镇银行试点工作从此启动。截至 2021 年年末，我国村镇银行共有 1 651 家。党的二十大指出，要全面推进乡村振兴，坚持农业农村优先发展，加快建设农业强国，巩固拓展脱贫攻坚成果。在完善农村金融服务体系、充分发挥金融对乡村振兴支持作用的过程中，村镇银行等农村金融机构仍大有可为。

（六）民营银行

民营银行是指由民营资本作为主发起人设立的银行，是由民间资本控股的采用市场化运作的现代金融企业。我国民营银行于 2014 年开始试点，天津金城银行、深圳微众银行、上海华瑞银行、温州民商银行和浙江网商银行是我国首批试点的民营银行，均于 2015 年开业。2015 年 6 月，银监会《关于促进民营银行发展的指导意见》出台后，民营银行组建由试点转为常态化设立。该意见明确了对民营银行实行差异化监管安排，指出民营银行应坚持特色经营，差异化发展，探索创新利用大数据、云计算、移动互联等新一代信息技术，提供普惠金融服务,为银行业创新发展注入新动力。截至 2021 年年末,我国民营银行共有 19 家。

此外,截至 2021 年年末,我国有住房储蓄银行 1 家,农村合作银行 23 家。

二、政策性银行

政策性银行是指由政府创立、参股或保证,不以营利为目的,专门为贯彻、配合政府的政策意图,在特定的业务领域内直接或间接地从事政策性融资活动的银行类金融机构。其不吸收公众存款,往往通过向政府、国内外金融机构借款以及向国内外发行由政府担保的债券等方式筹集资金,并根据国民经济协调发展的需要,将其投入农业、进出口贸易、中小企业、经济开发等不易获得商业性金融机构贷款支持的部门或行业以及投资周期长、回报率低的基础建设项目。

新中国成立后,中国人民银行吸收合并了国内绝大部分银行,集中央银行、商业银行于一身,成为大陆地区唯一的银行。改革开放后,国家采取多项举措,使国内银行业呈现多元化发展,1978—1994 年的政策性业务主要由中国工商银行、农业银行、中国银行和中国建设银行承担。1993 年 12 月,《国务院关于金融体制改革的决定》发布,将工、农、中、建四大行建设成国有大型商业银行,为此从四大行中剥离出政策性业务,组建了承担政策性业务的专业银行。1994 年 3 月,国家开发银行成立,主要承担国内开发型政策性金融业务。1994 年 7 月,中国进出口银行成立,主要承担大型机电设备进出口融资业务。1994 年 11 月,中国农业发展银行成立,主要承担农业政策性扶持业务。2015 年 3 月,国务院明确将国家开发银行定位为开发性金融机构。

(一)政策性银行贷款业务

政策性银行贷款是政策性银行把筹集起来的资金,按照国家的产业政策和社会经济发展的总体要求,按有借有还的贷款原则,向国民经济相关部门发放的贷款。不同于一般商业银行贷款,政策性银行贷款以社会效益为第一发放标准,贷款受到国家政策、社会经济总体发展规划和国民经济计划的约束,贷款的期限长、数量大且风险高。

相关链接:政策性银行的转型发展

(二)政策性银行投资业务

政策性银行投资一般采用股权投资或证券投资两种形式。股权投资主要用于需要政府控制的行业,而证券投资是指政策性银行认购符合产业政策和经济发展规划的项目发行的中长期债券的行为。政策性银行投资业务主要服从宏观经济与政府政策的目标要求。

(三)政策性银行担保业务

政策性银行担保业务是指政策性银行对其他金融机构所发放的符合政府政策意图的贷款给予偿还保证的业务。

这项业务的开展降低了其他金融机构的贷款风险,鼓励和支持其他金融机构从事政策性贷款活动,引导更多的资金流向政策性融资项目,促进经济和社会的协调发展。

三、开发性银行

我国的开发性银行即国家开发银行,成立于 1994 年,是直属中国国务院领导的政策性金融机构。2008 年 12 月改制为国家开发银行股份有限公司。2015 年 3 月,国务院明确将国家开发银行股份有限公司定位为开发性金融机构。2017 年 4 月,"国家开发银行股份有限公司"名称变更为"国家开发银行",组织形式由股份有限公司变更为有限责任公司。国家开发银行主要通过开展中长期信贷与投资等金融业务,为国民经济重大中长期发展战略服务。具体来看,国家开发银行支持的领域主要包括:① 基础设施、基础产业等经济社会发展领域;② 新型城镇化、城乡一体化及区域协调发展的领域;③ 传统产业转型升级和结构调整,以及节能环保、高端装备制造等提升国家竞争的领域;④ 保障性安居工程、扶贫开发等民生领域;⑤ 战略需要以及国际合作领域;⑥ 配合国家发展需要和国家经济金融改革以及符合国家发展战略和政策导向的领域等。

四、信用合作社

信用合作社是指由个人集资联合组成,以互助为主要宗旨的合作金融组织。其基本的经营目标是以简便的手续和较低的利率,向社员提供信贷服务,帮助经济力量薄弱的个人解决资金困难。

(一) 农村信用合作社

农村信用合作社是由社员入股组成,实行社员民主管理,主要为社员提供金融服务的农村合作金融机构,主要经营农村个人储蓄以及向农户贷款等业务。20 世纪 50 年代中期在全国广大农村普及。

我国对农村信用合作社进行了多次整顿、改革。我国农村信用合作社已完成以县(市)为单位,将乡、农村信用社和县(市)联社各为法人改为统一法人的改革。在此基础上,在一些经济比较发达、城乡一体化程度较高、信用社资产规模较大的地方,农村信用合作社改组为农村合作银行或农村商业银行。截至 2021 年年末,我国有农村信用合作社 577 家。

(二) 城市信用合作社

城市信用合作社是在中国人民银行领导下的城市合作金融组织,其主要业务是办理城市集体企业与个体工商户的存款、贷款与结算,办理城市个人储蓄存款和代办保险及代收付业务。

1979 年,河南成立了第一家城市信用合作社。城市信用合作社对弥补银行网点不足,缓解集体和个体工商企业开户、贷款及结算的困难起到了积极作用。但是,其中不少城市信用合作社由于依靠高息揽存支持证券、房地产投机,纷纷陷入难以为继的困境。在 20 世纪 90 年代中期之后,我国开始着手整顿城市信用合作社:先是合并组建城市合作银行,而后在 1998 年完成了将约 2 300 家城市信用合作社纳入 90 家城市商业银行的组建工作。2012 年 3 月,全国最后一家城市信用合作社——宁波象山县绿叶城市信用合作社,也改制为城市商业银行。至此,城市信用合作社正式退出了历史舞台。

五、财务公司

我国财务公司全称为"企业集团财务公司",是由大型企业集团内部成员单位出资组建并为各成员单位提供金融服务的一类非银行金融机构。其宗旨是支持国家重点集团或重点行业的发展。其主要业务包括:吸收成员单位的存款;对成员单位发放贷款、办理委托贷款及票据承兑和贴现;对成员单位产品的购买者提供买方信贷;办理成员单位产品的融资租赁业务;买卖和代理成员单位买卖国债及成员单位发行的债券;为成员单位办理担保、信用鉴证、资信调查和经济咨询等业务。

我国第一家企业集团财务公司建立于 1987 年。截至 2021 年年末,我国企业集团财务公司共有 255 家,规模较大的财务公司有华能集团财务公司和中国化工进出口财务公司等。

基 本 概 念

存款类金融机构　　商业银行　　信用中介　　支付中介　　负债业务
资产业务　　票据贴现　　中间业务　　资产负债管理

即 测 即 评

复习思考题

1. 简述存款类金融机构的特点和类型。
2. 简述商业银行的性质与职能。
3. 商业银行有哪些主要业务?
4. 银行资产负债表中有哪些主要项目?
5. 商业银行贷款根据不同标准有哪些分类?
6. 商业银行的经营原则是什么?
7. 我国有哪些存款类金融机构?

第七章
非存款类金融机构

业务复杂的金融机构之所以形成,是因为它们能对生产过程进行调查并把资源调动起来以充分利用有利的生产机会。

——罗斯·莱文

本章学习目标

1. 理解非存款类金融机构在金融体系中的业务和产品定位。
2. 掌握非存款类金融机构的定义、类型与业务特点。
3. 辨析不同非存款类金融机构的定义与主营业务的差异。
4. 了解各种非存款类金融机构在我国的发展现状。

第一节　证券经营机构

一、证券经营机构概述

(一)证券公司

证券公司是指经国家政府主管机构审查批准且接受中国证监会监管,从事证券经营业务的法人企业。它是专门从事有价证券交易的机构,证券公司作为筹资者与投资者的纽带,通过提供证券发行服务和证券投资服务,实现资金有效配置。同时,证券公司能为证券市场交易者提供真实、可靠的信息咨询服务,加强交易市场买卖双方的信息交流。证券公司通过其业务活动合法筹集资金或者使用自有资金自行买卖证券获取利润。

(二)期货公司

期货公司是指经国务院期货监督管理机构批准设立,从事期货经纪,期货交易咨询、期货做市交易等期货业务的金融机构。期货公司是专门从事标准化期货合约交易的机构。由于客户进行期货交易必须通过期货公司,因此,期货公司是交易者连接期货交易所的纽带。它能拓展期货市场交易用户的范围,扩大市场的规模,为客户提供投资咨询服务,帮助客户准确进行交易决策,节约期货交易成本,使期货市场竞争更加充分。

(三)基金管理公司

基金管理公司是指经国务院证券监督管理机构批准设立的,从事证券投资基金管理业务的企业法人。基金管理公司是基金资产的管理人,通过公开或非公开募集资金,设立证券投资基金,运用专业理财的优势进行基金资产的投资运作,在风险可控的条件下实现基金资产的增值。

二、证券经营机构的主要业务

(一)证券公司主要业务

1. 证券承销业务

证券承销业务是指证券公司代理证券发行人发行证券的业务活动。证券承销业务包括两大类:一是债券承销业务,包括国债、公司债、企业债等发行。二是股票承销业务。作为股票承销商,证券公司所要做的工作不只是帮助企业将股票发售出去,还包括充当企业发行股票的财务顾问、协助企业提供发行股票的申报材料以及充当企业股票上市后的指导等。

2. 证券经纪业务

证券经纪业务是指证券公司接受客户委托,代理其买卖证券并以此收取佣金的业务活动。在进行代理买卖时,证券公司必须严格遵循客户发出的委托指令,迅速、准确地执行指令和代办手续。证券经纪业务具有中介性,在证券代理买卖中,证券买卖的价格、数量、时间都由客户决定,证券公司只是充当证券买卖双方的代理人,不承担交易风险。

相关链接:证券公司开立客户账户规范

相关链接:沪港通

3. 证券自营业务

证券自营业务是指证券公司利用自有资金从事有价证券买卖的业务活动。与证券经纪业务不同,证券自营业务需要承担交易风险。在证券自营业务中,证券公司不再充当代理人,而是以投资者的身份进行证券买卖活动,收益和损失完全由自身承担。因此证券自营业务具有自主性、风险性和收益性的特点。

除上述三类主要业务外,证券公司还从事证券投资咨询、资产管理、融资融券、财富顾问、直接投资、中间介绍等业务。

资料框 7-1

证券公司股票开户流程

个人投资者证券开户主要流程如下：

第一，本人携带身份证原件到证券公司柜台办理开户，若委托他人代办，还需提供委托代办书、代办人身份证原件；

第二，16~18 周岁自然人申请办理证券开户应提供收入证明，16 周岁以下自然人不得办理开户；

第三，开户时先填写《证券交易开户文件签署表》和《证券客户风险承受能力测评问卷》；

第四，填写《自然人证券注册账户申请表》，如果客户是投资代办股份市场的需填写《股份转让风险揭示书》；

第五，办理银行三方存管，需填写《客户交易结算资金第三方存管协议》，同时本人携银行卡到银行确认；

第六，缴纳证券开户费，由证券公司统一代收；

第七，投资者办理完上述手续后就可以通过交易系统（电话委托、网上委托）将资金从自己的银行存折转入自己的证券公司资金账户，进行证券交易。

资料来源：中国证监会。

（二）期货公司主要业务

1. 期货经纪业务

期货经纪业务是指期货公司接受客户委托，代理其进行期货交易的业务活动。由于客户不能直接与期货交易所进行交易，客户通过期货公司的席位实现期货交易所内的交易。期货经纪业务作为期货公司的核心业务，是期货公司的主要收入来源。根据交易标的不同，期货经纪业务可分为商品期货经纪业务和金融期货经纪业务。

2. 期货投资咨询业务

期货投资咨询业务是指期货公司接受客户委托，从事风险管理顾问服务、研究分析服务、交易咨询服务等业务活动。期货投资咨询业务是一项创新业务。我国自 2011 年开始试行期货投资咨询业务，这项业务的开展有利于提高期货公司专业化服务能力，保护投资者的合法权益，提高研究咨询人员的工作积极性，对期货行业的发展具有积极作用。

3. 资产管理业务

资产管理业务是指期货公司接受单一客户或者特定多个客户的书面委托，根据规定和合同约定，运用客户委托资产进行投资，并按照合同约定收取费用或者报酬的业务活动。根据委托人的数量，资产管理业务分为两类：单一客户办理的资产管理业务和为特定多个客户办理的资产管理业务。资产管理业务是继期货投资咨询业务的又一大创新业务,对培育和发展机构投资者、改善期货市场投资结构、发挥期货公司在衍生品市场的投资优势有重要作用。

(三)基金管理公司主要业务

基金管理公司的主要业务可分为三大类:第一,证券投资基金业务。其是指基金公司通过公开或非公开发售基金份额募集资金,在基金托管人托管下,由基金管理人管理和运作资金,为基金份额持有人的利益,进行资产组合投资的业务活动。第二,受托资产管理业务。其是指公司作为受托方,根据委托人投资意向把委托资产在市场上进行最优化投资的业务。第三,QDII业务。其是指经监管机构批准从事境外证券市场的股票、债券等有价证券买卖的证券投资基金业务。QDII业务可以让国内投资者直接参与国外的市场,并获取全球市场收益。除上述业务之外,基金管理公司还从事投资咨询、社保基金管理和企业年金管理等业务。

三、我国证券经营机构发展现状

(一)证券公司

1987年9月,我国设立了改革开放以后的第一家证券公司——深圳经济特区证券公司。截至2022年1月,我国共有证券公司140家。我国《证券法》规定,证券公司分为综合类证券公司和经纪类证券公司,由证监会对不同类别的券商颁发不同业务范围的许可证。只有资本实力强、管理规范、业务规模大、经营业绩优、信誉好的证券公司经中国证监会审核颁发综合类证券公司业务许可证后,方可从事证券的经纪、自营业务和承销业务,但其经纪业务和自营业务的人员、资金、账目必须分开,不允许混合操作。而资金实力较弱、业务规模小的证券公司,只能申领经纪类证券公司业务许可证,专门从事证券经纪业务,严禁证券公司挪用客户交易结算资金。

按照证监会对券商分类监管的新思路,全国券商根据净资本等方面的要求,划分为A、B、C、D四类。A类即从事相关创新活动证券公司类,要求综合类券商的净资本在8亿元以上,经纪类券商的净资本在1亿元以上,获选A类的券商在通过审批的前提下有资格从事各项创新活动。B类即规范类,综合类券商和经纪类券商的净资本要求分别是2亿元以上和2 000万元以上,获选B类的券商有资格参与股票发行询价、开展资产管理、通过银行间市场融资等。C类、D类目前并无具体名称,也无优惠鼓励措施。

(二)期货公司

1992年9月我国第一家期货经纪公司——广东万通期货经纪公司成立,标志着中国期货市场中断了40多年后重新恢复。随着期货投资咨询业务、资产管理业务试点的开展,我国期货行业正处于快速发展阶段。截至2022年1月,全国共有150家期货经营机构,2021年年成交金额达581万亿元。

（三）基金管理公司

依据中国基金业协会公布的数据,截至 2022 年 2 月底,我国境内共有基金管理公司 138 家,其中外商投资基金管理公司 45 家,内资公司 93 家;取得公募基金管理资格的公司共 12 家,保险资管公司 2 家。以上机构管理的公募基金资产合计 26.3 万亿元,其中开放式基金占 88%,其余为封闭式基金。2013 年,天弘基金与蚂蚁金服合作推出的余额宝,是我国首只互联网货币基金。

第二节 保险经营机构

一、保险经营机构概述

保险经营机构主要包括保险公司和社会保障机构。由于世界发达国家的社会保障机构主要由保险公司代理运营,因此本章仅介绍保险公司。保险公司是专业经营商业保险业务的金融机构,具有分摊经济损失和经济补偿的功能。

相关链接:《中华人民共和国社会保险法》

根据主营保险的保险标的划分,保险公司可分为财产保险公司、人身保险公司和再保险公司等。

1. 财产保险公司

财产保险公司是指主要经营以财产及其有关经济利益为保险标的的保险业务的保险公司。财产保险的保险标的价值可以通过货币计量,即保险标的无论是物、责任,还是期待利益,都可以表现为一定的物质财产。财产保险适用"补偿原则",补偿投保人在保险事故中所损失的财产及其有关的经济利益,投保人不能因保险而获得额外利益。

2. 人身保险公司

人身保险公司是指主要经营以人的寿命和身体为保险标的的保险业务的保险公司。大多数人身保险的保险期限长,具有储蓄性质。同时,由于人的寿命和身体的价值难以用货币衡量,保险金额主要由保险公司和投保人协商确定,不适用"补偿原则"。

3. 再保险公司

再保险公司是指专门从事再保险业务的保险公司,是保险公司的保险公司。当保险公司为了降低风险把一些大的承保单位再分保给另一保险公司时,接受这一保单的公司就是再保险公司,其业务在财产保险中应用较多。

二、保险公司的主要业务

（一）财产保险公司主营业务

1. 财产损失保险

财产损失保险是指以各种有形的物质财产、相关的利益以及责任为保险标的的保险。

财产损失保险可分为火灾保险、运输保险、工程保险和农业保险等。

2. 责任保险

责任保险是指以被保险人的法律赔偿风险为保险标的的保险。责任保险的赔偿前提是被保险人对第三方产生损害并依法应承担经济损失赔偿责任。根据责任的类型划分，责任保险可分为公众责任保险、产品责任保险、雇主责任保险、职业责任保险和第三者责任保险等。

3. 信用保险

信用保险是指以商品赊销和信用放贷中的债务人的信用风险作为保险标的的保险。当债务人无法如期履行债务时，保险人向被保险人承担赔偿责任。信用保险承保的是信用风险，补偿因信用风险给被保险人带来的损失。根据信用风险的性质划分，信用保险可分为商业信用保险、出口信用保险和投资信用保险等。

（二）人寿保险公司主营业务

1. 人寿保险

人寿保险是指以被保险人的寿命为保险标的，以生死为保险事故的保险，也称生命保险。与其他保险不同的是，人寿保险保障的风险在整体上具有稳定性，而个体具有变动性。人寿保险可分为生存保险、死亡保险和两全保险。

2. 意外伤害保险

意外伤害保险是指以被保险人的身体为保险标的，以被保险人遭受意外伤害并由此致残或者死亡为保险事故的保险。意外伤害保险具有短期性、灵活性、保费低廉等特点。意外伤害保险可分为普通意外伤害保险、团体意外伤害保险及特定意外伤害保险等。

3. 健康保险

健康保险是指以被保险人的身体为保险标的，以被保险人因疾病不能从事正常工作或因疾病造成残疾或死亡为保险事故的保险。根据承保责任划分，健康保险可分为疾病保险、医疗保险、收入保障保险、长期护理保险等。

4. 年金保险

年金保险是指在被保险人生存期间或约定期间内，保险人按照合同约定的金额、方式，在约定的期限内，有规则地、定期地向被保险人给付保险金的保险。年金保险是以被保险人的生存为给付条件的人寿保险，但生存保险金的给付通常采取的是按年度周期给付一定金额的方式，因此称为年金保险。年金保险具有操作性强、强制储蓄、回报明确等特点。根据被保险人的人数划分，年金保险可分为个人年金、联合年金和最后生存者年金。

（三）再保险公司主营业务

1. 比例再保险

比例再保险以保险金额为基础确定保险公司自留额和接受公司分保责任额，两者按保额的一定比例确立。该比例是双方分配保费和分摊赔款时的依据。

2. 非比例再保险

与比例再保险不同,非比例再保险以损失为基础来确定再保险当事人双方的责任,即以赔款金额为基础规定一个分出公司自己负担的赔款额度,对超过这一额度的赔款由分入公司承担赔偿责任。

资料框 7-2

存款保险制度

存款保险制度又称存款保障制度。市场经济条件下,存款保险制度是保护存款人权益的重要措施,是金融安全网的重要组成部分。目前,世界上已有110多个国家和地区建立了存款保险制度。实践证明,存款保险制度在保护存款人权益、及时防范和化解金融风险、维护金融稳定中发挥了重要作用,已成为各国普遍实施的一项金融业基础性制度安排。存款保险制度建立后,一是有利于更好地保护存款人的权益,维护金融市场和公众对我国银行体系的信心,推动形成市场化的金融风险防范和化解机制,建立维护金融稳定的长效机制;二是有利于进一步加强和完善我国金融安全网建设,使风险早发现和少发生,增强我国金融业抵御和处置风险的能力;三是有利于强化市场纪律约束,创造公平竞争的市场环境,为加快发展民营银行和中小银行、加大对小微企业的金融支持保驾护航。

资料来源:中国人民银行。

三、我国保险经营机构发展现状

改革开放以来,我国保险行业全面复苏,尤其是加入世界贸易组织后,我国保险市场对外开放的步伐迅速加快,外资保险公司、合资保险公司等专业保险公司不断涌现。当前,保险行业竞争日趋激烈,保险公司越来越注重差异化竞争和服务能力的提升。大型保险公司立足于建立质量效益的价值取向,追求全面和均衡的发展,中小型保险公司立足于特色化、专业化之路,寻求细分市场的差异化竞争能力,使我国保险业呈现百花齐放的繁荣景象。当前,移动互联网技术的广泛应用极大地推动了保险行业的变革。保险公司运营模式开始向着多元化发展,各保险公司根据自身特点运用保险公司网站、网上商城、手机 App 以及第三方电子商务平台等多种方式开展互联网保险业务。

相关链接:2021年保险统计数据报告

中国银保监会发布的数据显示,截至 2022 年 4 月,我国保险业总资产 25.5 万亿元,同比增长 2.6%。保险机构 235 家,保险中介专业机构 2 010 家和外国再保险公司 7 家。总体来看,近些年我国保险经营机构在保持快速发展、经营效益持续向好的同时,管控经营风险的水平和服务社会的能力也在不断提升。

第三节　互联网金融机构

一、互联网金融机构发展现状

近年来,我国的金融生态环境不断发生变化,产生了一批以互联网技术为支撑的金融性机构。这些机构与传统的存款类金融机构在业务上存在交叉情况,但更主要的是它们因为"互联网+"的模式拥有了自身独特的资金来源和运作流程,主要包括网络借贷平台、众筹融资平台、第三方支付公司、网上银行等。现在,有许多传统金融机构也在积极进行业务的"互联网+"转型,如互联网保险、互联网担保、互联网不良资产管理、移动支付、物联网金融等金融新业态不断涌现。这些新业态以互联网作为客户获取、产品营销以及支付结算的渠道,使得旧有的金融模式焕发了新的活力,提高了金融资源配置效率,但其发展过程中也存在一些隐患。

新型的互联网金融机构在发展过程中还存在着一些不规范,中国人民银行已经发布了多项促进互联网金融健康发展的条例法规,在鼓励创新、防范风险的原则下有效推进互联网金融的稳步发展。本节主要介绍网络借贷平台、众筹融资平台、第三方支付公司、网上银行这四类互联网金融机构。

(一)网络借贷平台

网络借贷平台是指依托互联网技术构建的、服务于网络借贷的信息中介平台。网络借贷,又称 P2P 网络借贷,即个人对个人的借款,是指有资金出借意向的出借人通过网络借贷平台,将资金出借给有资金需求的借款人的行为。网络借贷平台主要为中低收入以及创业人群和中小微企业提供投融资信息中介服务,帮助这类借款人摆脱不被传统金融机构接纳的融资困境,具有一定的社会效益。

我国第一家网络借贷平台拍拍贷于 2007 年成立,然而直至 2013 年互联网金融概念爆发,网络借贷平台才开始全面进入大众视野。艾瑞咨询发布的《2016 年中国网络借贷行业合规化报告》显示,2015 年我国网络借贷行业交易规模突破 8 000 亿元人民币,较上一年增长 248.2%,具有代表性的有陆金所、拍拍贷、人人贷等。而高速发展的同时,P2P 行业也出现了平台卷款跑路、虚构融资项目和资金无法兑付等风险问题。2019 年 11 月,银保监会发文,P2P 行业以出清为目标,以退出为方向,以依法合规的分类处置为主要手段尽早完成网络借贷平台的整治工作。在强监管下,一些网贷平台良性退出,一些平台转型至消费金融等金融行业。

(二)众筹融资平台

众筹是指初创企业和个人通过互联网向投资人展示项目、活动以获得资金的方式。众筹参与者分为发起人、投资人和平台。发起人为资金的需求者,通过平台向支持者展示项目、活动以获得资金;投资人为提供资金的一方;平台为连接发起人与投资人的互联网终端,即众筹融资平台。根据投资者获取收益的形式不同,众筹融资平台主要有奖励众筹平台和股权众筹平台两类,前者以产品或服务作为回报,后者则以股权收益作为回报。根据融资项目的领域跨度不同,众筹融资平台可分为综合型和垂直型两类。综合型众筹网站发起的项目涉及面广,覆盖多个行业或领域;垂直型众筹网站则专注某一领域,如电影、医疗等。众筹融资平台不仅能解决企业产品生产的融资问题,还能帮助企业借助市场投票机制检验产品创新的市场价值,帮助企业科学决策。

我国众筹融资起步较晚但发展迅猛,尤其在 2013 年互联网金融爆发式增长的大环境下,众筹融资平台有了许多新的尝试。通过对互联网等公开渠道发布的统计信息的整理,截至 2020 年 1 月底,全国处于运营状态的众筹平台数量共计 66 家,其中,全国互联网非公开股权融资平台共计 23 家,权益型平台 24 家,物权型平台 8 家,综合型平台 7 家,公益型平台 4 家。2020 年 2 月,5 家权益型众筹平台成功项目的融资额约 1.2 亿元。综合来看,全国互联网众筹行业处于重新洗牌阶段,部分不合规的众筹平台被淘汰,优质的头部平台开始发挥作用。目前我国具有代表性的众筹平台有小米众筹、苏宁众筹、淘宝众筹、京东众筹、天使汇等。

(三)第三方支付公司

根据央行 2021 年发布的有关条例,第三方支付公司是指取得支付业务许可证,从事储值账户运营、支付交易业务处理的有限责任公司或者股份有限公司。由于第三方支付公司在支付过程中并不对资金拥有所有权,而是提供一个资金流通渠道,因此第三方支付公司一方面可以解决不同开户行银行卡的网上对接问题以及异常交易带来的信用缺失问题,另一方面可以为消费者、商户以及金融机构间的货币支付、资金清算、查询统计等业务提供便利。典型的第三方支付公司如支付宝、财付通和拉卡拉等。

近年来,央行加强反垄断监管和功能监管,不断完善第三方支付的监管法规,已停止批设新的支付牌照,且被注销的支付牌照达 39 张。截至 2021 年 4 月,全国共有 232 张有效支付牌照。随着国家经济转型为支付行业带来了发展契机,第三方支付迎来进一步规范稳步的发展。另外,随着支付方式不断创新,未来支付将加速从产品端向应用端演进,跨境支付将成为第三方支付机构业务新领域。

(四)网上银行

网上银行主要分为两种:第一种是指第六章介绍的传统银行利用互联网开展金融服务的"电子银行"。第二种是指互联网银行,互联网银行是通过区块链、云计算、大数据等金融科技在线实现为客户提供金融服务的机构。其主要股东为互联网民营企业,服务对象为中小微企业、"三农"及个人消费者。按银保监会要求,互联网银行遵循"一行一店"的原则,其总部仅设立一家营业部且不允许跨区经营。其中,腾讯系微众银行于 2014 年正式成立,是国内第一家互联网银行。主要的互联网银行还包括百信银行、网商银行、新网银行等。

二、互联网金融机构的主要业务

（一）网络借贷业务

网络借贷平台主要业务包括：个人信用贷款、资产抵质押贷款和供应链金融服务等。

1. 个人信用贷款

网络借贷平台所从事的主要业务为个人信用贷款业务。个人信用贷款是一种无抵押、无担保的贷款类型。在国内征信体系尚不健全的大背景下，网络借贷平台交易中借款人借款的违约成本较低，从而导致了高违约率和相当数量坏账的出现。因此，网络借贷平台的个人信用贷款业务通常需要强有力的风险控制模式来支撑。

2. 资产抵质押贷款

网络借贷平台的资产抵质押贷款业务主要包括房地产抵押贷款业务、车辆抵押贷款业务、动产质押贷款业务和股权质押贷款业务。房地产抵押贷款业务是指借款人以自有房地产作为抵押物向出借人提供担保，在平台上发标借款的融资方式。借款人亦可用已设有抵押权的房产再次设定抵押权，充分利用抵押物价值，使资产发挥其最大的变现能力。车辆抵押贷款业务是指借款人通过将车辆作为抵押物来进行网络借贷的过程，通常用于解决短期资金周转的问题。通常情况下，汽车抵押贷款只能借到抵押品估值的70%。动产质押贷款业务是指借款人或第三人将其动产移交出借人占有，以该财产作为债权的担保向出借人借款的融资方式。当借款人不履行债务时，出借人有权对该财产进行处置，并从所得价款中优先受偿。股权质押贷款业务是指股票持有人可以在不割售所持股票的情况下，通过将持有公司股份质押给网贷平台提供反担保，从平台上发标借款的融资方式。

3. 供应链金融服务

网络借贷平台还可以从事供应链金融服务等其他业务。供应链金融服务是银行或其他金融机构向客户的供应商、制造商、分销商、零售商以及最终用户提供的金融服务。

（二）众筹投融资类业务

众筹投融资平台主要业务包括：撮合项目融资、项目指导、代管投资人收益等。

1. 撮合项目融资

撮合项目融资是众筹投融资平台主要的业务。平台通过告知投资者项目信息、为企业提供展示渠道和在指定时间内代为保管募集资金并对资金进行划转等一系列流程化服务提高企业融资的成功率，并收取交易手续费。实际操作中，很多股权众筹平台通常采用"以股抵费"来进行收费，即通过将交易手续费折合成创业公司的股权，将平台的收益与创业项目的融资情况挂钩，这一方面可以减轻创业公司的财务压力，另一方面可以为项目增信，且后期可获得成功项目的额外股权收益。

2. 项目指导

项目在众筹平台融资时,平台可以提供合同、文书、法律、财务等方面的指导和服务工作,并可酌情收取一定的增值服务费用。这些服务也是撮合项目融资的有力保证,在为平台获取收益的同时,能够从供需两端吸引更多初创项目和投资者。

3. 代管投资人收益

众筹平台可以代替投资人对被投项目实施投后管理,并对其投资所获收益在投资人授权范围内进行合理运营,实现稳健增值。在此过程中,平台可以根据投资人收益收取一定比例的服务费。

资料框 7-3

AngelList 助力初创企业和投资人互利共赢

AngelList 是一家专门连接早期创业企业与投资者的融资平台和社交网络,在美国投资界具有很强的知名度和影响力。其拥有社交网络、沟通平台、众包平台等多种功能,便于创业者与投资者进行接触,也逐渐成为投资者寻找投资项目的重要资源。对于创业企业而言,AngelList 目前拥有数十万家创业企业的资料和信息,并为创业者提供相关法律文件、演示文稿、标准表格、自动生成的交易文件与电子签名工具,还为企业提供管理媒体报道信息、制作 PDF 文件等服务以提高融资的成功率。对于投资者而言,AngelList 以基金为主的投资方式降低了投资者因信息不对称和自身专业能力不足引致的投资风险,受到了投资者的欢迎。

AngelList 卓越的服务能力造就了在投资人和初创企业中的良好口碑。从 2013 年年初至 2015 年年末,AngelList 业绩最佳的前 25% 天使基金平均实现了 1.4 倍的未兑现投资增值,使得这些基金的资产规模从 1 050 万美元上升至 2 550 万美元。同时段内,该平台还帮助各初创公司完成了 5.58 亿美元的增发交易。受此影响,越来越多的投资人和初创企业都将此平台作为重要的投融资渠道。

资料来源:AngelList 官网。

(三) 第三方支付业务

第三方支付平台主要业务包括:储值账户运营和支付交易处理。

1. 储值账户运营

储值账户运营是指通过开立支付账户或者提供预付价值,根据收款人或者付款人提交的电子支付指令,转移货币资金的行为。法人机构发行且仅在其内部使用的预付价值除外。例如,支付宝、微信支付的账户具有储值功能,属于储值账户运营业务。

2. 支付交易处理

支付交易处理是指在不开立支付账户或者不提供预付价值的情况下,根据收款人或者付款人提交的电子支付指令,转移货币资金的行为。例如,拉卡拉的线下收单业务、铺设收款牌码属于支付交易处理业务。

资料框 7-4

互联网金融案例——支付宝

支付宝（中国）网络技术有限公司是国内领先的独立第三方支付平台，由阿里巴巴集团创办。自 2004 年成立以来，支付宝致力于为中国电子商务提供"简单、安全、快速"的在线支付解决方案。截至 2021 年年末，支付宝注册用户已超过 13 亿，活跃用户为 9.08 亿。

支付宝为近千万小微商户提供支付服务，涵盖了虚拟游戏、数码通信、商业服务、票务预订等行业，覆盖了整个 C2C、B2C 以及 B2B 领域，并与国内外各大商业银行以及 VISA 等逾 200 家机构建立了深入的战略合作关系。

在覆盖绝大部分线上消费场景的同时，支付宝也正在大力拓展各种线下场景，包括餐饮、超市、便利店、出租车、公共交通等。支持支付宝的线下门店超过 20 万家，出租车专车超过 50 万辆。支付宝的国际拓展也在加速，境外超过 30 个国家和地区、近 2 000 个签约商户已经支持支付宝收款，覆盖 14 种主流货币。截至 2021 年年末，支付宝在第三方互联网支付占有率为 21.12%，位居第二，银联商务以 26.15% 的市场占有率位居第一。

资料来源：支付宝官网；中国人民银行官网。

三、金融科技的发展

金融科技（FinTech）一词源于美国硅谷，是"Financial Technology"合并后创造的新词语，从字面上直译为"应用于金融的技术"，突出新技术对金融行业的支持、辅助和优化功能。金融稳定理事会（FSB）将金融科技定义为：通过技术手段推动金融创新，形成对金融市场、金融服务和金融机构产生革命性影响的业务模式、技术应用和创新产品。而我国对于互联网金融和金融科技有着较为明确的区分。在实践中，互联网金融侧重于商业模式，金融科技更侧重于技术应用及产品创新。国内从互联网金融发展到金融科技主要经历了四个阶段，分别是金融信息系统建设和金融电子化初期、互联网金融发展阶段、互联网实质性业务发展阶段、金融科技发展深化阶段。

金融科技一方面可以帮助传统金融机构转型，另一方面通过技术的迭代和创新，开发出传统金融机构无法提供的新产品和新服务，让新兴金融科技公司与传统金融机构形成业务互补。我国的金融科技目前处于以大数据、区块链和人工智能技术为推动力的 2.0 阶段，有望显著提升传统金融的服务效率，助推经济高质量增长。

结合巴塞尔委员会报告和现有业务领域及影响力，目前金融科技可分为支付结算、借贷和资本筹集、技术基础设施以及投资管理四大领域。

1. 支付结算

支付结算包含手机支付、数字货币以及虚拟价值交换网络。主要包括面向个人客户的零售类支付业务（如微信支付、支付宝等）和针对大客户的批发类支付服务（如跨境支付、虚拟价值交换网络等)。

2. 借贷和资本筹集

借贷和资本筹集包含众筹、P2P 网贷、股权融资等。主要包括 P2P 网络借贷、股权众筹、信用评分(如芝麻信用分)及贷款催收等。

3. 技术基础设施

技术基础设施包含区块链、大数据、云计算等。既包括客户身份认证、多维数据归集处理等可以跨行业通用的基础技术支持,也包括分布式账户、大数据、云计算等技术基础设施。此类业务的科技属性非常突出。

4. 投资管理

投资管理主要包括智能投资顾问和电子交易服务。前者是运用智能化、自动化系统提供投资理财建议,后者是提供各类线上证券、货币交易的电子交易服务。

第四节　其他非存款类金融机构

一、信托机构

信托机构是指以收取报酬为目的,以受托人身份承诺信托和处理信托事务的金融机构。受托人应当是具有完全民事行为能力的自然人、法人。其遵守信托文件的规定,遵照委托人的要求,以信托财产为限向受益人承担支付信托利益的义务,为受益人的最大利益处理信托事务,并有权依照信托文件的约定取得相应报酬。由于各国金融体制不同,信托机构在各国的名称和组织形式也不尽相同。有的称之为信托银行,有的称之为信托公司,有的则列为商业银行的信托部。在我国,信托机构一般被称作信托公司。根据《信托法》第 24 条,受托人应当是具有完全民事行为能力的自然人、法人。信托公司作为受托人,按委托人的要求履行财产管理职能,在此期间还兼顾了金融、中介以及咨询职能。

(一) 法人信托业务

法人信托又称公司信托或团体信托,受托人应当是法人或者依法成立的其他组织。法人信托业务的产生和发展建立在多种法人机构有了较大发展的基础之上。法人信托业务是法人依据自己的业务需求委托受托人对法人财产事务进行管理和处理的业务。法人信托业务在整个信托业务中占相当大的比重,比较典型的法人信托业务有抵押公司债信托和商务管理信托等。

(二) 个人信托业务

个人信托业务是指受托人以自然人为服务对象,将其财产权转予受托人,使其管理财产的业务行为。个人信托对委托人而言,本身除有法律的明确保障外,还有以下特点:目的多种多样;个人信托受托人可以是个人或者信托机构,民事信托中受托人一般为个人,商事信托中受托人一般是信托机构;受托人承担的不仅是对信托财产的责任,有时候也要承担对受益人的责任;既有营业信托,也有非营业信托;可以做到合法节税。目前开展较广泛的有合同信托、遗嘱信托、财产监护信托及人寿保险信托等。

此外,信托机构还经营一些介于法人信托和个人信托之间的业务和其他信托类业务,如投资基金、集合资金信托、职工持股信托、公益信托、房地产投资信托、管理层收购(MBO)信托等。

资料框 7-5

影子银行和信托的黄金十年

"影子银行"既可理解为"像影子一样的银行",也可理解为"银行的影子",监管部门将其定义为"传统银行体系之外的信用中介机构和业务"。

当前我国影子银行存在的形式主要有三类:一是通过银信合作形式开办的信托业务;二是融资性担保公司、小额贷款公司、典当行等信用中介机构开办的业务;三是以余额宝、人人贷、P2B、B2B 等为代表的一批互联网金融业务。以上三种形式,第一种可称为"银行的影子业务",第二种可称为"银行的影子",第三种可称为"像影子一样的银行"。穆迪投资《中国影子银行季度监测报告》数据显示,2021 年年末我国影子银行资产达人民币 57.8 万亿元,相当于当年 GDP 的 52.9%。

信托业是近十年来发展最快的"影子业务"。在 2011 年之前,信托业的增长主动力是粗放的银信合作业务;2011 年以后,演变为以高端机构和大客户主导的"非银信理财合作单一资金信托"、以低端银行理财客户为主导的"银信理财合作单一资金信托"和以中端个人合格投资者主导的"集合资金信托"三足鼎立的发展模式。得益于多样化的业务模式和宽松的监管环境,信托业的信托资产规模由 2007 年的不足 1 万亿元增至 2021 年的 20.55 万亿元。

资料来源:《金融时报》、中国信托业协会。

二、金融租赁公司

金融租赁公司是指专门为承租人提供资金融通的租赁机构,它以商品交易为基础将融资与融物相结合,既有别于传统租赁又不同于银行贷款。其所提供的融资租赁服务是所有权和经营权相分离的一种新的经济活动方式,兼具投资、融资和资产管理的职能。

(一)自担风险的融资租赁业务

自担风险的融资租赁业务包括典型的融资租赁业务(简称"直租")、转租式融资租赁业务(简称"转租赁")和售后回租式融资租赁业务(简称"回租")。直租是指金融租赁公司以收取租金为条件按照用户企业确认的具体要求、向该用户企业指定的出卖人购买固定资产并出租给该用户企业使用的业务;转租赁是指以同一固定资产为租赁物的多层次的融资租赁业务;回租是指出卖人和承租人是同一人的融资租赁。

（二）由多个机构联合分担风险的融资租赁业务

由多个机构联合分担风险的融资租赁业务包括联合租赁和杠杆租赁。联合租赁是指多家有融资租赁资质的租赁公司对同一个融资租赁项目提供租赁融资，由其中一家租赁公司作为牵头人；杠杆租赁是指某融资租赁项目中的大部分租赁融资是由其他金融机构以银团贷款的形式提供的，但是，这些金融机构对承办该融资租赁项目的租赁公司无追索权，同时，这些金融机构则按所提供的资金占该项目租赁融资总额的比例直接享有回收租金中所含的租赁收益。

（三）不承担风险的融资租赁业务

不承担风险的融资租赁业务是委托租赁。委托租赁项目中的租赁物或用于购买租赁物的资金是由其他法人机构提供的信托财产。

三、消费金融公司和汽车金融公司

消费金融公司是指不吸收公众存款，以小额、分散为原则，为中国境内居民个人提供以消费为目的的贷款的非银行金融机构，其提供的服务包括个人耐用消费品贷款及一般用途个人消费贷款等。由于消费金融公司发放的贷款是无担保、无抵押贷款，风险相对较高，因此银监会对其设立了严格的监管指标要求，包括同业拆入资金余额不高于资本净额的100%、资产损失准备充足率不低于100%、投资余额不高于资本净额的20%等。2010年，银监会首次批准设立4家试点消费金融公司，包括北银消费金融公司、中银消费金融公司、锦程消费金融公司和捷信消费金融公司。其中北银、中银和锦程消费金融公司均由银行系投资，捷信消费金融公司则是全外资公司。2022年9月，中国银行业协会发布的《中国消费金融公司发展报告（2022）》数据显示，截至2021年年末，我国消费金融公司数量为30家，贷款余额突破7 000亿元，达到7 106亿元，同比增长44.2%；资产总额达到7 530亿元，同比增长43.5%。

另外，由于汽车金融公司能为消费者购买汽车提供汽车贷款等金融服务，在广义上可以视为消费金融公司。汽车金融公司是指为中国境内的汽车购买者提供贷款并从事相关金融业务的非金融机构，包括中资、中外合资和外资独资的汽车金融机构，而非一般的汽车类企业。汽车金融公司帮助消费者缓解了购置汽车的资金周转问题，且贷款门槛低、手续方便快捷，弥补了银行汽车金融类服务授信额度相对较低的不足。

（一）消费金融公司主营业务

消费金融公司主要面向中低收入人群提供小额、分散消费的金融服务。其主营业务可细分为以下八类：发放个人消费贷款、接受股东境内子公司及境内股东的存款、向境内金融机构借款、经批准发行金融债券、境内同业拆借、与消费金融相关的咨询业务、代理销售与消费信贷相关的保险产品、固定收益类证券投资业务。

（二）汽车金融公司主营业务

汽车金融公司为中国境内的汽车经销商和消费者提供贷款并从事相关金融业务，其主营业务主要分为批发和零售两大类,并可进一步细分为以下六种:提供购车贷款业务、办理汽车经销商采购车辆贷款和营运设备贷款、转让和出售汽车贷款应收业务、向金融机构借款、接受境内股东单位 3 个月以上期限的存款、为贷款购车提供担保和与购车融资活动相关的代理业务等。

四、小额贷款公司

小额贷款公司是指由自然人、企业法人与其他社会组织投资设立,不吸收公众存款,经营小额贷款业务的有限责任公司或股份有限公司。与银行相比,小额贷款公司更为便捷、迅速,适合中小企业、个体工商户的资金需求;与民间借贷相比,小额贷款更加规范,贷款利息可双方协商。由于具有上述优势,小额贷款公司将过去处于灰色地带的民间资金和非法民间融资逐渐转变为集中管理的合法公司信贷行为,助推民间资金向金融资本转化。同时,对急需信贷资金支持但受抵押担保或银行信贷条件限制而较难获得贷款的小微企业、农民、城镇低收入人群等普惠金融人群给予一定资金支持,有效地支持实体经济发展。

(一)小额贷款业务

小额贷款业务的贷款借款期短、利率较高,是小额贷款公司的核心业务与主要利润增长点。相比银行贷款业务,小额贷款业务具有如下特点:第一,贷款流程简单,手续便捷,放贷效率高;第二,群体锁定为中小微企业、农户以及个体工商户;第三,经营方式和还款方式灵活。

(二)其他业务

小额贷款公司还可开展票据贴现、资产转让等其他业务。小额贷款公司票据贴现业务和银行该业务类似,但需满足单笔贴现金额最高不得超过 1 000 万元以及贴现最长期限不超过 6 个月等规定。小额贷款公司资产转让是指小额贷款公司与其他投资者之间,根据协议约定合规转让其经营范围内尚未到期资产的融资业务。

五、国有金融资产管理公司

国有金融资产管理公司是指由政府或财政部门出资设立、用于清理银行不良资产的金融机构。我国金融资产管理公司是经国务院决定设立的收购国有独资商业银行不良贷款,管理和处置因收购国有独资商业银行不良贷款形成的资产的国有独资非银行金融机构。金融资产管理公司以最大限度保全资产、减少损失为主要经营目标,可以通过有效的资产管理和资产变现从不良资产中回收价值,从而减少问题银行破产倒闭或银行重组带来的负面影响,重建公众对银行的信心,从而维护经济运行和社会发展的稳定。

1999 年,我国的信达、东方、长城、华融四大国有金融资产管理公司相继成立,财政部为四家公司各提供了 100 亿元资本金,中国人民银行发放了 5 700 亿元的再贷款,国有金融资产管理公司获准向对口国有商业银行发行了固定利率为 2.25% 的 8 200 亿元金融债券,并用这些钱向四大行收购 1.4 万亿元不良资产。2009 年之后,由于政策性任务逐渐完成,四大国有金融资产管理公司加快了商业化进程,开始向大型金融控股集团转型。以东方资产管理股份有限公司为例,截至 2020 年年末,除了 26 家分公司,其在境内控股了 12 家金融机构,在境外控股了 14 家金融机构,业务范围涵盖了资产管理、保险、银行、证券、信托、小微金融、信用评级和海外业务等,集团总资产超过 11 418 亿元。

（一）不良资产经营业务

不良资产经营业务是国有金融资产管理公司的核心业务。不良资产经营业务又包括不良债权资产经营、债转股资产经营、不良资产受托代理、基于不良资产的特殊机遇投资以及基于不良资产的房地产开发等业务。其收益主要体现在四个方面:取得不良资产时的折扣收益、房产等质押物价值增长收益、兼并重组等整合收益以及税收优惠收益。

（二）资产管理和投资业务

资产管理和投资业务是不良资产经营业务的延伸和补充。立足于不良资产经营业务所带来的资产管理能力、经验和项目资源以及各金融服务子公司所赋予的多元化融资渠道、客户资源和营销渠道,国有金融资产管理公司可以有效地开展资产管理和投资业务,实现佣金及手续费收益与投资收益,提高公司的整体盈利能力。

（三）金融服务业务

国有金融资产管理公司依托金融牌照优势,通过旗下的银行、证券公司、金融租赁公司和期货公司等组成全方位的金融服务平台,为客户提供灵活、个性化和多元化的融资渠道及金融产品,形成覆盖客户不同生命周期和产业链上下游长链条的综合金融服务体系。

中国还存在各类金融控股公司。金融控股公司是指通过控制两个以上不同业务类型的金融企业,从事综合金融业务的金融集团。我国金融控股公司主要分为央企金控、地方金控和民营金控三大类。典型代表为中信集团、光大集团、平安集团。

相关链接:2022 年消费金融行业发展研究报告

基 本 概 念

证券公司　　期货公司　　基金管理公司　　保险经营机构　　互联网金融机构
网络借贷平台　　金融科技　　众筹融资平台　　第三方支付　　政策性银行
信托机构　　金融租赁公司

即 测 即 评

复习思考题

1. 简述证券公司的主要业务。
2. 简述保险公司的业务内容。
3. 简述第三方支付业务有哪些。
4. 简述网络借贷平台和小额贷款公司的定位与业务的异同点。
5. 请收集几家消费金融公司近 3 年的业务开展情况，对比其业务的不同侧重点，并根据其所在区域、股东背景等相关因素解释业务差异产生的原因。

第八章
中央银行

建设现代中央银行制度是推进国家治理体系和治理能力现代化的重大任务。

——易纲

本章学习目标

1. 掌握中央银行的概念。
2. 掌握中央银行的职能。
3. 熟悉中央银行的制度类型与中央银行独立性。
4. 熟悉中央银行资产负债表的构成。
5. 掌握中央银行业务对资产负债表的影响。
6. 了解我国中央银行的发展与组织架构。

第一节 中央银行概述

一、中央银行的概念

（一）中央银行的概念和特殊性

中央银行是一国或地区最高的货币金融管理机构，按照法律赋予的权限负责发行货币，制定和执行货币政策、宏观审慎政策，防范和化解金融风险，维护金融稳定。

中央银行在金融机构体系中是独一无二的，其特殊性体现在：

（1）中央银行是特殊金融机构。在法律地位上，中央银行一般有单独的法律作保障；在经营目标上，中央银行不以营利为目的；在业务经营上，除了为金融机构提供"存、贷、汇"业务，还独家垄断货币发行、代理国库、管理国家外汇黄金储备以及集中商业银行存款准备金等业务。

（2）中央银行是特殊行政机构。国家行政机构一般通过国家授权，用行政手段管理本领域的社会经济事务，行政命令往往直接作用于微观主体。中央银行相对于其他行政机构，在使用行政手段管理的同时，更多是作为平等交易主体，利用市场手段调控货币金融领域，并且其调控往往不直接作用于微观主体，而是通过金融机构和金融市场间接影响微观主体。

（3）中央银行往往具有较强的独立性。许多国家的中央银行独立于政府，部分国家和地区的中央银行甚至也较少受到议会的制约。

（二）中央银行的产生与发展

中央银行产生于 17 世纪后半叶，典型的代表是英格兰银行。中央银行制度是商品信用经济发展到一定阶段的产物。16 世纪以后商品经济的迅猛发展和商业银行的普遍设立，促进了货币、信用与经济的融合，建立一种有效的制度来稳定信用制度和银行体系也成为必然选择。中央银行的产生主要是满足信用经济先后出现的下列需求：满足政府融资需求、统一银行券发行需求、统一票据交换及清算需求、充当最后贷款人需求以及监管金融业需求。

第一次世界大战爆发后，许多国家经济与金融发生了剧烈波动，面对世界性金融危机和当时严重的通货膨胀，各国政府和金融界人士都感到只有强化中央银行的地位才能对信用货币加以控制。1920 年在比利时首都布鲁塞尔召开的国际金融会议，要求尚未建立中央银行的国家尽快建立中央银行，以共同维持国际货币体系和经济稳定。1922 年在瑞士日内瓦召开的国际金融会议，又再次强调了布鲁塞尔会议形成的决议。从 1921 年至 1942 年，世界各国设立的中央银行约有 43 家。第二次世界大战结束后，各国政治经济形势发生了重大变化，各国中央银行制度也发生了深刻的变化，主要表现为国有化趋势加强，独立性加强，调控经济的能力增强。特别是 1945 年国际货币基金组织成立后，不断协调各国和地区间的贸易和货币金融往来，各中央银行之间的合作日益加强。

综合起来看，中央银行的产生渠道分为两类：一是由信誉好、实力强的大商业银行逐步演变而成，发达资本主义国家的中央银行多以这种方式建立。如英格兰银行组建之初是商业银行，后来政府不断赋予其特权，从而使其逐步具备中央银行的部分职能，并最终发展成为完全的中央银行。二是由政府出面直接组建中央银行，一战以后许多国家的中央银行都是以这种方式建立的。

（三）世界范围内代表性中央银行

英格兰银行是英国的中央银行，是公认的世界上最早的中央银行之一。英格兰银行于 1694 年成立，在成立之初英格兰银行是享受特权的商业银行。随着英国资本主义的不断发展，英格兰银行逐步获得了清算银行地位，并逐渐开始使用再贷款和再贴现业务调控经济。1928 年英国通过《通货和钞票法案》，英国财政部停止发行货币，英格兰银行完全垄断货币发行权。1946 年英国政府将英格兰银行国有化。

美国联邦储备系统是美国的中央银行，是当前对世界经济影响最大的中央银行。美国联邦储备系统于 1913 年成立,在其成立之前美国多次尝试建立统一的中央银行体制但最终都没有成功,美国也在 19 世纪长期忍受货币制度的混乱和周期性的银行危机。在 1907 年金融危机之后,美国为了化解银行危机导致的经济运行动荡,最终在 1913 年通过《联邦储备法》,建立了中央和地方两级分权的二元式中央银行制度。美联储在建立之初隶属于财政部,1951 年美联储与美国财政部达成分工协议,美联储开始独立执行货币政策,目前美联储是国际上强独立性中央银行的典型代表。

欧洲中央银行是欧元区国家共同的中央银行,是最典型的由发达国家组成的跨国中央银行。在漫长的欧洲经济一体化过程中,欧洲先后经历了"欧洲货币体系"和"欧洲货币局"两个阶段,并最终于 1998 年 6 月 1 日在德国法兰克福成立欧洲中央银行(欧洲中央银行和欧盟成员国的央行进一步组成欧洲中央银行体系)。目前欧洲中央银行垄断了欧元的货币发行权,并在高度独立性保障下以维护欧元区的物价稳定为目标。

我国的中央银行将在本章第三节讲述。

二、中央银行的职能

传统中央银行具有三大基本职能,即发行的银行、银行的银行和国家的银行。

(一) 发行的银行

发行的银行是指国家赋予中央银行集中与垄断货币发行的特权。垄断货币发行权是获得现代中央银行地位的重要标志。狭义的货币发行是指流通中纸币和硬币的发行。在以纸币为主的信用货币制度下,货币发行会带来较高的铸币税,如不加以限制容易导致货币超发,而且货币发行需要国家信用作为支撑,因此各国政府一般都将货币发行权集中授予一个单独的国家机构,即中央银行,但也有少数国家把不会产生大量铸币税的硬币发行权授予财政部。

在现代信用经济中,广义的货币发行不单指发行通货,还包括发行存款货币。对于存款货币的发行,中央银行不再具备完全垄断的能力,但存款货币创造的源头在中央银行,中央银行对其仍然有很强的控制力。

由于中央银行集中和垄断了货币发行权,自然就引申出了中央银行的一项重要职能:保证其所发行的货币价值稳定。当前世界绝大多数国家都把货币价值稳定作为中央银行最重要的货币政策目标。货币价值稳定的目标依据国情不同可以具体分为控制通货膨胀(对内价值稳定)、避免汇率大幅波动(对外价值稳定)或两者兼顾。

(二) 银行的银行

银行的银行是指中央银行为商业银行和其他金融机构提供存、放、汇等业务。中央银行的业务对象不是一般企业和个人,而是商业银行、其他金融机构以及特定的政府部门。这一职能主要体现在以下三个方面:集中存款准备金、充当最后贷款人、办理银行间的清算。

集中存款准备金和充当最后贷款人是相互关联的业务。为了避免商业银行出现风险对经济和金融体系造成冲击,作为国家货币金融管理部门,中央银行是其天然的最后贷款人。但中央银行承担最后贷款人职责需要大量低成本资金,要求每家商业银行按照存款比例上缴一部分准备金成为最现实有效的选择,因而中央银行相应承担了集中存款准备金的业务。由于中央银行是具有最高权威性的国家货币金融管理机构,每个商业银行都需要在中央银行开立账户缴存存款准备金,以中央银行为核心建立银行间的支付清算体系就成为最有效率的方式,因此大部分国家的国内支付清算体系都是由中央银行组织、参与和管理的。

(三)国家的银行

国家的银行是指中央银行代表国家贯彻执行货币金融政策,代理国库收支以及为国家提供各种金融服务。

早期"国家的银行",主要体现为中央银行经常为政府提供资金融通。随着国家权力设置不断完善,大部分国家目前都不再允许中央银行直接向政府贷款或透支。现代意义上的"国家的银行",体现为中央银行在现代信用经济中充当货币金融领域的"政府",具体体现在:① 起草制定有关金融管理法规,负责国家金融基础设施建设和金融标准化工作,在有些国家还承担具体的金融业监督管理职能;② 为国家制定和实施货币政策;③ 经理国库;④ 持有、管理和经营国家外汇黄金储备;⑤ 代表政府参加国际金融组织,充当政府金融政策顾问等。

(四)中央银行职能的现代化发展

随着经济金融一体化的不断发展,以及金融危机的冲击,中央银行获得了一些新的职能。其中最典型的职能是制定和执行宏观审慎政策。由 2007 年美国次贷危机引发的国际金融危机,对全球经济造成重创。加强宏观审慎管理,防范和化解金融风险、维护金融稳定成为国际共识。从全球主要经济体的实践看,该部分职责大都划归为中央银行。比如,美国组建了金融稳定监督委员会,英格兰银行成立了金融政策委员会,中国成立了国务院金融稳定发展委员会,中国人民银行成立了金融稳定局和宏观审慎管理局。

三、中央银行体制

由于各国在历史进程、经济结构和政治制度等多方面的差异,各国中央银行体制之间也存在差别。中央银行的体制主要包括中央银行的制度类型、所有制形式、权力分配与机构设置。

(一)中央银行的制度类型

中央银行的制度类型主要取决于该国或地区的国情和经济发展的需要。各国的中央银行制度大致可归纳为四种类型:单一型、复合型、准中央银行型和跨国型。

单一型中央银行制度是指国家设立单独的中央银行机构,全面、纯粹地行使中央银行职能的制度。单一型中央银行制度是最主要、最典型的中央银行制度形式,具体又可分为两种情况:① 一元式。一国内部只建立一家统一的中央银行,机构设置一般采取总分行制,逐级垂直隶属。世界上绝大多数国家如英国、法国和日本的中央银行都采取这种形式。② 二元式。在国内建立中央和地方两级相对独立的中央银行机构。中央级机构是最高权力和管理机构,地方级机构受中央级机构的监督管理,但后者在各自的辖区内对货币政策的具体实施、金融监管和中央银行有关业务的操作方面有较大的独立性,与中央级机构也不是总分行关系。二元式结构一般产生于联邦制国家,与其国家体制相适应,美国目前实行这种中央银行体制。

复合型中央银行制度是指在一国之内,不设立专门的中央银行,而是由一家大银行来同时扮演中央银行和商业银行两种角色,也就是所谓的"一身二任"。这种中央银行制度往往与计划经济体制相联系。苏联以及1990年以前多数东欧国家都实行这种体制。我国在1984年以前也实行这种中央银行制度。

准中央银行制度是指某些国家或地区只设立类似中央银行的机构,或由政府授权某个或某几个商业银行行使部分中央银行职能的制度。采取这种体制的往往是地域较小,而同时又存在一家或几家银行一直处于垄断地位的国家或地区,比如新加坡和我国香港特别行政区等。新加坡设有金融管理局、货币委员会、投资局和中央公积金局等政府机构,相互配合行使金融管理和中央银行职能;我国香港特别行政区设有金融管理局负责货币政策、金融监管和支付结算体系,港币发行在联系汇率制度框架下由渣打银行、汇丰银行和中国银行负责。

跨国型中央银行制度是指两个以上的主权国家设立共同的中央银行。该制度一般建立在货币联盟基础之上。跨国中央银行在联盟内发行共同的货币,执行统一的货币金融政策,并对各国金融制度和金融市场实行监督。实行这种体制的有:由德国、法国等十余个欧元区国家组成的欧洲中央银行,统一使用欧元;由贝宁、尼日尔等国组成的西非货币联盟所设的西非国家中央银行,统一使用西非法郎;由喀麦隆、加蓬等国组成的中非货币联盟所设的中非国家银行,统一使用中非法郎;由安提瓜、多米尼加等国组建的东加勒比中央银行,统一使用东加勒比元。

(二) 中央银行的所有制形式

中央银行的所有制形式是指中央银行资本来源的构成。中央银行作为一国的货币当局和货币政策执行者,处于本国经济和金融的核心地位,其所有制形式上天然应当由国家出资设立,归属国家所有。但实践中由于各国中央银行的成立和改造历程各不相同,因而呈现出了不同所有制形式。概括起来,世界各国中央银行的所有制形式有5种类型。

(1) 国家所有形式。大多数国家中央银行的资本为国家所有,中央银行成立时国家就拨付了全部资本金,如中国人民银行。部分国家中央银行由商业银行改造而来,国家通过购买原为私有的股份而使全部股权收归国有,如法兰西银行、英格兰银行、德国联邦银行等。

(2) 私人持股形式。中央银行的股份由私营股东持有。此类中央银行的私营股东,一般为接受中央银行监管的会员银行或金融机构。如美联储的股本由参加美联储体系的会员银行持有;意大利银行的股本由储蓄银行、信贷银行、保险公司和社会保障机构持有;瑞士国家银行除了由州政府银行持有多数股份外,还允许本国公民和公司持有其股份。

(3) 公私合股形式。中央银行的资本金部分为国家所有,国家持股往往占50%以上,其余部分由私人持有。如日本银行由政府持股 55%，民间持股 45%；墨西哥中央银行由国家持股 53%，私人持股 47%。

（4）无资本金形式。中央银行没有资本金，由国家授权执行中央银行职能。比如，韩国的中央银行——韩国银行，按照 1962 年《韩国银行法》，韩国银行为"无资本金的特殊法人"。

（5）多国所有形式。在跨国中央银行制度中，共同组建中央银行的各成员按照一定比例认缴中央银行资本，各国以认缴比例拥有对中央银行的所有权。如欧洲中央银行的资本金是由所有欧元区成员国按其人口和国内生产总值的一定比例向欧洲中央银行认购的。

尽管中央银行资本组成有 5 种类型，但无论是哪种类型的中央银行，都是通过法律赋予其中央银行的职能，资本所有权的归属不会对中央银行的性质、职能、地位、作用等发生实质性影响。需要特别指出的是，虽然不以营利为目的，但多数中央银行都盈利丰厚，其中大部分盈利按照法律会上缴国库或分配给跨国中央银行的出资国。不管是私人持股还是公私合股，国家之外的私人股东既不会获得投票权，也不会获得全部的分红权，而只是获得类似于优先股股息的中低水平分红。

资料框 8-1

美联储究竟有多赚钱？

美联储作为美国的中央银行，同世界上其他的中央银行一样不以营利为目的，但美联储在每年公布其财务报表时，其利润情况还是经常引起市场惊叹。那么美联储究竟有多赚钱呢？

根据美联储财务报表，自 1913 年成立年至 2010 年，其向美国国库上缴利润累计 8 810.27 亿美元，向股东发放股息累计 139.32 亿美元。次贷危机之后美国开始实施量化宽松政策，美联储的利润规模开始快速增长，由图 8-1 和图 8-2 可以看出，2011—2021 年，美联储上缴美国国库利润累计 9 456.29 亿美元，年均上缴利润 859.66 亿美元；向股东发放股息累计 124.7 亿美元，年均 11.34 亿美元。

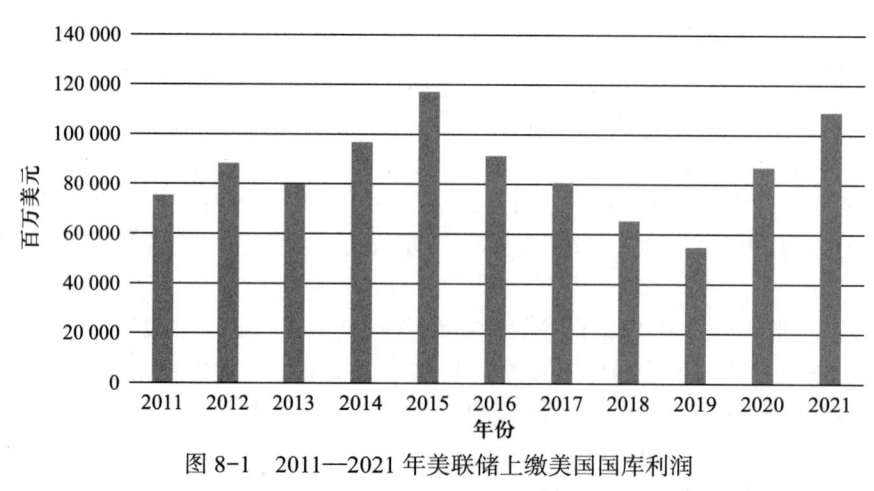

图 8-1　2011—2021 年美联储上缴美国国库利润

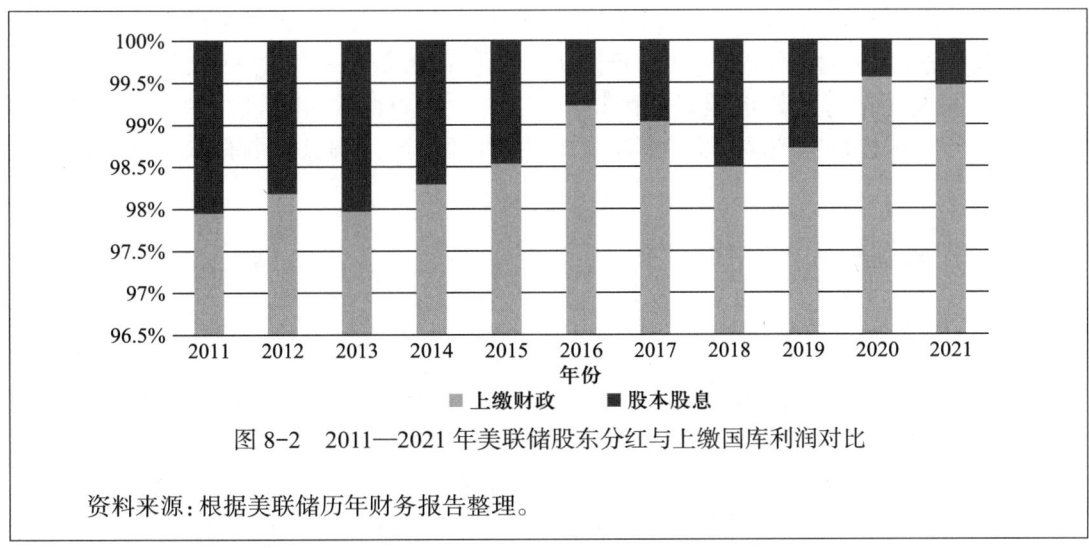

图 8-2　2011—2021 年美联储股东分红与上缴国库利润对比

资料来源：根据美联储历年财务报告整理。

（三）中央银行的权力分配与机构设置

1. 中央银行最高权力的分配

中央银行最高权力包括决策权、执行权和监督权三个方面。决策权是权力的核心，执行权是权力的具体体现，监督权则是对决策权和执行权的约束。中央银行权力分配大致可分为三种情况：① 决策权、执行权和监督权由一个机构统一行使，如美国、英国、菲律宾的中央银行的董事会或理事会同时负责各项货币金融政策的制定、执行和监督。② 决策权、执行权和监督权分别由不同机构承担，如日本银行的决策权、执行权和监督权分别属于日本银行的政策委员会、理事会和监事会。③ 决策权、执行权和监督权由不同机构交叉承担，如瑞士国家银行的监督机构和执行机构也有一定的决策权。

2. 中央银行的内部机构设置

世界各国中央银行的内部机构设置数量不等、名称各异，但是为了行使中央银行职能，大致包含以下内部机构：① 通货发行管理部门，负责本国通货的发行管理，行使发行的银行职能；② 金融机构部门，负责集中存款准备金，与银行交易以及行使最后贷款人职能；③ 国库部门，负责管理政府存款；④ 货币政策部门，负责对内货币政策和对外货币政策；⑤ 金融稳定或金融风险部门，负责应对和防范宏观金融风险；⑥ 金融投资者/消费者保护部门，美国次贷危机后各国普遍增加的部门，负责金融投资者和金融消费者的权益保护。

3. 中央银行的分支机构设置

中央银行在本国设置分支机构主要有三种方式：① 按经济区划设置分支机构，即将全国划分为若干与行政区划不同的经济区，在每个经济区设中央银行分行，并可设下属分支机构。世界上多数国家中央银行都是按照经济区划设立分支机构，如美联储按经济区划设置了 12 个区域联邦储备银行。② 按行政区域设置分支机构，即中央银行的分支机构设置与国家的行政区域划分相一致，逐级设置分支机构，如 1998 年之前中国人民银行就是按照行政区划设置分行。③ 以经济区划为主,兼顾行政区划设置分支机构。这种方式一般是按经济区域设置分行,分行之下的机构设置与行政区划相一致。比如,1998年之后中国人民银行开始按照经济区划设置分行,按照行政区划设置中心支行。2023年我国国务院进行机构改革,调整中国人民银行大区分行体制,按照行政区划设立分支机构。

四、中央银行的独立性

(一) 中央银行独立性的内涵

中央银行的独立性是指中央银行履行自身职责时法律赋予或实际拥有的权力、决策与行动的自主程度。独立性主要是相对本国或地区政府的"独立"。在世界各国尤其是发达经济体中,中央银行的独立性正日益增强,但关于中央银行独立性的争论也从未停止。

支持中央银行独立性的理由有:① 在选举制国家,政府存在着明显的短视行为,其经济政策表现出明显的政治经济周期。比如在选举之前,政府倾向于采取扩张性政策降低失业率以谋求选票,当选之后则倾向于采取紧缩性政策降低之前政策引发的通货膨胀,人为地造成经济周期性波动。② 中央银行隶属于政府可能导致政府利用中央银行弥补财政赤字。③ 独立性强的中央银行有利于避免政府和议会之间的冲突,形成较高且稳定的声誉,从而极大增强其引导市场预期的能力。

但中央银行过强的独立性也引发了一些反对意见:① 强独立性的中央银行既不对政府负责也很少受议会约束,在制度上缺少监督和民主性。② 强独立性的中央银行的货币政策可能与政府的经济政策缺乏协调性。③ 强独立性的中央银行并没有有效地实现其职能。比如有反对者认为,独立的美联储并非总是成功运用其自主权,它既没能避免1929年经济大危机和2007年次贷危机,也没能阻止20世纪六七十年代长期的通货膨胀。

(二) 中央银行独立性的不同模式

按照法律地位,中央银行的独立性大致可以分为三种模式:

1. 独立性强

这种模式的主要特点是:法律赋予中央银行较大的权力并明确其独立性地位;中央银行直接对国会负责,政府无权对其发布指令;中央银行领导人的任期长于政府总统的任期或者任期错开安排;中央银行决策层中没有政府代表或政府代表没有表决权;政府向中央银行融资有严格限制,并且中央银行无须财政拨款。美国联邦储备体系属于此种模式。

2. 独立性名弱实强

这种模式的特点是中央银行名义上隶属于政府,或法律当中存在限制中央银行独立性的条款,但实际上中央银行仍可保持较强的独立性。英国、日本等国的中央银行属于此种模式。

3. 独立性较弱

这种模式的中央银行不论在名义上还是实际上都受制于政府的指令,其货币政策的制定和执行通常要经过政府的批准,中央银行决策层中政府代表有权否决或推迟中央银行决议的执行。一些处于经济体制转轨时期国家的中央银行属于此种模式。

按照现行《中国人民银行法》的规定,中国人民银行关于重要事项做出的决定,如关于利率和汇率的重要决定,需报经国务院批准后执行,因此理论上中国人民银行独立性较弱。但从现实看,自 1998 年中国人民银行体制改革以来,独立性较弱并没有影响中国人民银行有效行使其职能。近年来随着金融改革不断推进,中国人民银行的独立性将会得到进一步提升。

资料框 8-2

为什么说美联储主席是实际的操纵者?

　　美联储主席只是美联储理事会七名成员之一,联邦公开市场委员会 12 名投票成员之一,美国法律也并未赋予美联储主席控制理事会和联邦公开市场委员会的权力。但为什么媒体会关注美联储主席说的每一句话? 美联储主席为什么会拥有这么大的权力呢?

　　美联储主席确实是实际的操控者。他／她是发言人,并代表美联储与美国总统、国会协商;可以通过制定委员会和联邦公开市场委员会会议议程实施控制;可以通过职位权力和个人魅力来影响委员会。美联储主席(包括马里纳·S.艾尔克斯、威廉·麦克切斯尼·马丁、阿瑟·伯恩斯、保罗·沃尔克、艾伦·格林斯潘、本·伯南克和珍妮特·耶伦)通常都具有强大的人格魅力,行使了相当大的权力。

　　美联储主席还通过管理委员会的研究团队(职业经济学家和顾问)来行使权力。因为研究团队负责收集信息,并为委员会的决策提供分析,可以对货币政策实施一定的影响。此外,过去一些美联储主席的人选本身就来自专业研究队伍,这使其影响比其四年的任期更为深远和长久。

　　资料来源:弗雷德里克·S.米什金.货币金融学[M].11 版.北京:中国人民大学出版社,2016:253.

第二节　中央银行的业务

一、中央银行的资产负债表

中央银行的业务活动和货币政策操作最终会反映在其资产负债表上,因此,理解中央银行的资产负债表,对于熟悉中央银行的业务,理解现代信用经济中的货币创造和货币政策操作至关重要。

相关链接:中国人民银行 2022 年资产负债表

(一)简化的中央银行资产负债表

中央银行的资产负债表反映了一段时间内中央银行业务操作的结果。表 8-1 是一个简化的中央银行资产负债表,各国中央银行资产负债表大都与该表的框架相符合,但在不同国家,在每个国家的不同时间段,表中各栏目数值会变化很大。比如美联储资产负债表中属于"国外资产"类项目余额占资产负债表总规模比重较小,属于"对公众债权"项目余额在 2008 年以后增长迅速。中国人民银行的资产负债表中"国外资产"余额占资产负债表总规模比重较大,并且设置了很多国家中央银行没有的"发行债券"一项。这些区别与两国过去的货币政策操作有关,也与两国的金融发展程度有关。

表 8-1　简化的中央银行资产负债表

资产	负债
国外资产(对国外债权) 对政府债权 对金融机构债权 对公众债权	货币发行(流通在外的通货) 金融机构存款 政府存款 发行债券 自有资金(资本金)

(二) 中央银行的资产项目

中央银行的资产包括两大类:国外资产和国内资产。

1. 国外资产

中央银行的国外资产主要包括黄金储备和外汇储备。在国外资产这一项,发达国家和发展中国家存在较为明显的区别。发达国家的货币多为可自由兑换的国际货币,因此不需要持有很多外汇储备,其国外资产中黄金的比例较高;发展中国家的货币多数不可自由兑换,因此往往持有更大比例的外汇储备。

2. 国内资产

中央银行的国内资产主要包括对政府债权、对金融机构债权和对公众债权。对政府债权是指对本国政府的债权。多数国家法律不允许中央银行直接借款或透支给政府,但允许中央银行持有政府债券,因此"对政府债权"项目主要体现为中央银行持有的未到期国债。对金融机构债权以对商业银行(也称其他存款性公司)债权为主,这类债权的形成往往是扩张性货币政策操作的结果,对金融机构债权中也有一部分是对非银行(非存款类)金融机构的债权,这类债权往往是因中央银行对非存款类金融机构提供救助而形成的。对公众债权主要体现为中央银行持有的资产支持类证券。中央银行一般不跟社会公众直接在市场上交易,但在美国次贷危机之后,许多发达国家的中央银行在实施扩张性货币政策时,从金融市场上买入了大量资产支持类证券,从而持有了对公众债权。

(三) 中央银行的负债项目

中央银行的负债分为五大类:货币发行、金融机构存款、政府存款、发行债券和自有资金(资本金)。

1. 货币发行

货币发行是指流通在中央银行之外的所有纸币和硬币,既包括公众手中持有的通货,也包括商业银行等金融机构金库中的通货。通货是中央银行向通货持有人开具的具有法律效力的"借据",因此对于中央银行之外的经济主体,其持有的通货属于资产,而对于中央银行,这些"借据"是其对公众的负债。

2. 金融机构存款

存在中央银行的金融机构存款分为两大类,存款类金融机构存款和非存款类金融机构存款。商业银行等存款类金融机构必须在中央银行开立账户,并把所吸收存款按照法定比例缴存到中央银行。存款类金融机构按法定比例必须缴存的部分是法定存款准备金;出于清算等需要自愿多缴存的部分,属于超额准备金(存款部分),这部分与其库存现金合起来构成存款类金融机构的超额准备金。非存款类金融机构不需要缴纳法定存款准备金,但出于清算等需要也会在中央银行开设账户并存入部分存款。

3. 政府存款

中央银行作为国家的银行,会设立经营国库的部门,为各级政府开设专门账户,政府的收入(如税收)会存入该账户,政府的支出(如扶贫资金)也会从该账户支出,该账户余额即为政府存款。

4. 发行债券

发行债券项目记录中央银行对公众发行的债券余额。由于中央银行依靠国家信用进行金融政策调控和业务操作,既具有收取存款准备金的权力,也具有其他创造基础货币的能力,一般不需要大量资本金,也不需要通过发行债券筹集资金。因此中央银行对外发行债券,大多是出于货币政策操作的需要。

5. 自有资金

自有资金是指中央银行的资本金。如前所述,中央银行依靠国家信用进行金融政策调控和业务操作,不需要大量资本金作为调控和操作的基础,其资本金占总资产负债的比例往往非常低。

二、中央银行资产负债表业务

从资产负债表视角,中央银行吸收存款准备金、交易外汇、交易国债、对商业银行发放各类债权、发行债券、发行货币等业务可以直接影响到其资产负债表变动。同时这些业务的直接或间接交易对方是商业银行,因此交易会引发商业银行在中央银行存款准备金的变动,进而会导致货币供应量的变动。关于中央银行交易引发货币供应量变动的内容见第九章货币需求与货币供给,关于货币政策操作的内容见第十章货币政策。此外,经理国库的业务也会影响到中央银行的资产负债表和商业银行在中央银行存款准备金的变动,此部分内容见本章"中央银行的其他业务"。

(一)中央银行的存款业务

作为银行的银行,中央银行存款业务的主要内容是吸收商业银行的存款准备金。本教材第六章已经讲述,商业银行会按照法律规定在中央银行缴存法定存款准备金,并在中央银行账户中保留一定比例的超额准备金(存款部分)。

商业银行在中央银行的存款,构成了中央银行负债栏目"其他存款性公司存款"项目的余额。当商业银行在中央银行存款增加时,该项目余额增加,中央银行没有调节法定存款准备金率且其他条件不变时,商业银行超额准备金增加(这意味着商业银行的可贷放资金增加,此部分内容见第九章货币需求与货币供给)。假定客户将一笔中央银行开具的面值1亿元的支票存入商业银行A,该商业银行转而将该支票缴存到中央银行。假定法定存款准备金率为10%,该交易将导致中央银行和商业银行资产负债表产生如表8-2和表8-3所示的变化。

表8-2 中央银行资产负债表变化

资产	负债
	存款准备金(A银行)　+10 000　万元 应付支票账款　　　　−10 000　万元

注:本教材对涉及的中央银行、商业银行以及企业的资产负债表栏目进行了简单化处理,与现实中资产负债表有差异。后续表格也做了相同处理。

表8-3 A商业银行资产负债表变化

资产	负债
中央银行支票　　　　　　−10 000　万元 法定存款准备金　　　　　+1 000　万元 超额准备金(存款部分)　+9 000　万元	

注:本章如无特殊说明,假定商业银行库存现金不变,因此商业银行超额准备金(存款部分)的变化,等于超额准备金总体变化。

在其他条件不变时,上述这笔商业银行的存款业务,会导致商业银行超额准备金(存款部分)增加9 000万元。

除了吸收商业银行的存款,中央银行有时候也会吸收其他非存款类金融机构和政府的存款。前者对宏观调控影响较小,此处不再讲述,后者将在国库业务中讲述。

(二)中央银行的黄金和外汇储备业务

黄金和外汇储备业务是中央银行最古老的业务。在中央银行开始发行信用货币时,黄金储备业务在中央银行资产负债表中就作为发行信用货币的另一面产生。随着信用经济和国际贸易的发展,中央银行又增加了外汇储备业务。随着信用货币被经济主体普遍接受,黄金和外汇储备已经不局限于为信用货币提供信用支撑,而越来越成为各国中央银行稳定汇率和调节国际收支的政策工具。

中央银行历年从市场购入的黄金和外汇储备,构成了其资产栏目"外汇"和"货币黄金"项目的余额。当中央银行从商业银行购买外汇时,"外汇"项目余额增加,其他条件不变情况下会导致商业银行超额准备金增加。假设中央银行从B商业银行购买1亿美元,美元兑人民币汇率为1:6.5。该交易将导致中央银行和商业银行体系的资产负债表发生如表 8-4 和表 8-5 所示的变化。

表 8-4 中央银行资产负债表变化

资产		负债	
国外资产		存款准备金（B 银行）	+6.5 亿元
外汇	+1.0 亿美元		
	（等值 6.5 亿元）		

表 8-5 B 商业银行资产负债表变化

资产		负债
外汇	-1.0 亿美元	
	（等值 6.5 亿元）	
超额准备金（存款部分）	+6.5 亿元	

上述这笔中央银行买入外汇的业务，导致中央银行国外资产中的"外汇"项目增加6.5 亿元（外汇储备增加 1 亿美元），同时由于商业银行没有新增存款，1 亿美元兑换的 6.5亿元人民币全部为超额准备金。反之，中央银行出售外汇会导致商业银行超额准备金减少。

（三）中央银行的交易国债业务

在中央银行发展的早期，许多国家成立中央银行的主要目的就是为政府筹集资金。随着中央银行制度的发展，各国都意识到允许政府无限制地向中央银行透支容易引发恶性通货膨胀，因而纷纷采取立法的方式限制政府向中央银行透支或者直接购买政府发行的国债，但大多数国家都没有限制中央银行从金融市场购买国债。由于国债是本国市场上风险最低的金融工具，非常适合中央银行对货币发行进行小规模调整，因此交易国债也就成为中央银行重要的业务。比如在美联储的资产负债表中，美国国债是其最主要的资产。

中央银行历年购买国债和出售国债（含国债到期回收本息）之间的差额，构成了其资产栏目"对政府债权"项目的余额。当中央银行增加从商业银行处购买国债时，该项目余额增加，在其他条件不变的情况下会导致商业银行超额准备金（存款部分）增加。假定中央银行花费 10 亿元从 C 商业银行购买国债，那么该笔交易将导致中央银行和商业银行体系的资产负债表发生如表 8-6 和表 8-7 所示的变化。

表 8-6 中央银行资产负债表变化

资产	负债
对政府债权 +10 亿元	存款准备金（C 银行） +10 亿元

表 8-7 C 商业银行资产负债表变化

资产		负债
持有国债	−10 亿元	
超额准备金（存款部分）	+10 亿元	

上述这笔中央银行买入国债的业务，导致中央银行资产栏目下"对政府债权"项目增加 10 亿元，同时由于 C 商业银行没有新增存款，出售国债获得的 10 亿元全部为超额准备金（存款部分）。反之，中央银行出售国债会导致商业银行超额准备金（存款部分）减少。

（四）中央银行对商业银行的债权业务

作为银行的银行，中央银行承担着最后贷款人的职责，能够在商业银行面临危机时向商业银行提供援助，再贷款业务就是中央银行行使最后贷款人职责的重要工具。由于传统再贷款业务的目的是救助陷入危机的商业银行，需要将资金快速贷放给商业银行，因此多为信用贷款。近年来中国人民银行将再贷款改造为一种低利率的政策性工具，要求获得再贷款的商业银行将所得资金定向用于支持农业、中小微企业以及"减碳"项目等，逐渐改变了再贷款原有的作用。此外，2013 年以来中国人民银行还开发了许多新型债权类货币政策工具，用于向商业银行体系投放资金（该部分内容将在第十章货币政策中讲述）。

中央银行历年对商业银行发放债权和回收债权的差值，构成了其资产栏目"对其他存款性公司债权"项目的余额，当中央银行对商业银行增加债权时，该项目余额增加，其他条件不变时，会导致商业银行超额准备金（存款部分）增加。假定中央银行通过再贷款方式直接给 D 商业银行贷款 10 亿元，或者通过一些新型货币政策工具给商业银行发放各类抵押/质押贷款 10 亿元，那么该笔交易将导致中央银行和商业银行体系的资产负债表发生如表 8-8 和表 8-9 所示的变化。

表 8-8 中央银行资产负债表变化

资产	负债
对其他存款性公司债权 +10 亿元	存款准备金（D 银行） +10 亿元

表 8-9 D 商业银行资产负债表变化

资产	负债
超额准备金（存款部分） +10 亿元	对中央银行负债 +10 亿元

上述这笔中央银行对商业银行增加债权的业务，导致中央银行资产栏目下"对其他存款性公司债权"项目增加 10 亿元，同时由于 D 商业银行没有新增存款，增加债务获得的 10 亿元全部为超额准备金（存款部分）。反之，如果中央银行减少对商业银行的债权，会导致商业银行超额准备金（存款部分）减少。

（五）中央银行的发行债券业务

作为发行的银行,中央银行不需要发行债券筹集资金,因此大部分国家的中央银行没有发行债券的业务,但在中国该业务却有其存在的合理性。2001—2010 年,为了维护汇率稳定,中国人民银行大幅增加外汇储备,导致商业银行的超额准备金(存款部分)大幅增长,超出了经济增长的需要。此时中国人民银行需要一种能够减少商业银行超额准备金存款的工具,央行债券恰好可以满足此需要,因此中国人民银行从 2002 年开始对商业银行发行中短期债券。为了强调其特殊性、短期性以及避免与金融债券混淆,中国人民银行将其命名为央行票据。

中央银行历年对外发行央行票据和偿还央行票据的差额,构成了其负债栏目中"债券发行"项目的余额。当中央银行从商业银行购回央行票据时,该项目余额减少,其他条件不变时,会导致商业银行超额准备金(存款部分)增加。假定当前中央银行从 E 商业银行购回 10 亿元央行票据(不考虑利息),该笔交易将导致中央银行和商业银行体系的资产负债表发生如表 8–10 和表 8–11 所示的变化。

表 8–10　中央银行资产负债表变化

资产	负债	
	存款准备金(E 银行)	+10 亿元
	发行债券	−10 亿元

表 8–11　E 商业银行资产负债表变化

资产		负债
债券投资	−10 亿元	
超额准备金(存款部分)	+10 亿元	

上述中央银行从 E 商业银行购回央行票据的业务,导致中央银行负债栏目下"发行债券"项目减少 10 亿元,同时导致 E 商业银行超额准备金增加 10 亿元。反之,如果中央银行向商业银行发行央行票据,则会导致商业银行超额准备金减少。

（六）中央银行的货币发行业务

发行货币是中央银行的重要职能,统一货币发行权是现代中央银行制度形成的重要推动因素,现代各国中央银行基本上都通过立法获得垄断的货币发行权。在现代经济中,货币发行有两重含义:广义上货币发行包括了中央银行对各种货币层次(如 M1 和 M2)的调节。狭义业务层面的货币发行是指纸币和硬币的发行,即中央银行向经济投放现金或从经济回笼现金的行为。在涉及中央银行业务时,分析的是狭义货币发行。

中央银行历年投放现金和回笼现金的差值,构成了资产负债表负债栏目"货币发行"项目的余额。该项目余额减少,表示商业银行减少了库存现金,或企业、家庭减少了现金持有,其他条件不发生变化时,会导致商业银行存在中央银行账上的超额准备金(存款部分)增加。假定由于移动支付的普及,公众减少了 10 亿元现金使用并全部存入 F 商业银行,最终 F 商业银行将 10 亿元库存现金存入中央银行。那么,该笔交易将导致商业银行和中央银行体系的资产负债表发生如表 8–12 和表 8–13 所示的变化(此处只分析 F 商业银行将现金存入中央银行,法定存款准备金率为 10%)。

表 8–12　F 商业银行资产负债表变化

资产		负债
现金	−10 亿元	
法定存款准备金	+1 亿元	
超额准备金(存款部分)	+9 亿元	

表 8–13　中央银行资产负债表变化

资产	负债	
	储备货币	
	货币发行	−10 亿元
	存款准备金(F 银行)	+10 亿元

上述这笔中央银行被动接受现金回笼的业务,导致中央银行负债栏目下"货币发行"项目减少 10 亿元,同时导致 F 商业银行超额准备金(存款部分)增加 9 亿元。

三、中央银行的其他业务

(一)支付清算服务

支付是指付款人对收款人进行的当事人可接受的货币债权转让。支付是社会生活中最普遍的经济行为,最常见、最易理解的支付是现金支付。随着信息技术对社会的渗透,通过金融机构进行转账支付成为现代信用经济的主要支付方式。清算一般指的是银行间的清算,是指通过一定的支付服务组织和支付系统,实施支付指令的发送与接收、对账与确认、收付金额的统计轧差等。正是转账支付的普遍应用,导致银行间清算需求的产生。

支付清算服务是社会公众每天都在使用却不易察觉的一项公共服务,只有在其运转不畅时公众才会察觉到其存在。假如一国的支付清算系统停止运转,公众会发现无法实现任何的转账支付,无法在任何商场或服务场所刷卡消费,无法通过任何一家银行实现转账或汇款,甚至无法通过网络进行购物。

最基础的支付清算服务大多由一国的中央银行直接负责,或提供重要支持并进行监控。这是由于:① 中央银行具有一国货币金融领域的最高权威,可以高效地建立所有金融机构都参与的支付清算系统;② 支付清算系统影响一国的金融稳定,维护金融稳定是中央银行的重要职能。中央银行提供或直接支持的基础支付清算服务,传统上分为两个系统:大额支付系统和小额支付系统。前者主要处理大额资金转账业务,是支付系统"主动脉",直接影响金融效率;后者主要处理单笔金额较小的业务,通过强大的支付处理功能处理大量业务,满足一般社会公众的支付需求。此外,很多国家中央银行还建立了电子商业汇票系统、支票影像交换系统以及网上支付跨行清算系统等其他系统,适应现代经济的新型支付需求。

(二) 国库业务

国库,即国家金库,原意是指国家储藏财富的仓库,现指一系列记录国家财政收支的电子账户。在金属货币时代,国库是有形的仓库,用于储存国家的财政收入。《汉书·食货志》记载“至武帝之初七十年间,国家亡事,非遇水旱,则民人给家足。都鄙廪庾尽满,而府库馀财;京师之钱累百钜万,贯朽而不可校……”,即当时京师国库里的钱财有千百万,多年不用,连穿钱的绳子都朽断了。在信用货币时代,国家的财政收支都以转账形式进行,因而国库也就转化为一系列无形的电子账户。

国库需要一个专门的机构进行管理。从世界各国实践看,国库管理可以分为独立国库制和委托国库制两种类型,前者是指国家特设专门机构负责管理国库,后者是指国家委托某一机构代为管理国库。金属货币时代,国家往往会设置专门的部门管理有形的国库。但在信用货币时代,特设单独的金融机构管理无形的国库变得不那么必要,因此当前世界绝大多数国家都会将国库委托给某个金融机构负责。由于中央银行在一国货币金融领域有着最高的权威,又处于国家支付清算体系的核心位置,因此将国库委托给中央银行经营管理成为常规选择。

中央银行经理国库所需要办理的业务一般包括:为各级财政机关开立账户;办理国家各项预算收入的收纳、划分和留解;办理国家财政预算支出的拨付;协助财政税收机关收缴税款;按国家财政规定办理国库款退付;对国库中的资金余额进行现金管理;向上级国库和同级财政反映预算收支执行情况。此外,中央银行对于不符合国家预算法规和财经法规的资金收支业务有权拒绝办理,这体现了中央银行对财政部门有一定的监督和制衡,中央银行经理国库而不是代理国库。

中央银行在经理国库业务时,国库资金的变动会导致商业银行超额准备金(存款部分)的变动。假定中央政府发生一笔 1 亿元的采购,将其在中央银行的国库存款转账给供货商开户的 G 商业银行。那么,该笔交易将导致 G 商业银行和中央银行的资产负债表发生如表 8-14 和表 8-15 所示的变化(法定存款准备金率为 10%)。

表 8-14　G 商业银行资产负债表变化

资产		负债	
法定存款准备金	+0.1 亿元	客户存款　+1 亿元	
超额准备金(存款部分)	+0.9 亿元		

表 8-15　中央银行资产负债表变化

资产	负债	
	存款准备金(G 银行)	+1 亿元
	政府存款	-1 亿元

上述这笔中央银行执行国库拨款的业务,导致中央银行负债栏目下"政府存款"项目减少1亿元,同时导致G商业银行超额准备金(存款部分)增加0.9亿元。反之,如果中央银行执行国库入库业务,会导致商业银行超额准备金减少。在长期经理国库业务中,中央银行对于一些周期性变动的业务都具有预见性并形成了应对预案,比如每年企业集中向国库缴纳所得税的时间段,中央银行都会通过货币政策工具增加商业银行的超额准备金。

(三)反洗钱业务

洗钱是指通过掩饰、隐瞒非法资金的来源和性质,通过某种手法将其变为看似合法资金的行为和过程。洗钱一词起源于20世纪20年代,当时美国芝加哥的黑手党开设了一家投币式洗衣店,每天在计算洗衣收入时将非法所得加入其中,并向税务部门申报纳税,将其变为合法收入。从社会角度看,洗钱活动可以使犯罪分子"合法地"占有非法资金,从而刺激更严重和更大规模的犯罪活动,严重危害社会稳定甚至国家安全;从金融角度看,洗钱活动会不遵循正常的金融规律,可能导致资金流动无规律性,影响金融市场稳定。因此,世界各国政府已达成加强打击洗钱犯罪的共识。

金融体系是资金融通、转移和运用的集散地和中转站,洗钱犯罪要将大量非法资金投入到经济体系,必须要通过金融系统。随着现代金融服务信息化发展,任何通过金融机构洗钱的活动都会留下记录,因此通过对金融机构的行为加以合理规范,可以在很大程度上减少洗钱犯罪。中央银行既是货币金融体系的管理机构,又处于国家支付清算体系的核心地位,在职责、能力和技术手段上都是最适合承担反洗钱任务的机构。

中央银行的反洗钱业务一般包括:反洗钱监管制度设计,包括监管法规的制定、监管指标的设定等;反洗钱的监督管理,包括反洗钱的现场监管和非现场监管、对相关机构进行风险评估等;反洗钱理论与反洗钱科技的研究与应用;国际反洗钱的协调与配合等。

(四)金融消费者保护

金融消费者是指购买金融机构金融产品或者接受金融机构金融服务的个人或法人。金融消费者是金融业发展的基础,保护金融消费者,也是保护金融业本身,是在维护金融稳定和保护金融安全。金融消费者保护在21世纪以前就已经受到发达国家重视,如美国20世纪六七十年代就相继颁布或修正了《诚实信贷法》《公平信贷法》《金融隐私权利法案》《信贷机会均等法》等金融消费者保护法案。2007年美国次贷危机爆发并给世界经济和金融体系造成了巨大冲击。次贷危机源于美国次级贷款市场风险的爆发,而次级贷款风险则在很大程度上归咎于美国对于金融消费者保护的松弛和忽视,因此金融消费者保护成为后危机时代全球金融监管改革的最重要内容之一,美国、英国等国家先后启动并实施了大范围的金融消费者保护监管与立法改革。

我国中央银行负责的金融消费者保护业务包括:拟订金融消费者保护的法规草案;建立健全金融消费者保护机制,如保障金融消费者财产安全、信息安全、依法受偿权和受教育权的机制;制定金融业务中消费者保护的规范,如保障金融消费者知情权、选择权、公平交易权和受尊重权的规范;监督金融机构的金融消费者保护工作;为保护金融消费者合法权益创造良好的金融发展环境。2023年我国国务院进一步推进机构改革,中国人民银行该部分业务被统一划归新成立的国家金融监督管理总局,由后者统筹负责金融消费者权益保护。

第三节　我国的中央银行

一、我国中央银行概况

(一)我国中央银行的基本制度

我国的中央银行是中国人民银行。由于国情特殊,我国还现实存在另外三个"中央银行",实施两类不同的中央银行制度。

中国人民银行是单一型、一元式的中央银行,采取总分行制,所有制形式属于国家所有,行政上隶属于国务院。中国人民银行在中国大陆地区执行发行的银行、银行的银行和国家的银行职能:负责发行人民币纸币和硬币,集中所有存款类机构的存款准备金,构建和运营国家的基础支付清算体系,充当最后贷款人以及经理国库等具体职能,但不负责金融业的日常监管。此外,中国人民银行还在国务院领导下负责制定和执行货币政策,防范和化解金融风险,维护金融稳定。如无特别说明,本教材所说的中国的中央银行都是指中国人民银行。

中国台湾地区执行中央银行职能的机构是台湾地区货币政策主管机关,其在台湾地区并负责促进金融稳定、健全银行业务、维护对内对外币值稳定,并协助经济发展的职责。台湾地区货币政策主管机关不负责金融业的具体监管。

中国香港地区实施准中央银行制度,其准中央银行是香港金融管理局。其负责在联系汇率框架下维护货币稳定、促进金融体系稳定与健全、管理外汇基金以及协助巩固中国香港国际金融中心地位。港元的发行权归属中国香港特别行政区政府,由香港金融管理局授权并监督汇丰银行、渣打银行和中国银行香港分行三家银行代理发行港元纸币。发行港元时上述三家银行按照1美元兑7.8港币的比例,向香港金融管理局缴纳100%的美元储备。香港金融管理局负责港元硬币和一款面值十元塑质钞票的发行。

中国澳门地区同样实施准中央银行制度,其准中央银行是澳门金融管理局。其负责在联系汇率框架下制定实施货币金融政策、监管金融市场、维护货币和金融体系稳定、行使中央储备库职能。澳门元的发行权归属中国澳门特别行政区政府,由澳门金融管理局授权并监督大西洋银行和中国银行澳门分行代理发行澳门元纸币。发行澳门元时上述两家银行按照1港元兑1.03澳门元的比例,向澳门金融管理局缴纳100%港元储备。澳门金融管理局负责澳门元硬币的发行。

(二)中国人民银行的产生与发展

1948—1952年是中国人民银行的初创期。1948年12月1日,中国人民银行在河北省石家庄市宣布成立,并确定以人民币为本位货币。1949年2月,中国人民银行由石家庄市迁入北平。1949年9月《中华人民共和国中央人民政府组织法》赋予中国人民银行国家银行职能,承担发行国家货币、经理国家金库、管理国家金融、稳定金融市场、支持经济恢复和国家重建的任务。初创阶段的中国人民银行从无到有建立起国家的货币银行体系,为新中国建设打好了金融基础。

1953—1978年我国实行高度集中的"大一统"金融机构体系。1953年我国通过社会主义改造将私营金融业最终并入中国人民银行,后者既是管理金融的国家机关又是全面经营银行业务的国家银行。与高度集中的银行体制相适应,我国从1953年开始建立了集中统一的综合信贷计划管理体制,全国的信贷资金,不论是资金来源还是资金运用,都由中国人民银行总行统一掌握,实行"统存统贷"的管理办法。银行信贷计划纳入国家经济计划,成为国家管理经济的重要手段。

1979—1983年是中国人民银行专门行使中央银行职能的改革探索期。改革开放之后,国内银行、保险业务相继得到恢复,信托投资公司和城市信用合作社也在各地相继组建,中国金融机构多元化和金融业务多样化局面逐步显现,加强金融业统一管理的需求日益增加。1983年,国务院决定将中国人民银行的商业业务剥离给中国工商银行。自此,中国人民银行集中力量研究和实施全国金融的宏观决策,加强信贷总量的控制和金融机构的资金调节,以保持货币稳定;构建存款准备金制度和中央银行对专业银行的贷款制度,初步确定了中央银行制度的基本框架。

1984—1998年是中国人民银行的渐进改革期。整个80年代是计划经济和市场经济并行的时代,一方面中国人民银行要动员和集中全国的金融资源为经济发展和改革开放提供助力,另一方面要适应多种金融机构、融资渠道和信用工具不断涌现的形势,探索和改进宏观调控的手段和方式。1993年党的十四届三中全会做出了《关于建立社会主义市场经济体制若干问题的决定》,社会主义市场经济体制的基本框架确立,以中国人民银行为代表的中国金融管理体制也开始走向市场化。1995年3月,《中华人民共和国中国人民银行法》首次以国家立法形式确立了中国人民银行作为中央银行的地位,标志着中央银行体制走向了法制化、规范化的轨道。1998年中国人民银行取消了对国有商业银行贷款规模的限额控制,撤销了省级分行,在9个城市设立跨省分行。

1998年之后,中国人民银行渐步向现代中央银行制度迈进。一方面中国人民银行相继向中国保险业监督管理委员会(1998年)和中国银行业监督管理委员会(2003年)移交了保险业和银行业的具体监管职责,专职行使中央银行职能(2018年两者进一步合并为中国银行保险监督管理委员会)。另一方面中国人民银行立足中国国情,不断完善社会主义市场经济下的市场化调控。2022年党的二十大提出"建设现代中央银行制度",中国人民银行未来将在维护币值稳定和经济增长、提升金融服务实体经济能力、提升金融机构稳健性和强化金融稳定保障体系等方面继续改革和发展。

二、我国中央银行的组织架构

(一)权力分配

中国人民银行的权力来自《中国人民银行法》。按照《中国人民银行法》第2条和第4条,中国人民银行在国务院领导下制定和执行货币政策,维护金融稳定,提供金融服务,并履行监督银行间同业拆借市场、银行间债券市场、银行间外汇市场、黄金市场的职责,因此中国人民银行拥有决策权、执行权和监督权。但按照第 5 条规定"中国人民银行就年度货币供应量、利率、汇率和国务院规定的其他重要事项作出的决定,报国务院批准后执行",第 9 条规定"国务院建立金融监督管理协调机制,具体办法由国务院规定",中国人民银行的决策权和监督权受到一定限制。

在内部权力分配上,按照《中国人民银行法》第 11 条规定,"中国人民银行实行行长负责制。行长领导中国人民银行的工作,副行长协助行长工作"。因此,我国中央银行的决策权、执行权和监督权归属于国务院领导下的中国人民银行行长,这与其他许多国家决策权归属于央行的理事会或者货币政策委员会存在区别。

中国人民银行下设货币政策委员会。《中国人民银行法》第 12 条规定,"中国人民银行货币政策委员会应当在国家宏观调控、货币政策制定和调整中,发挥重大作用"。货币政策委员会成员由中国人民银行、国务院、发改委、财政部、统计局、银保监会、证监会、外汇管理局等政府部门人员,银行业协会等行业部门人员以及数位专家学者组成。货币政策委员会是中国人民银行制定货币政策的咨询议事机构,不享有决策权,但对于需要上报国务院批准的重要事项,中国人民银行需要同时报送货币政策委员会的建议书或者会议纪要作为附件。

(二) 内部组织机构

在内部组织机构方面,中国人民银行有 25 个内设部门(含上海总部)和 16 个直属机构。

中国人民银行的内设部门绝大部分属于履行职责所需要的业务机构,少部分属于内部组织管理机构。其中,属于通货发行管理的部门是货币金银局;属于货币政策的部门是货币政策司,另设有上海总部负责公开市场操作及部分金融市场管理;属于金融机构和金融市场管理部门的有金融市场司(集中存款准备金等与金融机构相关的业务由货币政策司负责);国库局负责经理国库,金融稳定局负责评估、防范和化解系统性金融风险的研究;宏观审慎管理局主要负责牵头建立宏观审慎框架和基本制度;支付结算司负责支付清算系统建设管理和运行;反洗钱局负责反洗钱工作;研究局负责货币政策和金融稳定等相关研究并提出政策建议;调查统计司、金融消费者保护局和征信管理局分别负责金融统计、金融消费者保护和企业个人征信管理工作。另外,中国人民银行还设有负责起草法规、进行法规解释和法律宣传的条法司,负责完善中央银行和商业银行会计准则的会计财务司,负责金融业信息安全和信息标准的科技司,以及相关的协调后勤部门,包括办公厅、内审司、国际司、人事司、党委宣传部、机关党委、离退休干部局、参事室、工会和团委。

中国人民银行的 16 个直属机构不具备国家机关所具有的行政职能,主要承担中国人民银行系统和金融体系的服务性职能,分为事业单位和企业两种性质。主要为中国人民银行系统服务的下属事业单位包括中国人民银行机关服务中心、中国人民银行集中采购中心、中国人民银行党校、中国金融培训中心、中国人民银行郑州培训学院;为金融体系提供服务的事业单位包括中国反洗钱监测分析中心、中国人民银行征信中心、中国外汇交易中心(全国银行间同业拆借中心)、中国人民银行清算总中心、中国人民银行金融信息中心、《金融时报》社、中国钱币博物馆;为金融体系提供服务的下属企业包括中国金融出版社、中国印钞造币总公司、中国金币总公司、中国金融电子化公司。

2023年我国国务院进一步推进机构改革,中国人民银行的内设部门和直属机构会产生进一步调整。

（三）分支机构

1998年10月,国务院向各省、各部委批转了《人民银行省级机构改革实施方案》中国人民银行撤销省级分行,在国内跨区设立了九个大区分行、一个上海总部,两个直属营业管理部。中国人民银行的九个大区分行是以经济区域为主,结合行政区域划分设立的。九个分行分别为上海分行、沈阳分行、天津分行、济南分行、南京分行、武汉分行、广州分行、西安分行和成都分行。大区分行作为中国人民银行的下属机构,根据授权负责区域内相关业务,包含执行货币信贷政策、管理区域支付结算体系、防范系统性风险、维护金融稳定、进行金融统计、管理征信业务和经理本区域国库等。上海是中国的重要金融中心,设有全国统一的银行间同业拆借市场、债券市场和外汇市场,拥有证券、商品期货和黄金三个交易所,中国人民银行建立上海总部,是为了更好地发挥中央银行在宏观调控中的作用。在北京和重庆设立的直属营业管理部职责与各地分行接近,但管辖范围只限于本市。

2023年国务院进一步推进中国人民银行分支机构改革。具体改革方案为:撤销中国人民银行大区分行及分行营业管理部、总行直属营业管理部和省会城市中心支行,在31个省(自治区、直辖市)设立省级分行,在深圳、大连、宁波、青岛、厦门设立计划单列市分行。中国人民银行北京分行保留中国人民银行营业管理部牌子,中国人民银行上海分行与中国人民银行上海总部合署办公。不再保留中国人民银行县(市)支行,相关职能上收至中国人民银行地(市)中心支行。对边境或外贸结售汇业务量大的地区,可根据工作需要,采取中国人民银行地(市)中心支行派出机构方式履行相关管理服务职能。

在境外分支机构方面,中国人民银行设立了多个代表处和联络处,加强与世界各经济区域的沟通与协调。目前设立的代表处/联络处有驻欧洲代表处、驻美洲代表处、驻东京代表处、驻非洲代表处、驻加勒比海开发银行联络处、驻南太平洋代表处等。

三、我国中央银行的调控

1998年之后我国中央银行逐步进入市场化调控时代。1998—2022年,中国人民银行累计调整法定存款准备金率超过50次,调整存贷款基准利率近30次,并基本形成较为完整的市场化利率体系。其间中国经济经受东南亚金融危机、美国次贷危机、中美贸易摩擦等外部冲击,也经历了房地产行业波动和新冠疫情等内部冲击,但并未出现明显的通货膨胀和金融危机,说明中国人民银行的调控总体是成功的。

1998年中国经济受到东南亚金融危机的影响,进入一个短暂的通货紧缩期。此时中国人民银行需要在自身机构改革(跨省设立分行)、国有银行不良资产剥离和商业化改革、调控经验相对缺乏等条件下使用货币政策促进经济增长,因此市场调控偏谨慎,调控次数较少。其中1998—2002年两次下调法定存款准备金率,四次下调再贷款再贴现利率,同时相应下调了存款准备金的利率,并开始初步运用公开市场业务投放基础货币。

2001年中国正式加入世界贸易组织后,经济进入快速增长阶段,同时伴随着外汇储备的大幅增加和房地产价格的快速上升。此时中国人民银行已经具备了一定的市场调控经验,不但开始高频率使用传统货币政策工具,还创新性地大规模应用央行票据这一其他中央银行较少运用的工具。其中2002—2008年通过20余次上调法定存款准备金率和大量发行央行票据,中国人民银行避免了外汇储备过快增长导致货币供应量超速增长。

2008年下半年开始中国经济开始受到美国次贷危机的冲击,中国人民银行先是利用宽松货币政策配合财政政策避免中国经济快速下滑,从2010年开始又开始连续上调法定存款准备金率应对2008年年末到2009年宽松政策带来的通货膨胀压力。到2011年,中国大型金融机构的法定存款准备金率达到了我国实施准备金制度以来的最高点21.5%。这段时间我国中央银行的调控在促进经济增长和应对外部金融危机冲击时变化较为频繁,几年内货币政策数次转向。在此之后中国人民银行加强了宏观审慎管理,对宏观经济的调控趋于稳健。

2014年之后中国经济发展进入新常态,中央银行调控面临的内外部经济金融环境也随之发生重大变化。中国人民银行为应对经济增速下降和外汇储备快速下降等问题,主动调整资产负债表应对新常态,大幅减少央行票据存量,稳步下调法定存款准备金率,大量运用适合中国国情的新型货币政策工具扩充资产负债表的资产端,同时开始注重预期管理,保证了货币供应量稳健增长,并逐步从数量型调控向价格型调控演进。在总量调控之外,中国人民银行还注重发挥货币政策的结构功能,构建了适合我国国情的结构性货币政策工具体系,增加了对国民经济重点领域和薄弱环节的精准支持力度。

基 本 概 念

中央银行　　中央银行独立性　　发行的银行　　银行的银行　　国家的银行

即 测 即 评

复习思考题

1. 从经济发展的视角思考分析中央银行产生的必然性。

2. 简述传统中央银行的主要职能。

3. 分析论述现代中央银行职能的变化。

4. 分析思考为什么现代中央银行越来越独立。

5. 查找中国近十年流通中现金的月度数据,找出其中最重要的特征,并分析中央银行的应对之策。

6. 结合我国实际分析21世纪以来中国人民银行主要通过哪些资产负债表业务影响商业银行超额准备金。

第九章
货币需求与货币供给

千招万招,管不住货币都是无用之招。

——习近平

本章学习目标

1. 掌握货币需求、货币供给和货币均衡的概念。
2. 熟悉传统货币数量论。
3. 掌握凯恩斯货币需求函数和弗里德曼货币需求函数。
4. 熟悉货币需求的影响因素。
5. 掌握多倍存款创造过程。
6. 掌握货币供给的影响因素。
7. 熟悉货币供给模型和货币乘数。

第一节 货币需求

一、货币需求概述

货币需求是指在一定时期内,社会各阶层(个人、企业单位、政府)愿意以货币形式持有财产的需求,或社会各阶层对执行流通手段、支付手段和价值贮藏手段的货币的需求。从国内外货币需求理论研究的实践来看,对于货币需求可以从多个角度来考察,角度不同,货币需求的含义也就不同。

(一) 微观货币需求与宏观货币需求

从货币需求主体的角度来划分,货币需求可分为微观货币需求与宏观货币需求。

微观货币需求是指企业、家庭、个人等微观经济主体,在既定的收入水平、利率水平和其他经济条件下,把自己财富(或收入)中的多大比例以货币形式持有。微观货币需求主要是从微观主体的心理、动机入手,研究每一个微观经济主体持有多少货币最为合算,即机会成本最低和所得效用最大。一般是指个人手持现金或企业库存现金以及各自在银行保留存款的必要量。

宏观货币需求是指一国经济合理协调运转或者要达到管理当局制定的某些经济目标在总体上需要多少货币供给量。宏观货币需求是从市场供给、货币流通速度等宏观变量入手,探讨一国经济发展客观上所需要的货币量。

(二) 名义货币需求与实际货币需求

从货币需求与物价的关系的角度来划分,货币需求可分为名义货币需求和实际货币需求。

名义货币需求是指一个国家或一个经济部门不考虑物价变动情况下的货币需求,一般用 M_d 表示。而实际货币需求是指剔除物价变动因素之后的货币需求,也就是以某一不变价格为基础计算的商品和劳务量对货币的需求。如果将名义货币需求(M_d)用某一具有代表性的物价指数 P(如 CPI)进行换算后,就可以得到实际货币需求,所以实际货币需求通常记作 $\dfrac{M_d}{P}$。

在信用货币流通条件下,由于价格水平经常发生大幅度的、复杂的变动,区分名义货币需求和实际货币需求就变得尤为重要。因为在现实经济状况下,价格的变动既有合理因素(如某些商品的合理调价)也有不合理因素(如通货膨胀或紧缩)。如果根据过高的通货膨胀预期所计算的名义货币需求量来安排货币供给,过多的货币供给就成为直接加速物价上涨的因素;反之,如果不考虑价格波动而简单地按实际需求供给货币,则会因货币供给不足而直接抑制经济增长。所以区分名义货币需求与实际货币需求的目的,是使我们能更准确地判断宏观经济形势,从而正确地进行宏观经济金融政策的选择。

二、传统货币数量论

(一) 早期货币数量论

货币数量论是货币数量的变化决定物价水平变化的理论。16 世纪法国重商主义者博丹是货币数量论的最早倡导者,他第一次明确地将价格波动同货币数量的变化联系起来;17 世纪英国古典经济学家洛克提出了商品价格决定于货币数量的学说;18 世纪英国经济学家休谟将这一观点明确表达为货币数量论,英国古典经济学家李嘉图则进一步发展了货币数量论;法国古典政治经济学家魁奈从商品流通和货币流通视角补充了货币数量论。

到了 20 世纪初,美国经济学家费雪、英国经济学家马歇尔和庇古经进一步研究,分别提出了现金交易说和现金余额说,才使货币数量论更加系统化,并初步建立了货币数量论的基本模型。

(二) 现金交易说——交易方程式

美国经济学家费雪在其 1911 年出版的《货币的购买力》一书中,对传统货币数量论观点作了清晰表述并提出了费雪方程式。费雪重视货币的交易媒介功能,认为人们需要的并不是货币本身,而是因为货币可以用来交换商品和劳务,满足人们的欲望。人们手中的货币,最终都将用于购买。因此,在一定时期内,社会的货币支出总量与商品、劳务的交易量的总值一定相等。费雪提出了其交易方程式(费雪方程式):

$$MV = PT \tag{9-1}$$

式中:M 为一定时期流通中的货币数量;

$\quad$ V 为货币流通速度;

$\quad$ P 为物价水平;

$\quad$ T 为商品和劳务的交易量。

费雪方程式是一个恒等式,分析恒等式中 M、V、P、T 的相互关系以及各自的影响因素,可以理解货币与经济的内在联系。费雪基于货币的交易媒介功能用该方程式分析货币流通量与物价水平的关系。费雪认为:① M 是由模型之外的因素决定的外生变量。② V 是由社会支付习惯、个人习惯、技术发展状况以及人口密度等因素所决定的。由于这些因素在短期内是稳定的,在长期内变动也很慢,因此,V 在短期内是稳定的,可视为不变的常数。③ 在充分就业条件下,商品和劳务的交易量 T 变动极小,也可视为常数。④ 一般物价水平 P 是被动的,完全由其他因素决定,是一个因变量。由于 V、T 是常数,而 M 是自变量,因此,P 的值主要取决于 M 数量的变化。

交易方程式虽然说明主要由 M 决定 P,但当把 P 视为给定价格水平时,这个方程式就称为货币需求的函数:

$$M = \frac{1}{V} \cdot PT \tag{9-2}$$

这一公式表明,在给定的价格水平下,总交易量与所需要的名义货币量具有一定的比例关系,这个比例就是 $\frac{1}{V}$。换言之,要使价格保持给定水平,就必须使货币量与交易量保持一定比例关系。

(三) 现金余额说——剑桥方程式

现金余额说是以马歇尔和庇古为代表的英国剑桥大学经济学家创立的。庇古根据马歇尔的观点,于 1917 年完成《货币的价值》一文,马歇尔则于 1923 年完成《货币、信用与商业》一书。他们都从另一个角度研究货币数量和物价水平之间的关系。

剑桥学派在研究货币需求问题时,重视微观主体的行为。他们认为,现金交易说没有说明货币流通速度发生变化的原因,而要发现这些因素,就必须考察公众愿意以货币形态来保持其财富和收入的数额。因而这又要分析人们持有货币余额的动机,即分析决定货币需求的因素。他们认为,影响人们希望持有的货币额的因素主要有以下三个方面:① 个人的财富总额。货币需求仅仅是指人们希望以货币这种形式持有其财富的愿望,而不是指一个人漫无边际地想要多少货币,因此,货币需求首先受个人财富总额的限制。② 持有货币的机会成本,也就是货币以外的各种资产的收益。持有货币虽然能够给人们带来方便,但却不能产生收入,所以人们必须在持有货币的好处和持有其他金融资产或实物的好处(如利息收入或消费满足等)之间进行权衡。③ 货币持有者对未来收入、支出和物价等的预期,也会影响他意愿中的货币持有额。假如当一个人预期未来的物价将上升时,为避免因货币贬值带来的损失,他将增加消费支出,从而减少货币持有额。

上述分析表明,剑桥学派的经济学家已经考虑到了影响货币的多种因素。但遗憾的是,他们在做出结论的时候,把其他因素都忽略了,而只是简单地断定人们的货币需求同财富的名义价值成比例,财富又同国民收入成比例,所以货币需求就同名义国民收入成比例。即:

$$M_d = K \cdot PY \tag{9-3}$$

式中:$K = \dfrac{1}{V}$ 为人们愿意以货币这种形式持有的财富占总财富的比例;

M_d 为名义货币需求;

Y 为实际总产出;

P 为价格水平。

这就是著名的剑桥方程式。如果把 K 看成一个常数,该方程式和费雪的交易方程式就只有符号的差别,只需令 $K = \dfrac{1}{V}$,它们便完全一样了。从中也可以得出名义国民收入取决于货币供给量,以及物价水平与货币供给量成比例的货币数量论观点。

(四)费雪方程式与剑桥方程式的异同

相同之处在于两者都将货币数量作为物价变动的原因,并且所得结论是相同的。但是,两者也存在着显著的差异:

(1)费雪方程式看重货币的交易媒介功能,强调货币的支出,而剑桥方程式则强调货币作为一种资产被持有。

(2)费雪方程式从宏观视角把货币需求与商品交易总量联系起来,所以也称为现金交易说(Cash Transaction Approach);剑桥方程式从微观主体以货币形式保有资产的视角分析货币需求,所以也称为现金余额说(Cash Balance Theory)。

(3)费雪方程式中的货币数量 M 是某一时期的货币流通量,而剑桥方程式中货币数量 M_d 是某一时点人们手中所持有的货币存量。

三、凯恩斯学派的货币需求理论

(一)货币需求的动机

凯恩斯继承了剑桥学派的分析方法,更深入地分析了微观主体货币需求的动机,并形成了凯恩斯货币需求理论。凯恩斯认为,货币具有完全的流动性,而人们在心理上具有对流动性的偏好,即人们总是偏好将一定量的货币保持在手中,以应付日常的、临时的和投机的需求。因此人们的货币需求就取决于人们心理上的"流动性偏好"(Liquidity

Preference)。他将人们持有货币的动机称为流动性偏好,所以凯恩斯的货币需求理论也被称为流动性偏好论。

凯恩斯进一步分析,人们心理上的"流动性偏好"或人们的货币需求是由三个动机所决定的,即交易动机、预防动机和投机动机。相应地,货币需求也被分为三部分:交易性需求、预防性需求和投机性需求。

1. 交易性需求

交易动机是指人们为了应付日常的交易而愿意持有一部分货币的愿望。这是由货币的交易媒介职能而导致的一种需求。由于收入的获得和支出的发生之间总会有一定的时间间隔,在这段时间间隔内,企业或个人固然可以把收入转换成货币以外的资产形式加以保存,但是为了支付时的方便,仍必须持有一定量的货币。基于交易动机而产生的货币需求就构成货币的交易性需求。它主要取决于收入的大小,并与收入的大小成正比。

2. 预防性需求

预防动机是指企业或个人为了应付意外、临时的或紧急需要的支出而持有货币的动机。凯恩斯认为,人们出于交易动机而在手中保有的货币是可以根据实际情况事先确定的。但生活中常常会出现一些意想不到的、不确定的支出和购物机会,为此,人们也需要保持一定量的货币在手中,这类货币需求称为货币的预防性需求。它也是同收入成正比的。

3. 投机性需求

投机动机是指人们根据对市场利率变化的预测,需要持有货币以满足从中获利的动机。由于利率的变化将造成证券价格的升降,这使得人们有机会在货币与证券之间进行选择。由这一动机产生的货币需求称为货币的投机性需求。货币的投机性需求取决于利率的高低。

(二) 凯恩斯货币需求函数式

交易动机和预防动机的货币需求主要取决于收入,是收入的增函数,若以 L_1 表示这两种动机的货币需求,y 表示收入,则其函数式为:

$$L_1 = L_1(y), \frac{\mathrm{d}L_1}{\mathrm{d}y} > 0 \tag{9-4}$$

投机动机的货币需求主要取决于利率,是利率的减函数。凯恩斯认为,未来经济是不确定的,利率也是不确定的。当利率高时,人们预期利率在将来会下降,由于债券价格与利率的变化成反比,即人们预期债券价格会上升,那么,现在以低价买进债券将来就会获利。为了投机盈利,人们就会抛出货币,购买债券,即人们的货币需求减少。反之,当利率低时,人们预期利率今后会上升,即人们预期债券价格会下降,为了避免资本损失,人们就不愿意持有债券,而愿意持有货币,即人们的货币需求会增加。因此,投机动机的货币需求是利率的减函数。若以 L_2 表示投机动机的货币需求,r 表示利率,则其函数式为:

$$L_2 = L_2(r), \frac{\mathrm{d}L_2}{\mathrm{d}r} < 0 \tag{9-5}$$

这样,基于三种动机的总货币需求为:

$$L = L_1(y) + L_2(r) \tag{9-6}$$

式 9-6 是凯恩斯根据持有货币动机构建的货币需求函数。如图 9-1 所示。

在图 9-1 中,$L_1(y)$ 与利率无关,故为一条垂直线,$L_2(r)$ 为利率的减函数,故从左至右向下方倾斜。

凯恩斯货币需求函数式中的前半部分 $L_1(y)$ 与剑桥方程式中 KY 相似,这两者都假定人们是以收入的一定比例持有货币,持有这些货币的目的是购买商品或劳务。凯恩斯货币需求函数中的后半部分 $L_2(r)$ 则是传统货币数量论所没有的。这部分货币需求取决于利率,是利率的减函数,持有这些货币的目的是购买证券,以赚取利息。

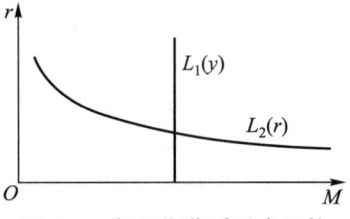

图 9-1　凯恩斯货币需求函数

(三) 凯恩斯货币需求理论的政策含义

凯恩斯货币需求理论的建立为其解决失业问题的政策措施提供了理论基础。因为凯恩斯的货币需求理论非常重视利率的主导作用。凯恩斯认为,利率的变动直接影响就业和国民收入等实际经济因素的变动,最终必然影响货币需求。因此如果中央银行通过增加货币供给量、降低利率,使利率低于资本边际效率,就会刺激投资的增加,并通过投资乘数的作用,提高有效需求,使就业量与国民收入成倍增长。

凯恩斯也指出,通过变动货币供给量来控制利率的做法在产业周期的特殊阶段也是无效的。因为当利率降至某种水平时,因利息收入太低,因此几乎每人都宁愿持有现金,而不愿持有债券票据,此时货币当局对利率无力再加以控制,这就是所谓的"流动性陷阱"。该假说认为当利率降至某一个不能再低的水平时,货币需求的利率弹性为无限大。这时无论货币供给量增加多少,都被"流动性陷阱"吸收,而无法使利率下降,结果也就无法刺激投资需求。

(四) 凯恩斯货币需求理论的发展

20 世纪 50 年代以后,凯恩斯学派的经济学家对凯恩斯提出的三种货币需求动机进行了更深入的研究,进一步丰富和发展了凯恩斯的货币需求理论。这些新出现的理论模型有一个共同的特点,就是重视分析利率对货币需求的影响。

1. 交易性货币需求的发展

凯恩斯认为,交易性货币需求取决于收入,而同利率无关。鲍莫尔和托宾通过研究证明交易性货币需求同样会受到利率影响,并得出了著名的"平方根公式",即 $M_d = aT^{0.5}i^{-0.5}$。它表明货币的交易性需求随利率 i 呈反向变化,交易性需求的收入弹性和利率弹性分别为 0.5 和 -0.5。

2. 预防性货币需求的发展

惠伦通过研究发现预防性货币需求也会受到利率影响。他经过严格的数学推论得出结论:在决定最适度预防性货币需求余额的过程中,利率起到了相当重要的作用。利率的变动会导致预防性货币余额向反方向变化。当利率上升时,持有预防性货币余额的机会成本就会提高。于是持有货币的边际成本就可能超过不持有货币的边际成本。这时,货币持有者就会减少他所持有的货币,以购买能给他带来利息收益的金融资产,直到这两种边际成本相等时为止。这时两种机会成本之和为最小。当利率下降时,情况正好相反。可见预防动机的货币需求也同样是利率的递减函数。

3. 投机性货币需求的发展

托宾察觉到凯恩斯投机性货币需求理论的漏洞,以风险因素为中心分析了利率和风险对货币投机需求的影响。他提出了著名的"资产选择理论",用投资者避免风险的行为动机重新解释流动性偏好理论。托宾认为,资产的保有形式主要有两种:货币和证券。持有证券可以得到收益,但要承担由于证券价格下降而受到损失的风险,因此,证券称为风险性资产;持有货币虽然没有收益,但不必承担风险,故货币称为安全性资产。一般而言,风险和收益是同方向变化、同步消长的。若一个人的资产构成中只有货币而没有证券,为了获得收益,他会把一部分货币换成证券,因为减少了货币在资产中的比例就带来了收益的效用。但随着证券比例的增加,收益的边际效用递减而风险的负效用递增,当新增加证券带来的收益正效用与风险的负效用之和等于零时,他就会停止将货币换成证券的行为。同样,若一个人的全部资产都是证券,为了安全,他会抛出证券而增加货币的持有额,直到抛出最后一张证券带来的风险的负效用与收益正效用之和等于零为止。只有这样,人们得到的总效用才能最大,这就是所谓的资产分散化原则。这一理论说明了在不确定状态下人们同时持有货币和证券的原因。

四、货币学派货币需求理论

1956 年,弗里德曼发表了《货币数量论—— 一种重新表述》,从而标志着现代货币数量论的诞生。伴随这一理论产生而出现的,还有一个新的宏观经济学派——货币主义学派。按照弗里德曼的观点,货币数量论不是关于产量、货币收入或物价的理论,而是货币需求的理论。因此,弗里德曼对货币数量论的重新表述是从货币需求入手的。

(一)弗里德曼货币需求函数式

弗里德曼继承了凯恩斯等人把货币视为一种资产的观点,从而把货币需求当作财富所有者的资产选择行为来加以考察。但他不像凯恩斯那样,用债券来代表所有的货币以外的金融资产,而是把资产选择的范围扩大到债券、股票,以及各种实物资产等。弗里德曼认为,与消费者对商品的选择一样,人们对货币的需求同样受三类因素的影响:财富总量、各种资产的预期收益率及财富所有者的偏好。基于上述认识,弗里德曼提出了他的货币需求函数式:

$$\frac{M}{P}=f\left(y,w;r_{\mathrm{m}},r_{\mathrm{b}},r_{\mathrm{e}};\frac{1}{P}\cdot\frac{\mathrm{d}P}{\mathrm{d}t};u\right) \tag{9-7}$$

式中:M 为财富持有者个人持有的货币量;

　　P 为一般物价水平;

$\dfrac{M}{P}$ 为实际货币需求；

y 为实际恒久收入；

w 为非人力财富占总财富的比率；

r_m 为货币的预期名义收益率；

r_b 为债券预期名义收益率；

r_e 为股票预期名义收益率；

$\dfrac{1}{P} \cdot \dfrac{\mathrm{d}P}{\mathrm{d}t}$ 为预期物价变动率，亦即实物资产的预期名义收益率；

u 为持币者的主观偏好。

（二）弗里德曼的货币需求影响因素分析

弗里德曼不仅关心名义货币需求，而且特别关心实际货币需求。在影响货币需求的诸多因素中，弗里德曼把它们划分为三组：

1. 收入或财富的变化

收入或财富的变化，即 y 和 w。恒久收入 y 是弗里德曼分析货币需求中所提出的概念，可以理解为预期平均长期收入，或过去、现在和将来收入的平均数，它与货币需求呈正相关关系。总财富包括人力财富和非人力财富两类，人力财富是指个人获得收入的能力，非人力财富是指看得见的物质财富。人力财富在总财富中所占比例越大（w 越小），为了应付紧急需要，人们倾向于持有较多的货币。因此 w 与货币需求呈负相关关系。

2. 货币及其他各种资产的预期收益率

货币及其他各种资产的预期收益率，即 r_m、r_b、r_e 和 $\dfrac{1}{P} \cdot \dfrac{\mathrm{d}P}{\mathrm{d}t}$。凯恩斯货币需求函数中货币是不生息资产，弗里德曼的分析中货币的口径更大，包含了定期存款。因此，在弗里德曼货币需求函数中货币的预期名义收益率 r_m 越高，货币需求越大。其余变量都与货币需求呈负相关关系：债券和股票的预期名义收益率 r_b、r_e 越高，货币需求越小；物价变动率 $\dfrac{1}{P} \cdot \dfrac{\mathrm{d}P}{\mathrm{d}t}$ 是保存实物的名义报酬率，物价上涨越快，货币需求越小。

3. 财富所有者的偏好

财富所有者的偏好，即人们对于持有货币的心理偏好。包括收入以外的影响货币效用的其他因素或变量，如社会富裕程度、取得信贷的难易程度、社会支付体系的状况等。这些因素在不同的国家和地区对货币需求的影响不同，但在短期内往往被视为是不变的。

尽管弗里德曼在其货币需求函数中列出多种因素，但该函数主要强调恒久收入和利率对货币需求的影响。弗里德曼认为，恒久收入是货币需求的主导性因素。r_m、r_b、r_e 均受市场利率的影响，可视为市场利率 i 的函数，因此可以简化为一个因素：市场利率 i。其余因素中，w 和 u 在一定时期内相对稳定，对货币需求不会产生较大影响，$\dfrac{1}{P} \cdot \dfrac{\mathrm{d}P}{\mathrm{d}t}$ 只有在变动幅度较大、持续时间较长的情况下才会对实际货币需求产生影响,但这种情况一般很少出现,因此这些因素在进一步的货币需求函数分析中都可以忽略。

最终简化的弗里德曼的货币需求函数表示为:

$$\frac{M}{P} = f(y, i) \tag{9-8}$$

(三)弗里德曼货币需求理论的政策含义

弗里德曼货币需求理论的建立为其解决通货膨胀问题的政策措施提供了理论基础。弗里德曼分析了西方各国面临的主要经济问题——通货膨胀,并提出了自己的政策建议。

弗里德曼根据货币需求分析认为,恒久收入对货币需求的影响最重要。由于恒久收入是稳定的,主要由恒久收入决定的货币需求量也是稳定的、可以预测的。因此造成西方各国通货膨胀问题的主要原因是货币供给量的变动。因为货币供给量的变动是物价水平变动的最根本决定因素,通货膨胀是物价水平持续、普遍地上升,因而通货膨胀始终是一种货币现象。当货币数量的增加明显快于产量的增加时,通货膨胀便会发生。因此引起物价全面上涨和持续性通货膨胀的根本原因只能是货币供给量的过度增长,应把货币政策目标放在控制货币供给量上。要治理通货膨胀,并实现经济的稳定增长,唯一有效的措施是控制货币供给量的增长率,使它与经济增长相适应。这种单一地控制货币供给量,使货币供给量始终不变地以一种固定的比率增加,并大致与经济增长率相适应的政策,被称为"单一规则"的货币政策。

五、货币需求的影响因素

综合现有的货币需求理论,影响货币需求的影响因素包括以下几个方面。

(一)居民收入水平

居民收入水平是决定货币需求的重要因素,并且两者之间是正相关关系,即收入水平越高,货币需求越多;反之,收入水平越低,货币需求越少。当收入水平很低时,人们的收入主要用于吃穿和日常用度,交易和预防性货币需求不多。当收入水平有了明显提高之后,消费水平提高,用于交易和预防性的货币需求也必然相应增加。同时,由于储蓄和手持现金也相应增长,部分居民开始进行投资,因而相应产生了更多投机性货币需求。

(二)利率

货币是一种不生息资产,经济主体总是在货币和生息资产之间进行资产选择。利率水平变动通过影响经济主体的资产选择影响货币需求:当市场利率升高时,持有生息资产的利息收入提高,货币需求会下降;反之,当市场利率下降时,持有生息资产的利息收入下降,货币需求会增加。

(三)制度性因素

制度性因素主要包括主观偏好、客观技术、制度等方面,虽然它是一个极难测度的量,但却是影响货币需求的不容忽视的因素。

（四）金融科技进步因素

经典货币需求理论大都是在 21 世纪以前形成的。在当时的社会条件下,现金和支票存款是不可替代的支付手段,持有现金和支票存款没有利息;生息的资产比如储蓄存款和债券与货币之间的转换成本相对较高。但在 21 世纪社会条件已经发生了重大变化,金融领域的科技进步因素正大幅影响货币需求。比如移动支付逐渐普及,在很大程度上降低了居民对现金的需求;随着支付领域不断创新,生息资产和货币之间的转换成本大幅下降,部分货币市场基金比如余额宝已经可以直接用于日常交易支付,在很大程度上降低了居民对现金和支票存款的需求。

第二节　多倍存款创造

一、现代信用货币体系下多倍存款创造过程

在信用货币体系下,与货币相关的经济行为体现出如下特征:

第一,经济中流通的货币为信用货币,由中央银行控制发行,流通货币的多少不再受制于贵金属的储量和开采。

第二,在经济运转中,家庭和企业总是需要保留一定比例的现金以备小额交易使用。假定家庭或企业每次存入支票存款时,都按照存款数额的一个固定比例提取现金,这个固定比例称为现金漏损率,这部分现金则被称作现金漏损,全社会现金漏损之和等于中央银行统计的 M_0 数值。

第三,商业银行吸收家庭和企业支票存款时,需要缴存法定存款准备金,因此所有的商业银行都会在中央银行开立存款账户,这使得银行之间的支票结算变得十分便捷。

第四,为满足流动性和安全性需要,在法定存款准备金之外,商业银行愿意在中央银行的账户上额外存入小比例的超额准备金(存款部分);为了保证客户每次都能顺利提取现金,商业银行总是从中央银行提取略高于现金漏损率水平的现金,这部分现金被客户提取后还会剩余一部分,剩余的部分为商业银行库存现金。商业银行超额准备金(存款部分)与其库存现金之和,共同构成了超额准备金,超额准备金与所吸收存款之比被称为超额存款准备金率。

根据上述特征,设定一种理想状态以简化分析:初始资金来自中央银行开立的支票,该支票可以无限拆分;法定存款准备金率保持不变;商业银行、企业和家庭都是同质的,超额准备金率和现金漏损率保持不变;中央银行支票扣除法定存款准备金、超额存款准备金和现金漏损后,全部被商业银行用于放贷。在该理想化条件下,现代信用货币体系下的多倍存款创造过程如下:

假设中央银行开立 1 亿元人民币的支票从客户甲处购买了 1 亿元人民币国债。客户甲将其存入 A 银行,A 银行将客户甲存入的支票进行拆分:10% 用作法定存款准备金;5%存入中央银行作为超额准备金(存款部分);从中央银行提取 5% 的现金备用(假定存款

创造完成后被客户提取 3%，即现金漏损率 3%，剩余 2% 为商业银行库存现金，见表 9-1）；剩余 80% 用于给客户乙发放贷款。上述过程可以通过 A 银行资产负债表变化表示。

表 9-1　A 银行资产负债表变化

资产		负债	
法定存款准备金		客户甲存款	+10 000　万元
	+1 000　万元		
超额准备金（存款部分）			
	+500　万元		
现金	+500　万元		
（后续有 300 万元会被提取）			
贷款（客户乙）	+8 000　万元		

假定客户乙在 B 银行开立支票账户用于转账支付，并且将 8 000 万元央行支票存入。那么 B 银行会增加 8 000 万元客户支票存款，该支票存款同样会被 B 银行拆分为 10% 的法定存款准备金、5% 超额准备金（存款部分）、5% 现金和 80% 给客户丙发放贷款四部分。上述过程可以通过 B 银行资产负债表变化（表 9-2）表示。

表 9-2　B 银行资产负债表变化

资产		负债	
法定存款准备金		客户乙存款	+8 000　万元
	+800　万元		
超额准备金（存款部分）			
	+400　万元		
现金	+400　万元		
（后续有 240 万元会被提取）			
贷款（客户丙）	+6 400　万元		

假定客户丙在 C 银行开立账户，并将 6 400 万元支票存入该银行。C 银行会做出与 A 银行和 B 银行相似的操作。其资产负债表如表 9-3 所示。

表 9-3　C 银行资产负债表变化

资产		负债	
法定存款准备金		客户丙存款	+6 400　万元
	+640　万元		
超额准备金（存款部分）			
	+320　万元		
现金	+320　万元		
（后续有 192 万元会被提取）			
贷款（客户丁）	+5 120　万元		

进一步地,客户丁可以将 5 120 万元支票存入 D 银行形成支票存款,D 银行在扣除法定存款准备金、超额准备金(存款部分)和现金后,将剩余的 4 096 万元支票贷放给客户……

这一系列的过程可以通过表 9-4 表示。

表 9-4 存款货币创造过程 单位:万元

商业银行	客户在商业银行支票存款	商业银行发放贷款	法定存款准备金	超额准备金		客户取现
				超额准备金(存款部分)	库存现金	
A	10 000	8 000	1 000	500	200	300
B	8 000	6 400	800	400	160	240
C	6 400	5 120	640	320	128	192
D	5 120	4 096	512	256	102.4	153.6
⋮	⋮	⋮	⋮	⋮	⋮	⋮
合计	50 000	40 000	5 000	2 500	1 000	1 500

从表 9-4 可以看出,各商业银行增加的支票存款数量是一个无穷递减等比数列,其初始值为 10 000 万元,公比为 1−20%,因此所有银行增加的支票存款总额为:

10 000+10 000×(1−20%)+10 000×(1−20%)^2+10 000×(1−20%)^3+⋯

=10 000×1/[1−(1−20%)]

=50 000(万元)

这表明 1 亿元的初始支票存款,在法定存款准备金率为 10%、超额准备金率为 7%、现金漏损率为 3% 的情况下,经过多倍存款创造过程,最终变为 5 亿元的支票存款。源于中央银行的 1 亿元初始支票存款称作原始存款,经过商业银行体系创造出来的 4 亿元支票存款称作派生存款。如果以 R 代表原始存款,r 代表法定存款准备金率,e 代表超额准备金率,c 代表现金漏损率,D 代表支票存款总额,则以上几何级数可表示为:

$D=R\cdot[1+(1-r-e-c)+(1-r-e-c)^2+(1-r-e-c)^3+\cdots+(1-r-e-c)^n]$

$=R\cdot1/[1-(1-r-e-c)]$

$=R/(r+e+c)$

分析上式可知,存款的变动与原始存款的变动存在着一种倍数关系。最终新增支票存款与原始支票存款的比率,称为派生倍数。设 K 为派生倍数,D 为支票存款总额,R 为原始存款额,用公式表示为:

$$K=\frac{D}{R}=\frac{1}{r+e+c} \tag{9-9}$$

例 9.1 中央银行从 A 商业银行按照市场汇率购买 1 亿美元,市场汇率为 1 美元兑 6.5 元人民币,在前述法定存款准备金率 10%、超额存款准备金率 7% 和现金漏损率 3% 的假设下,中央银行的操作会导致支票存款增加多少?

已知中央银行的操作会导致商业银行原始存款增加 6.5 亿元人民币,则 ΔR=6.5 亿元人民币, r=0.1, e=0.07, c=0.03,新增支票存款:

$$\Delta D = \Delta R/(r+e+c) = 6.5/(0.1+0.07+0.03) = 32.5 (亿元)$$

例 9.2 中央银行将支票存款法定存款准备金率从 11% 下调至 10%,当前市场上支票存款余额为 100 万亿元人民币,在前述超额准备金率 7% 和现金漏损率 3% 的假设下,此次降准操作会导致支票存款增加多少(假定无定期存款)?

已知中央银行的操作会导致商业银行原始存款增加 100 万亿 ×(0.11-0.1)=10 000 亿元人民币,则 ΔR=10 000 亿元人民币,降准之后 r=0.1, e=0.07, c=0.03,新增支票存款:

$$\Delta D = \Delta R/(r+e+c) = 10\,000/(0.1+0.07+0.03) = 50\,000 (亿元)$$

二、现代信用货币体系下多倍存款收缩过程

多倍存款创造过程也可反向作用,即当整个商业银行体系中某一银行减少了存款准备金时,存款将会发生倍数收缩。

假设整个商业银行体系超额准备金和现金漏损都为零。此时如果 X 银行欠中央银行的 1 亿元再贷款到期,中央银行直接从 X 银行准备金账户中扣除 1 亿元存款。由于未持有任何超额准备金,因此 X 银行的准备金额低于法定要求 1 亿元。为了满足法定存款准备金要求,X 银行可以通过出售 1 亿元债券或收回等量贷款的方式补足所需的准备金。当 X 银行出售证券时,得到一张从其他商业银行账户中签发的 1 亿元支票并将其存到中央银行,这使其准备金增加同样的数额。类似地,贷款收回也是通过自己的客户收入其他银行客户所签发的支票来实现的。在这两种情况下,该银行的准备金都将增加 1 亿元并达到法定存款准备金要求。但是向其签发支票的商业银行(例如 Y 银行)将减少 1 亿元支票存款和 1 亿元超额准备金(存款部分)。其资产负债变动如表 9-5 所示。

表 9-5　Y 银行资产负债表变化

资产		负债	
超额准备金(存款部分)	-10 000 万元	支票存款	-10 000 万元

如果法定存款准备金率为 5%,此时 Y 银行发现法定存款准备金短缺额为 9 500 万元(减少 1 亿元支票存款,可以相应减少 500 万元法定存款准备金)。为了弥补这一准备金减少额,Y 银行将收回 9 500 万元贷款或出售 9 500 万元证券,并相应地使自己的存款准备金增加 9 500 万元。则其资产负债状况如表 9-6 所示。

表 9-6　Y 银行资产负债表变化

资产		负债	
存款准备金	-500 万元	支票存款	-10 000 万元
贷款或证券	-9 500 万元		

如果 Y 银行收回的贷款或出售的证券是从 Z 商业银行账户中签发的支票,则 Z 银行

的资产负债状况如表 9-7 所示。

表 9-7　Z 银行资产负债表变化

资产	负债
存款准备金　　−9 500 万元	支票存款　　−9 500 万元

此时 Z 银行准备金短缺 9 025 万元,所以它将削减同样金额的贷款或证券,从而使另一家商业银行的支票存款减少 9 025 元。这一过程一直持续下去,直到银行体系的支票存款水平变为:

$$(-10\ 000)+(-9\ 500)+(-9\ 025)+(-8\ 573.75)+(-8\ 145.06)+(-7\ 737.81)+\cdots$$
$$=-200\ 000(万元)$$

可见存款的倍数收缩过程和存款多倍扩张过程是相对应的,其原理相同。

第三节　货　币　供　给

一、货币供给的含义及刻画

(一) 货币供给和货币供给量

货币供给是相对于货币需求而言的,是指一国经济中货币的投入、创造和扩张(收缩)的过程。具体来说,是指一国银行体系通过其自身的业务活动向社会生产生活领域提供货币的全过程。从动态来看,货币供给是银行系统向经济提供货币的过程;从静态来看,货币供给必然会产生一定的货币量,即货币供给量。

货币供给量是指一国银行系统通过多倍存款创造为一国的政府、企事业单位及居民个人所提供的现金和银行存款货币的总和。货币供给量,可以从流量和存量两个方面来考察。货币供给存量是指某一时点上的货币供给量,它表现为银行在该时点资产负债表上的负债总额。货币供给流量是指一定时期内货币的流通总额。

(二) 货币供给的刻画

在具备多倍存款创造的知识后,就可以刻画整个社会的货币供给的产生。图 9-2 展示了整个货币供给的过程。

从部门视角看,整个社会的货币供给由中央银行、商业银行、企业 / 家庭共同完成,替代性金融市场 / 金融产品对其有影响。中央银行是货币供给的源头和总闸门,根据经济内生需求或货币政策需要增加 / 减少商业银行的超额准备金;商业银行是货币供给中间环节,根据自身盈利需求和风险状况决定将多少超额准备金用于发放贷款;企业 / 家庭是货币供给的终端,两者根据利率和预期等因素决定是否增加或减少融资,并根据技术和偏好等因素决定现金漏损率;银行存贷款之外的金融市场 / 金融产品可能减弱多倍存款创造进而影响到货币供给。

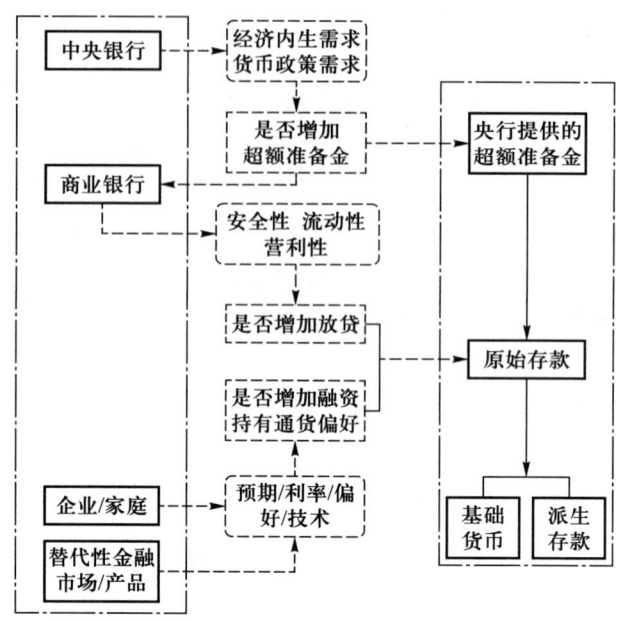

图 9-2 货币供给的宏观刻画

从资金视角看,在多倍存款创造模型中,货币供给经历了"(中央银行提供的)超额准备金—原始存款—基础货币"一个连续的过程,三者在形态上有先后,在数量上等额转化。首先,(中央银行提供的)超额准备金是多倍存款创造的先决条件。模型中经济本来处于一个法定存款准备金率为 r、超额准备金率为 e、现金漏损率为 c 的均衡状态,中央银行的货币政策操作导致商业银行产生了新的超额准备金,原来的均衡被打破,产生了新的多倍存款创造过程,商业银行用于放贷的新增超额准备金变为原始存款。其次,原始存款是一个与多倍存款创造过程密不可分的中间形态。在多倍存款创造过程之前,原始存款的形态为新增超额准备金;在多倍存款创造结束之后,原始存款等额转化为基础货币(法定存款准备金、超额准备金和现金漏损之和)。最后,基础货币是原始存款经过多倍存款创造过程的"结果"和"归宿"。仔细观察表 9-4 可以发现,法定存款准备金、超额准备金和现金漏损的合计总额,等于原始存款的数额。这并非是巧合,在多倍存款创造的过程中,原始存款一方面产生了派生存款,另一方面逐步转化为基础货币。

二、货币供给的影响因素

多倍存款创造模型假定了一种商业银行、企业 / 家庭同质化,法定存款准备金率 r、超额准备金率 e 和现金漏损率 c 不变的理想状态。在现实中,这些假定会随着经济环境和政策变动相应发生变动。接下来将按照多倍存款创造过程中的参与部门逐一分析货币供给的影响因素。如表 9-8 所示。

1. 中央银行的行政调控和市场调控

根据法律授权直接调节法定存款准备金率属于中央银行行政调控范畴。法定存款准备金率变动会直接影响原始存款,比如将法定存款准备金率由 5% 下调到 4%,会导致原来法定存款准备金的 20% 变为超额准备金,相当于增加了大量原始存款;法定存款准备金变动还会通过改变派生倍数的方式影响派生存款,比如法定存款准备金率下降会导致派生倍数增大,派生存款增加。由于上述两方面原因,法定存款准备金率的微小变动,会引发货币供给的大幅变动,因此各国中央银行在使用该工具时都非常慎重。

表 9-8 货币供给的影响因素表

主体	影响变量	变量变动	货币供给变动	原因
中央银行	超额准备金	↗	↗	增加超额准备金,原始存款增加
	法定存款准备金率	↗	↘	提高法定存款准备金率,原始存款减少,派生倍数变小
商业银行	超额准备金率	↗	↘	提高超额准备金率,派生倍数变小
企业	融资需求	↘	↘	融资需求下降,多倍存款创造能力削弱
家庭	融资需求	↘	↘	融资需求下降,多倍存款创造能力削弱
	现金漏损率	↗	↘	现金漏损率提高,派生倍数变小
银行存贷款之外的金融市场和金融产品	企业和家庭从商业银行获取融资的需求	↘	↘	企业和家庭从商业银行获取融资的需求下降,可能导致多倍存款创造能力削弱

与商业银行进行市场化交易属于中央银行市场调控范畴。在第八章第二节中讲述了中央银行各种市场化业务,当中央银行与商业银行进行某类业务交易时,会增加或者减少商业银行在中央银行的超额准备金,这些增加或减少的超额准备金一旦导致商业银行增加或回收贷款,就相当于增加或减少原始存款,相应会产生多倍存款创造或者多倍存款收缩过程。

2. 商业银行超额准备金率的变化

商业银行会出于以下原因改变自身的超额准备金:① 预期中央银行会改变法定存款准备金率;② 预期客户存款会增加或减少;③ 宏观经济发生了变化,或预期宏观经济会发生变化,比如预期经济前景变差,发放贷款的风险变大,银行会增加超额存款准备金减少放贷;④ 中央银行为超额准备金提供的利息率发生了变化,比如超额存款准备金(存款部分)利息率由 0.72% 下调至 0.35%,将会导致商业银行减少超额存款准备金(存款部分)。

货币供给起源于中央银行,但必须经过商业银行作为中介才能够实现。由商业银行决定的超额准备金率通过影响存款派生倍数进而影响到货币供给。如果现实中商业银行大幅提高超额准备金率,多倍存款创造过程就会被大幅削弱,甚至中断。比如美国次贷危机爆发后,美联储为美国商业银行体系注入了大量超额准备金,希望商业银行将其贷放出去以增加货币供给,但当时美国的商业银行为防范风险大幅提高了超额准备金率,美国的货币供给增加远不及预期(参见资料框 9-1)。

资料框 9-1

美国的量化宽松政策与货币供给

2007 年美国次贷危机爆发后,美联储启动了量化宽松政策,大量从市场上购买证券类资产,这种行为使得美联储的资产负债表在 6 年内扩张了 5 倍,美国的基础货币增长超过 370%。如果按照多倍存款创造模型,这可能导致美国的 M_1 扩张远超 10 倍,然而这段时间美国 M_1 的实际增长还不足 110%,是什么原因导致了美国的多倍存款创造过程没有发生呢?

在 2007—2016 这十年间,美联储体系内部的准备金由 2007 年年初的 30 亿美元,增长到 2013 年 12 月的 25 407 亿美元。由于这段时间美联储并没有使用法定存款准备金率这一工具,美国商业银行体系内部的存款也没有出现大幅跃升,因此这部分储备金余额大部分为存款机构(商业银行)的超额存款准备金。即美联储通过量化宽松政策所释放的基础货币,大部分被美国存款机构以超额存款准备金的形式储备了起来,并没有产生多倍存款创造。这充分说明商业银行的行为对于货币供给有着非常大的影响。

资料来源:同花顺;本部分同时参考了:弗雷德里克·S. 米什金. 货币金融学. 11 版. 北京:中国人民大学出版社,2016:281.

---

3. 企业的融资需求和持有现金决策

多倍存款创造过程最终离不开家庭和企业的参与。企业通过其融资需求间接影响存款派生倍数进而影响到货币供给。当宏观经济运行良好,或企业对经济前景预期变好时,企业有意愿增加融资需求,商业银行的超额准备金容易贷放出去,此时多倍存款创造过程运转顺畅;当宏观经济逐步下行,或企业对经济前景预期变差时,企业融资需求下降,商业银行有可能被动增加超额准备金,多倍存款创造能力削弱甚至中断。随着现代会计制度和支付体系的发展,现代企业只持有很少量现金,其影响与家庭持有现金决策的影响合并分析。

4. 家庭的融资需求和持有现金决策

家庭的融资需求主要是消费性融资和投资性融资,其对货币供给的影响机制同企业对货币供给的影响机制近似。

家庭和企业持有现金的决策会通过现金漏损率影响存款派生倍数进而影响到货币供给。现金漏损率低的经济体存款派生能力较强,现金漏损率高的经济体存款派生能力则弱。现金漏损率受到支付体系、文化因素、社会利率水平等多种因素影响。比如我国的现金漏损率就存在一个明显特征:每年春节前现金漏损率明显上升,春节后现金漏损率逐步回落。

5. 银行存贷款之外的金融市场和金融产品

银行存贷款之外的金融市场和金融产品为经济部门提供了额外融资选择,导致经济运行中一部分投融资行为不需要经过商业银行体系,进而可能导致存款创造能力减弱。

比如某些经济体商业信用和直接融资市场非常发达,大量企业通过商业票据、发行股票、发行债券等方式融资,商业银行无法发放足够的贷款,派生存款的增加幅度小于模型计算的结果。

从前述货币供给的影响因素可以进一步引出货币供给的内生性问题。货币供给内生是指货币供给是由经济运转中的内在因素,如收入、储蓄、投资、消费等因素内在决定的。相应地,货币供给外生是指货币供给由货币当局决定的。货币供给内生意味着货币供给被动地取决于客观经济的运行,货币供给外生意味着货币当局能够通过对货币供给的调节有效地影响客观经济的运行。结合多倍存款创造模型和货币供给的影响因素分析,货币供给在不同的经济背景和环境下,其内生性明显是不同的。当货币当局适应客观经济运转需求向实体经济供应适度的货币量时,货币供给更多体现出内生性;反之,当货币当局主动利用货币供给调控客观经济运转时,货币供给更多体现出外生性。

三、货币供给模型

在刻画和分析货币供给的影响因素之后,本部分进一步通过模型分析货币供给。

(一) 货币供给的简单模型

多倍存款创造过程揭示了基础货币可以通过存款创造放大一定倍数后形成货币供给。这一过程可以通过一个简单的公式体现:

$$M_s = m \times B \tag{9-10}$$

式中:M_s 为货币供给量;

m 为货币乘数;

B 为基础货币。

简单的货币供给模型从宏观角度给出了基础货币和货币供给量之间的关系。其中基础货币由流通中现金和商业银行准备金构成,但具体的货币乘数还需要进一步推导。

(二) 货币乘数的推导

首先推导货币乘数 m_1。已知基础货币 B 是由法定存款准备金 RR、超额准备金 ER 以及流通中现金 C 组成,支票存款法定存款准备金率为 r,支票存款总额为 D,超额准备金率 $e=ER/D$,现金漏损率 $c=C/D$。那么有:

$$B = RR + ER + C = r \times D + e \times D + c \times D = (r+e+c) \times D$$

同时,按照定义,M_1 等于现金加支票存款,即:

$$M_1 = D + C = D + c \times D = (1+c) \times D$$

因此可以推导出货币乘数 m_1:

$$m_1 = M_1/B = (1+c)/(r+e+c) \tag{9-11}$$

进一步可推导货币乘数 m_2。假定定期存款的法定存款准备金率为 r_t,定期存款总额为 D_t,定期存款与支票存款比 $D_t/D=t$。那么有:

$$RR = r \times D + r_t \times D_t = r \times D + t \times r_t \times D = (r + tr_t) \times D$$

$$B = RR + ER + C = (r + tr_t) \times D + e \times D + c \times D = (r + tr_t + e + c) \times D$$

同时,按照定义,M_2 等于现金加支票存款加定期存款,即:

$$M_2=D+D_t+C=D+t \times D+c \times D=(1+t+c) \times D$$

因此可以推导出货币乘数 m_2:

$$m_2=M_2/B=(1+t+c)/(r+tr_t+e+c) \tag{9-12}$$

（三）货币供给模型使用的特殊情况

两类情况下货币供给模型和货币乘数公式不能直接使用。

（1）多倍存款创造过程"不完整"条件下不能直接使用。货币供给模型和货币乘数公式是在严格的多倍存款创造模型假定下得出的,现实中货币供应量与基础货币之间不一定满足这种乘数关系。这是因为不管多倍创造过程是否完整,原始存款总是等额转化为基础货币,因此不同的经济环境下,同样的基础货币可能对应不同的货币供给。比如表9-9所示,多倍存款创造过程中,B银行出于某些原因将所有的超额准备金保留(不再遵从超额准备金率固定为 e 的假设),多倍存款创造过程"中断",但原始存款还是转化为等额的基础货币,其对应的货币供给也远远小于表9-4中的货币供给。

表 9-9　不完整的存款货币创造过程　　　　　　　　单位:万元

商业银行	客户在商业银行支票存款	商业银行发放贷款	法定存款准备金	超额准备金		客户取现
				超额准备金（存款部分）	库存现金	
A	10 000	8 000	1 000	500	200	300
B	8 000	0	800	6 800	160	240
C	0	0	0	0	0	0
D	0	0	0	0	0	0
⋮	⋮	⋮	⋮	⋮	⋮	⋮
合计	18 000	8 000	1 800	7 300	360	540

（2）中央银行调整法定存款准备金率时不能直接使用。当中央银行调整法定存款准备金率时,多倍存款创造模型的假定发生了变化,此时直接使用基于多倍存款创造模型的货币供给模型和货币乘数计算货币供给量可能导致错误的结果。比如假定中央银行将法定存款准备金率上调两个百分点,且超额准备金和现金漏损率不变,则经济中的基础货币会增加,但这种基础货币增加,实际上对应多倍存款收缩和货币供给减少。此类情况应使用微观的多倍存款创造模型结合具体情况计算货币供给的变动。

（四）货币均衡

货币均衡是指一定时期内货币供给量 M_s 与国民经济发展必需的货币需求量 M_d 基本相等。货币均衡可以用公式简单表示为 $M_s=M_d$,具体可以从以下几个方面理解货币均衡:

（1）货币均衡不是某个时点上 M_s 和 M_d 的绝对相等,而是一定时期内 M_s 和 M_d 的基本相等。由于货币资产、金融资产、实物资产之间具有相互替代效应,以及货币流通速度具备自动调节功能,因此货币供给量 M_s 可以在一定幅度内偏离货币需求量 M_d,并保持货币供求均衡的状态,这一现象理论界称为"货币容纳量弹性"。

（2）货币均衡不是静止的均衡,而是一个不断动态实现的过程。经济运行的过程中,货币需求和货币供给也在不断地发生变化,因而货币均衡是一个不断由均衡到失衡,再由失衡到均衡的运动过程。

（3）货币均衡需要考虑局部均衡和一般均衡两种情景。在只讨论货币市场局部均衡时,货币均衡的标志为利率水平稳定,比较典型的理论为 LM 曲线,LM 曲线上的点代表了不同利率水平下的货币市场均衡。但要考虑整个经济的一般均衡时,货币市场均衡会与其他市场均衡相互影响。比如 $IS\text{-}LM$ 模型就考虑了货币市场均衡和商品市场均衡的相互影响,在一些更复杂的模型中还要考虑两者与劳动力市场均衡的相互影响。因此有关货币均衡的理论、推导、实现等内容,留在后续的宏观经济学和宏观调控理论中探讨。

基 本 概 念

货币需求　　费雪方程式　　多倍存款创造　　货币乘数　　货币供给　　货币均衡

即 测 即 评

复习思考题

1. 简述货币需求和货币供给的影响因素。

2. 结合中国实际分析中国人民银行在新常态下应如何增加货币供给。

3. 结合美国次贷危机后的实际分析中央银行对本国货币供给的影响(货币的外生性)。

4. 假定中国人民银行宣布我国金融机构法定存款准备金率统一由 9.5% 下降到 9%,同时对商业银行出售 3 000 亿元央行票据。当前金融机构支票存款余额为 180 万亿元人民币,超额准备金率稳定在 2% 不变,现金漏损率稳定在 2.5% 不变,请计算此次组合操作最大能产生多少支票存款(不考虑定期存款)。

5. 假定中国人民银行 2022 年年初新增 5 000 亿元支持中小微企业的再贷款额度,当前金融机构法定存款准备金率统一为 9%,超额准备金率统一为 2%,现金漏损率统一为 2.5%,请问这些再贷款被全部使用后,最多能产生多少派生存款(不考虑定期存款)?

第十章
货币政策

如果你觉得听懂了我说的话,那你一定是误解了我的意思。

——艾伦·格林斯潘

本章学习目标

1. 了解货币政策的含义。
2. 掌握货币政策最终目标之间的关系。
3. 掌握各种货币政策工具的优点、局限性与运用。
4. 掌握货币政策传导机制理论与中介指标选择。
5. 掌握货币政策效应的含义及影响因素。

货币政策是指中央银行为实现既定的经济目标,运用各种政策工具调节货币供给量和利率等金融变量,进而影响宏观经济运行的方针和措施的总称。货币政策本质上是一种需求管理政策,以间接调控为主,具有灵活和可微调的特性。货币政策的内容包含货币政策的最终目标,实现最终目标所运用的货币政策工具,连接货币政策工具和最终目标的操作指标和中介指标,货币政策传导机制和政策效应等。

第一节　货币政策最终目标

一、货币政策最终目标的含义及演变

(一) 货币政策最终目标的含义

货币政策最终目标是中央银行实施货币政策所要达到的最终目的。不同的国家在同一个时期,其最终目标可能不同;一个国家在不同的时期,其最终目标也可能不同。一般而言,中央银行货币政策的最终目标包括物价稳定、充分就业、经济增长和国际收支平衡。

（二）货币政策最终目标的演变

货币政策最终目标的演变经历了一个逐步发展的过程。在 20 世纪 30 年代以前，一些国家因为战争和财政压力大量发行银行券，导致了严重的通货膨胀。后来这些国家采取措施来保证币值稳定，也就是物价稳定，但当时还没有货币政策最终目标这种提法。20 世纪 30 年代爆发了世界经济大危机，资本主义国家失业加剧，一些国家的中央银行开始将充分就业作为货币政策的主要目标，如英国和美国在 1944 年和 1946 年先后颁布《就业法案》。到了 20 世纪 50 年代后半期，美国的经济增长速度远远落后于日本和西欧各国，为了维护其政治、经济和军事地位，美国将适度的经济增长作为货币政策目标的重点。随后在 20 世纪 70 年代，随着美元危机和布雷顿森林体系解体，一些国家将货币稳定作为主要目标，并将国际收支平衡纳入货币政策的最终目标集。20 世纪 80 年代末 90 年代初，很多国家为了应对高通货膨胀，直接采用通货膨胀目标制作为货币政策目标。

二、最终目标之间的统一性与矛盾性

货币政策的最终目标之间既有统一的一面，又有矛盾的一面。从长期来看，它们之间是一致的，适度的经济增长能促进就业，增强进出口实力，维持国际收支平衡，保持物价长期稳定。但从短期来看，除了经济增长和充分就业正相关以外，其他最终目标之间都有矛盾。

（一）物价稳定和充分就业之间的矛盾

菲利普斯曲线表明，失业率和通货膨胀率之间存在一种此消彼长的相互替代关系。从图 10-1 可以看出，如果中央银行倾向于高就业率，采用扩张性货币政策刺激总需求增加，在社会需求增加到一定的程度后，就会导致物价上涨。相反，如果中央银行追求低通货膨胀率，则失业率就会上升。

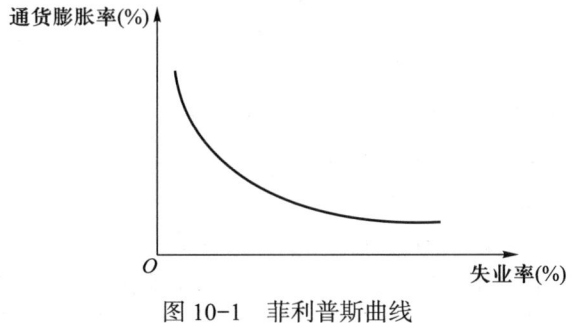

图 10-1　菲利普斯曲线

（二）物价稳定与经济增长之间的矛盾

当其他条件不变时，就业与经济增长之间存在一一对应关系。所以，物价稳定和充分就业之间的矛盾也就是物价稳定与经济增长之间的矛盾。但在特定条件下会出现经济停滞而通货膨胀率上升的现象，比如 20 世纪 70 年代西方国家出现的滞胀。其原因可能与持续通货膨胀改变人们对通货膨胀的预期方式、石油危机等供给方面的意外冲击有关。

（三）物价稳定与国际收支平衡之间的矛盾

在他国发生通货膨胀的条件下，如果保持本国价格水平稳定，就会使得他国商品价格相对于本国商品价格升高，从而本国净出口增加，造成经常项目顺差。此外，如果本国发生了通货膨胀，中央银行采取紧缩货币或提高利率的政策来遏制通货膨胀，这会引起外汇市场上本币升值，从而造成本国出口减少，进口增加，导致贸易逆差。

（四）经济增长与国际收支平衡之间的矛盾

国内经济增长会导致对进口商品的需求增加，如果本国出口增长不足以抵消这部分增加的进口需求，就会导致贸易收支逆差。另外，外资流入可以弥补贸易收支造成的国际收支不平衡。但是，从动态的角度来看，若本国不具备有效利用外汇的能力，就会导致将来收支不平衡。充分就业与国际收支平衡之间的矛盾也是类似的。

三、最终目标之间的抉择

由于货币政策最终目标之间的矛盾性，货币政策在客观上难以同时兼顾所有的目标。在最终目标的选择上，存在着单目标、双目标和多目标的争论。

（一）单目标论

单目标论认为，由于最终目标之间存在着矛盾，所以货币政策只能选择其中一个目标为己任。或者选择物价稳定为唯一目标，或者以经济增长为唯一目标。

（二）双目标论

双目标论认为，货币政策应该兼顾物价稳定和经济增长两个目标，因为经济增长是物价稳定的基础，而物价稳定又有助于经济长期增长。

（三）多目标论

多目标论则认为，货币政策作为调控宏观经济的主要手段之一，可以对上述宏观经济目标产生重要的影响，不能只以一个或两个为其目标，而应该在总体上兼顾各个目标，只是在不同时期以不同目标作为相对重点。

在实践中，绝大部分国家都在不同程度上兼顾了各种目标。不过，各国根据自己的具体情况对目标的优先程度有各自的排列次序。目前多数国家都将物价稳定作为首要的目标。但宏观经济环境会不断地发生变化，因此，不同时期货币政策的重点也必须调整。《中国人民银行法》对我国货币政策目标做了界定："保持货币币值稳定，并以此促进经济增长。"从货币政策的实践来看，我国货币政策实际上受到了多目标约束。

第二节 货币政策工具

货币政策工具是中央银行为实现货币政策目标而使用的各种策略手段。货币政策工具是中央银行可以直接控制的,其运用可对基础货币、货币供给量、利率以及信贷活动产生影响,有利于中央银行货币政策目标的实现。货币政策工具分为一般性货币政策工具、选择性货币政策工具和其他货币政策工具三类。

一、一般性货币政策工具

一般性货币政策工具是对货币供给总量或信用总量进行调节和控制的政策工具,包括法定存款准备金政策、再贴现政策和公开市场业务三大政策工具,俗称"三大法宝"。

（一）法定存款准备金政策

1. 法定存款准备金政策的含义

法定存款准备金政策,是指中央银行通过规定或调整商业银行缴存中央银行的存款准备金比率,进而调节商业银行的信用创造能力以及货币供给量的措施。凡是实行中央银行制度的国家,一般都实行法定存款准备金政策。

2. 法定存款准备金政策的基本内容

一般说来,法定存款准备金政策主要包括以下内容:确定法定存款准备金政策的适用对象,规定法定存款准备金率,规定可充当法定存款准备金的内容,规定法定存款准备金的计提基础,以及法定存款准备金的付息标准和法定存款准备金持有期的考核办法等。

3. 法定存款准备金政策的作用

（1）保证商业银行等存款货币机构资金的流动性。法定存款准备金政策的建立,可以强制商业银行等存款货币机构将准备金存入中央银行,从制度上保证其流动性和清偿力。

（2）集中一部分信贷资金。准备金缴存中央银行,使中央银行集中了部分信贷资金以履行最后贷款人职能,如向金融机构提供再贷款。

（3）调节货币供给总量。法定存款准备金率的调整将直接影响商业银行等存款货币机构创造派生存款的能力,从而影响货币供给总量。

4. 法定存款准备金政策的优缺点

法定存款准备金政策的优点是:对货币供给量具有极强的影响力,力度大,速度快,效果明显。但也存在明显的局限性:① 法定存款准备金政策作用力猛烈,对经济震荡大。即使中央银行小幅调整法定存款准备金率,都可能引起货币供给量的巨大波动,因而不宜作为中央银行的日常操作工具。② 法定存款准备金政策对各类银行的影响不一样。比如提高法定存款准备金率,可能使超额准备金率较低的商业银行陷入流动性困境。

资料框 10-1

我国的存款准备金制度

我国在 1984 年开始建立存款准备金制度,并多次对存款准备金制度进行了改革。1984 年开始实施存款准备金制度时,规定的存款准备金率为 3 档:企业存款 20%;农村存款 25%;储蓄存款 40%。此后,我国多次对法定存款准备金率进行了调整,并对不同类型的金融机构实行差别存款准备金率。2016 年我国将人民币存款准备金的考核基数由考核期末一般存款时点数调整为考核期内一般存款日终余额的算术平均值。2008 年至 2022 年期间,我国调整法定存款准备金率共计 50 次。

（二）再贴现政策

1. 再贴现政策的含义

再贴现是指商业银行或其他金融机构将贴现所获得的未到期票据向中央银行转让以融通短期资金的一种行为。所谓再贴现政策,是指中央银行通过制定或调整再贴现率来干预和影响市场利率及货币市场的供给与需求,从而调节货币供给量的一种政策措施。一般而言,再贴现政策有两方面的内容:一是再贴现率的调整;二是规定何种票据具有向中央银行申请再贴现的资格。前者主要是影响商业银行的准备金及社会资金供求,后者则主要是影响商业银行及全社会的资金投向。

2. 再贴现政策的作用

（1）再贴现率的升降会影响商业银行等存款货币机构的准备金和资金成本,从而影响它们的贷款量和货币供给量。

（2）再贴现政策对调整信贷结构有一定效果。如通过规定再贴现票据的种类,或对再贴现的票据实行差别化再贴现率,能够影响商业银行的资金投向。

（3）再贴现率的升降可以产生货币政策变动方向和力度的告示作用,从而影响公众预期。

3. 再贴现政策的优缺点

再贴现政策最大的优点是中央银行可利用它来履行最后贷款人的职责,并在一定程度上体现中央银行的政策意图,既可以调节货币总量,又可以调节信贷结构。但它也有局限性:① 在控制货币供给量方面的局限性。一是在再贴现业务中,中央银行处于被动地位。商业银行是否愿意到中央银行申请再贴现,申请多少,何时申请等都取决于商业银行的意愿。二是如果一国金融市场发达,融资渠道多且限制较少,那么商业银行可以通过其他途径筹措资金,而不依赖于再贴现。② 再贴现率高低有限度。在经济繁荣或萧条时期,再贴现率即使大幅提高或降低,都可能无法限制或鼓励商业银行向中央银行再贴现。③ 再贴现政策缺乏弹性。如果再贴现率经常调整,会引起市场利率频繁波动,导致商业银行和企业无所适从。但如果不能随时调整再贴现率,又不利于中央银行灵活调节市场货币供给量。

资料框 10-2

我国的再贴现业务

我国于 1980 年起在全国少数几个城市试办商业票据的承兑贴现业务,1985 年起在全国推开。1986 年,中国人民银行颁布了《再贴现试行办法》,在北京、上海等十个城市试办再贴现业务。1995年,中国人民银行规范再贴现业务操作,注重通过再贴现传递货币政策信号。1998年以来,为适应金融宏观调控由直接调控转向间接调控,中国人民银行改革再贴现、贴现利率生成机制。2008年后,中国人民银行进一步完善再贴现管理,扩大再贴现的对象和机构范围,对涉农、小微、绿色、民营企业贴现票据优先办理再贴现。2017年,我国电子化再贴现业务系统基本建成。

（三）公开市场业务

1. 公开市场业务的含义

公开市场业务是指中央银行在金融市场买进或卖出有价证券,以改变商业银行等存款货币机构的准备金,进而影响货币供给量和利率的一种政策措施。中央银行在公开市场上买卖的证券主要是政府的公债和国库券。

2. 公开市场业务的作用

（1）调控商业银行等存款货币机构的准备金和货币供给量。中央银行通过在金融市场买进或卖出有价证券,可直接增加或减少存款货币机构的超额准备金水平,从而影响存款货币机构的贷款规模和货币供给量。

（2）影响利率水平和利率结构。当中央银行买进或卖出有价证券时,货币供给增加或减少,从而影响利率水平。此外,中央银行在公开市场买卖不同期限的有价证券,可直接改变市场对不同期限证券的供求平衡状况,从而使利率结构发生变化。

3. 公开市场业务的优缺点

公开市场业务日益成为许多国家最重要的日常操作工具,它有如下优点:① 公开市场业务是中央银行主动采取的,直接对存款货币机构的准备金产生预期效果,而不像再贴现业务那样处于被动地位。② 公开市场业务可以进行经常性、连续性的操作,买卖证券的规模可大可小,直到满足中央银行的要求为止。③ 中央银行可以通过公开市场业务,对货币供给量进行微调,而不会像法定存款准备金政策那样产生震动性影响。④ 金融市场情况一旦发生变化,中央银行能迅速改变公开市场业务的操作方向,灵活调节货币供给量,而其他货币政策工具则不能迅速地逆转。

作为一种货币政策工具,公开市场业务也不可避免地存在一定的局限性:① 公开市场操作较为细微,政策意图的告示作用较弱。② 需要以较为发达的证券市场为前提。③ 在某些情况下,商业银行可以通过其他方式弥补准备金的不足,从而使公开市场业务不能很好地发挥作用。

4. 公开市场业务发挥作用的条件

（1）中央银行必须具有强大的、足以干预和控制整个金融市场的资金实力。

（2）中央银行能自行决定买卖证券的种类、数量及买卖的时间等。

（3）金融市场的范围应具有全国性,并应具有完整的独立性,不受外国金融中心的制约。

（4）金融市场上的证券种类和数量要适当。

资料框 10-3

我国的公开市场业务

我国的公开市场业务包括人民币公开市场操作和外汇公开市场操作两部分。外汇公开市场操作于 1994 年 3 月启动,人民币公开市场操作于 1998 年 5 月恢复交易,规模逐步扩大。1999 年以来,公开市场业务已成为中国人民银行货币政策日常操作的重要工具,中国人民银行通过外汇交易、中央银行票据发行、回购与逆回购业务、短期流动性调节工具(SLO)等操作,对调控货币供给量、调节商业银行流动性水平、引导货币市场利率走势发挥了积极的作用。我国实行公开市场业务一级交易商制度,一级交易商有商业银行、证券公司、保险公司、农村商业银行和证券投资基金等。公开市场操作工具包括国债、政策性金融债以及中央银行票据等。

二、选择性货币政策工具

选择性货币政策工具,是指中央银行针对某些特殊的经济领域或特殊用途的信贷而采用的信用调节工具。三大一般性货币政策工具主要是针对社会信用总量和货币供给总量进行控制,而选择性货币政策工具则偏重于调整资金结构和经济结构。这两类货币政策工具的配合使用,可以同时兼顾到总量调节和结构调整。选择性货币政策工具主要有以下几种。

(一) 消费者信用控制

消费者信用控制是指中央银行对不动产以外的各种耐用消费品的销售融资予以控制的政策措施。其主要内容包括:① 规定用分期付款等消费信贷购买各种耐用消费品时第一次付款的最低金额。② 借款的最长期限。③ 购买耐用消费品的种类。

(二) 证券市场信用控制

证券市场信用控制是指中央银行对有关证券交易的各种贷款进行限制,目的在于抑制过度的投机。如规定一定比例的保证金率,并随时根据证券市场的状况进行调整。在西方,商业银行等金融机构可以办理各种有价证券交易的贷款和以有价证券为抵押的贷款。我国实行证券业和银行业分业经营的管理体制,严格限制信贷资金流入股市。

(三) 不动产信用控制

不动产信用控制是指中央银行对商业银行等金融机构办理不动产贷款的管理措施。其主要内容包括:① 规定贷款的最高限额。② 规定贷款的最长期限。③ 规定购买不动产时第一次付款的最低金额。④ 规定购买不动产分期付款的最低金额。

(四) 优惠利率

优惠利率是指中央银行对国家拟重点发展的某些部门、行业规定较低贷款利率,目的在于促进这些部门及行业的发展,优化产品结构和产业结构。优惠利率不仅在发展中国家多有采用,发达国家也普遍采用。

三、其他货币政策工具

(一) 直接信用控制

直接信用控制是指中央银行以行政命令或其他方式对金融机构尤其是商业银行的信用活动进行直接控制。其手段包括:

1. 利率最高限额

利率最高限额是指中央银行规定商业银行的定期及储蓄存款所能支付的最高利率。其目的是通过对存款利率上限进行限定,防止商业银行用提高利率的办法在吸收存款方面进行过度竞争。

2. 信用分配

信用分配是指中央银行根据国家的经济形势,权衡经济发展对信贷资金需要的轻重缓急之后,对商业银行的信用规模加以合理分配和限制的措施。其目的是合理地分配信贷资金,使有限的信贷资金用到急需的地方去。

3. 直接干预

直接干预是指中央银行依据有关法令的授权,对商业银行的授信业务进行直接的干预。如直接规定商业银行业务经营的方针、贷款与投资的范围等。采取直接干预主要是因为商业银行在其业务经营中违背了国家的货币信用政策。

4. 贷款限额

贷款限额是指中央银行对商业银行的贷款规模实行直接限额管制。1998 年 1 月中国人民银行取消对国有商业银行贷款规模的限额控制,只对国有商业银行按年(季)下达贷款增量的指导性计划,实行"计划指导、自求平衡、比例管理、间接调控"的信贷资金管理体制。

5. 流动性比率

流动性比率是指中央银行为了限制商业银行的信用能力,规定在商业银行的全部资产中流动性资产所占的比重。由于商业银行不能随意将流动性资产用于长期性的商业贷款,中央银行也就达到了限制信用扩张的目的。

6. 特种存款

特种存款是指中央银行在银行体系中出现过剩超额储备时,要求商业银行按一定比例把这种超额储备缴存中央银行冻结起来的一种存款方式。当发生较为剧烈的通货膨胀时,中央银行可以运用这种方式压缩银行体系的贷款规模,从而减少货币供给量。

(二) 间接信用指导

间接信用指导是指中央银行通过道义劝告和窗口指导的方式对信用变动方向和重点实施间接指导。

1. 道义劝告

道义劝告是指中央银行利用其在金融体系中的特殊地位和声望,对商业银行及其他金融机构的业务活动提供指导、发表看法和提出某种劝告,使商业银行和其他金融机构自动采取相应措施来贯彻中央银行的政策。道义劝告不具有强制性,不依靠法令赋予的特殊权力,而是向金融机构提出某种具体指导,使其领会意图,自愿合作。事实上,金融机构通常都会采取合作态度。

2. 窗口指导

窗口指导是指中央银行根据产业行情、物价趋势和金融市场动向,规定商业银行的贷款重点投向和贷款变动数量,以保证经济优先发展部门的资金需要。为了保证货币政策顺利实施,经过长时间实践后,窗口指导逐渐转化为带有强制性的政策手段。第二次世界大战后,窗口指导曾一度是日本银行货币政策的主要工具。近年来,我国频繁使用窗口指导,并注重与其他宏观调控政策相配合,使其具有行政指令的特征。

(三) 新型货币政策工具

1. 常备借贷便利

从国际经验看,中央银行通常综合运用常备借贷便利(Standing Lending Facility,SLF)和公开市场操作两大类货币政策工具管理流动性。2013 年中国人民银行创设了常备借贷便利。常备借贷便利是中国人民银行正常的流动性供给渠道,主要功能是满足金融机构期限较长的大额流动性需求。对象主要为政策性银行和全国性商业银行,期限为 1~3 个月,利率水平根据货币政策调控、引导市场利率的需要等因素综合确定。常备借贷便利以抵押方式发放,合格抵押品包括高信用评级的债券类资产及优质信贷资产等。

常备借贷便利的主要特点有:一是由金融机构主动发起,金融机构可根据自身流动性需求申请常备借贷便利;二是中央银行与金融机构"一对一"交易,针对性强;三是其交易对手覆盖面广,通常覆盖存款金融机构。此外,常备借贷便利利率发挥了利率走廊上限的作用,有利于维护货币市场利率平稳运行。

2. 中期借贷便利

2014 年中国人民银行创设了中期借贷便利(Medium-term Lending Facility,MLF)。中期借贷便利是中央银行提供中期基础货币的货币政策工具,对象为符合宏观审慎管理要求的商业银行、政策性银行,可通过招标方式开展。中期借贷便利采取质押方式发放,金融机构提供国债、央行票据、政策性金融债、高等级信用债等优质债券作为合格质押品。中期借贷便利利率发挥中期政策利率的作用,通过调节向金融机构中期融资的成本来对金融机构的资产负债表和市场预期产生影响,引导其向符合国家政策导向的实体经济部门提供低成本资金,促进降低社会融资成本。

3. 抵押补充贷款

2014 年中国人民银行创设了抵押补充贷款(Pledged Supplemental Lending,PSL)为开发性金融支持棚改项目提供长期稳定、成本适当的资金来源。抵押补充贷款主要是为支持国民经济重点领域、薄弱环节和社会事业发展而对金融机构提供的期限较长的大额融资。抵押补充贷款采取质押方式发放,合格抵押品包括高等级债券资产和优质信贷资产。

4. 定向中期借贷便利

2018 年中国人民银行创设了定向中期借贷便利(Targeted Medium-term Lending

Facility，TMLF），加大金融对实体经济，尤其是小微企业、民营企业等重点领域的支持力度。大型商业银行、股份制商业银行和大型城市商业银行，如符合宏观审慎要求、资本较为充足、资产质量健康，获得央行资金后具备进一步增加小微企业、民营企业贷款的潜力，可向中国人民银行提出申请。中国人民银行根据其支持实体经济的力度，特别是对小微企业和民营企业贷款情况，并结合其需求，确定提供定向中期借贷便利的金额。定向中期借贷便利的利率比中期借贷便利的利率优惠。

资料框 10-4

结构性货币政策工具

我国的结构性货币政策工具是中国人民银行引导金融机构信贷投向，发挥精准滴灌、杠杆撬动作用的工具，通过提供再贷款或资金激励的方式，支持金融机构加大对特定领域和行业的信贷投放，降低企业融资成本。

结构性货币政策工具兼具总量和结构双重功能，一方面，结构性货币政策工具建立激励相容机制，将央行资金与金融机构对特定领域和行业的信贷投放挂钩，发挥精准滴灌实体经济的独特优势；另一方面，结构性货币政策工具具有基础货币投放功能，有助于保持银行体系流动性合理充裕，支持信贷平稳增长。

我国的结构性货币政策工具包括支农再贷款、支小再贷款、再贴现、普惠小微贷款支持工具、抵押补充贷款、碳减排支持工具、支持煤炭清洁高效利用专项再贷款、科技创新再贷款、普惠养老专项再贷款、交通物流专项再贷款、设备更新改造专项再贷款、普惠小微贷款减息支持工具、收费公路贷款支持工具、民营企业债券融资支持工具与保交楼贷款支持计划等。

资料来源：中国人民银行网站。

第三节　货币政策传导机制

一、货币政策传导机制的含义与理论

（一）货币政策传导机制的含义

货币政策传导机制是指中央银行确定货币政策的最终目标后，通过运用各种货币政策工具引起操作指标和中介指标的变动，从而影响整个社会经济活动以实现最终目标的全过程。

在制定货币政策时，中央银行首先根据国民经济的实际情况确定最终目标，然后选择适当的政策工具。但政策工具并不能直接作用于最终目标，而且从政策工具运用到对最终目标产生影响有较长的时间滞后，因此必须引入操作指标和中介指标。操作指标包括基础货币与准备金等近期指标，中央银行对操作指标的控制力较强，但操作指标离最终目标较远。中介指标包括货币供给量和利率等远期指标。中介指标离最终目标较近，但中央银行对中介指标的控制力相对较弱。操作指标在本质上属于广义的中介指标。图 10-2 所示是货币政策调控的一般系统结构。

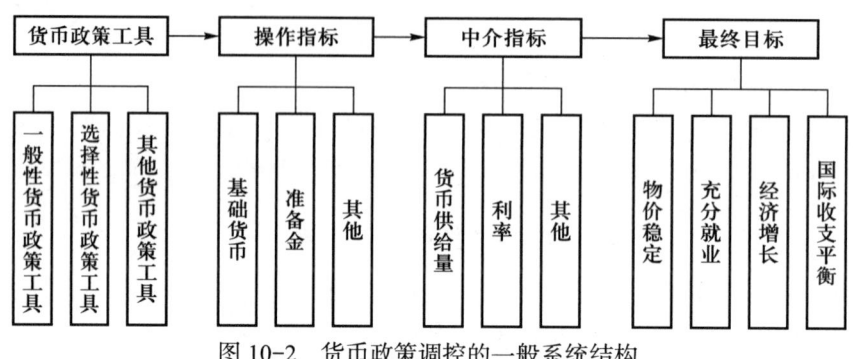

图 10-2　货币政策调控的一般系统结构

（二）货币政策传导机制的理论

1. 古典货币数量论者的货币政策传导机制理论

古典货币数量论主要包括以费雪为代表的"现金交易数量论"和以剑桥学派的马歇尔、庇古等人为代表的"现金余额数量论"。前者着眼于一定时期内用作交易的货币数量，而后者则着眼于某一时点上停滞的货币数量。两者虽然采用的分析方法不同，但都认为货币数量变动只影响物价水平而不影响实际经济活动。

2. 凯恩斯学派的货币政策传导机制理论

凯恩斯学派认为，货币供给量 M 的增减会影响利率 r，利率 r 的变化则通过资本边际效率的影响使投资 I 以乘数方式增减，投资的增减进而影响总支出 E 和总收入 Y。用符号表示为：

$$M \rightarrow r \rightarrow I \rightarrow E \rightarrow Y \tag{10-1}$$

在这个传导过程中，货币政策发挥作用的关键途径有两条：一是货币与利率的关系，即流动性偏好；二是利率与投资之间的关系，即投资利率弹性。在凯恩斯学派的传导机制中，利率是整个传导机制的核心，货币供给量的调整必须首先影响利率的升降，然后才能使投资乃至总支出发生变化。如果货币供给量增加不能对利率产生影响，即存在流动性陷阱，则货币政策无效；如果投资的利率弹性非常低，利率的下降就不会对投资量有显著的刺激作用，货币政策的传导机制也就会中断。

3. 货币学派的货币政策传导机制理论

货币学派认为利率在货币政策传导过程中不起重要作用。同时，货币政策传导过程比较直接和迅速，并不像凯恩斯学派那样间接和迂回。货币学派认为，货币需求有其内在的稳定性，而货币供给是一个外生变量。由于货币需求函数中不包括任何货币供给的因素，因而货币供给的变动并不直接引起货币需求的变化。

当货币供给量增加时，由于货币需求并不改变，公众会发现他们实际持有的货币量比他们希望持有的多。超过意愿持有的货币，或用于购买债券、股票等金融资产，或用于购买汽车、消费品等实物资产直至人力资本的投资。这种支出(资产结构的调整过程)会影响资产的价格(如有价证券利率会变动),也会影响商品供应的数额与价格。用符号表示为:

$$M \to A \to C \to I \to P \to \cdots \to Y \tag{10-2}$$

其中:M 为货币供给量;A 为金融资产;C 为消费;I 为投资;P 为价格;……为可能存在但未被揭示的过程;Y 为产出。

货币学派认为,就短期而言,货币供给的变化会对实际产量和物价两方面均发生影响;就长期而言,则只会影响物价水平。

4. 凯恩斯学派理论与货币学派理论的分歧

凯恩斯学派和货币学派都承认货币供给影响经济,但货币学派的货币政策传导机制理论是在批评凯恩斯学派理论的过程中提出来的。因此,它与凯恩斯学派的货币政策传导机制理论存在重大分歧,主要表现在:

(1) 凯恩斯学派认为,利率是货币政策传导机制中重要的经济变量,并为中央银行所直接控制。而货币学派认为在增加货币供给量的初期,会降低名义利率和实际利率,但不久名义利率就会因货币收入增加和物价上涨而上升,而实际利率则可能回到并稳定在原先的水平上。因此货币学派认为中央银行在货币政策决策时,应忘掉利率,把注意力集中到货币供给量上。

(2) 凯恩斯学派认为直接对产量、就业和国民收入产生影响的是投资,而货币供给量对国民收入等因素的影响是间接的。货币学派则认为,货币供给量的变动与名义国民收入的变动有着直接的联系,货币供给量的增加直接引起名义国民收入增加。

5. 货币政策传导机制的进一步探索

在凯恩斯学派和货币学派理论的基础上,许多经济学家对货币政策传导机制作了更为广泛的探索。

(1) 托宾的 q 理论。托宾的 q 理论说明了货币政策通过影响股票价格而作用于实际经济的过程。托宾把 q 定义为企业市场价值与资本重置成本之比。其含义是:在均衡状态下,$q=1$,表明资本以经济的自然增长速度重置和扩张。$q>1$,表明企业所拥有的所有资产的市值高于其重置成本,企业只需发行少量股票就可以获得较多新的投资品,企业投资支出将会上升。$q<1$,则表明企业市值低于其重置成本,投资新项目不如在市场上收购既有企业划算,企业对新的投资就不会有积极性。用符号表示为:

$$M \to P_s \to q \to I \to Y \tag{10-3}$$

其中:P_s 为股票价格;其他符号同上。

(2) 信用传导机制理论。信用传导机制理论主要讲述了货币政策通过银行借贷渠道与资产负债表渠道这两种方式进行传导。

① 银行借贷渠道。这种观点认为,银行贷款不能全然由其他融资形式,如资本市场的有价证券发行所替代。大企业可以通过股票、债券市场融资,但特定类型借款人,如小企业和普通消费者的融资需求只能通过银行贷款来满足。如果中央银行在公开市场上实施紧缩性货币政策,售出债券,将会减少商业银行的准备金 R,从而银行贷款 L 的可供应量也会减少,在其他条件不变的情况下,贷款减少将引起投资支出 I 减少,从而导致总支出 Y 下降。用符号表示为:

公开市场的紧缩(或扩张)操作 $\rightarrow R \rightarrow L \rightarrow I \rightarrow Y$ (10-4)

其中: L 为银行贷款;其他符号同上。

② 资产负债表渠道。这种观点在表现形式上很接近银行借贷渠道,但两者在实质上存在显著差异,前者从银行贷款供给角度解释信用对经济的影响;后者从特定借款人资产负债状况来解释信用在传导过程中的作用。这种观点认为,货币供给量的减少和利率的上升,将影响借款人的资产状况,特别是现金流的状况。利率的上升导致利息等费用开支增加,从而直接减少净现金流 NCF;销售收入的下降则从间接渠道进一步减少净现金流。同时,利率的上升将导致股价的下跌,从而恶化其资产状况,使借款人担保品价值下降,贷款的逆向选择和道德风险 H 问题趋向严重,结果部分资信状况不佳的借款人既无法从市场直接融资,又无法获得银行贷款,导致投资与产出的下降。用符号表示为:

$$M \rightarrow r \rightarrow P_s \rightarrow NCF \rightarrow H \rightarrow L \rightarrow I \rightarrow Y \qquad (10\text{-}5)$$

其中: NCF 为净现金流, H 为逆向选择和道德风险;其他符号同上。

(3) 财富效应。莫迪利亚尼的生命周期理论认为,决定消费支出的是消费者毕生资财 W,而不仅仅是今天的收入,消费者在整个一生中以最好的可能方式配置其消费。消费者毕生资财的一个重要组成部分是金融财富 F,其中一个主要的部分是股票。当股票价格 P_s 上升时,金融财富 F 就会增大,这样将增加消费者毕生资财,消费 C 也会随之增加。用符号表示为:

$$P_s \rightarrow F \rightarrow W \rightarrow C \rightarrow Y \qquad (10\text{-}6)$$

其中: F 为金融财富, W 为消费者毕生资财;其他符号同上。

要把以上过程确定为货币政策的传导机制,必须使如下过程的确定性得到论证:

$$M \rightarrow P_s$$
$$M \rightarrow r \rightarrow P_s \qquad (10\text{-}7)$$

货币供给量和利率会作用于资本市场是没有疑问的。但是货币当局通过对货币供给量和利率的操作,有可能以怎样程度的确定性取得调节资本市场行情特别是股票价格的效果,还没有取得较为一致的见解。

(4) 货币政策通过国际贸易来传导和发挥作用。随着经济国际化和浮动汇率制度的实行,汇率对净出口的影响已成为一个重要的货币政策传导机制。假定通货膨胀率不变,当国内利率下降时,国内货币的存款相对于外币存款来说吸引力下降,一元钱的国内货币存款可兑换的外币存款的数量减少,这说明本币汇率 e 下降,本币贬值,使得国内商品较国外商品变得便宜,从而引起净出口 NX 增加,进而导致总产出 Y 增加。用符号表示为:

$$M \rightarrow r \rightarrow e \rightarrow NX \rightarrow Y \qquad (10\text{-}8)$$

其中: e 为本币汇率, NX 为净出口;其他符号同上。

此外,在货币政策传导机制问题上,还有流动性效应观点,通过房产渠道传导的理论等。

二、货币政策的中介指标

(一) 中介指标的选择标准

中介指标是与最终目标有紧密相关性,并且对货币政策工具的运用反应迅速的金融变量。作为中介指标的变量要具备以下一些条件：

（1）可测性，即信息资料要能够被中央银行迅速而精确地获得，并且指标变量的内涵和外延较为明确与稳定。

（2）可控性，即通过政策工具操作，能够有效地对指标变量进行控制。

（3）相关性，即中介指标必须与最终目标之间有密切的联系，而操作指标又必须与中介指标密切相关。

（4）抗干扰性，即货币政策在实施的过程中常会受到许多外来因素或非政策因素的干扰，只有那些受干扰程度低的变量才能选作中介指标。

（二）可供选择的中介指标变量

可供选择的中介指标变量有两类：一类是规模型变量，主要是指货币供给量和贷款量；另一类是价格型变量，主要是利率，有时汇率也可作为中介指标。

1. 货币供给量

货币供给量可以通过对中央银行、商业银行和其他金融机构的资产负债表的统计得到，具有较好的可测性。中央银行掌握着基础货币的投放，在货币乘数稳定或者可预测的情况下，货币供给量有一定的可控性。但是，中央银行对货币供给量的控制能力也不是绝对的，还要受公众和商业银行的影响。货币供给量与最终目标变量之间有较好的相关性，但这种相关性的强弱会受到经济、金融环境的影响，比如金融创新活动就可能削弱它们之间稳定的数量关系。以货币供给量作为中介指标还有一个问题，即以哪一个层次的货币供给量作为中介指标或控制重点。我国在 20 世纪 90 年代初期和中期是以 M1 为货币控制的重点，从 20 世纪 90 年代末期开始就逐步将控制重点转向了 M2。

2. 贷款量

贷款量在可测性方面是没有问题的。其可控性则与银行制度有一定的关联，在中央银行可以直接规定商业银行贷款规模的情况下，其可控性就很强；在中央银行不能实施直接贷款限额管理的情况下，其可控性就差一些。但是，在后一种情况下，中央银行也可以通过各种手段调节贷款量。在相关性方面，贷款总量直接影响货币供给量的多少和社会总需求，进而影响产出和物价。特别是在金融市场发育程度低、直接融资规模小的情况下，贷款量对总需求的影响比较强。相对而言，在规模变量中，比较常见的是选择货币供给量作为中介指标，贷款量往往作为辅助变量。

3. 利率

中央银行可以直接从货币市场和资本市场上得到各种利率水平和利率结构的信息，其可测性是没有问题的。中央银行可以通过公开市场操作、再贷款（再贴现）利率的变动等方法影响货币市场短期利率，进而引导长期利率变化。在一些对利率实现直接管制的国家，其可控性更强。但是，中央银行能够控制的是名义利率，而对经济产生实质影响的是预期实际利率，预期实际利率等于名义利率减去预期通货膨胀率。由于对未来的通货膨胀率难以准确预期，这就增加了对实际利率控制的困难。利率与最终目标变量的相关性强弱主要取决于投资对利率的弹性，弹性高则相关性强，弹性低则相关性弱。此外，市场利率种类很多，到底哪一种利率最适合，也存在着选择上的困难。

4. 汇率

汇率的可测性没有问题,其可控性和相关性能在不同程度上得到满足。在一些开放的小型经济中,汇率可以作为一个主要的中介指标。但对于大国而言,要保持本国货币政策的独立性,一般不采用汇率目标。

(三) 中央银行不能同时控制货币供给量和利率

货币供给量和利率分别是最常使用的规模型和价格型中介指标变量。但是,中央银行不能同时实现对货币供给量和利率的控制。在货币供给量和利率之间,只能选择其中一个作为中介指标。

如果中央银行以货币供给量为控制目标,则难以控制住利率。图 10-3 表明了货币市场的供求关系。虽然中央银行预期货币需求曲线位于 M_{de},但是由于产出或物价水平出现意外波动,或者经济中其他冲击使得公众对金融资产的选择偏好发生变化,货币需求曲线并不能保证就真的处于预期的位置。如果中央银行将货币总量目标定为 M^*,那么,中央银行预期利率为 i_e。这个利率水平也许是中央银行的目标水平。但是,货币需求曲线在 M_{d1} 和 M_{d2} 之间的波动也将造成利率在 i_1 和 i_2 之间波动。所以,追求货币供给量目标就意味着利率波动。

结合图 10-4 分析以利率为控制目标时货币供给量能否被控制住。如果中央银行预期货币需求曲线处于 M_{de},由于上述同样的原因,货币需求曲线将在 M_{d1} 和 M_{d2} 之间波动。此时,中央银行要将利率控制在 i_e,就会导致货币供给量在 M_{s1} 和 M_{s2} 之间波动。

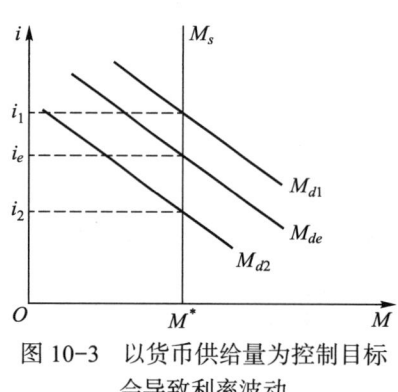

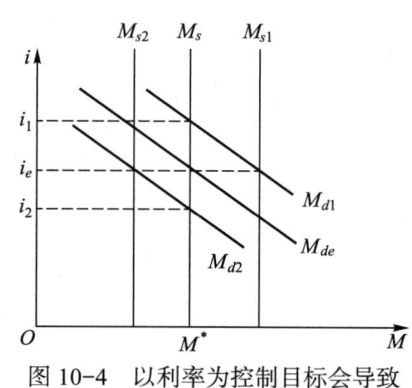

图 10-3 以货币供给量为控制目标 会导致利率波动

图 10-4 以利率为控制目标会导致 货币供给量波动

中央银行不能同时控制好货币供给量和利率两个目标,在最常用的两类中介指标——货币供给量和利率之间,不同学派有不同的选择。凯恩斯学派主张以利率为中介指标。他们认为,利率对总支出有相当重要的作用,特别是对投资支出有很大的影响,利率是整个货币传导机制中的关键变量。而以弗里德曼为代表的货币学派主张以货币供给量为中介指标。他们认为,中央银行只要坚持按货币供给量与经济增长之间的固定比例关系供给货币,就能使经济在低通货膨胀的条件下稳定增长。

三、货币政策的操作指标

经常被选做操作指标的变量是准备金和基础货币,有时短期利率也可以作为操作指标。

（一）准备金

准备金分为法定存款准备金和超额准备金。法定存款准备金是按法定存款准备金率提取的准备金,超额准备金是准备金总额中超过法定存款准备金的部分。准备金(特别是超额准备金)的规模,直接决定着商业银行等金融机构的流动性状况和放贷能力。中央银行通过对准备金的调节,可以影响中介指标变量。法定存款准备金率的调整将直接导致超额准备金的变化,这会进一步引起银行贷款的规模和货币供给量及利率等中介指标的变动。中央银行可以通过公开市场业务、再贴现政策等来改变总准备金和超额准备金的规模,进而影响中介指标。

（二）基础货币

基础货币是指流通中的现金和准备金之和,又称为高能货币或强力货币。由于货币供给量等于基础货币量乘以货币乘数,在货币乘数稳定的情况下,只要控制住基础货币,就控制住了货币供给量。中央银行可以通过公开市场业务、再贴现政策等对基础货币进行调节和控制。但是,这种控制并不是绝对的,如再贴现政策的主动权在商业银行,调控效果在很大程度上取决于商业银行的需求。

（三）短期利率

货币市场短期利率在有的国家也被用做操作指标。经常被选做操作指标的短期利率是银行同业拆借利率。同业拆借市场是货币市场的基础,也是一个主要的子市场,其利率是整个货币市场的基准利率。中央银行可以通过公开市场业务、调整再贴现率等手段来实现对同业拆借利率的调控,进而可以影响货币供给量和其他利率。但是,短期利率易受通货膨胀、市场供求和心理预期的影响。

四、货币政策规则

货币政策规则是中央银行进行货币政策决策和操作的指导原则。

（一）按规则行事与相机抉择的含义

确定了货币政策的操作指标和中介指标之后,还有一个问题,即中央银行在制定和实施货币政策的过程中,对相关变量的调节要不要遵循某种规则。对此,有两种不同的主张:一种是按规则行事,即中央银行在制定和实施货币政策之前,先确定货币政策工具操作的程序和原则,并按这些事先确定的规则进行操作。另一种是相机抉择,即中央银行在操作货币政策工具的过程中,不受任何固定程序和规则的约束,而是根据经济运行形势灵活地选择操作方法,以实现货币政策最终目标。

（二）货币政策规则的类型

根据涉及的指标内容,货币政策规则可以分为货币数量规则、利率规则、通货膨胀目标制等。

1. 货币数量规则

早期最有代表性的货币数量规则是弗里德曼在 20 世纪 50 年代提出的固定货币增长率的"单一规则"。以弗里德曼为代表的货币学派假设货币周转率相对稳定并且可以预测,以此为依据提出使货币供给以固定的速率 $k\%$ 增长,并在任何经济形势下都维持这一增长率,以实现经济的稳定。

20 世纪 80 年代以来,金融创新对货币供给量与最终目标之间的稳定关系产生了影响,并且货币供给量的控制也受到了金融创新的影响。麦卡勒姆提出了以名义 GDP 增长率为最终目标,以基础货币为操作目标的政策规则。模型为:

$$\Delta b = a - \Delta V^a + \lambda (\Delta x^* - \Delta x) \tag{10-9}$$

式中:Δb 为基础货币的增长率;

$\quad \Delta V^a$ 为前 16 季度基础货币流通速度平均变化率;

$\quad \Delta x^*$ 为名义 GDP 的目标增长率;

$\quad \Delta x$ 为名义 GDP 的实际增长率;

$\quad a$ 为常数;

$\quad \lambda > 0$ 为政策调整参数。

麦卡勒姆规则不再像"单一规则"那样把货币增长固定下来,而是对名义产出的变动做出反应,增加了灵活性和相机抉择的成分。

2. 利率规则

利率规则是根据产出、通货膨胀等最终目标的变动来调整利率(一般是短期利率)的原则。最有代表性的是泰勒(1993)提出的泰勒规则。模型为:

$$i = i^* + \pi^a + h(\pi^a - \pi^*) + g(y - y^*)/y^* \tag{10-10}$$

式中:i 为联邦基金利率;

$\quad i^*$ 为固定的均衡实际利率;

$\quad \pi^a$ 为前四季度的平均通胀率;

$\quad \pi^*$ 为目标通货膨胀率;

$\quad y$ 为实际 GDP;

$\quad y^*$ 为潜在 GDP;

$\quad g$ 与 h 为权重系数。

在以后的研究中,更复杂的利率规则被不断提出,比如考虑了利率平滑调整的规则、以预测为基础的前瞻性规则等。这些利率规则的含义是:中央银行在制定货币政策时,应该在长期将利率保持中性水平,使它对经济既不起刺激作用也不起抑制作用,而只是起到稳定的作用。

3. 通货膨胀目标制

20 世纪 90 年代以来,一些发达国家和发展中国家纷纷采用通货膨胀目标制这种货币政策规则。这种新的政策规则有两个关键要素:一是中央银行宣布明确的、数值型的通货膨胀率目标;二是货币政策以稳定物价为首要目标,一旦预期通货膨胀率高于目标值,中央银行就采取行动把通货膨胀率恢复到目标范围内。通货膨胀目标制分严格的和非严格的两种。严格的通货膨胀目标制框架中,货币政策只瞄准通货膨胀率,而不对经济增长率做出反应；非严格的通货膨胀目标制框架中，货币政策主要瞄准通货膨胀率，同时也对经济增长率的波动做出适当的反应。虽然全球有新西兰、加拿大、英国、巴西、泰国等多个国家实行了通货膨胀目标制，但其并不是锁定低通货膨胀的必要条件。

（三）凯恩斯学派与货币学派的不同主张

凯恩斯学派主张宏观经济调控政策"逆风向行事"，强调货币政策操作中的相机抉择性。他们认为相机抉择的货币政策十分灵活，在出现未预料到的经济扰动时，货币政策可以进行微调以减少产出和社会福利损失，而固守规则会造成产出的损失。货币学派的代表人物弗里德曼则反对相机抉择的策略。他认为，相机抉择的反周期政策不但不能起到稳定作用，甚至它本身就是经济不稳定的一个原因。弗里德曼认为，不管经济形势发生了什么样的变化，中央银行只要保持货币供给量按固定的速度增长就行。

（四）"时间不一致性"的影响

在 1977 年基德兰德和普雷斯科特把"时间不一致性"引入宏观经济学以前，相机抉择似乎占据着上风。但是把"时间不一致性"的概念引入这场争论以后，局势就发生了扭转。"时间不一致性"是指有相机抉择权的政策制定者，在某时按最优化原则制定的某项准备在以后执行的政策，到执行时已经不是最优政策了。所以，货币政策应该按规则行事，而不应该给予货币当局相机抉择的权力。但是，支持相机抉择的经济学家认为，即使按规则行事的货币政策也可能导致时间不一致，而且不能顾及未预期到的冲击。到 20 世纪 90 年代以后，人们对规则和相机抉择问题达成了基本共识，即纯粹按规则行事和纯粹相机抉择是两种极端的货币政策操作方式。所以，大多数国家的中央银行都是采取折中的做法，将规则与相机抉择相结合。

第四节　货币政策效应

一、货币政策时滞

货币政策时滞是一个无法克服的宏观经济问题，是指从客观经济形势变化到货币当局调整或制定货币政策措施，以及实施货币政策直至对经济运行产生效应的时间间隔。时滞由内部时滞和外部时滞两个阶段组成。

（一）内部时滞

内部时滞是指从经济金融形势发生变化需要货币政策做出变更，直至货币当局实际采取行动的时间间隔。内部时滞分为两个阶段：第一阶段称为认识时滞，是指经济金融形势发生变化后，货币当局在主观上认识到这种变化，并认识到要采取行动的时间间隔。第二阶段称为行动时滞，是指货币当局在主观上认识到需要改变货币政策到实际采取行动、推行新的货币政策的时间间隔。

内部时滞的长短，主要取决于货币当局信息反馈系统的灵敏程度、预测能力、管理当局的金融决策水平和政策实施效率等多方面的因素。而这又取决于货币当局决策人员的素质、货币当局独立性的强弱、权力的大小以及经济体制的制约程度等诸多因素。

(二) 外部时滞

外部时滞是指从货币当局采取行动开始直到对政策目标产生影响为止的时间过程。外部时滞是一个由社会经济结构与产业结构、金融部门、企业部门和居民的行为等多种因素综合决定的复杂变量,它不像内部时滞那样可以由货币当局掌握。所以,货币当局对这一时滞进行实质性的控制有较大的难度。

(三) 时滞的政策效应

货币政策时滞的客观存在对货币政策效应产生不同的影响。就货币政策的产出效应而言,时滞愈短,产出效应就愈好。但是,就货币政策的价格效应而言,时滞愈长,货币政策的效应就可能愈好。这是因为人们主观上都希望货币数量增加后,经济能很快增长,而价格上涨应该推迟并放慢速度。

货币政策的时滞究竟有多长在很大程度上是一个实证经济学问题。20 世纪 60 年代以来,经济学家利用各种计量经济模型对时滞进行了实证研究,结论有颇多差异。如弗里德曼认为从货币增长率的变化到名义收入的变化需要 6~9 个月的时间,而对物价产生影响要在此后的 6~9 个月,故从货币供给量变动到物价变动之间的时滞平均为 12~18 个月。而索洛和托宾等人认为时滞不过 6~10 个月。时滞的客观存在,可能使货币当局决策时的政策意图与实际效果脱节。

二、影响货币政策效应的因素

影响货币政策效应的主要因素除货币政策时滞外,还包括以下几个方面。

(一) 货币流通速度的影响

如果货币流通速度不稳定,难以预测,则货币政策的效应就会被削弱,并且货币政策可能成为影响经济稳定的根源。原因是社会总需求从流量上看,表现为一定时期的货币支出总量,它等于货币供给量与货币流通速度的乘积。如果货币流通速度是一个难以预测的波动不定的量,即使货币当局能够完全按照预定的目标调节货币供给量,也难使总需求达到预期的水平,这时货币政策就难以达到预期的效果。

(二) 微观主体预期的抵消作用

当一项政策措施出台时,各种微观经济主体立即会根据可能获得的各种信息预期政策的后果,从而很快做出对策。货币当局推出的政策面对微观主体广泛采取的抵消对策时,可能无效。例如,政府拟采取长期扩张政策,人们通过各种信息预期社会总需求增加、物价上涨。在这种情况下,工人会通过工会与雇主谈判,要求提高工资;企业预期工资成本会增大而不愿扩大经营。最后的结果可能只有物价上涨而没有产出增加。

鉴于微观主体预期,似乎只有在货币政策的取向和力度没有被公众知晓时才能达到预期效果。但这种可能性不大,因为货币当局不可能长期不让社会知道它所采取的政策。即使货币当局采用非常规的货币政策,不久之后也会落入人们的预期之内。如果货币当局长期采用非常规的货币政策,将导致微观经济主体做出错误判断,并使经济陷入混乱之中。但实际情况是,即使公众预测非常准确,实施对策很快,其效果也有一个过程。因此,货币政策仍将部分有效。

(三)其他经济政策因素的影响

其他经济政策因素的影响主要包括:① 宏观经济条件的变化。一项既定的货币政策出台后,要保持一定的稳定性和持续性,不能朝令夕改。在这段时间内,如果经济出现某些始料不及的情况,而货币政策又难以做出相应调整,就可能出现货币政策效应下降甚至失效的情况。② 既得利益者的政治压力。货币政策的实施,可能影响到一些阶层、集团、部门或地方的既得利益,这些主体会做出强烈反应,形成压力,迫使货币政策调整。③ 世界上其他国家货币政策的调整可能形成对本国的冲击。

三、货币政策效应的衡量

考察货币政策的效应可以归结为三个方面:一是看效应发挥的快慢,即时滞问题;二是看多大程度上引起了通货膨胀,这是货币政策所包含的中性成分;三是看对经济增长起多大的促进作用,这是货币政策所包含的非中性成分。

以评估紧缩性货币政策为例。如果通货膨胀是由社会总需求大于社会总供给造成的,而货币政策正是以纠正供求失衡为目标,那么这项紧缩性货币政策是否有效,可以从以下三个方面考察其效应大小:

(1)如果通过货币政策的实施,紧缩了货币供给,从而平抑了价格水平的上涨,或者促使价格水平回落,同时又不影响产出或供给的增长率,则这项紧缩性货币政策的有效性很大。

(2)如果通过货币供给量的紧缩,在平抑价格水平上涨或促使价格水平回落的同时,也抑制了产出数量的增长,那么紧缩性货币政策有效性的大小,则要视价格水平变动与产出变动的对比而定。

(3)如果紧缩性货币政策无力平抑价格上涨或无法促使价格回落,却抑制了产出的增长甚至使产出的增长为负,则可判定紧缩性货币政策无效。

但在现实生活中,宏观经济目标的实现往往依赖于多种政策如财政政策、收入政策等方面的配套进行。因此要准确地检验货币政策效果,必须结合与其他政策之间的相互作用及作用大小进行分析。

四、货币政策与财政政策的配合

货币政策要得以顺利传导,正常发挥作用并取得预期效果,必须与财政政策、收入政策和产业政策等其他政策积极配合。其中,货币政策与财政政策的配合尤为重要。党的二十大指出,加强财政政策和货币政策协调配合。货币政策与财政政策都是国家进行宏观调控的有效政策工具,都侧重于对社会总需求的调节,并具有相同的最终目标取向。但两者有区别,主要表现在调控的主体、作用领域、政策工具和调控方式等方面不同。货币政策与财政政策的配合形式共有松紧搭配四种组合方式。

(1) 双紧模式。即紧的财政政策与紧的货币政策的配合。这种配合方式适用于下列情况:社会总需求大于总供给,出现了严重的通货膨胀和经济过热现象,以致影响到经济的稳定与正常运转。这种政策配合措施能够有力抑制社会总需求的过度增长,缓解通货膨胀压力。但是这种强有力的抑制社会总需求的措施过于猛烈,如果把握不当,可能影响社会生产,导致经济不景气。

(2) 双松模式。即松的财政政策与松的货币政策的配合。这种配合方式主要适用于社会总需求严重不足、经济衰退严重的状况。这种政策措施配合方式的优点是可以通过扩大有效需求促进经济增长,缺点是容易引发通货膨胀。

(3) 松的财政政策与紧的货币政策的配合模式。这种配合方式的优点在于紧的货币政策有利于抑制通货膨胀,而同时实行松的财政政策,有利于调整和优化产业结构,促进经济增长。但这种政策组合在实践中也存在一些问题,主要是限制了内需的扩大,同时增加了财政风险。

(4) 紧的财政政策和松的货币政策的配合模式。这种配合方式下,紧的财政政策迫使政府收支平衡,压缩消费支出和投资支出,而利率的降低和银行信贷的放松鼓励企业和私人增加投资,促进经济增长。但是这种政策配合模式也存在一些问题,如紧的财政政策往往难以实现。

基 本 概 念

货币政策　　法定存款准备金政策　　再贴现政策　　公开市场业务
直接信用控制　　窗口指导　　货币政策传导机制　　操作指标
中介指标　　货币政策规则　　货币政策时滞

即 测 即 评

复习思考题

1. 阐述货币政策最终目标之间的关系。
2. 阐述各种货币政策工具的特点。
3. 阐述货币政策传导机制的主要理论及观点。
4. 货币政策中介指标的选择标准是什么?
5. 阐述货币政策时滞及效应。
6. 影响货币政策效应的因素有哪些?
7. 结合实际分析货币政策与财政政策应如何配合。

第十一章
通货膨胀与通货紧缩

通货膨胀无论何时何地都是一种货币现象。

——弗里德曼

本章学习目标

1. 理解通货膨胀的含义。
2. 掌握通货膨胀的类型及其度量标准。
3. 掌握通货膨胀的成因、效应及其治理。
4. 理解通货紧缩的含义。
5. 掌握通货紧缩的成因、效应及其治理。

第一节　通货膨胀的含义、度量及类型

一、通货膨胀的含义

对于什么是通货膨胀,各国经济学家并没有形成一致的看法。公认的观点认为通货膨胀是在一定时间内一般物价水平的持续上涨现象。

对于通货膨胀的这一表述,包含着四层意思:

(1) 通货膨胀是指一般物价水平的上涨。所谓一般物价水平是指包括所有商品和劳务价格在内的总物价水平,而不是指个别物价或部分物价的上涨。

(2) 通货膨胀是指物价水平的持续上涨。通货膨胀所引起的一般物价水平上涨是一个持续的过程,要经过一定的时间才能被人们认识,因此,季节性的、偶然的或暂时的物价上涨均不能称为通货膨胀。

(3) 通货膨胀通常表现为一般物价水平的明显上涨。在自由市场经济中,通货膨胀表现为一般物价水平的明显上涨,而轻微的物价上涨就很难说是通货膨胀。而在非市场经济中,通货膨胀以一种隐性的形式存在,表现为商品短缺、凭票供应、持币待购以及强制储

蓄等形式。

（4）通货膨胀是指一种货币现象。高通货膨胀率与高货币增长率紧密相连，货币供给过多是通货膨胀产生的最直接原因。弗里德曼认为，通货膨胀无论何时何地都是一种货币现象。许多国家的实践表明，通货膨胀率很高的国家，货币增长率也很高。

二、通货膨胀的度量指标

常用的衡量通货膨胀率的价格指数包括消费者价格指数（CPI）、生产者价格指数（PPI）和 GDP 平减指数。

消费者价格指数（Consumer Price Index，CPI）是衡量用于家庭和个人消费商品和劳务的价格变化的指标。这种指数是由各国政府根据本国的主要食品、衣物和其他日用消费品的零售价格以及水、电、居住、交通、医疗、娱乐等服务费用加权平均计算出来的。该指标与人们的生活密切相关，资料容易收集，便于及时公布，能够迅速反映公众生活费用的变化。

生产者价格指数（Producer Price Index，PPI），又称批发物价指数，是根据大宗商品包括最终商品、中间产品及进口商品的加权平均批发价格编制的物价指数。该指数从生产者的角度反映生产环节价格水平，反映了企业经营成本的变动，为广大企业所广泛关注，也是制定有关经济政策和国民经济核算的重要依据。

GDP 平减指数（GDP Deflator），又称 GDP 缩减指数，是名义 GDP 与实际 GDP 的比率。由于名义 GDP 是按当时价格测算的国内生产总值，而实际 GDP 是按以前某一年（称为基年）价格测算的国内生产总值，所以，GDP 平减指数反映了相对于基年物价水平的现期物价水平。它是按当年价格计算的报告期的国内生产总值（名义 GDP）与按基期价格计算的报告期的国内生产总值（实际 GDP）的比率。GDP 平减指数的优点在于其涵盖的范围广，较全面地反映了国内所有最终产品和劳务的一般物价水平的变动趋势。其缺点是容易受到价格结构的影响，会出现价格信号失真，并且编制所需资料的收集比较困难，一般一年只统计一次 GDP 平减指数，难以及时反映物价的变动趋势。

三、通货膨胀的类型

依据不同的标准，可以将通货膨胀划分为若干类型。

（一）按通货膨胀的严重程度和物价上涨速度划分

温和的通货膨胀，又称爬行式通货膨胀，其特点是价格上涨缓慢且可以预测，持续的时间较长，其通货膨胀率一般在 10% 以内。

急剧的通货膨胀，其特点是物价上涨速度快，幅度较大，货币流通速度的提高和货币购买力下降的速度都比较快，总体价格水平每年以 10%~100% 的速度上升。最终导致货币大幅贬值，价格扭曲，社会经济的正常运行遭到破坏。

恶性的通货膨胀，是指通货膨胀完全失控，物价涨幅惊人。其特点是价格每年以 100% 以上的速度急剧上升，最严重时甚至达到天文数字。此时，货币购买力急剧下降，人们对货币完全失去信任，最终导致货币体系崩溃，经济陷入瘫痪状态。

（二）按通货膨胀表现形式划分

公开型通货膨胀，也称为开放型通货膨胀，是指政府对物价水平不加管制，价格随市场供求变化而自由涨落，只要出现通货膨胀，就表现为价格水平的明显上涨。

隐蔽型通货膨胀，也称为压抑型通货膨胀，是指虽然商品供不应求，但政府通过价格控制、定量配给以及其他的一些措施来抑制物价，使得通货膨胀不能以物价上涨形式表现出来的现象。这类通货膨胀不能通过物价上涨表现出来，而只能以排队抢购、凭票购买、有价无货以及产品质量下降等形式表现出来。

（三）按通货膨胀是否存在预期划分

预期型通货膨胀，是指在经济生活中，人们预计将要发生通货膨胀，为避免经济损失，在各种交易、合同投资中将未来的通货膨胀预先考虑进去。预期型通货膨胀具有自我维持的特点，又称为惯性的通货膨胀。

非预期型通货膨胀与预期型通货膨胀相反，是指价格上升的速度超出人们的预期，从而造成实际的价格上涨速度高于预期水平。

（四）按通货膨胀的成因划分

经济学家通过探究通货膨胀的成因，形成了需求拉上说、成本推进说、供求混合推进说和部门结构变动说等不同假说，通货膨胀据此可以划分为需求拉上型通货膨胀、成本推进型通货膨胀、供求混合型通货膨胀和结构型通货膨胀等不同类型，这将在下一节做进一步阐述。

第二节　通货膨胀的成因

一、需求拉上说

（一）需求拉上型通货膨胀的含义

西方经济学家早期主要从需求的角度来寻求通货膨胀的成因。需求拉上型通货膨胀是指在总供给水平基本保持不变的情况下，由于经济中总需求超出总供给所引起的一般价格水平的持续显著上涨。通俗的说法就是"太多的货币追逐太少的商品"，使得对商品和劳务的需求超出了在现行价格条件下可得到的供给，从而导致一般物价水平的上涨。

（二）需求拉上型通货膨胀的成因分析

需求拉上型通货膨胀的成因可从图 11-1 中得到说明。图中 AS 表示总供给曲线，AD_0 表示总需求曲线的初值，二者的交点决定了在供求平衡条件下的物价水平 P_0 和收入水平 Y_0。当总需求增加时，曲线 AD_0 移动至 AD_1，使收入水平提高至 Y_1，同时拉动物价水平上升至 P_1。当经济与充分就业差距较大时，总供给曲线 AS 比较平坦，因此收入水平提高较快,而物价水平变动较小。经济越是接近充分就业时的收入水平 Y_f,AS 曲线越是陡峭,表示收入水平难以进一步增长。此后,即使总需求继续增加,收入水平也不再增长,总需求的增加几乎全部通过物价的上涨(提高至 P_3 甚至以上)反映出来,即进入凯恩斯所谓的"真正的通货膨胀"。

需求拉上说认为社会总需求膨胀是形成通货膨胀的根源,社会总需求的膨胀可以从实际因素和货币因素两个方面进行考察。

从实际因素来看,总需求由消费支出、投资支出和政府支出构成。因此,总需求增加包括了消费需求增加、投资需求增加和政府需求增加。由于国民收入分配向消费倾斜,使居民可支配收入增长速度快于国民收入增长速度,同时消费品供给不能满足消费需要而引起的物价水平整体上涨,称为消费需求膨胀;由于积累率过高、投资规模扩大引起的通货膨胀,称为投资需求膨胀;由于政府过度支出而引起的需求膨胀,则称为政府需求膨胀。

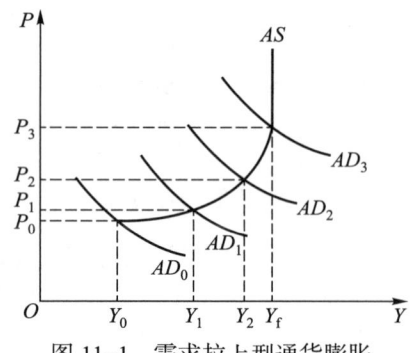

图 11-1　需求拉上型通货膨胀

从货币因素来看,总需求的膨胀主要产生于两个方面:第一,经济体系对货币的需求大大减少,即使货币供给不增长,货币存量也会相对增加,从而导致总需求相对增大;第二,货币需求量不变,货币供给增加过快,也会导致总需求相对增大。货币供给过多造成需求膨胀与投资需求膨胀导致的物价上涨效果是相同的,但对利率的影响是不同的。投资需求膨胀会导致利率上升,而货币供给过多会造成利率下降。

二、成本推进说

(一)成本推进型通货膨胀的含义

另一些经济学家们从供给的角度提出成本推进说来解释通货膨胀,为凯恩斯学派的一些经济学家所倡导。成本推进说认为,在没有超额需求的情况下,商品的价格是以生产成本为基础,加上一定的利润而构成,因此,生产成本上升必然导致物价水平上升。生产成本上升一方面因为强大的工会迫使工资增长率超过劳动生产率的增长率,另一方面因为垄断经济组织为追逐高额利润。前者被称为工资推进型通货膨胀,后者被称为利润推进型通货膨胀。

(二)成本推进型通货膨胀的成因分析

成本推进型通货膨胀成因如图 11-2 所示。图中 AD 表示总需求曲线,AS_0 表示总供给曲线的初值,并假定二者的交点为经济充分就业条件下的供求均衡点,由此得到初始时的价格水平 P_0 和收入水平 Y_f。当成本增加时,企业会在同等产出水平上提高价格,或在同等价格水平上只提供较少的产出,因而总供给曲线会由 AS_0 向上移动至 AS_1,甚至 AS_2。当总需求不变时,价格水平则由 P_0 上升至 P_1,甚至 P_2,而收入水平则下降至 Y_1,甚至 Y_2。因此,成本推进说认为,正是由于成本的上升推动了物价水平的上升,并导致了收入水平的下降。

而货币学派对成本推进说始终持否定态度。其原因在于：

其一，它把个别商品的价格同一般物价水平混为一谈，把相对价格和绝对价格混为一谈。比如，成本推进说认为，石油输出国组织大幅提高石油价格导致以石油为能源或原料的商品成本大幅提升，形成通货膨胀。弗里德曼认为，在货币收入条件一定的情况下，一种商品价格的上升会被其他商品价格下跌所抵消，一般物价水平不可能上涨。

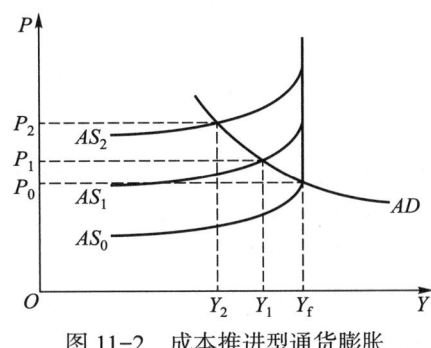

图 11-2 成本推进型通货膨胀

其二，由成本上升所引起的物价上涨往往是一次性的，不会是持续性的。

其三，因果颠倒，"工资增加超过生产率的增加是通货膨胀的结果而不是通货膨胀的原因"。在货币主义学派看来，货币工资的提高一般滞后于物价的上涨。不是货币工资增加引起了通货膨胀，恰恰相反，是通货膨胀导致实际工资下降，才迫使工会提出增加货币工资的要求。

（三）成本上升的原因

成本推进说还进一步分析了促使产品成本上升的原因，主要有三个方面：一是工资成本的推进。在现代经济中，有组织的工会和垄断性大公司对成本和价格具有操纵能力，是提高生产成本进而提高价格水平的重要力量。工会要求企业提高工人的工资，迫使工资的增长率超过劳动生产率的增长率，企业则会因人力成本的加大而提高产品价格以转嫁工资成本的上升，而在物价上涨后，工人又会要求提高工资，再度引起物价上涨，形成工资—物价的螺旋式上升，从而导致"工资成本推进型通货膨胀"。二是垄断企业利润的推进。垄断企业为了获取垄断利润也可能人为提高产品价格，由此引起"利润推进型通货膨胀"。三是进出口等其他成本的推进。如汇率变动引起进出口产品和原材料成本上升以及石油危机、资源枯竭、环境保护政策不当等造成原材料、能源生产成本的提高也会引起成本推进型通货膨胀。

三、供求混合推进说

需求拉上型通货膨胀与成本推进型通货膨胀都是在供求的交替作用下产生的，而且都与较高的货币增长率相联系。尽管理论上可以区分需求拉上型通货膨胀与成本推进型通货膨胀，但在现实经济生活中，需求拉上的作用与成本推进的作用常常是混合在一起的。萨缪尔森和索洛提出"供求混合型通货膨胀理论"，是指由于需求和成本共同作用下的通货膨胀。人们将这种总供给与总需求共同作用情况下的通货膨胀称为供求混合推进型通货膨胀。供求混合推进型通货膨胀可从图 11-3 中得到说明。实际上，单纯的需求拉上或成本推进不可能引起物价出现上涨，只有在总需求和总供给的共同作用下，才会导致持续性的通货膨胀。

图中 AS_0 和 AD_0 的交点为经济的供求均衡点。但当总需求增加时，其曲线由 AD_0 移

至 AD_1，物价水平由初始点 P_0 上升至 P_1。物价上涨导致生产成本相应提高，必然会使总
供给曲线由 AS_0 移至 AS_1，物价水平则上升至 P_2。
此时，产出由 Y_f 下降至 Y_0。为保持经济增长和充分
就业，政府不得不增加支出，总需求再次增加，由
AD_1 移至 AD_2，相应地 AS_1 也移至 AS_2，物价水平则
上升至 P_3 和 P_4，从而形成由需求冲击开始的物价
螺旋式上涨的通货膨胀。与其相类似地，也可能发
生由供给冲击开始的通货膨胀。当发生一次性成
本推进型的物价上涨时，如果需求并不增加，通货
膨胀则不会持久。但如果供给的减少导致政府为
避免经济下降和失业增加而扩大需求，则必然会发
生持续性的通货膨胀。

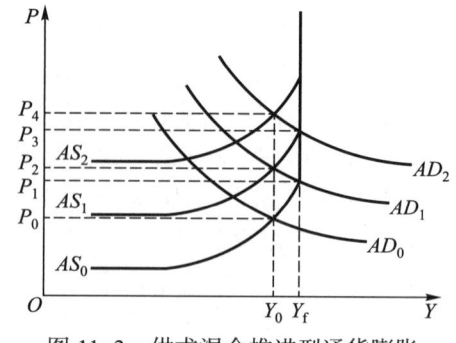

图 11-3　供求混合推进型通货膨胀

四、部门结构变动说

一些经济学家从经济部门的结构方面来分析通货膨胀的成因，发现即使整个经济中
总供给和总需求处于均衡状态时，由于经济部门结构方面的变动因素，也会发生一般物价
水平上涨，即所谓的"结构型通货膨胀"。该理论的基本观点是，由于不同国家的经济部
门结构的某些特点，当一些产业和部门在需求方面或成本方面发生变动时，往往会通过部
门之间的相互看齐的过程而影响到其他部门，从而导致一般物价水平上升。这种结构型
通货膨胀又可分为三种情况：

（一）需求转移型通货膨胀

由于社会对产品和服务的需求不是一成不变的，在总需求不变的情况下，一部分需求
转移到其他部门，而劳动力和生产要素却不能及时转移。这样，原先处于均衡状态的经济
结构可能因需求的移动而出现新的失衡。那些需求增加的行业，价格和工资将上升；另一
些需求减少的行业，由于价格和工资刚性的存在，却未必会发生价格和工资的下降，最终
结果导致物价的总体上升。

（二）部门差异型通货膨胀

部门差异型通货膨胀是指经济部门（如产业部门和服务部门）之间由于劳动生产率、
价格弹性、收入弹性等方面存在差异，但货币工资增长率却趋于一致，加上价格和工资的
向上刚性，从而引起的总体物价上涨。许多西方经济学家相信，工人对相对实际工资的
关心要超过对绝对实际工资的关心。因此，货币工资的整体增长水平便与较先进部门一
致，结果就是落后部门的生产成本上升，进而推动总体价格水平上升。还有一种情况是由
"瓶颈"制约而引起的部门间的差异。如在有些国家，由于缺乏有效的资源配置机制，资
源在各部门之间的配置严重失衡，有些行业生产能力过剩，而另一些行业如农业、能源、交
通等部门却严重滞后，形成经济发展的"瓶颈"。当这些"瓶颈"部门的价格因供不应求
而上涨时，便引起其他部门包括生产过剩部门的价格上涨。

(三) 外部输入型通货膨胀

一国经济部门可分为开放性部门(与世界市场联系密切的部门)和非开放性部门(与世界市场没有直接联系的部门)。对于小国经济(其经济对世界市场没有重要影响作用)而言,外部通货膨胀会通过一系列机制传递到其开放性部门,使其通货膨胀率向世界通货膨胀率看齐。而小国开放性部门的价格和工资上涨后,又会使其非开放性部门的价格和工资向开放性部门的价格和工资看齐,从而导致全面性通货膨胀。

值得注意的是,结构型通货膨胀的发生仍然要以货币扩张为条件。因为在货币总量不变的条件下,这些结构型因素也只能导致相对价格的变化,而不是整体价格上涨。

第三节 通货膨胀的效应及治理

一、通货膨胀的效应

(一) 产出效应

通货膨胀的产出效应即通货膨胀对经济增长有何影响,经济学界存在促进论、促退论和中性论三种不同观点。

1. 促进论

促进论认为温和的通货膨胀具有正的产出效应,可以促进经济的增长。持这一观点的人认为,市场经济多数时期处于有效需求不足、实际经济增长率低于潜在经济增长率的状态。因此,政府可以实施通货膨胀政策,增加赤字预算、扩大货币供给、扩张投资支出,以此扩大社会总需求,来实现增加就业和促进经济增长。对发展中国家来说,通货膨胀促进经济增长的效应尤为明显。

2. 促退论

促退论认为通货膨胀与经济增长负相关,通货膨胀不仅不会促进经济增长,反而会损害经济的发展。他们认为,持续的通货膨胀会破坏社会正常的生产和流通秩序,通货膨胀会加大投资的风险,提高生产成本,导致资本存量增长缓慢,造成经济增长乏力;通货膨胀会破坏正常的经济秩序,增加经济的不确定性;通货膨胀会造成国民收入的重新分配,会加剧分配不公;通货膨胀还会使得政府在压力之下可能采取全面价格管制措施,从而削弱经济的活力。

3. 中性论

中性论认为通货膨胀对经济增长既无正效应,也无负效应,它是中性的。在温和的通货膨胀环境中,社会公众会形成通货膨胀的预期,他们会对物价上涨作出合理的行为调整,使有关通货膨胀的各种效应相互抵消,从而对经济增长不产生作用。

(二) 强制储蓄效应

这里所说的储蓄是指用于投资的货币积累,并非一般意义上的银行储蓄。在通货膨胀条件下,由于物价的普遍上涨,信用扩张导致的货币价值下跌使消费者的购买力下降,并导致在通货膨胀过程中游离出来的资源被得到信用的生产者利用。此时,投资增量所需的生产要素来源于对消费的强行挤占。也就是说,一些本来被用于消费的资源被强制性地用于投资,这叫作"强制储蓄"。如果投资的资金来源于强制储蓄,因为全社会可用于扩大再生产的资源总量实际上并没有增加,而只是通过强制储蓄的形式,在资源的分配上向投资倾斜,会造成经济过热。而且,强制储蓄引发的通货膨胀降低了家庭和企业所持有实际货币余额,而这部分失去的货币价值实际上转移到发行货币的政府部门,形成了所谓"通货膨胀税"。这就是说,政府通过增发货币引起通货膨胀获得了超额收入,它以隐蔽的手段增加了政府的投资。

(三)收入分配效应

在通货膨胀时期,人们的名义货币收入与实际货币收入之间会产生差距,只有剔除物价的影响,才能看出人们实际收入的变化。由于各社会成员收入增长多少并不一致,因此,在物价总水平上涨时,有些人的实际收入水平会下降,有些人的实际收入水平反而会提高。这样,通货膨胀实际上在社会成员之间强制进行了一次国民收入再分配。这就是通货膨胀的收入分配效应。

在通货膨胀期间,通常固定收入者的收入调整滞后于物价水平,实际收入会因通货膨胀而减少;非固定收入者能够及时调整其收入,从而可能从物价上涨中获益。比如,依赖工资收入的工薪阶层,工资调整总是落后于物价上涨,所以该阶层是通货膨胀的受害者。再如,依赖退休金生活的退休人员,退休金不易随通货膨胀的发生而增长或增长滞后,所以也会深受通货膨胀之苦。对于非固定收入的企业主而言,在通货膨胀初期企业主因产品价格上涨、利润增加而获益。但当通货膨胀持续发生时,随着工资和原材料价格的调整,企业利润的相对收益就会消失。因此,通货膨胀的最大受益者是政府。在累进所得税制度下,名义收入的增长使纳税人所适用的边际税率提高,应纳税额的增长高于名义收入的增长。而且,政府往往是一个巨大的债务人,向公众发行了巨额的国债,价格水平的上涨使政府还本付息的负担相对减轻。正是从这个角度,有观点认为"政府具有诱发通货膨胀的利益动机"。

(四)财富再分配效应

财富再分配效应,亦称资产结构调整效应。当发生通货膨胀时,社会财富的一部分会从债权人手中转移到债务人手中,即通货膨胀使债权人的部分财富流失,而使债务人的财富相应增加,从而形成了财富再分配效应。这是因为通货膨胀使得货币的实际购买力下降,而债权人未来收回的本息之和不变,所以其实际收入下降,财富流失。同时债务人所偿还本息的名义价值不变,其实际负担减小,财富增加。

在现实生活中,人们的财富并不仅仅由货币资产构成,还包括实物资产和负债,其财产净值为资产价值与负债价值之差。在通货膨胀环境下,实物资产的货币价值大体随通货膨胀的变动而相应升降,金融资产的价值变化则比较复杂。至于以货币表示的债权债务,物价上涨会使货币的实际余额减少。粗略地说,在居民、企业和政府三者当中,居民部门在总体上是货币多余者,处于净债权人地位,在通货膨胀中是受害者;企业和政府两个部门总体上是货币不足者,处于净债务人地位,在通货膨胀条件下是受益者。

二、通货膨胀的治理

(一)需求拉上型通货膨胀的治理

需求拉上说认为社会总需求膨胀是形成通货膨胀的根源,因此,抑制总需求的紧缩性需求管理政策就成了治理通货膨胀最常用和最有效的措施。紧缩性需求管理政策主要内容包括紧缩性货币政策和紧缩性财政政策。中央银行通常使用的紧缩性货币政策措施主要有:① 提高商业银行的法定存款准备金率;② 提高再贴现率;③ 通过公开市场业务出售政府债券,回笼货币资金;④ 在政府直接控制利率的国家,中央银行也可通过直接提高利率或直接减少信贷规模来减少货币的供应。紧缩性财政政策主要是通过削减财政支出和增加税收的办法来治理通货膨胀。供给学派则认为,治理通货膨胀根本的方法是增加生产和供给。通过减税等措施,增加有效供给,有利于消除总需求与总供给之间的缺口。

(二)成本推进型通货膨胀的治理

紧缩性收入政策是应对成本推进型通货膨胀的有效方法。紧缩性收入政策主要是根据成本推进说制定的,紧缩性收入政策的主要内容是采取强制性或非强制性的工资—价格政策,来限制提高工资和获取垄断利润,抑制成本推进的冲击,从而控制一般物价水平的上升,具体措施包括工资管制和利润管制两个方面。

(三)供求混合型通货膨胀的治理

针对供求混合型通货膨胀,需要把握需求拉上和成本推进两方面的影响,采取更为综合的治理手段。

(四)结构型通货膨胀的治理

治理结构型通货膨胀中的部门差异型通货膨胀,要采取结构调整政策,使各产业部门之间保持适当的比例关系,以缓解由于某些产品的供求结构失衡所造成的通货膨胀。结构型通货膨胀中的输入型通货膨胀,通常是来自国外市场,并且通过进口产品价格波动和资本大规模流动等途径向国内传递,其成因和传导方式更为复杂,因此必须结合具体原因分析,采取财政政策和货币政策相结合的综合性政策措施加以治理。

第四节 通货紧缩及其治理

一、通货紧缩的含义

通货紧缩是与通货膨胀相对的货币经济现象。与通货膨胀体现为"一般物价水平的持续、普遍上涨"现象相反,通货紧缩体现为"价格水平的持续、普遍下跌"。多数学者认同通货紧缩是一种一定时期内物价水平持续、普遍下降的货币现象。

对这一概念的理解应注意以下几个要点：

（1）通货紧缩本质上是一种货币现象。通货紧缩发生时，货币供给量增长与物价水平、经济增长率和就业率之间的关系严重失衡，货币供给增长率的增长不能适应货币需求的需要，体现为货币供给量增长不能满足经济增长的需要而出现的价格总水平持续下跌。

（2）通货紧缩表现为物价水平的持续、普遍下降。个别商品和服务价格下降，是由于某些商品或服务供大于求或技术进步、市场开放、生产效率提高降低了成本所致，反映了不同商品和服务之间比价的变化，不是通货紧缩；商品和服务价格的暂时或偶然下跌是受诸如消费心理变化、季节性因素等某些非货币因素影响而引起的价格变化，它们与货币本身没有必然联系，也不是通货紧缩。

（3）通货紧缩是一种实体经济现象。它通常与经济衰退相伴，表现为投资的边际效益下降和投资机会相对减少，信贷增长乏力，消费和投资需求减少，企业普遍开工不足，非自愿失业增加，收入增加速度持续放慢，各个市场普遍低迷。

按通货紧缩的程度不同，可将其分为轻度通货紧缩、中度通货紧缩和严重通货紧缩。轻度通货紧缩是指通货膨胀率持续下降，由正值变为负值的情况。通货膨胀率负增长超过一年且未出现转机的情况可视为中度通货紧缩。若中度通货紧缩继续发展，持续时间达到两年左右，或物价降幅达到两位数，这种情况就是严重通货紧缩。1929—1933 年造成西方资本主义世界深刻而持久震荡和调整的经济大萧条，就属于严重的通货紧缩。

二、通货紧缩的成因

尽管不同国家不同时期的通货紧缩有着不同的原因，但从国内外经济学家们关于通货紧缩的理论分析中，仍可概括出导致通货紧缩的一些主要原因：

（一）国家宏观经济政策的影响

如果中央银行过度采用紧缩性货币政策，将使流通中的货币量不足，使"太多的商品追逐太少的货币"，可能引发商品和劳务市场的供求失衡。同时，政府如果采取紧缩性财政政策，通过大量削减政府购买、减少转移支付、增加税收等方式，减少社会总需求，从而加剧商品和劳务市场的供求失衡，引发政策紧缩型通货紧缩。

（二）经济与社会因素的影响

一是经济周期的影响。经济周期达到繁荣的高峰阶段，生产能力大量过剩产生供过于求，可引起物价下跌。二是技术进步的影响。技术进步导致产品价格下降，出现成本压低型通货紧缩。三是供给结构不合理的影响。如由于前期经济中的盲目扩张和投资，造成了不合理的供给结构和过多的无效供给。四是社会心理预期的影响。当社会预期实际利率进一步降低和经济走势不佳时，消费和投资会出现有效需求不足，导致物价下跌。

（三）货币金融因素的影响

一是金融创新的过度发展。近几十年来，信用货币的虚拟化程度不断提高，金融资本的投机和高杠杆运作规模迅速扩大。虚拟经济系统蕴含的巨大风险，例如货币大幅贬值、股票指数大跌、房地产价格猛降、银行呆账剧增等，对实体经济造成严重的影响。二是金融体系低效率的影响。金融体系的效率降低或信贷扩张过快导致出现大量不良资产和坏账时，金融机构"惜贷"或"慎贷"引起信用紧缩，也会减少社会总需求，导致通货紧缩。三是本币汇率高估和其他外部因素的冲击。如果一国实行钉住强币的汇率制度时，本币汇率高估，会减少出口，扩大进口，加剧国内企业经营困难，促使消费需求趋减，导致物价持续下跌，出现外部冲击型通货紧缩。

三、通货紧缩的影响

（一）财富缩水效应

通货紧缩发生时，全社会总体物价水平下降，企业的产品价格自然也跟着下降，企业的利润随之减少。企业盈利能力的下降使得企业资产的市场价格也相应降低。而且，企业产品销售不旺，企业为了维持生产周转不得不增加负债，负债率的提高进一步使企业资产价格下降。企业资产价格的下降意味着企业净值下降，财富减少。

在通货紧缩的条件下，供给的相对过剩必然会使众多劳动者失业，此时劳动力市场供过于求的状况将使工人的工资降低，个人财富减少。即使工资不降低，失业人数的增多也使社会居民总体的收入减少，导致社会个体的财富缩水。

（二）经济衰退效应

通货紧缩导致的经济衰退效应表现在三个方面：一是物价的持续、普遍下降使得企业产品价格下跌，企业利润减少甚至亏损，这将严重打击生产者的积极性，使生产者减少生产甚至停产，结果社会的经济增长受到抑制。二是物价的持续、普遍下跌使实际利率升高，这将有利于债权人而损害债务人的利益。而社会上的债务人大多是生产者和投资者，债务负担的加重无疑会影响他们的生产与投资活动，从而对经济增长带来负面影响。三是物价下跌引起的企业利润减少和生产积极性降低，将使失业率上升，实际就业率低于充分就业率，实际经济增长率低于潜在经济增长率。

严重的通货紧缩往往伴随着经济衰退。20世纪30年代经济大萧条是最典型的例证。但是，不能据此认为只有出现经济衰退才可判定为通货紧缩。通货紧缩并不一定导致经济衰退，但中度通货紧缩如果得不到治理，发展成严重通货紧缩，就可能导致经济衰退。

（三）财富分配效应

在通货紧缩条件下，由于名义利率的下降幅度小于物价的下降幅度，实际利率水平提高。在这种情况下，债务人实际偿还的金额增多，债务人的还款负担加重。同时，为了保持生产或生活的流动性，债务人不得不借入新的债务，由此陷入债务泥潭。这种现象导致了社会财富从债务人向债权人转移的财富分配效应。

（四）失业效应

通货紧缩导致失业上升是显而易见的。一方面,通货紧缩意味着投资机会减少,就业机会减少;另一方面,通货紧缩抑制了生产者的积极性,企业减少甚至停产,失业人员自然增加。

四、通货紧缩的治理

通货紧缩形成的原因往往比较复杂,并伴随着经济的下滑或衰退。因此,对通货紧缩的治理,必须根据不同国家不同时期的具体情况,采取综合的针对性的对策措施。通货紧缩治理的主要措施有:

（一）实施扩张性的宏观经济政策

通货紧缩的一个重要原因是有效需求不足,因此治理通货紧缩应主要从增加需求着手,主要运用财政政策与货币政策两大需求管理政策。

扩张性财政政策主要包括扩大财政开支、兴办公共工程、增加财政赤字、减免税收等。由于扩张性财政政策的时滞更短、作用更直接,因此常常被作为解决通货紧缩的处方。实行扩张性货币政策主要是通过调整法定存款准备金率、再贴现率、公开市场业务等手段,增加商业银行提供贷款的能力,扩大货币供给量。在治理通货紧缩的对策中,货币政策主要是配合财政政策来运用。

（二）采取其他综合经济政策手段

一是调整供给结构。进行生产结构的调整,以推动产业结构和产业组织结构的调整。在一般情况下,一国政府多采取加快技术进步、改善企业经营管理水平、鼓励竞争和放松管制、反垄断、降低税负、扶持小企业或民营企业发展等措施。

二是鼓励消费。要充分利用各种政策组合,从财政政策、货币政策、产业政策等方面,创造增加社会消费的条件,引导社会消费的稳定增长。

三是合理引导预期。通过政策引导,调整人们对未来的预期行为。政府公开宣布有关治理通货紧缩的政策措施,引导消费需求和投资需求,可以起到一定的导向作用。

（三）加强货币金融体系建设

一是强化金融风险管理制度建设。一方面,要在谨慎有序推进金融资产证券化进程、加强对资本市场的信息披露建设、强化金融法制建设及建立现代金融监管体系方面着力推进;另一方面,要进一步深化金融体制改革,进一步推进现代商业银行机制建设,完善金融市场,推进利率市场化,提高金融效率,从而为社会经济的健康发展创造条件。

二是改革汇率制度或实施汇率调节。通货紧缩可能由僵硬的汇率制度所导致,这种汇率制度容易使本币过高估值,产生输入型通货紧缩。此时,就需要对汇率制度进行改革,采取灵活的汇率制度,使汇率自由浮动或扩大浮动范围,减轻外部冲击造成的通货紧缩的压力。

基 本 概 念

通货膨胀　　需求拉上型通货膨胀　　成本推进型通货膨胀
供求混合型通货膨胀　　结构型通货膨胀　　外部输入型通货膨胀　　通货紧缩

即 测 即 评

复习思考题

1. 请收集近年来我国消费者价格指数的变化情况,判断我国目前是否存在通货膨胀问题,或判断我国目前通货膨胀的压力是增大了还是缩小了。

2. 试分析通货膨胀的一般成因。

3. 通货膨胀有哪些效应? 通货紧缩有哪些效应?

4. 抑制总需求过度膨胀的政策措施有哪些?

5. 如何治理通货紧缩?

第十二章
金融稳定与金融监管

加强和完善现代金融监管,强化金融稳定保障体系。

——《高举中国特色社会主义伟大旗帜 为全国建设社会主义现代化国家而
团结奋斗——在中国共产党第二十次全国代表大会上的报告》

本章学习目标

1. 理解金融稳定的含义、特征、内容。
2. 掌握金融脆弱性的含义、内容。
3. 掌握金融危机的含义、成因、内容与治理措施。
4. 掌握金融监管的含义、目标、原则与必要性。
5. 熟悉金融监管的主要内容。

第一节 金 融 稳 定

一、金融稳定的含义与特征

(一)金融稳定的含义

金融稳定作为一个宏观概念,内涵十分丰富,目前对于金融稳定尚没有统一的定义。

瑞典银行作为世界上第一家设置金融稳定部门并于 1998 年率先出版金融稳定报告
的中央银行,将金融稳定定义为整个支付体系的安全与有效运行,并认为确保金融体系稳
定的支柱有:① 由规章和法令组成的监管框架,再结合对个别机构进行风险评估和违规
检查的具体行动;② 央行对系统风险的及时监察;③ 危机管理措施。

国际货币基金组织 Houben 等人(2004)提出,在金融稳定状态下,金融体系应具有如
下功能:在各种经济活动中以及资源的跨期配置中的资源分配是有效的;能够有效评估
和管理金融风险;能够吸收冲击。

中国人民银行在《中国金融稳定报告(2005)》中指出,所谓金融稳定是指金融体系处于能够有效发挥其关键功能的状态,在这种状态下,宏观经济健康运行,货币和财政政策稳健有效,金融生态环境不断改善,金融机构、金融市场和金融基础设施能够发挥资源配置、风险管理、支付结算等关键功能,而且在受到内外部因素冲击时,金融体系整体上仍然能够平稳运行。

综合上述观点,金融稳定可以定义为一种金融机构、金融市场和市场基础设施运行良好,能够与经济社会发展保持协调,并能抵御各种冲击而不会降低运行效率的状态。在该状态下,金融机构作为资金媒介的功能得以有效发挥,金融业本身能保持稳定、有序、协调发展,金融发展与经济增长之间保持协调关系。

(二) 金融稳定的特征

1. 金融稳定具有全局性

金融稳定工作需要立足于维护整个宏观金融体系稳定的需要,发挥中央银行的最后贷款人职能和支付清算体系的提供者和维护者的角色,系统把握金融机构、金融市场和金融基础设施等的整体风险状况,尤其是要关注关键性金融机构及市场的运营状况,注意监测和防范金融风险的跨市场、跨机构乃至跨国境的传递,采取有力措施及时处置可能引发系统性金融风险的机构和事件,维护金融系统的整体稳定。

2. 金融稳定具有动态性

金融稳定是一个动态发展的概念,其内涵和标准随着经济金融的发展而发生相应的改变。健康的金融机构、稳定的金融市场、充分的监管框架和高效的支付清算体系在其内部及其相互之间会进行策略、结构和机制等方面的调整及互动博弈,从而形成一种调节和控制系统性金融风险的整体流动性制度架构,以适应不断发展变化的经济金融形势。

3. 金融稳定具有综合性

金融稳定作为一种特殊的公共物品和金融运行的一种状态,是事关经济金融全局的一项系统工程,需要从理念、制度、政策、机构和技术等各个层面,采取综合性的政策措施及方式(包括货币政策、财政政策、宏观审慎管理、国际监管协调等),通过影响金融机构、金融市场和实体经济得以实现。

二、金融稳定的内容

(一) 货币稳定

保持货币稳定通常是中央银行首要的政策目标。货币稳定包括货币的对内价值稳定和对外价值稳定。对内价值稳定表现为国内一般价格水平的稳定;货币的对外价值稳定则主要表现为汇率的相对稳定,避免汇率受到国内外各种因素的影响而发生大幅波动。从长期来看,保持货币稳定有利于为经济金融体系发展创造良好的运行环境,进而促进整个金融体系和经济的稳健发展。

(二) 金融机构稳定

金融机构包括存款类金融机构和非存款类金融机构。存款类金融机构中最主要的是商业银行。商业银行在现代各国金融体系中占据极其重要的地位,发挥着独特的作用。商业银行的稳定与否对整个金融体系有着重要的影响,保持商业银行的稳定极为重要。非存款类金融机构主要包括证券公司、保险公司等。随着金融业不断发展,非存款类金融机构在金融体系中的占比不断增大,此类机构的稳健运行对于金融稳定也具有重大意义。

(三) 金融市场稳定

金融市场作为金融性商品交易的场所,是金融领域各种市场的总称。由于金融市场存在着信息不对称、不完全竞争等缺陷,以及金融市场参与者非理性行为的影响,造成了金融市场的脆弱性,导致金融体系资源配置功能得不到有效发挥,可能危及整个金融体系的稳定。随着经济全球化进程不断深化和金融市场不断创新和发展,金融市场的发展对一国经济金融的影响不断增强,促进金融市场的稳定成为保障金融体系长期稳定的重要方面。

(四) 金融基础设施稳定

金融基础设施是指金融运行的硬件设施和制度安排,是支持金融可持续发展的基础,是金融体系稳健运行的重要条件。金融基础设施主要包括支付清算体系、法律环境、会计准则、信用环境、反洗钱等。金融基础设施的健全与稳定,是实现一国金融稳定的基本要求。

三、中央银行与金融稳定

(一) 维护金融稳定是中央银行的核心职能

1. 中央银行的目标决定中央银行具有金融稳定职能

在中央银行产生和发展的过程中,中央银行作为发行的银行,垄断一国的货币发行,产生了维持货币稳定的目标要求,而货币稳定是金融稳定的重要内容之一。随着中央银行金融稳定职能不断发展,从最后贷款人职能的出现,再到存款保险制度的建立与金融安全网的打造,金融稳定制度不断完善。20世纪80年代以来,各国中央银行的金融稳定职能得到显著增强。《中国人民银行法》规定,“中国人民银行在国务院领导下,制定和执行货币政策,防范和化解金融风险,维护金融稳定”。

2. 最后贷款人职能的发挥为维护金融安全提供了保证

中央银行最后贷款人职能是金融安全网的重要组成部分,是中央银行出于防范系统性金融风险的考虑,对商业银行等金融机构提供流动性支持的一种制度安排。中央银行履行最后贷款人职能,一般只向暂时出现流动性困难且具有清偿能力的金融机构提供短期性资金支持。避免因为个别金融机构的流动性困难,产生强外溢效应,引发链式反应,从而有效防范系统性风险的发生。最后贷款人职能在维护金融稳定方面具有重要的作用。在正常时期,可以避免个别金融机构因流动性困难引发系统性风险;在危机时期,可以稳定市场信心,阻止金融恐慌的蔓延。

3. 作为国家的银行在金融稳定中发挥重要作用

金融稳定是确保一国金融安全的基础,是一个国家经济政治平稳发展的保障,也是各国政府的重要责任。只有金融运行稳定安全,金融效率才会提高,社会资源的配置才会合理,国民经济才会走向良性循环,金融安全才可能实现。在中央银行的运行过程中,代表国家制定并执行有关金融法规,通过宏观金融调控保证物价和汇率的稳定,代表国家监督管理和干预各项有关经济和金融活动,管理国家的黄金、外汇储备,代表政府签订国际金融协定、参加国际金融会议、从事国际金融活动等,这些内容都包含在金融稳定的框架之中。

(二)中央银行维护金融稳定的主要内容

当代各国中央银行维护金融稳定不尽相同,其核心内容主要包括:① 密切监测经济金融的运行情况及发展态势,注重金融体系的整体稳定及其关键功能的正常发挥,防止系统性金融风险跨行业、跨市场、跨地区传播。② 通过制定和执行货币政策、实施对金融业的宏观调控、加强金融基础设施建设和管理等中央银行职责,防范系统性金融风险。③ 发挥最后贷款人功能,为有问题的商业银行等金融机构提供必要的流动性支持,化解系统性金融风险。④ 打造危机应急处理长效机制,建立健全金融风险预警机制和金融安全网,及时处理风险隐患,将风险控制在最小范围内。⑤ 密切关注国际经济和金融环境的变化,研究经济全球化、国际经济结构调整、国际资金流动、汇率环境变化以及贸易保护主义压力等对本国金融稳定的影响。

资料框 12-1

《金融稳定法》要来了

党的十九大以来,我国金融风险处置取得重要阶段性成果,但金融稳定领域整体设计和跨行业跨部门统筹安排不足。2022 年 4 月,中国人民银行发布《金融稳定法(草案征求意见稿)》,总结重大金融风险攻坚战中的经验做法,统筹金融发展与金融安全,健全维护金融稳定的长效机制,为我国金融稳定和金融安全提供法律保障。

《金融稳定法(草案征求意见稿)》共 6 章 48 条,分为总则、金融风险防范、金融风险化解、金融风险处置、法律责任、附则。该草案旨在健全金融风险防范、化解和处置机制,维护金融稳定,有效防范问题金融机构的风险溢出甚至发生系统性金融风险;注重加强金融风险防范和化解,明确持牌经营,进一步压实金融机构及其股东和实控人的主体责任、地方政府的属地责任和监管部门的监管责任;着力强化问题金融机构的处置工作,构建处置工作机制,明确处置资金来源和安排,完善处置措施和工具,加强司法衔接,保护市场主体合法权益;强化对违法违规行为的责任追究,明确对造成重大金融风险形成、扩大、蔓延或者处置不当的违法违规行为予以问责；强化对违法违规行为的责任追究，进一步筑牢金融安全网，坚决守住不发生系统性金融风险的底线。

在防范金融风险形成监管合力方面，要求中国人民银行会同有关部门建立覆盖主要金融机构、金融市场、金融基础设施和金融活动的宏观审慎政策框架、治理机制和基本制度，运用宏观审慎政策工具，防范系统性金融风险。

资料来源：中国人民银行网站。

第二节　金融脆弱性

一、金融脆弱性的含义

金融脆弱性（Financial Fragility）是金融行业与生俱来的特性。金融脆弱性有狭义和广义之分。金融业高负债经营的特点决定了金融业具有更容易失败的特性，这是狭义的金融脆弱性。而广义的金融脆弱性是指一种趋于高风险的金融状态，泛指一切融资领域中的风险积聚，包括信贷融资和金融市场融资。早期，人们主要从狭义上来理解金融脆弱性，现在更多的是从广义角度使用这一概念。

金融脆弱性与金融风险不尽相同。金融风险一般是指潜在的损失可能性，而金融脆弱性不仅包括可能的损失，还包括已经发生的损失。金融脆弱性也不同于金融危机。作为一切融资领域风险的积聚状态，金融脆弱性并不必然导致金融危机，只有当金融脆弱性不断积聚，达到一定程度时，某一特定事件的发生才能引发危机。

金融脆弱性以研究对象划分可以分为信贷市场的脆弱性和金融市场的脆弱性。信息经济学将信息不对称作为金融脆弱性之源，适用于信贷市场和金融市场，但其分析思路更着重于金融机构信贷的角度。金融市场的脆弱性主要来自资产价格的波动性以及波动性的联动效应。

二、金融脆弱性的内容

（一）信贷市场的脆弱性

传统信贷市场的脆弱性分析主要是基于"金融脆弱性假说"。信贷市场的脆弱性主要体现为，私人信用创造机构特别是商业银行和其他相关的贷款人的内在特性，使得它们不得不经历周期性危机带来的破产浪潮，银行部门的困境又被传递到经济体的各个组成部分，产生经济危机。

信贷市场的脆弱性由参与金融市场的金融机构和企业的行为所引发。借贷企业可分为三种类型：抵补性借款企业、投机性借款企业和庞氏企业。抵补性借款企业风险最小，因为预期收入不仅在总量上大于债务额，而且在每一时期内，其预期的收入流也大于到期债务本息；投机性借款企业有一定风险，其总体预期收益大于债务额，但是在借款后的一段时期会出现本期收益小于本期债务的情况；庞氏企业风险最大，其从借款后的第1期到倒数第2期每期收益和总预期收益都小于债务总额。在一个新的经济周期开始的时候，绝大多数借款企业都是抵补性借款企业。随着经济进入繁荣期，银行会将资金大量流入投机性借款企业和庞氏企业，加剧金融体系脆弱性。当经济萧条来临时，就会出现金融危机和经济危机。

在经济周期的繁荣时期，就埋下了金融危机的种子。随着经济的周期性变化，金融企业破产迅速扩散，金融资产价格的泡沫迅速破灭，金融危机随之爆发。自从有了银行以来，金融危机就不断地发生着。明斯基认为，有两个主要原因可以解释金融体系的这种特征。一个是代际遗忘解释，认为是由于上一次金融危机已经过去很久，一些利好事件推动着金融业的繁荣发展，贷款人对眼下利益的贪欲战胜了对过去危机的恐惧。因为人们认为当前资产价格的上涨趋势将持续下去，于是推动了更多的购买。此外，银行的道德风险将代际遗忘的时间大大缩短。另一个是竞争压力解释，认为贷款人是出于竞争压力而做出许多不审慎的贷款决策。在经济高涨期，借款需求巨大，借贷市场竞争激烈，银行如果不这样做将失去顾客和市场，而很少有银行能承受这种损失。

为增强银行的稳健性，银行需要设置合理的"安全边界"。安全边界可以理解为银行收取的利息之中包含着必要的风险报酬"边界"，它能给银行提供一种保护。银行做出放贷决策时，依据的是借款人过去的信用记录，而不是未来的预期。因此，银行以借款人本身的信用风险而非贷款项目的风险评价来估计信用边界。在经济繁荣时期，具有良好信用记录的借款人越来越多，借贷双方都变得很自信，导致极其重视安全边界的银行，在发放贷款时不断降低安全边界，而金融脆弱性正是建立在安全边界的变化上。当安全边界降到最低时，一旦经济发展趋势出现逆转，就会出现债务拖延支付，产生债务紧缩的连锁反应，继而可能引发金融危机。

（二）金融市场的脆弱性

金融市场的脆弱性主要体现为金融资产价格的波动性及波动性的联动效应。金融资产价格的过度波动性根源于金融市场的不确定性、金融市场的信息不对称性、金融市场的非有效性、市场主体的个体理性与集体非理性、资产价格泡沫的自实现和自膨胀性等金融市场内在的一系列特征。此外，金融资产价格的波动还具有很强的关联性，如股票价格和货币市场利率之间的反向相关关系、汇率决定的利率平价理论所揭示的利率与汇率之间的关系，这些都说明了不同金融资产的价格波动之间存在着一定的联系。

金融市场脆弱性的一个重要来源是股票市场的过度波动性。对于股票市场过度波动性的解释主要有：① 过度投机。该理论强调市场集体行为的非理性导致的过度投机对资产价格的影响。② 宏观经济的不稳定。③ 交易和市场结构某些技术性特征的影响。由于股票市场与实体经济的联系非常紧密，股票市场的过度波动对实体经济的影响是非常广泛而深刻的。历史上的多次金融危机都与股票市场的崩溃有关。而自布雷顿森林体系崩溃后，全球开始普遍实行浮动汇率制度，这使得汇率的过度波动成为金融市场脆弱性的另一个重要根源。

三、金融脆弱性的评估

1999 年,世界银行和 IMF 联合发起了金融部门评估规划(FSAP)。这一规划旨在通过密切国际合作达到以下两个目的:一是减少金融危机及其跨国传染;二是推动金融系统的稳健和金融各部门的发展,以促进经济增长。

FSAP 通过三个层次评估金融体系是否稳健:一是宏观层次,衡量宏观审慎监督的效果。主要是通过编制和分析金融稳健指标判断金融体系的脆弱性和承受损失的能力,通过压力测试评估冲击对银行体系的影响。二是微观层次,判断金融基础设施是否完善。通过对照国际标准与准则,检验一国支付体系、会计准则、公司治理等是否完善。三是监管层次,评估金融部门监管是否有效。重点评估对银行、证券、保险、支付体系的监管是否符合国际标准。国际货币基金组织和世界银行在上述三个层次的基础上,形成对被评估经济体的金融稳定报告。FSAP 通常采用三种分析工具进行金融稳定评估,分别是:金融稳健指标、压力测试、标准与准则评估。

资料框 12-2

中国参与金融稳定性的评估

金融部门评估规划(Financial Sector Assessment Program,FSAP)由国际货币基金组织和世界银行于 1999 年 5 月联合推出,旨在加强对国际货币基金组织成员经济体金融脆弱性的评估与监测,减少金融危机发生的可能性,同时推动金融改革和发展。经过逐步发展和完善,FSAP 已成为国际广泛接受的金融稳定评估框架,具有较高的权威性。

2009—2011 年,我国接受了首次 FSAP 评估。根据我国在二十国集团(G20)系列峰会上的承诺,以及国际货币基金组织对系统重要性经济体每五年开展一次 FSAP 更新评估的要求,2015 年 10 月起,我国接受了 FSAP 更新评估,并于 2017 年年末顺利完成评估工作。此次更新评估对中国银行、证券、保险领域落实国际标准情况开展了全面评估,并针对系统性风险管理和宏观审慎政策、危机管理等议题进行专题评估。

2017 年 12 月,FSAP 更新评估的核心成果报告在国际货币基金组织和世界银行的网站上公布。相关报告充分肯定了我国自首次接受 FSAP 评估以来经济和金融体系改革发展的成果,高度评价了金融业执行国际标准的情况,客观分析了金融体系面临的潜在风险及货币当局已采取的应对措施。报告认为,中国金融监管符合国际标准,但同时指出,金融监管机构在行使职权的独立性和监管资源方面较为欠缺,且在发展与稳定的目标上存在冲突,应强化监管机构的自主权,加强监管协调与合作。FSAP 评估报告在防范风险、深化改革、加强监管等方面提出了诸多建议。下一步,相关部门将结合中国实际情况,合理借鉴 FSAP 建议,维护金融业长期稳健发展。

资料来源:《中国金融稳定报告(2018)》。

第三节 金融危机

一、金融危机的含义

金融危机是金融风险积聚到一定程度后的总爆发。在《新帕尔格雷夫经济学辞典》中,金融危机被定义为:全部或大部分金融指标,如短期利率、货币汇率、证券、房地产和土地等资产的价格,企业破产数,以及金融机构倒闭数等急剧和超周期的恶化,并且已对社会经济发展造成了灾难性影响。该定义集中表现为金融系统运行过程中发生的金融资产价格等金融指标在短期内急剧变化的现象,这些金融指标主要包括短期利率、货币汇率、证券资产价格、房地产价格、企业破产数、金融机构倒闭数等。

二、金融危机的分类

根据金融危机的性质和内容,我们可以把金融危机分为以下五大类:货币危机、银行危机、债务危机、资本市场危机和综合性金融危机。

(一)货币危机

货币危机又称货币市场危机、国际收支危机。广义的货币危机是指一国货币的汇率变动在短期内超过一定幅度。狭义的货币危机是指市场参与者通过外汇市场的操作导致该国固定汇率制度崩溃和外汇市场持续动荡的事件。如1997年东南亚金融危机中的泰国货币危机,便是典型的货币危机。

(二)银行危机

银行危机是指银行由于内外部原因导致银行停止偿还债务或迫使政府通过提供大量援助进行干预的情形。银行危机具有多米诺骨牌效应。各金融机构之间因资产配置形成复杂的债权债务联系,使得资产配置风险具有很强的传染性,一旦某个银行类金融机构资产配置失误,不能保证正常的流动性头寸,单个或局部的金融困难就可能演变成全局性的金融动荡。如在2007年美国次贷危机中,随着贝尔斯登和雷曼宣布破产、美林被并购,金融系统的信用链条断裂,华盛顿互助银行、美国国际集团等金融机构财务状况也日益恶化,更多银行类金融机构濒临危机,整个美国银行体系几乎瘫痪。

(三)债务危机

债务危机是指由于债务人不能按时偿付债务而引起的恐慌和危机。由于经济形势和市场行情变化,众多的债务人不能按期支付利息和本金,这就会危及债权人的资产安全和正常收益。债权人因此对债务人失去信心,不愿对旧的债务展期或提供新的信贷,即使债权人愿意提供更多的贷款,也会附加苛刻的条件,结果使得众多债务人的资金链断裂,直至破产倒闭,酿成灾难性的后果。如20世纪80年代拉丁美洲债务危机、1998年俄罗斯债务危机等。

（四）资本市场危机

资本市场危机主要是指股票市场危机，表现为人们丧失了对资本市场的信心，争先恐后地抛售所持有股票，导致股票价格在短期内出现大幅下降而形成的危机。在一些国家的资本市场，证券泡沫成分过高、发生投机冲击或受国际证券市场下挫的影响，投资者的信心发生动摇，大量抛售股票，导致股票价格出现暴跌，如 1987 年美国华尔街的"黑色星期一"。

（五）综合性金融危机

综合性金融危机往往表现为上述几种危机的混合体。现实中常常是一种危机的爆发带动其他危机的爆发，比如亚洲金融危机就是货币危机首先爆发，随后资本市场危机、金融机构倒闭接踵而至，危机迅速涉及有关国家的整个金融市场和金融体系，形成综合性金融危机。综合性金融危机一方面会严重损害相关国家的经济金融利益，另一方面在一定程度上暴露出危机发生国所面临的深层次结构问题，且极易升级为社会动荡和政治危机。

资料框 12-3

2008 年国际金融危机

这场金融危机起源于美国次贷危机。次贷即"次级按揭贷款"（Subprime Mortgage Loan），是指一些贷款机构向信用程度较差和收入不高的借款人提供的贷款，这种贷款利率相应地比优质抵押贷款（Prime Mortgage Loan）高很多。在 2006 年之前的 5 年里，由于美国住房市场持续繁荣，加上前几年美国利率水平较低，美国的次级抵押贷款市场迅速发展。2007 年开始，随着美国住房市场的降温和短期利率的提高，次贷还款利率大幅上升。这种局面直接导致大批次贷的借款人不能按期偿还贷款，引发了次贷危机。

2008 年 9 月，以美国两大住房抵押贷款融资机构房利美和房地美被美国政府接管、美国雷曼兄弟公司破产倒闭为标志，挣扎一年之久的次贷危机从美国蔓延至欧盟、东欧、亚洲、南美洲等，演变成一场国际金融危机。其根源是华尔街投资银行冒着触犯金融道德的风险，将过度金融创新的次级抵押贷款证券化，再加上对冲基金和信用评级公司的推波助澜，使得非理性的金融杠杆不断放大。最终泡沫破裂的灾难性后果超出了金融体系所能承受的临界点，进而引发金融机构连锁反应，金融市场融资功能瞬间失灵，美国信贷市场贷款利率飙升，市场流动性冻结，最终造成整个金融体系迅速去杠杆。之前几次的金融危机都发生在美国之外的新兴经济体或经济转型国家，主要原因是这些国家的金融体系脆弱，金融机制、汇率机制不完善、缺乏灵活性或债务负担沉重及宏观经济结构失衡等。而发源于美国的这次金融危机，是发生在一个金融体系和金融机制完善、金融实力强大的经济大国。这表明金融危机不但会发生在经济弱小的穷国，经济金融实力强大的大国同样也会发生金融危机。正是由于美国作为一个经济大国和美元作为国际储备货币的特殊地位，使这次金融危机的波及范围更大，破坏性更强，影响也更加深远。

三、金融危机的不利影响

(一)金融危机对金融体系的影响

首先,金融危机会影响汇率制度的形成和演变。20世纪30年代的美国金融危机宣告了国际金本位制的灭亡,随后诞生以固定汇率下的"双挂钩"为特征的布雷顿森林体系。20世纪70年代的美元危机后,牙买加体系取代了布雷顿森林体系。进入20世纪90年代以来,国际金融危机爆发的频率更高,原因也更为复杂,浮动汇率制也并没有像设想的那样自动实现内外均衡。建立适合本国经济金融发展的汇率制度的难度越来越大。其次,金融机构在危机冲击下其资产质量和盈利能力会面临显著下滑。最后,危机会导致证券市场、外汇市场和期货市场等金融市场大幅震荡。

(二)金融危机对经济增长的影响

金融危机对世界经济造成消极影响的路径主要有:一方面,对外出口下降,以中国为例,由于2008年的国际金融危机导致美国和欧洲的进口需求疲软,中国出口增长下降;另一方面加大了汇率风险和资本市场风险,进一步对经济构成深层冲击。1929—1933年的国际金融危机使整个资本主义世界的工业产出水平下降了37.2%,其中美国下降40.6%,主要国家的经济状况退回到了19世纪末20世纪初的水平。而2008年的国际金融危机,对世界经济和贸易产生了极大的负面影响,催生了新的贸易保护主义和逆全球化思潮。

(三)金融危机对社会稳定的影响

金融危机爆发后,通常都伴随着居民生活水平迅速下降和社会问题急剧恶化,具体体现在通货膨胀率上升、真实工资下降、资产价格缩水、失业率上升、贫困问题恶化、社会发展指标下滑等方面,对社会稳定造成不同程度的冲击。如2008年国际金融危机爆发后,亚、非、拉一些发展中国家出现物价不同程度上涨、资产价格大幅缩水、人们财富水平下降的情况,引发世界贫困人口激增、居民生活水平下降等一系列严重问题。

四、金融危机的防范与治理

金融危机的防范与治理是一项复杂的系统工程。具体而言,包括三个方面:金融危机的日常防范、金融危机的应急管理、金融危机的中长期治理。

(一)金融危机的日常防范

1. 加强金融系统稳定性评估

在经济金融全球化深入发展的背景下,金融部门的稳定性对一国宏观经济的健康发展至关重要。近年来,各国政策制定者都把维护金融体系稳定、促进经济恢复增长作为经济工作的重中之重。加强对金融系统稳定性评估有助于一国(地区)识别金融体系的脆弱性,进一步推进金融改革,增强金融体系稳定性。国际金融危机的频繁爆发更加凸显了对一国金融系统进行全面评估的迫切需求。

2. 加强金融危机的早期预警

开发金融危机早期预警系统首先要确定预警事件，制定适当的预警方法。早期预警必须附有一套明确的政策选择，强调权衡处理不同类型的风险，并强调国际政策协调的必要性。

（二）金融危机的应急管理

金融危机的应急管理，是指在金融危机发生的过程中，一国或地区的政府及货币当局为了及时化解危机而采取的制度安排和宏观政策。主要包括中央银行化解危机的制度安排、宏观经济政策配合和国际援助与协调。

1. 中央银行化解危机的制度安排

由于债权人及存款者与金融机构间的信息不对称，货币贬值和问题金融机构极易引起金融恐慌，加剧挤兑和资本外逃，导致更多问题金融机构出现，进一步加深金融危机。因此，在金融危机期间，化解的重点是避免金融恐慌和确保市场的流动性，以控制金融危机蔓延。大体来看，中央银行在金融危机紧急应对阶段的化解制度安排包括汇率稳定制度、最后贷款人制度、金融机构关闭制度、紧急行政性制度安排等。

2. 宏观经济政策配合

金融危机的应急制度，需要一系列宏观经济政策的协调配合，通常包括以下三个方面：一是中央银行在为市场提供紧急流动性支持的同时，需要通过冲销政策来回笼货币，防止信贷过度投放。二是努力恢复信贷，采取诸如道义劝告、中小企业的特别信贷便利、信贷担保等信用扩张措施。三是协调财政政策，如在货币政策运用的同时配套实行扩张性财政政策和结构性改革，但实行扩张性财政政策的重要前提是保持良好的财政状况。

3. 国际援助与协调

在经济全球化和国际资本全球流动背景下，应对金融危机需要各国中央银行的政策协调。全球性的危机使得各国央行面临共同的、类似的挑战，而美联储等央行的政策具有明显的外部性，如量化宽松等政策会对全球的资本市场产生明显效应。因此，各国央行应对危机的过程中体现出来的政策出台时间上的一致性、政策措施上的趋同性以及政策决策间的相关性都是高效解决危机的关键。在化解危机的过程中，受到金融危机影响的各国央行可以一致降息，同时向金融市场注入流动性，安排多种形式的货币互换等，共同提振全球主要经济体的信心。

（三）金融危机的中长期治理

1. 加强金融主体的自我风险防范

金融机构的自我风险防范体现在两个方面：一方面是在总体经营及制度的制定上，金融机构应注意改善经营，增强自我御险能力，更应建立和健全内部控制制度，如严格实行资产负债比例管理、注意对衍生金融工具交易的稽核、通过完整的指标系统达到对风险的事前控制等；另一方面是在具体的金融活动过程中，金融机构应注意灵活应用各种风险管理工具，对具体的金融活动中的风险进行管理。

2. 加强国家宏观风险管理

国家在宏观风险管理过程中,应突出强调中央银行对金融业的宏观调控和依法监管。针对当前国际金融危机发生的特点,各国的宏观金融政策的制定应以加强金融监管和稳定金融秩序、完善金融体系和国家政策为侧重点。

3. 加强国际金融监管协作

随着全球市场的形成和大型跨境金融机构的不断涌现,金融业正在变得日益国际化。理想状态是让金融中介在所有主要国家中接受高质量的统一监管。这会提升金融安全性,降低监管套利的机会,避免引起高昂而重复的监管成本,从而推动建立公平竞争的金融环境。实现此目标最简单办法是构建单一的全球金融监管机构,但由于监管责任事关国家主权,在可预见的将来,这个想法还难以实现。

第四节 金融监管原理

一、金融监管的含义

金融监管是金融监督管理的简称。金融监管有狭义与广义之分。狭义的金融监管是指金融监管当局依据国家法律法规的授权对整个金融业实施的监督管理。狭义的金融监管作为政府对金融企业的一种管理和约束行为,是一种与市场自发运动相对应的政府行为,也就是政府的"看得见的手"对市场的"看不见的手"的管制与规范。广义的金融监管除金融监管当局的监管之外,还包括金融机构的内部管理、同业自律性组织的监管、社会中介组织和舆论的社会性监管等。通常来说,一国的金融监管涉及金融的各个行业,如银行业、证券业、保险业、信托业、基金业等。

二、金融监管的目标与原则

(一) 金融监管的目标

金融监管的目标是对金融业实施监管所要达到的目的,它是实现金融有效监管的前提和实施具体金融监管措施的依据。目前各国无论采用哪一种监管组织体制,监管的目标基本是一致的,通常包括三大目标:安全性目标、效率性目标和公平性目标。

1. 安全性目标

这是金融监管的首要目标。金融是现代经济的核心,金融体系的安全与稳定对一国经济的发展具有重要意义。同时,金融机构作为经营货币信用的特殊企业,具有很强的脆弱性。任何一家金融机构出现严重问题,都会引起连锁反应,引发经济、金融秩序出现严重混乱,甚至会导致金融危机或经济危机。因此,金融监管的目标应该把维护金融体系的安全和稳定作为首要任务,从而为社会经济的发展创造更好的金融环境。

2. 效率性目标

提高金融体系效率是金融机构和金融市场运作的基本要求,也是金融监管追求的目标。金融业集中垄断程度过高及金融机构间的恶性竞争,都不利于形成安全且富有效率的金融体系。金融监管一方面需要通过各种手段促进金融业形成合理有序竞争、约束金融垄断和恶性竞争，来提高金融运行效率，另一方面要求以最低的监管成本来实现金融监管目标。

3. 公平性目标

金融监管的公平性目标是出于保护金融业社会弱势群体的合法利益。存款人、投资者和保险单持有人作为金融业的参与者，在资金规模、经济地位、信息获取等方面处于弱势地位，利益容易受到侵害。因此，金融监管部门需要对这些社会弱势群体的利益提供特别的保护。

(二) 金融监管的原则

金融监管的原则是指监管主体在金融监管活动中应当遵循的价值追求和基本行为准则。金融监管应该坚持以下几种基本原则。

1. 依法监管原则

对金融业的监督管理，必须以法律法规为依据。金融监管当局实施监管必须依法行事，保证监管的权威性、严肃性、强制性、一贯性和有效性。

2. 适度竞争原则

金融监管当局应着力维护、培育和创造一个公平、高效、适度、有序的竞争环境，既要避免造成金融业高度垄断，排斥竞争，从而丧失效率与活力，又要防止出现过度竞争、破坏性竞争，从而波及金融业的安全和稳定。

3. 内部控制和外部监管相结合的原则

一般情况下以内部控制为主，外部监管为辅，实现金融机构内部控制和监管当局外部监管的有机结合。

4. 综合性监管原则

金融监管当局应将行政的、经济的和法律的手段综合配套使用。在操作方式上要将各种不同的管理方式和技术手段综合配套使用。

5. 安全稳健与风险预防原则

围绕安全稳健这一金融监管的基本目标，运用各种监管技术手段和指标体系，致力实现有效的风险预防管理，促进金融业的安全稳健运行。

6. 社会经济效益原则

有效的金融监管，能够将促进金融企业的发展以及社会经济发展有机结合起来，从而提高社会经济效益。

三、金融监管的必要性

(一) 金融市场的垄断与过度竞争

传统经济学认为，竞争性的均衡能够实现帕累托最优，市场会达到均衡。但垄断和过度竞争的存在会破坏帕累托最优。垄断偏离了完全竞争状态的市场，包括垄断竞争、寡头垄断、完全垄断等市场，它们会抑制竞争并降低效益。金融领域的垄断会影响自由竞争，导致金融商品价格上涨、金融服务质量下降和金融资源配置扭曲。同样,金融领域也容易过度竞争甚至恶性竞争。垄断与过度竞争的存在,需要让代表公众利益的政府在一定程度上介入金融领域,通过监管来纠正或消除其不良影响。

(二) 金融业的高风险与强外部性

金融业是一个特殊的高风险行业,具有极强的负外部性。金融业面临利率风险、汇率风险、流动性风险、信用风险等多种风险,是社会风险集聚的中心。金融业是一个高负债的行业,具有先天的脆弱性与内在的不稳定性,一家金融机构的问题很容易传染到其他金融机构乃至整个金融体系,局部金融风险容易转化为系统性金融风险甚至全面的金融危机,产生"多米诺骨牌"效应。这是金融外部性的第一层次。金融的风险与危机会通过货币信用紧缩破坏经济增长的基础,导致经济衰退或经济危机,这是金融外部性的第二层次。在开放经济条件下,一国的金融、经济危机会超越国界影响其他国家,进而引发区域甚至全球性的金融与经济动荡,这是金融外部性的第三层次。金融的负外部性,并不能通过市场机制的自由交换得以完全消除。为此,需要一种市场之外的力量即金融监管来进行纠正。

(三) 金融领域的信息不对称与投资者保护

信息经济学揭示了社会经济生活中广泛存在的信息不对称(或称信息不完全)现象。信息不对称通常会导致这样的后果:拥有信息优势的一方可能利用这一优势来损害信息劣势一方的利益。在金融领域,金融机构往往比投资者拥有更多的信息,从而有更多的机会将收益留给自己,而将风险或损失转嫁给投资者。为此,需要实施必要的市场监管,以规范与约束信息优势方(主要是金融机构),并保护存款人和投资者的利益。

资料框 12-4

硅谷银行破产案

2023 年 3 月 10 日,美国加利福尼亚州金融保护和创新部以"流动性不足和资不抵债"为由,关闭硅谷银行,并指定美国联邦储蓄保险公司(FDIC)为接管方。

硅谷银行成立于 1983 年,为全美第 16 大银行,总部位于加利福尼亚州圣克拉拉,是联邦储备系统会员银行,在加利福尼亚州和马萨诸塞州拥有 17 家分行,主要为初创企业提供融资。截至 2022 年年末,硅谷银行总资产大约 2 090 亿美元,总存款约 1 754 亿美元。

前几年,美国初创企业吸引大量风险投资,加上美联储维持超低利率,硅谷银行赚得盆满钵满。然而,按照美联社的说法,为应对高位通货膨胀,美国联邦储备委员会去年以来多次激进加息,硅谷银行遭受重创。与此同时,近期美国技术产业大幅裁员、技术股承受打击、风险投资减少,导致初创企业纷纷取走存款,硅谷银行立马左支右绌。

> 为了迅速筹集资金,硅谷银行出售了约210亿美元证券投资组合,这笔买卖将导致18亿美元的亏损。但这一消息暴露了这家银行的困境,导致母公司硅谷银行金融集团的股票价格3月9日暴跌超过60%,10日暴跌68%,进入停牌状态。当天,美国联邦存款保险公司表示,硅谷银行因资不抵债已被加利福尼亚州监管部门关闭,指定联邦存款保险公司作为接管人。
>
> 硅谷银行是自2008年国际金融危机以来美国倒闭的最大银行,也是美国有史以来破产的第二大零售银行。受硅谷银行破产影响,纽约股市三大股指10日显著下跌。
>
> 资料来源:新华社。

第五节　金融监管内容

从监管的对象来看,金融监管主要包括商业银行监管、证券业监管和保险业监管三个主要内容,而每个监管对象的具体监管内容主要有三个方面,即市场准入监管、市场经营监管和市场退出监管。

一、商业银行监管

银行业监管是金融监管体系的重要组成部分。银行业在金融体系中的重要地位决定了对银行业进行系统严格监管的必要性,其中,商业银行监管是金融监管的中心内容。保证商业银行的稳定经营和健康发展以及维护存款人的利益是对商业银行进行监管的目标,监管目标决定了其监管内容。

(一)市场准入监管

商业银行市场准入监管是指通过对商业银行机构进入市场、经营金融产品、提供金融服务依法进行审查和批准,防止可能对存款人利益或银行业健康运行造成危害的金融机构进入市场,确保商业银行安全稳健运行的一系列流程。

审批制是现代商业银行市场准入的通行制度。根据《中华人民共和国商业银行法》的规定,设立商业银行,应当经国务院银行业监督管理机构审查批准。未经国务院银行业监督管理机构批准,任何单位和个人不得从事吸收公众存款等商业银行业务,任何单位不得在名称中使用"银行"字样。设立条件主要包括:注册资本最低限额;有具备任职专业知识和业务工作经验的董事和高级管理人;有健全的组织机构和管理制度;有符合要求的经营场所、安全防范措施和与业务有关的其他设施等。

(二)市场经营监管

商业银行进入市场之后,金融监管当局必须进行持续性的监管,防范、化解风险,纠正违规行为。商业银行市场经营监管的内容主要包括资本充足率监管、流动性监管、信贷风险监管和监管评级等。

1. 资本充足率监管

资本是银行实力的象征,是银行抵御风险的最后一道防线。保持资本充足,是商业银行稳健运行的前提基础。

资本充足率监管是监管当局对商业银行的资本数额和构成,以及资本和按风险系数折算后的资产之间的比例关系做出的规定,目的是限制金融机构资产总量的扩张,减少风险。

2010 年发布的《巴塞尔协议 Ⅲ》对商业银行的资本充足率做出了更严格的要求。2012 年中国银监会基于《巴塞尔协议 Ⅲ》的要求,对资本进行了更严格的定义,并将我国原有的两个最低资本充足率要求(一级资本和总资本占风险加权资产的比例分别不低于 4% 和 8%)调整为三个层次的资本充足率要求。一是明确三个最低资本充足率要求,即核心一级资本充足率、一级资本充足率和资本充足率分别不低于 5%、6% 和 8%。二是引入逆周期资本监管框架,包括 2.5% 的储备资本和 0~2.5% 的逆周期资本。三是增加全球与国内系统重要性银行附加资本要求。

2. 流动性监管

商业银行流动性是指银行能够及时满足各种资金需要和收回资金的能力。流动性是商业银行监管的一个重要方面。我国 2018 年颁布的《商业银行流动性风险管理办法》,规定了流动性覆盖率、净稳定资金比例、流动性比例、流动性匹配率和优质流动性资产充足率五项流动性风险监管指标。

3. 信贷风险监管

信贷风险往往是造成商业银行经营困难的最重要原因。巴塞尔委员会制定的《有效银行监管的核心原则》对信贷风险管理做出了相关规定。贷款风险分类又称贷款五级分类管理,美国、中国等都先后采用了该方法。贷款五级分类法把银行贷款分成正常、关注、次级、可疑和损失五类,后三类称为不良贷款。根据风险分类结果,商业银行应计提相应比例的坏账准备金,包括普通准备金和专项准备金。限制商业银行的信贷集中,是基于分散风险的需要。我国对贷款集中度的监管主要体现在两个方面:对单一客户的贷款比例,对最大十家客户的贷款比例。

4. 监管评级

监管评级通过对被监管的商业银行进行经营与运行状况评估、评级,能够比较准确地发现问题商业银行,并科学地预测商业银行倒闭的可能性,是商业银行业监管的重要内容,在整个商业银行监管流程中处于核心环节和基础性地位。在监管评级方面,美国建立了复合的骆驼评级系统。最新的骆驼评级系统是美国联邦储备署、美国货币监理署、联邦储蓄保险公司三大联邦监管部门共同使用的一个标准评估体系,从六个方面评估银行的经营状况,包括:资本状况、资产质量、管理水平、收益状况、流动性、对市场风险的敏感性。

2005 年,银监会印发《商业银行监管评级内部指引(试行)》,初步建立了我国银行监管评级制度。我国 2005 年版的监管评级体系包括资本充足状况、资产质量状况、管理状况、盈利状况、流动性状况和市场风险状况六个维度,2014 年版评级体系新增“信息科技风险”。2021 年 9 月,中国银保监会发布《商业银行监管评级办法》,在 2014 年版基础上新增“数据治理”“机构差异化要素”,在“管理质量”前加上“公司治理”。此次监管评级分为 9 大要素、6 个等级 +S 级、13 个档次。9 大要素为资本充足(15%)、资产质量(15%)、公司治理与管理质量(20%)、盈利状况(5%)、流动性风险(15%)、市场风险(10%)、数据治理(5%)、信息科技风险(10%)、机构差异化要素(5%)。评级结果分为1~6级和S级。评级结果为1~6级的,数值越大反映机构风险越大,需要越高程度的监管关注。若综合评级结果为5级和6级,表示银行为高风险机构。正处于重组、被接管、实施市场退出等情况的商业银行经监管机构认定后直接列为S级,不参加当年监管评级。对综合评级结果为6级的银行,监管机构还可视情况依法安排重组、实行接管或实施市场退出。

(三) 市场退出监管

商业银行的市场退出,是指商业银行被吊销金融营业许可证,注销法人资格,停止办理金融业务,失去金融机构地位的处置。商业银行退出市场的类型主要包括:解散、撤销和破产。

商业银行破产监管的主要流程是:商业银行向司法机关提出破产申请,司法机关组织清算,工商管理部门办理注销登记手续。我国《存款保险条例》于2015年5月1日正式开始实施,意味着政府不再为所有银行的破产兜底。

二、证券业监管

证券机构是金融市场的组织者和参与主体,上市公司是金融市场上最基础、最有影响力的参与方。但追逐收益最大化是其终极目标,在利益驱使和激烈的市场竞争中,可能出现操纵市场、哄抬价格、过度投机等不良行为,危害金融市场的安全与稳定,因此对上市公司、证券机构在金融市场的活动进行有效的监管极为重要。

(一) 市场准入监管

对证券业监管从市场准入监管开始,证券业市场准入监管包括证券发行市场准入监管和证券公司市场准入监管。

1. 证券发行市场准入监管

证券发行市场准入监管是指证券监管部门对证券发行上市的审查、核准和监控。世界各国对证券发行上市审核的方式有两种:注册制和核准制。

注册制又称申报制,其特点是证券监管部门不对发行人能否发行股票进行价值判断,其权利仅限于要求发行人提供的申请资料不包含任何不真实的陈述,投资者自行对发行人及其所发证券做出判断。核准制即所谓的实质管理原则,是指证券的发行不仅要以真实状况的充分公开为条件,而且必须符合证券管理机构制定的若干适于发行的实质条件,通过证券监管部门的实质审查并得到核准后方能发行证券。

我国的股票发行制度经历了从1990年的审批制到2001年的核准制,再到全面推行股票发行注册制的发展历程。2013年11月,党的十八届三中全会明确提出,推进股票发行注册制改革。从2019年开始,科创板、创业板、北交所先后开启注册制试点。2023年2月,我国全面实行股票发行注册制。

2. 证券公司市场准入监管

证券公司的经营活动具有很大的风险和不确定性,经营失败会给投资者带来巨大的损失。因此,各国对证券公司的市场准入监管有明确的法律规定。我国设立证券公司必须经中国证监会批准,证监会主要对注册资本金、从业人员和经营场所做出规定。其中,综合类证券公司注册资本最低限额为人民币 5 亿元;经纪类证券公司注册资本最低限额为人民币 5 000 万元;董事、监事、高级管理人员具备任职资格,从业人员具有证券从业资格;有合格的经营场所和业务设施。

(二) 市场经营监管

证券公司市场经营监管主要指监管当局运用法律、经济以及必要的行政手段对证券交易、证券经营机构、证券从业人员和上市公司进行监督与管理。

1. 证券交易监管

证券交易环节容易出现内幕交易、操纵市场、虚假陈述等损害投资者利益的行为,这些行为是证券监管的重点。在证券交易监管的过程中主要要做到禁止内幕交易、禁止操纵市场、禁止虚假陈述。

危害证券市场健康长远发展和投资者利益的交易行为,都将受到不同程度的处罚和打击。各国监管机构都对内幕交易、操纵市场等市场交易行为的处罚做出了具体规定。例如,我国以拘役、有期徒刑、罚金等处罚形式打击证券交易违规违法。

2. 证券经营机构监管

证券经营机构包括证券公司等专营证券业务的机构和信托公司等兼营证券业务的机构,是证券发行、交易市场的重要主体。各国在证券经营机构的设立、运作、变更与终止方面都有相关的监管举措。我国证券监管机构对证券公司的净资本,净资本与负债的比例,净资本与净资产的比例,净资本与自营、承销、资产管理等业务规模的比例,负债与净资产的比例,以及流动资产与流动负债的比例等风险控制指标都做出了明确规定。

3. 证券从业人员监管

证券从业人员是证券公司发挥资本市场中介职能的行为载体,其道德品行和专业能力关乎服务质量、执业生态和市场健康发展。证券从业人员监管包括其从业资格、道德风险的管理和竞业禁止。截至 2021 年年末,我国证券从业人员总数已达 36 万人,从业人员类别分为一般证券业务、证券经纪人、证券投资顾问、证券分析师、保荐代表人等。中国证监会于 2022 年 2 月发布《证券基金经营机构董事、监事、高级管理人员及从业人员监督管理办法》,从任职考察、履职监督、考核问责三方面构建了经营机构人员管理的主体责任;建立健全人员任职和执业管理的内部控制机制,强化合规与风险管理,构建长效合理的薪酬管理制度,健全投资行为管理、利益冲突管理和廉洁从业制度,增强内生约束机制;持续提升人员的道德水准、专业能力、合规风险意识和廉洁从业水平,培育合规、诚信、专业、稳健的行业文化。中国证券业协会按照法律法规和中国证监会的规定或者授权,组织从业人员的业务培训,对从事不同业务类型的从业人员实施差异化自律管理。

4. 上市公司监管

上市公司监管主要是监管上市公司的信息披露。为了保护投资者利益、便于上市公司的经营和管理、确保证券市场的稳健运行与实现资源配置的有效性,上市公司的信息披露是上市公司监管的重点。上市公司信息披露包括定期报告、临时报告、业绩预报、业绩快报等。

(三) 市场退出监管

上市公司的市场退出监管主要是指上市公司退市制度。退市制度是资本市场的一项基础性制度,是指证券交易所制定的关于上市公司暂停、终止上市等相关机制以及风险警示板、退市公司股份转让服务的制度性安排。

2020 年 12 月 31 日,沪深交易所分别发布修订的《股票上市规则》,其中,修订了财务指标类、交易指标类、规范类、重大违法类退市标准,重要修订包括新增"连续 20 个交易日每日股票收盘总市值均低于 3 亿元"的市值退市指标,取消暂停上市和恢复上市环节,退市整理期缩短为 15 个交易日,同时取消交易类退市情形的退市整理期设置等。新规则完善了退市标准,简化了退市程序,并加大了退市的监管力度,被称为"史上最严退市新规"。2021 年和 2022 年,我国强制退市数量分别达到 17 家和 42 家,创历史新高。新退市制度的实施有利于我国资本市场有进有出、优胜劣汰生态系统的形成。

证券机构的市场退出监管,主要是指监管当局针对证券公司等证券业经营机构由于经营不善或违规经营,导致其无法维持公司经营活动所采取的一系列监管措施。主要包括证券公司停业整顿制度和责令关闭制度。2006 年 1 月 24 日大鹏证券公司被深圳市中级人民法院正式宣告破产,成为中国首例破产的证券公司。历史上,还有上海万国证券公司、深圳君安证券公司、南方证券等证券公司因为经营不善或违规经营被重组或托管。

三、保险业监管

保险业监管是指政府保护被保险人的合法利益、维持保险市场秩序的行为。保险业与银行业类似,对整个社会有着极大的影响,具有广泛的社会性。从范围上看,一家保险企业涉及众多家庭和企业的安全保障;从期限上看,一家保险企业可能涉及投保人的终身生活保障。如果保险企业破产倒闭或退出,负面影响远大于一般企业,影响社会稳定。

(一) 市场准入监管

为保证保险公司进入市场时的质量,各国都对保险公司的设立制定了详细的标准和规则,主要包括合法的公司章程草案、充足的资本金、合格的高级管理人员、健全的组织和制度、合规的营业场所和其他设施。

(二) 市场经营监管

保险业市场经营的监管主要包括保险业务的监管、保险资金运用的监管、保险机构偿付能力的监管。

保险业务的监管,监管的主要对象是保险条款、保险费率和保险合同。保险条款的监管主要包括保险标的、保险责任与责任免除、保险价值与保险金额等;保险费率监管主要包括不致使保险费率过高或过低、相同风险不得有差别费率、不得具有非法费率折扣行为；保险合同监管主要包括对合同形式的监管、对合同当事人的监管、对保险合同全过程的监管等。

保险资金运用的监管，主要包括两个方面：一是监管保险资金运用的方式；二是监管每一种资金运用方式的限额。监管手段首先是通过立法规定来实现对保险资金运用的管理，其次是用政府的规定或政策来调整保险资金运用方向。

保险机构偿付能力的监管，历来是世界各国保险监管的核心。保险机构偿付能力关乎投保者的资金安全和保险机构的抗风险能力，因此一直是各国保险监管的主要内容。保险偿付能力监管主要包括三个方面的内容：一是偿付能力计算方法；二是偿付能力真实水平的检查方法；三是对偿付能力不足的处理办法。

（三）市场退出监管

保险机构的市场退出监管，是保险业监管的重要内容。保险公司市场退出的方式主要有解散、撤销和破产等。保险公司在经营过程中，可能因为分立合并、违反法律法规或经营不善、资不抵债等原因造成解散、撤销或破产。

保险公司解散是指已经成立的保险公司因其章程或法律规定的解散事由发生而停止营业，并处理未了结业务，使公司的法人资格消灭的法律行为。保险公司撤销是指保险公司因违反法律、法规而被相关监管部门吊销业务许可证，从而失去主体资格的法律行为。保险公司破产是指保险公司的财务状况严重恶化，不能支付到期债务，由法院宣告破产的行为。

政府对保险公司进行监管的目的是避免保险企业破产，以保护被保险人的合法权益。很多国家的保险法做出一些特别规定，如为保持保险关系稳定，对因经营不善而被解散或停业的保险企业，多数采用保险合同转让制度，避免进入破产清算程序，以保护被保险人的利益。

基 本 概 念

金融稳定　　金融脆弱性　　金融危机　　金融监管　　资本充足率监管
流动性监管　　股票发行注册制　　股票发行核准制

即 测 即 评

复习思考题

1. 如何理解中央银行在金融稳定中的作用？
2. 金融脆弱性包括哪些主要内容？

3. 金融危机有哪些类型？金融危机应如何防范和治理？

4. 简述金融监管的目标与原则。

5. 简述商业银行市场经营监管的主要内容。

6. 简述证券业监管的主要内容。

7. 简述保险业监管的主要内容。

第十三章
金融的创新与发展

金融创新的目的是应对需求变化、供给变化和规避管理。

——弗雷德里克·S.米什金

本章学习目标

1. 了解货币政策调整的新动态。
2. 了解金融业的创新发展。
3. 了解金融业面临的新挑战。

第一节　货币政策调整的新动态

一、量化宽松

（一）超低利率环境

在常规模式下，各国使用的货币政策工具一般为价格型货币政策工具，例如通过频繁调控利率来引导宏观经济的发展。因此在次贷危机爆发的初期，各国首选的应对手段是降低利率。降低利率在初期对于缓解次贷危机的负面影响起到了一定的作用，但随着危机的深化，各国央行的利率不断降低，大多数发达国家出现了超低利率的货币环境。当利率不断下降逼近零点的超低利率水平时，货币政策调整开始出现难题。凯恩斯的流动性陷阱理论指出，当利率达到很低水平时，货币需求曲线会变成与横轴相平行的直线。此时，投资者与居民会倾向于持有现金，投资会因无法融资而下降，货币当局不能再通过降低名义利率来刺激经济，因此刺激经济的利率手段的有效性会降低甚至失效，从而使得经济复苏困难重重。超低的利率环境改变了常规货币政策的传导渠道，导致了常规货币政策的传导效果失真，因此通过降低名义利率的方式来促进经济发展存在零利率下限约束。尽管在不同的国家，凯恩斯预言的"很低的利率水平"并不完全一致，但一般认为名义利率不可能低至零点以下。

当市场利率触及零利率下限时,金融摩擦或市场不完善会使得经济形势变得极其复杂。在不确定预期的情况下,零利率下限约束将会制约经济复苏,经济会产生特殊的扭曲机制,货币政策与收益率曲线之间的相互作用会变得错综复杂。触及零利率下限也可能引起通货紧缩机制,从而加大福利损失,经济变量间的传导效果被放大,从而导致经济波动加剧。零利率下限约束还能通过影响货币政策的滞后机制来影响经济,在经济受到零利率下限约束时,货币政策的滞后程度加大,央行稳定长期经济的代价也会加大。零利率下限约束还会使得货币政策提升国内需求的有效性降低,他国冲击的溢出作用被放大,汇率和价格水平对风险溢价冲击的反应更剧烈和持久,对产出和通货膨胀的影响增强。

因为超低利率环境导致了常规的利率调控政策的失效,所以各国货币当局迫切需要在零利率下限约束下提出新的货币政策调整思路。在此背景下,价格型货币政策开始向数量型的货币政策转变,世界各国纷纷利用量化宽松的货币政策向市场注入大规模的流动性,希望以此促进经济复苏。

(二) 量化宽松的作用与局限性

量化宽松是指中央银行通过购买国债等中长期债券,增加基础货币供给,向市场注入大量流动性资金来促进经济复苏与发展的宏观调控方式。由于中央银行必须通过大规模发行货币来购买国债,因此量化宽松在短期内体现为超额的货币发行,会带来货币供应量增多与物价上涨等副作用。美国在次贷危机中一共实施了四轮量化宽松。欧洲央行在次贷危机中实施了三轮量化宽松,最开始是降低利率,向社会普遍提供流动性,后期过渡到定向释放流动性。日本央行在次贷危机中则推出了质化和量化宽松货币政策,该计划不设总额度限制和结束期限,被市场称为超级量化宽松。美国次贷危机发生后,中国政府实施了包括宽松货币政策在内的一系列宏观政策来促进经济发展,主要包括 2008 年年末开始的 4 万亿元经济刺激方案、十大产业振兴计划,以及 2009 年商业银行的超常规模放贷等。量化宽松在实施初期的效果非常明显,通过直接向金融机构提供流动性,可以有效地在市场上形成通胀预期,对全球经济尽快走出低谷具有一定的积极作用。但遗憾的是,量化宽松的效果并不持久。在给经济带来短期刺激之后,效果很快消退,实施国被迫不断推行新轮次的量化宽松。

菲利普斯曲线在一定程度上可以给量化宽松的短期有效性和长期无效性提供一种理论解释。菲利普斯曲线指出失业与通货膨胀之间存在着交替关系,通胀率越高(低)则失业率越低(高)。量化宽松的本质是通过大规模发行货币,推动价格上涨及通胀率上升,由此带来失业率下降,短期内促使经济繁荣,因此量化宽松在短期内的效果立竿见影。但菲利普斯曲线的长期效应指出,在长期中,一个国家的就业率应与该国当时的特定生产率水平相关。量化宽松在短期内确实可以提升就业率,但是如果不能从根本上改善该国的实体经济生产状况和实际的生产率水平,一段时间后就业率又会收敛回归到实际生产率水平的均值附近。因此在长期中,量化宽松的货币政策效果并不理想。

不断实施的量化宽松带来了经济的短期繁荣。尽管从理论上说,只要不停止量化宽松,经济就会持续繁荣,但是量化宽松具有较大的负面效应。弗里德曼指出,货币供给决定了生产价值的基准,通货膨胀在根本上源自货币供给量,货币供给是经济活动起伏的重要影响因素。如果不从根本上提高生产率水平,改善实体经济的生产状况,而仅仅依靠大量的货币超发,并不能真实地推动经济发展。短期的大规模货币发行,可以推动基础设施建设,繁荣相关产业,吸收剩余失业劳动力,提高社会总体收入水平,并在一定程度上带动整个社会的消费,但是也产生了经济结构失衡、特定领域的产能过剩等负面影响。同时,由于实体经济普遍不景气及回报率过低,具有趋利性特征的资金开始大量进入金融资产领域。各类金融资产业务逐渐繁荣,从货币政策到实体经济发展之间的传导路径失效,金融资产价格脱离基本面的约束出现持续上扬。实体经济发展与虚拟经济价格之间的背离,加重了资源错配,无法实质性解决实体经济融资在可获得性和配置结构上的扭曲问题。增发的大量流动性不进入实体经济领域,而流入了金融与房地产领域,从而进一步加剧了经济结构的失衡。

量化宽松具有较大的副作用。当其偏离了政策制定者的初衷,失去了原有想要达到的效果,货币当局开始考虑如何才能精准引导资金进入目标行业与领域,同时努力降低量化宽松的负面效应。在此背景下,世界各国纷纷推出更有针对性、成本更低的"精准滴灌"的货币政策,以期精准发力来定向调控实体经济的发展。

二、结构性货币政策与预期管理

(一)结构性货币政策

结构性货币政策是指中央银行实施的具有特定对象的货币政策的总和,主要目的是用于结构性调整和引导资金流向政策意图部门。在国外的理论与实践中,该类货币政策被称为靶向调整的货币政策,在国内的文献中也被称为定向调控类的货币政策。为了突出该类政策的结构调整职能,现在国内理论界与实务界更多称其为结构性货币政策。

扭转操作是美联储推出的一种形式特别的结构性货币政策,具体措施是央行在卖出一定数量的短期国债的同时买入相同数量的长期国债。扭转操作在不增加货币供应量的基础上,改变了国债资产的利率期限结构,使国债收益率曲线远端向下弯曲,从而降低长期国债收益率,定向引导投资向长期转化。完全货币交易是欧洲央行推出的一类结构性货币政策。在欧洲央行做出无限量购买重债国国债、保证购债国稳定收益的承诺下,由购债国提供流动性,支持重债国的经济发展。完全货币交易政策在宏观层面上可以不增加欧元区的整体流动性,缓解投资者对欧元区重债国违约的担心。完全货币交易政策使欧元区的无风险储备增加,促使特定种类的债券资产价格上升,利率下降,为经济复苏创造了有利条件。融资换贷款计划由英格兰银行联合财政部推出,用于定向支持家庭和企业贷款,通过定向贷款增额以对等的比例带动信用供给的增长,从而定向促进实体经济的发展。

2020年初春,新冠疫情暴发,然后迅速在全世界蔓延。疫情是典型的公共事件,它的暴发促使各国央行迅速调整货币政策来应对经济的短期滑坡。例如美联储为了应对新冠疫情对经济的负面冲击,分别于2020年3月3日和3月15日两次宣布紧急降息,将联邦基金利率目标区间降至 0~0.25%,并启动 7 000 亿美元的量化宽松计划。[①] 适当的货币政策可以向社会提供充分的流动性,帮助尽快恢复生产与生活秩序,缓解疫情对经济的影响,中央银行提供的货币是促进经济发展的不可或缺的润滑剂。但是一般认为货币政策的强项是总量调节,因此如何让央行提供的流动性顺利进入受到疫情伤害的行业与地区,促进受到疫情伤害的经济复苏,是摆在政府当局面前的一个难题。目前,各国央行正在尝试推行更大规模的定向调控,定向支持受损严重的地区与行业的经济发展。现阶段应当仔细评估疫情对不同规模与不同行业企业的差异化影响,深度解析疫情对差异化企业,尤其是对中小型企业和服务业的冲击,充分发挥定向调控类货币政策的结构调整职能,积极应对疫情对经济造成的巨大伤害,促进经济复苏。

发挥货币政策的结构调整功能,是近年来货币经济学发展的一个新方向。结构性货币政策工具以定向宽松的方式向实体经济投放流动性。一方面可以避免大水漫灌式的全面宽松货币政策导致的金融系统流动性过剩,另一方面能以定向调控的方式缓解实体经济重要领域和薄弱环节的流动性不足,引导经济结构调整和信贷结构优化。为了让定向调控类货币政策更有针对性,货币当局需要加强预期管理,推行预调微调的货币政策。

(二) 预期管理与预调微调

20 世纪 90 年代之前,多数国家的中央银行在货币政策实践中秉持"神秘主义"的操作风格。但随着经济理论的发展,经济学家们开始意识到,在经济主体对经济运行结果和经济运行过程存在不完全认知的前提下,货币政策透明度对于稳定公众的通胀预期,进而提高货币政策的有效性起着至关重要的作用。于是,货币政策的操作风格逐渐由"神秘主义"转向了"透明主义",中央银行不断通过预期管理,加强与金融市场和公众的沟通。

近年来,市场预期在引导投资者金融行为中的作用越来越大,各国中央银行开始日益感受到货币政策预期管理的重要性。货币政策除了直接冲击货币供给曲线之外,还可以通过改变市场参与者的预期来引导市场参与者的行为选择,从而间接改变货币市场均衡。美联储、欧洲央行、日本央行、英格兰银行,以及中国人民银行等每次在实施非常规的货币政策之前,都会反复利用央行沟通行为来传递货币当局的政策意图与引导市场预期。央行沟通的目的是尽量使投资者与市场参与者减少对货币政策目标的认知偏离,主要包括两种形式:一是书面上的沟通,例如央行定期发布的政策执行报告、统计数据,以及定期举行的货币政策委员会例会等;二是口头上的沟通,包括央行行长的讲话或者采访,以及央行的不定期公告等。央行通过向公众传递货币政策信号和宏观经济信息,降低央行与公众间的信息不对称,增进投资者对央行信息的理解,减少市场中的噪声交易,进而减小市场波动,最终影响宏观经济运行。作为一种新型的货币政策调控手段,央行沟通行为对于稳定金融市场和有效发挥宏观调控作用具有重要的意义。

预期管理一方面可以尽最大可能熨平货币政策实施时点的脉冲效应导致的对经济的异常冲击,另一方面可以充分利用预期管理的方式来影响投资者的情绪与行为选择,低成本引导实体经济的发展。货币当局恰当使用预期管理手段,有可能低成本且有效地达

---

① 数据来源于美联储官网。

到最终的政策目标。不过,预期管理只是对释放流动性的货币政策的一种补充,当量化宽松、结构调整、预期管理、央行沟通等效果都不太理想的时候,不少国家的货币当局开始再次尝试利率调整的货币政策手段。

三、利率政策

(一)负利率

负利率不是一种能够让人轻易接受的货币政策创新。从理论上说,凯恩斯的流动性陷阱指出,当利率低到一定程度,常规的货币政策将失效。尽管在不同的国家,凯恩斯预言的很低的利率水平并不完全一致,但一般认为名义利率不可能低至零点以下,会存在零利率下限约束。但是当其他货币政策手段都效果不佳时,一些国家的央行开始尝试选择负利率作为经济刺激的手段。2009 年,瑞典国家银行首次突破银行存款名义利率为零的下限,这是发达国家负利率政策的最早实践。截至 2021 年 12 月,全世界有十余个国家和地区实施了负利率制度,最具代表性的是欧洲央行和日本央行。目前在实践领域,各国央行并不是对借款人或者存款人征收负利率,而主要是对商业银行存放在中央银行的超额准备金征收负利率,目的是逼迫商业银行加大向外贷款,向经济体系注入更多的流动性。

经济学家们普遍认为负利率政策并不能解决经济问题。首先,可能恶化银行盈利状况、导致银行体系崩溃;其次,可能诱发各国争相降息贬值,诱发货币战争;最后,可能促使非银行金融机构追求高风险的投资,增加金融市场波动,导致金融市场出现更高风险。作为银行及非金融公司短期资金的重要来源,货币市场基金首当其冲受到负利率政策的冲击,短期内的负面作用具有破坏性。负利率常态化可能导致利率传导有效性降低、债券市场流动性下降、银行利润空间收窄、金融市场分割和波动加剧等风险。从实践来看,实施负利率的货币政策效果并不理想,负利率可能难以达到促进经济复苏与消除通缩的作用,比较而言扩充流动性的货币政策的效果更显著。

尽管经济学家们对负利率大多持否定态度,但是次贷危机中实施负利率的几个主要国家和地区的央行行长的态度却非常乐观,坚持认为负利率效果不错。例如欧洲央行行长与日本央行行长在多个场合反复宣扬负利率有效,表达了有可能将负利率进一步压低的政策意图,并认为负利率制度是对传统利率理论的一种创新。负利率并不是货币政策调整的常态,终结负利率必须依赖于全球经济稳定回升、私人部门预期改善、消费增长和投资跟进。只有实体经济复苏,政策利率才能向上重新迈过零利率下限的门槛,重新回到常态化调整的轨道中来。

负利率是一国经济陷入极度萧条后的一种货币政策选择,代表着特定国家的货币当局的无奈之选。但是 2014 年后,当不少国家经济仍然萧条时,美国经济出现了阶段性复苏。为了应对国内日益抬头的通货膨胀,抑制经济短期内的过快过热发展,美联储开始实施紧缩性货币政策。

(二)美联储加息与发达国家货币政策的分化调整

美国从 2015 年 12 月开始连续 9 次提高联邦基金利率,并通过抛售国债等公开市场操作方式释放紧缩信号以回笼市场流动性,引导市场利率接近所设定的目标值。美联储加息改变了世界资本的流动方向,影响了其他国家的短期产出、通货膨胀、利率、汇率、债券价格以及国际大宗商品的价格。从理论上说,美联储加息会提高市场上美元的价格与美元资产的回报率,由此将导致资本从其他国家流出,从而诱发流出国产出下降,对流出国的经济造成负面影响。此外,美元在国际大宗商品结算中具有垄断地位,美国利率的变化会改变市场对大宗商品价格的预期,从而导致大宗商品价格出现大幅波动。美联储加息给新兴市场国家带来了较大的冲击:一方面,美联储加息,美元走强、油价上涨,会导致新兴市场国家出现本国货币大幅贬值,通胀率开始恶化,资产泡沫破裂。另一方面,较多新兴市场国家的经济结构不合理,外汇储备数量有限,在应对美联储加息冲击之时,缺乏合适的应对手段,大多只能通过加息来暂时避免本币的贬值,由此对本国经济造成了进一步的打击。

从 2015 年 12 月至 2019 年 3 月,美国为了应对经济偏热可能引发的不利影响逐渐收紧货币政策,但同期,以欧洲和日本为代表的部分国家,经济却日益萧条,加大了宽松货币政策的实施力度。一方面美国在紧缩,而另一方面欧、日却在宽松,发达国家的货币政策出现了分化调整的新动态。发达国家货币政策的分化调整增加了中国经济发展的不确定性,也对中国的宏观调控提出了挑战。应对发达国家货币政策的分化调整对中国经济的影响,我们扩大开放与推进实施“一带一路”倡议、推进经济结构调整与相关领域改革,防范化解可能存在的重大风险,积极与适时地进行调整,制定恰当的宏观政策来主动营造动态稳定的发展环境,构建总体稳定与均衡发展的大国关系框架,更好地推动中国经济迈上新台阶。

(三) 利率走廊

利率走廊是近年来世界各国主流的利率调控模式。在该模式中,中央银行向商业银行提供存贷款便利工具并设定一个利率的操作区间,通过预期引导效应和利益诱导机制,有效引导短期市场利率逼近于目标利率。利率走廊的构成要素包括走廊的上限、下限以及政策利率。利率走廊的调控模式允许市场利率在走廊的上下限内波动,如果超过上下限,央行将通过调整政策利率来引导“跑出去”的利率回归走廊。这种调控方式改变了泰勒规则的“点均衡”,即钉住某个利率的机械做法,允许利率在一定范围内灵活波动,因此被称为“区间均衡”。

近年来,瑞典、加拿大、新西兰、欧元区、澳大利亚、英国、美国、日本、土耳其、印度等国家和地区都纷纷推出了利率走廊机制,其在引导市场预期和降低利率波动方面发挥了一定的积极作用。我国也已经初步建立起利率走廊的调控机制。我国利率走廊的上限是常备借贷便利贷款利率,下限是超额准备金存款利率,并尝试基于利率走廊的思路进行利率调整。例如,2015 年 11 月中国人民银行下调 SLF 利率,收窄了与超额准备金存款利率之间的利差,在其后的一年内,以存款类机构质押式回购利率为代表的短期利率被有效锁定在利率走廊的上下限之间,利率走廊引导与调控市场利率的作用初步显现。但是,利率走廊效果的充分发挥取决于很多因素,例如利率走廊的制度安排、商业银行的市场地位、配套的准备金制度、充分竞争的货币市场、高效的实时清算系统、中央银行的独立性和较强的流动性管理能力等。由于不是每个国家都具备这些要素,因此世界各国的利率走廊的调控效果也各不相同。从世界范围内看,尽管利率走廊渐成各国货币政策调整的主流模式,但是货币政策操作框架的转型是一个长期和渐进的过程,还需要各国央行的更多配合与努力。

第二节　金融业的创新发展

近年来,金融业体现出融合发展的趋势,商业银行、证券公司、保险公司在从事各自领域传统业务的基础上,相互协作,探索新的业务模式,不但创造了更多的盈利机会,也带来了更多的投资选择。

一、商业银行的资管业务

资管业务首次引起大众的关注是因为 2015 年的股市大幅波动。2014 年 7 月 11 日到 2015 年 6 月 12 日,上证指数上涨 3 145 点,单日成交量相对于期初放大 13 倍,A 股总市值最高峰突破 70 万亿元,但随后市场出现雪崩式下跌。截至 2015 年 8 月 26 日,相较于 6 月的最高点,沪市、深市与创业板的下跌幅度分别为 43.5%、45.6% 与 53.2%[①],广大投资者遭受了巨额损失。在股市大幅波动的背后,是天量资金的进入与离开,其中来自商业银行资管业务的资金起到了较大的推动作用。

在我国,资管业务主要包括理财产品、受托投资以及投资顾问等,其中理财产品业务占到商业银行资管业务的 90% 以上。在 2015 年股市巨幅波动之前,资管业务在我国的金融体系中已经发展多年,规模非常庞大,特别是以理财产品为核心的资管业务呈现持续增长的态势。据统计,从 2007 年到 2015 年,我国商业银行总计发行个人人民币理财产品 268 080 款,产品数量年均增长率达到 55.33%。同期,理财业务余额突破 20 万亿元人民币,年均复合增长率达到 40%。[②] 资管业务的快速扩张,已经成为商业银行利润增长的新引擎,资管业务收入在总收入中的占比不断增长。

商业银行近年来大力发展资管业务的原因主要是传统的贷款业务受到了较大压制:从宏观经济来看,美国次贷危机的爆发重创了世界经济,加之欧债危机持续发酵,实体经济不景气给商业银行的贷款需求带来了巨大冲击,互联网金融的兴起与发展,提供了比传统的商业银行模式可能更具竞争力的资金收益率,并降低了资金使用价格,从而进一步缩小了银行的息差收入。从银行监管来看,次贷危机催生了《巴塞尔协议 Ⅲ》,商业银行面临着更加严苛的资本要求,贷款业务受到了越来越大的限制。从金融体制改革来看,2015年 5 月我国开始实施存款保险制度,同年 10 月中国人民银行基本上全面放开存款利率浮动上限,存款保险与利率市场化进一步压缩了商业银行的利差空间。而资管业务避开了针对贷款业务的监管措施的制约,尽管初期的粗放经营导致资管业务的收益率并不高,但通过扩大业务量,资管业务一样能够给商业银行带来较多的利润。近年来,资管业务在我

---

① 根据同花顺数据库计算得到。

② 山东银监局课题组 . 商业银行资产管理业务发展转型及监管研究[J]. 金融监管研究,2015(3):78–98.

国的商业银行体系得到了迅猛发展。

资管业务的发展对我国的银行业收益有促进作用,并且能改善银行业整体经营风险,但是效果具有异质性特征。美国次贷危机爆发之后,由于实体经济不景气导致贷款需求下降,而银行本身也在贷款规模、对象等方面受到诸多限制,难以进一步增加贷款,所以商业银行较为偏重于扩张资管业务。资管业务的本质是一种影子银行业务,其中理财产品业务占到了较大比例,近年来资管业务与同业、信托、租赁、担保、小额贷款、民间信用、互联网金融、伞形信托、民间配资等结合在一起,创新与发展都非常迅猛。

二、证券市场波动与投资新变化

(一)伞形信托与杠杆

在资管资金被规范发展之前,商业银行的资管资金大多以类似于伞形信托的形式参与民间配资,并通过资本市场投资获取较高收益。由于信托计划管理人将持有的资金对多位需求者放贷,资金流向结构形似打开的伞,故被形象地称为伞形信托。伞形信托的资金一般用于投资者的配资。与商业银行的贷款机制相比,它不需实名、不需抵押担保、当天放款,极大地降低了贷款门槛。

伞形信托一般使用科技手段对资金进行即时监控。例如,在2015年的股市大幅波动之前,恒生电子开发出了一款方便私募基金管理资产的系统,取名为恒生订单管理系统HOMS。HOMS有两个独特的功能:一是可以将私募基金管理的资金灵活地分仓,交由不同的交易员管理;二是可以对操作者实现即时监控,从而将以前手动的操作过程自动化。伞形信托使用HOMS等科技手段,极大地降低了资金监控的成本。

贷款人以本金为基准,从伞形信托机构申请配资资金进行投资,形成高杠杆。伞形信托机构在放款之前,会与贷款人约定好平仓线,但不会设置止盈线。如果贷款人购买的股票价格上涨,伞形信托机构不会干预。如果贷款人购买的股票价格出现大幅下跌,一旦跌到平仓线,伞形信托机构就会进入贷款人的股票账户,将贷款人持有的股票全部平仓。平仓完成后,伞形信托机构可以收回全部资金,但贷款人的本金将产生大量亏损。在此过程中,伞形信托机构收取高额的资金使用费,实现高利润。

强行平仓后的资金清偿有先后顺序,贷款人的资金是劣后级资金,而伞形信托机构的资金是优先级资金。当偿还完优先级资金后,如果还有剩余,才会偿还贷款人的资金。所以一般来说,当股票价格大幅下跌时,只要能够强行平仓,优先级资金是没有风险的。凭借精心设计的投资规则,伞形信托机构从商业银行进行了大量融资。巨额的商业银行资金,通过资管业务,以结构性产品的形式进入伞形信托机构完成民间配资过程,曲折进入股市,形成了庞大的影子银行,推动股市大幅上涨。

不过,任何投资都是具有风险的,优先级资金无风险的前提是能够强平,但是如果出现极端情况无法强平,就有可能爆发系统性风险。2015年6月初,证监会开始清查伞形信托、民间配置、理财产品中的违规问题,要求商业银行的违规资金回笼导致股价持续下跌,由此产生了连锁反应。首先是高杠杆融资的投资人爆仓,然后是中杠杆融资的投资人爆仓,为了尽量挽回损失,爆仓的投资人开始大量融资买入看空期指,并大量融券卖空,进一步加速了股市下跌。最后,多方力量形成合力,导致绝大多数股票每天开盘就被压在跌停板上,没有流动性与无量跌停,导致了股灾爆发。

从 2015 年 6 月 15 日至 7 月 8 日,A 股在 23 个交易日里跌去市值约 40 万亿元,而国家统计局的公报显示,2015 年上半年,中国 GDP 的总额还不到 30 万亿元。如果股市持续下跌,当高杠杆的资金爆仓后,下一个被爆仓的将是低杠杆的商业银行与金融机构,并由此可能爆发系统性的金融危机。2015 年 6 月中旬,由国务院牵头,中国人民银行、证监会、银监会、保监会、国资委、发改委、财政部、公安部联合干预,股市终于止住了下跌的趋势,但市场投资者特别是广大散户投资者蒙受了巨大的损失。

(二) 规范与健康发展

在 2015 年的股市大幅波动中,来自商业银行的资管业务资金起到了较大的推动作用。为了规范资管业务发展,监管机构对资管资金的定位与合理使用提出了规范的要求。2018 年,中国人民银行、中国银行保险监督管理委员会、中国证券监督管理委员会、国家外汇管理局联合印发了《关于规范金融机构资产管理业务的指导意见》,主要内容如下。

(1) 严格界定资管业务范畴。资管业务是指银行、信托、证券、基金、期货、保险资产管理机构、金融资产投资公司等金融机构接受投资者委托,对受托的投资者财产进行投资和管理的金融服务。金融机构为委托人利益履行诚实信用、勤勉尽责义务并收取相应的管理费用,委托人自担投资风险并获得收益。金融机构可以与委托人在合同中事先约定收取合理的业绩报酬,业绩报酬计入管理费,须与产品一一对应并逐个结算,不同产品之间不得相互串用。

(2) 对资管业务进行分类管理。资产管理产品按照投资性质不同,分为固定收益类产品、权益类产品、商品及金融衍生品类产品和混合类产品。固定收益类产品投资于存款、债券等债权类资产的比例不低于 80%,权益类产品投资于股票、未上市企业股权等权益类资产的比例不低于 80%,商品及金融衍生品类产品投资于商品及金融衍生品的比例不低于 80%,混合类产品投资于债权类资产、权益类资产、商品及金融衍生品类资产且任一资产的投资比例必须达到前三类产品标准。

(3) 确定合格投资者的认定标准。合格投资者是指具备相应风险识别能力和风险承担能力,投资于单只资产管理产品不低于一定金额且符合一定条件的自然人和法人或者其他组织。投资者不得使用贷款、发行债券等筹集的非自有资金投资资产管理产品。

(4) 明确资管产品的可投资范围。金融机构发行资产管理产品可以投资于非标准化债权类资产,但是金融机构不得将资产管理产品资金直接投资于商业银行信贷资产。

(5) 实施集中度管理。金融机构应当做到每只资产管理产品所投资资产的风险等级与投资者的风险承担能力相匹配,做到每只产品所投资资产构成清晰,风险可识别。金融机构应当控制资产管理产品所投资资产的集中度。

(6) 实施流动性管理。在禁止资金池业务,强调资管产品单独管理、单独建账、单独核算的基础上,要求金融机构加强产品久期管理,规定封闭式资管产品期限不得低于 90 天,以此纠正资管产品短期化倾向,切实减少和消除资金来源端和运用端的期限错配和流动性风险。

（7）打破刚兑。禁止欺诈或者误导投资者购买与其风险承担能力不匹配的资产管理产品。金融机构不得通过拆分资产管理产品的方式，向风险识别能力和风险承担能力低于产品风险等级的投资者销售资产管理产品。金融机构应当加强投资者教育，不断提高投资者的金融知识水平和风险意识，向投资者传递"卖者尽责、买者自负"的理念，打破刚性兑付。

（8）对杠杆与分级进行约束。分级私募产品的总资产不得超过该产品净资产的140%。分级私募产品应当根据所投资资产的风险程度设定分级比例（优先级份额／劣后级份额，中间级份额计入优先级份额）。发行分级资产管理产品的金融机构应当对该资产管理产品进行自主管理，不得转委托给劣后级投资者。分级资产管理产品不得直接或者间接对优先级份额认购者提供保本保收益安排。

（9）实施穿透式监管。对于多层嵌套资产管理产品，向上识别产品的最终投资者，向下识别产品的底层资产。

值得指出的是，规范资管业务发展不是禁止资管业务发展，而是为了推动资管业务将来更健康发展。近年来，由于经济金融环境变化，商业银行面临着经营转型，迫切需要调整业务结构，改变以往过分依赖息差收入的经营模式，增大资管业务等表外业务的比例。金融机构发展资管业务是大势所趋，也是利率自由化背景下各金融机构特别是商业银行主动调整资产结构的必然选择，但是实践证明不能放任资管业务野蛮生长，应当正视资管业务背后隐藏的市场风险，完善相关监管措施，规范市场行为，推动金融机构的资管业务有序发展。

三、保险业的转型与发展

（一）万能保险

从世界范围内看，近年来保险公司有向全能型投资公司转化的趋势。在管制放松与金融创新的背景下，不少保险公司通过大量出售新型的保险合约（例如万能保险）获得迅速的扩张，并将获得的巨额保费收入投资资本市场形成资金循环。以万能保险为代表的新型保险合约促进了保险公司的转型发展，但也蕴含着较大的风险。

1979 年，世界上第一款万能寿险在美国诞生，2000 年开始进入国内。根据国家标准《保险术语》（GB/T 36687—2018）的定义，万能保险是指具有保险保障功能并设立单独保单账户，且保单账户价值提供最低收益保证的人身保险。万能保险除了同传统寿险一样给予生命保护保障外，还可以让客户直接参与由保险公司为投保人建立的投资账户内资金的投资活动，将保单的价值与保险公司独立运作的投保人投资账户资金的业绩联系起来。大部分保费用来购买由保险公司设立的投资账户单位，由投资专家负责账户内的资金调整和投资决策，将资金投入到各种投资工具上，并确保投保人在享有账户余额的本金和一定利息保障前提下，获得投资收益。

万能保险是一类特殊的寿险产品，它在人寿保险的基本功能之外，还具有如下特点：一是交费灵活。可以任意选择、变更交费期，可以在未来收入发生变化时缓交或停交保费，也可以过段时间之后再继续补交保费等，还可以一次或多次追加保费。二是保额可调整。可以在一定范围内自主选择或随时变更基本保额,从而满足人们对保障、投资的不同需求。三是保单价值领取方便。客户可以随时领取保单价值金额,作为子女的教育金、婚嫁金、创业金,也可以用作自己或家庭其他成员的医疗储备金、养老储备金等。由于以上特点,这类特殊的寿险产品被通俗地称为万能保险。

相对于传统的保险产品,万能保险添加了投资功能。初期的万能保险大多向购买者承诺保证利率,对于高于保证利率的收益,保险公司和投资人按一定比例分享。由于万能保险可以给购买者提供更高的收益,在投资渠道狭窄和流动性过剩的背景下,万能保险进入中国市场后,得到了迅猛的发展。

(二) 保险公司的竞争发展

随着保险行业准入与经营监管放松,近年来国内成立了不少新型的保险公司,有些保险公司经营激进,充分利用万能保险的投资功能,通过高收益吸收了大量的资金,获得了迅速的扩张。为了在短期内抢占市场,这些保险公司之间竞争非常激烈。常用的竞争手段包括:提高收益率,向购买者承诺更高的收益率,吸引购买者的资金。降低门槛,设计大额的集合保单,然后将集合保单按面值细分,以理财产品的形式,通过柜台线下或者互联网线上销售。缩短投资期限,对长期限的保单计算现金价值,在短期限内清算返还利润,尽快实现资金循环。

提高收益率、降低门槛与缩短投资期限迎合了投资者的需求,对购买者的吸引力非常大,新型的保险公司通过技术手段吸收了大量资金,实现了短期内的迅速扩张。为了兑现向购买者的收益与期限承诺,保险公司开始大规模投资资本市场,希望获取快速收益将资金链循环起来。有些保险公司为了谋求收益最大化,开始与商业银行联合,以保费做劣后级资金,以商业银行的资管资金做优先级资金,通过金融杠杆放大资金威力,获取巨额的投资收益。

疯狂扩张和大规模的高风险投资对于希望获取高额收益的保险公司来说是个体理性的自然选择,但是却可能导致合成谬误,形成集体的不理性。如果更多的保险公司开始疯狂扩张并进行大规模风险投资,将导致资金杠杆不断升高、资本市场波动加剧,此时万能保险开始逐渐地失去保险职能,蜕变成高风险的投资合约。一旦市场出现偶发事件,保险公司出现资金链断裂,就有可能形成系统性风险,对金融市场造成巨大冲击。

(三) 风险与监管

意识到不受监管的万能保险与保险公司的疯狂扩张有可能扰乱金融市场秩序之后,监管部门进行了严厉监管。部分监管措施包括:

原保监会发布《关于规范中短存续期人身保险产品有关事项的通知》,明确规定了保险公司销售中短存续期的限额的过渡期安排,开始对万能保险这个争议险种进行约束。

原保监会发布《关于进一步加强保险公司股权信息披露有关事项的通知》,对保险机构股权变动、重大投资和关联交易等信息披露作出强制性规定,充分发挥公众监督和市场机制的约束作用。

原保监会发布《关于强化人身保险产品监管工作的通知》和《关于进一步完善人身

保险精算制度有关事项的通知》。要求保险公司对万能保险建立单独核算制度,单独管理万能账户,同时下调万能保险责任准备金评估利率至 3%,对万能保险实施精准监管。

原保监会针对激进投资与风险巨大的前海人寿等保险公司下发监管函。

原保监会发布《关于规范人身保险公司产品开发设计行为的通知》,禁止万能保险以附加险形式进行快速返还产品的设计与销售。[①]

在刹住了万能保险过分注重投资功能和向理财产品转化的趋势之后,保险业开始逐渐回归财产保险和人身保险的本质功能。同时进行机构调整,将原银监部门与原保监部门合并,成立中国银行保险监督管理委员会,提高对资金的跨行业流动风险进行跨行业监管的力度。2021 年 10 月,银保监会下发了《关于就〈万能型人身保险管理办法(征求意见稿)〉征求意见的通知》,万能保险以崭新和健康的姿态重新出现在大众眼前。

第三节　金融发展面临的新挑战

近年来随着世界经济环境的变化,金融业受到了越来越多的外生变量的影响。金融不但"自己"在变,"别人"也在逼着它变。贸易摩擦、金融科技、政策的复合影响、气候变化、新发展格局与高质量发展等都对金融发展提出了新的挑战。

一、贸易摩擦

按照国际贸易理论,贸易双方国由于经济实力、经济结构、行业差距、比较优势等方面的差异,一般不可能保持贸易差额为零的理想状态。只要贸易差额稳定在两国的接受范围内即可,贸易双方国在特定时期内,存在一定的贸易摩擦并不罕见。但是 2018 年 3 月,美国以"301 调查"的结果为借口忽然对中国商品加征高额关税,加大贸易摩擦,激化了贸易冲突,中美贸易进入非正常的状态。大规模的贸易摩擦对于货币政策的正常传导效果产生了较大的扰动影响。以金砖五国为例,在美国次贷危机之前经济发展一度强劲,但是危机爆发后,在美国实施宽松货币政策时期,发展中国家的经济发展较危机之前均出现大幅下降。在 2014 年 12 月美国退出量化宽松,货币政策由宽松转为紧缩之后,金砖国家的状况仍然未能好转。相比于美国实施宽松货币政策的前期,金砖国家的状况甚至更糟糕。

针对美国货币政策调整的溢出效应,常被接受的是两条解释路径:第一条路径认为,在宽松货币政策时期,美国实施大规模的量化宽松和超低利率,导致美元贬值和他国货币升值,因此有利于美国出口与商品倾销,由此会对其他国家造成负面影响。第二条路径认为,在紧缩货币政策时期,美国持续加息,美元升值将导致美元资产的回报率上升,因此将引导资本在世界范围内大流动,发展中国家的资金大量流出,由此对经济发展造成了负面影响。第一条路径可以解释宽松货币政策时期的发展中国家的净出口下降,但是美联储退出量化宽松货币政策之后,发展中国家的净出口仍然在下降;第二条路径可以解释紧缩货币政策时期的发展中国家的萧条,但是美联储实施超低利率政策之后,发展中国家还

---

① 关于万能保险管理的各法律法规。

是继续萧条。可见,在常用的市场经济手段背后,西方发达国家的政府干预起了很大的作用。

二、金融科技

近年来,科技与金融高度融合,诞生了金融科技的新发展方向。金融科技在金融业的传统业务基础上融入科技手段,产生了系列的新业态,也推动了金融业的创新发展。

在国内市场的巨大需求与高度发达的互联网技术支持下,我国的互联网平台经济领域的业务发展迅猛,诞生了不少优秀的互联网平台公司。它们通过方便快捷的支付与服务模式,在实体企业的生产与销售之间搭建起了通畅便捷的流转渠道。互联网平台公司对于疏通资金传导与生产经营过程中的堵点,推动双循环新发展格局的建设起到了重要的作用。但是市场的快速扩张与逐利资本的介入,导致互联网平台公司之间的不正当竞争和违规行为时有发生,一定程度上扰乱了市场秩序并伤害了中小商家与消费者的权益,带来了信用扩张与货币流通速度的改变,甚至可能造成信息泄露和危害国家安全。

我国的监管部门一直密切关注着互联网平台经济领域的发展,并对违规经营行为进行了适当的规范约束。例如,2021年1月22日,中国人民银行颁布2021年第1号令,对非银行支付机构的客户备付金存管提出了要求,严格监管大型互联网平台公司的支付清算等金融业务。2021年2月7日,国务院反垄断委员会制定发布了平台经济领域的反垄断指南,要求制止和预防平台经济领域的垄断行为。2021年4月10日,市场监管总局调查后认为,近年来某大型互联网平台公司滥用市场支配地位,对平台内商家提出二选一要求,并借助市场力量、平台规则和数据算法等技术手段,增强自身市场力量,获取不正当竞争利益,市场监管总局依法对其实施了高额处罚。强化反垄断、深入推进公平竞争政策实施,是完善社会主义市场经济体制的内在要求,要从构建新发展格局、推动高质量发展、促进共同富裕的战略高度出发,促进形成公平竞争的市场环境,更好地保护中小企业和消费者权益。在严格的监管与引导下,我国的互联网平台公司与第三方支付逐渐规范,信用环境和货币流通环境得到了明显改善,互联网平台公司正在引领发展、创造就业和国际竞争中发挥着越来越大的作用。

2008年,中本聪发明了比特币,随后各种数字货币纷纷诞生,支撑数字货币运行的区块链技术也得到了充分的讨论。中本聪通过两个方面对传统的货币理论进行了颠覆。第一个方面,他定义比特币是一种开源的点对点电子现金系统,具备发行上限,完全去中心化,没有中央服务器或者托管方。第二个方面,他使用区块链技术来保证比特币交易的真实性。区块链是一种去中心化的网络记账系统,具有共享、加密、不可篡改的技术特点,区块链技术使用基于大数据的节点认证机制,使人们得到准确的资金、财产和其他资产的账目信息。

数字货币与区块链技术目前仍然处于不断地发展与探索中,但是由此引申出来的一些结论可能颠覆人们对于货币理论的一些常规认识。货币经济学理论认为,央行的两大核心职能分别是发行货币与制定货币政策。如果去中心化的数字货币成为货币发行的主流,那么央行可能不再能够垄断货币的发行权,也无法实施主动的货币政策调整,而如果发行货币与制定货币政策两个核心职能被动摇,那么中央银行将不再有存在的必要。因此,现在世界各国在实践中普遍采取了折中手段,大多使用中心化的电子货币,既保证了货币的发行权,又体现了电子货币的数字化特征与优势。与此同时,数字货币的发行上限、认证机制、稀缺品属性与价值,以及相应的定位与监管等理论问题,都对传统的货币经济学提出了异议,货币理论正在直面来自金融科技的挑战。

三、政策的复合影响

减税是宽松政策,如果同期实施了宽松货币政策,那么两者叠加,减税可能对宽松货币政策产生放大作用;如果同期实施了紧缩货币政策,那么两者效果相反,可能产生抵消作用。在 20 世纪 80 年代,里根政府曾经使用加息和减税的组合政策来推动经济复苏,这一政策组合在初期成功地遏制了经济衰退,促使美国经济保持扩张状态。但是在全球经济发展低于预期的背景下,加息减税的组合政策难以解决长期增长问题。在里根政府后期,通过减税刺激经济增长的效果降低,美国国内贫富差距加大,社会矛盾不断激化,美国政府于是开始向外转移矛盾,由此部分导致了后续的美日贸易摩擦以及"广场协议"的诞生。以史为鉴,我们今天更需要仔细分析与积极应对美国的复合型宏观政策调整所带来的负面冲击,制定恰当的宏观政策,营造动态稳定的发展环境。

《巴塞尔协议 III》在微观审慎机制的基础上提出了宏观审慎机制的调控原则,党的十九大更是首次提出货币政策与宏观审慎政策双支柱调控框架。宏观审慎的核心是监控所有当事人表内外资产或者负债并表后的资产负债表,尤其关注并表后的杠杆率,具体如逆周期资本缓冲制度、影子银行监管、贷款价值比、负债输入比等。随着金融体系的快速扩张、金融深化进程的加快、融资渠道和方法的多样化,金融机构之间以及金融机构与金融市场之间的相互关系愈发密切,金融体系中金融风险的分散、传递和积累也变得更为复杂,因此旨在预防和控制系统性金融风险的宏观审慎监管受到了越来越多的关注。

近年来,我国在推行宏观审慎机制的过程中取得了一定的成绩。以房地产调控为例,盯住广义信贷偏离的宏观审慎政策通过逆周期调控信贷市场抑制了房价涨幅,可以削弱房地产市场对实体投资的挤出效应,进而平滑总产出波动,同时使得社会总债务规模与实体经济发展更加匹配,显著降低宏观杠杆率。引入逆周期调节因子的货款价值化动态调整规则比静态规则具有更显著的金融稳定效果,并且可以约束居民贷款能力,减少对房地产的投机行为,降低金融风险。宏观审慎完善了货币政策不能做到的部分职能,初步压制住了房地产价格过快过猛上涨的势头。除了房地产调控以外,在宏观调控的大部分领域,在保增长与促就业的过程中,货币政策都有可能与宏观审慎机制结合起来,形成政策的组合拳,充分发挥双支柱的作用,从而引导宏观经济健康发展。

四、气候变化

从 20 世纪 70 年代至今,全球的工业化进程加大了传统的化石能源消耗,产生了大量的碳排放,一定程度地破坏了人类的生存环境,降低了居民的生活质量,而大量消耗不可再生资源的经济发展模式在长期中也不具有可持续性。为了约束过高的碳排放量的不利影响,国际组织先后推出了《联合国气候变化框架公约》《京都议定书》和《巴黎协议》。我国也积极响应国际号召,在气候保护领域承担了应有的大国责任。2015 年,我国向《联合国气候变化框架公约》秘书处提交了《强化应对气候变化行动》,郑重承诺我国将在 2030 年前后达到碳排放的峰值,且清洁能源占能源消费总量的比重将提高到 20%。2020 年,我国在第七十五届联合国大会上明确提出了双碳目标,我国的二氧化碳排放将力争在 2030 年之前达到峰值,争取在 2060 年之前实现碳中和。目前,双碳目标已经写入"十四五"规划纲要,成为未来一段时间内我国经济发展的重要指南。

尽管我国控制碳排放已经取得了一定的成绩,但是实现双碳目标依然具有较大的挑战性。我国 2018 年的人均碳排放量为 7.41 吨,碳排放强度为 0.7,均高于 4.48 吨与 0.41 的世界平均水平。从产业结构看,2020 年我国工业增加值占 GDP 的比重为 37.82%,主要消耗化石能源的工业企业带来了大量的碳排放。从能源结构看,我国目前的化石能源消耗占比为 84.1%,而清洁能源的消耗占比仅为 15.9%。[①] 由于以化石能源为主的能源结构难以满足碳减排的高标准要求,因此实现双碳目标必须要大力促进低碳环保的清洁能源产业的发展。为调和能源供给与能源安全、经济增长与环境保护之间的矛盾,我国制定了《能源法》等系列法规来推进能源结构升级与碳减排的顺利实施。

近年来,西方发达国家在环境保护的政策制定方面加大了实践的力度。2020 年 3 月,欧盟提出了转型金融的概念,希望通过特别的金融支持政策,引导市场实体、经济活动和资产项目向低碳和零碳排放转型。2020 年 6 月,欧盟发布《转型金融分类规则》;2021 年 4 月,欧盟通过了《气候授权法》《授权法附录》和《授权法披露要求细则》,对分类标准及披露义务进行详细规定并制定了分类目录,调控对象以能源部门及高碳行业为核心,所涉经济活动覆盖欧盟直接温室气体排放量的 93.2%。气候债券倡议组织于 2020 年 9 月发布了《转型金融白皮书》,日本于 2020 年 10 月发布《转型金融指引》,不少发达国家和国际组织纷纷跟进,开展转型金融的相关研究。加大结构性货币政策和转型金融的应用力度,可以促进清洁能源产业健康发展,为央行实施精准的货币政策调控和推进转型金融的发展提供决策参考。

五、高质量发展

2017 年,党的十九大提出了高质量发展的表述,表明中国经济由高速增长阶段开始转向高质量发展阶段。2020 年 10 月,党的十九届五中全会指出,推动高质量发展是对我国发展阶段、发展环境、发展条件变化做出的科学判断,应当切实转变发展方式,推动质量变革、效率变革、动力变革,使发展成果更好惠及全体人民,不断实现人民对美好生活的向往。2021 年 11 月,党的十九届六中全会强调立足新发展阶段、贯彻新发展理念、构建新发展格局、推动高质量发展。党的二十大指出,高质量发展是全面建设社会主义现代化强国的首要任务。高质量发展包括构建高水平社会主义市场经济体制、建设现代化产业体系、全国推进乡村振兴、促进区域协调发展、推进高水平对外开放等多个方面。

高质量发展必须践行以人民为中心的发展思想,不断实现好、维护好、发展好最广大人民根本利益,团结带领全国各族人民不断为美好生活而奋斗。我们应当牢记一切为了

---

① 世界银行数据库。

人民的初心使命,紧紧依靠人民,不断造福人民,只有满足人民群众的美好生活需要,发展经济才有意义。我国的货币政策制定与实施部门、各级各类商业银行和金融机构需要积极配合,稳中求进,引导经济结构的转型升级,促进经济的高质量发展,推动中国经济迈上新台阶。

基 本 概 念

结构性货币政策　　利率走廊　　资管业务　　高质量发展

即 测 即 评

复习思考题

1. 请分析负利率政策的局限性。

2. 量化宽松在短期内可以向市场注入大规模的流动性,推动就业率上升和经济发展,但是量化宽松的作用不可持久。请结合菲利普斯曲线进行说明。

3. 央行沟通的主要形式与传导机理是什么?

参考文献

［1］保罗·R·克鲁格曼,茅瑞斯·奥伯斯法尔德.国际经济学［M］.北京:中国人民大学出版社,2016.

［2］彼得·纽曼,默里·米尔盖特,约翰·伊特韦尔.新帕尔格雷夫货币金融大辞典［M］.北京:经济科学出版社,2000.

［3］彼得 S.罗斯,西尔维娅 C.赫金斯.商业银行管理［M］.8 版.刘园,译.北京:机械工业出版社,2011.

［4］布莱特·金.银行 3.0:移动互联时代的银行转型之道［M］.广州:广东经济出版社,2014.

［5］曹龙骐.金融学［M］.6 版.北京:高等教育出版社,2019.

［6］陈雨露,马勇.大金融论纲［M］.北京:中国人民大学出版社,2013.

［7］戴国强.商业银行经营学［M］.5 版.北京:高等教育出版社,2016.

［8］杜云.现代金融学［M］.北京:知识产权出版社,2014.

［9］弗雷德里克 S.米什金,斯坦利 G.埃金斯.金融市场与金融机构［M］.8 版.北京:杜惠芬,译,中国人民大学出版社,2017.

［10］弗雷德里克·S·米什金.货币金融学［M］.12 版.王芳,译.北京:中国人民大学出版社,2021.

［11］高海红等.国际金融体系:改革与重建［M］.北京:中国社会科学出版社,2013.

［12］何德旭.中国金融稳定:内在逻辑与基本框架［M］.北京:社会科学文献出版社,2013.

［13］何宇,王增孝,周新竹.金融学概论［M］.北京:清华大学出版社,2016.

［14］何自云.商业银行管理［M］.北京:北京大学出版社,2014.

［15］胡滨.中国金融监管报告(2021)［M］.北京:社会科学文献出版社,2021.

［16］胡庆康.现代货币银行学教程［M］.6 版.北京:复旦大学出版社,2020.

［17］黄达,张杰.金融学精编版［M］.5 版.北京:中国人民大学出版社,2020.

［18］黄宪,潘敏,江春,赵征.货币金融学［M］.6 版.武汉:武汉大学出版社,2017.

［19］蒋寒迪.金融危机启示录［M］.北京:经济管理出版社,2015.

［20］劳伦斯·S·科普兰.汇率与国际金融［M］.5 版.北京:机械工业出版社,2011.

［21］李德.新中国金融业发展历程［M］.北京:人民出版社,2015.

［22］李宏瑾.利率期限结构的远期利率预测作用——经期限溢价修正的预期假说检验［J］.金融研究,2012(8):97-110.

［23］李健.金融学［M］.3 版.北京:高等教育出版社,2018.

［24］李磊宁,高言,戴韡.固定收益证券［M］.北京:机械工业出版社,2014.

[25] 李扬,胡滨.金融危机背景下的全球金融监管改革[M].北京:社会科学文献出版社,2010.

[26] 李志辉.商业银行管理学[M].北京:中国金融出版社,2015.

[27] 里奥 M.蒂尔曼.金融进化论[M].刘寅龙,译.北京:机械工业出版社,2009.

[28] 林毅夫,姜烨.发展战略、经济结构与银行业结构:来自中国的经验[J].管理世界,2006(1):29-40.

[29] 林毅夫,孙希芳.银行业结构与经济增长[J].经济研究,2008(9):31-45.

[30] 刘明康.中国银行业改革开放30年[M].北京:中国金融出版社,2009.

[31] 罗纳德·W.梅利歇尔,埃德加·A.诺顿.金融学导论:市场、投资与财务管理[M].13版.潘永泉,等,译.北京:机械工业出版社,2009.

[32] 马君潞,陈平,范小云.国际金融[M].北京:高等教育出版社,2011.

[33] 马理,马威.金融危机背景下的货币政策调整与货币理论创新[M].北京:人民出版社,2021.

[34] 马勇.中央银行学[M].北京:中国人民大学出版社,2020.

[35] 蒙贾.中央银行学:维护货币稳定和金融稳定的理论与实践[M].北京:中国金融出版社,2015.

[36] 彭兴韵.金融学原理[M].6版.上海:格致出版社、上海三联书店、上海人民出版社,2019.

[37] 盛松成,翟春.中央银行与货币供给[M].北京:中国金融出版社,2015.

[38] 王广谦.中央银行学[M].5版.北京:高等教育出版社,2021.

[39] 王松奇,刘煜辉,欧明刚.中国商业银行竞争力报告[M].北京:中国金融出版社,2016.

[40] 魏华林,林宝清.保险学[M].3版.北京:高等教育出版社,2011.

[41] 吴晓灵.中国金融政策报告[M].北京:中国金融出版社,2020.

[42] 晏艳阳,刘轶,王天轶.金融市场学[M].2版.北京:高等教育出版社,2020.

[43] 杨胜刚,姚小义.外汇理论与交易原理[M].2版.北京:高等教育出版社,2008.

[44] 吴志明,杨胜刚等.国际金融[M].5版.北京:高等教育出版社,2021.

[45] 杨长江,姜波克.国际金融学[M].4版.北京:高等教育出版社,2014.

[46] 易纲.中国的利率体系与利率市场化改革[J].金融研究,2021(9):1-11.

[47] 易纲.中国改革开放三十年的利率市场化进程[J].金融研究,2009(1):1-14.

[48] 殷孟波,许坤.货币金融学[M].4版.成都:西南财经大学出版社,2020.

[49] 张金林,李志生.金融工程学[M].北京:高等教育出版社,2015.

[50] 张强,乔海曙.金融学[M].3版.北京:高等教育出版社,2018.

[51] 张桥云.商业银行经营管理[M].北京:机械工业出版社,2021.

[52] 张亦春,郑振龙,林海.金融市场学[M].5版.北京:高等教育出版社,2017.

[53] 朱新蓉.货币金融学[M].4版.北京:中国金融出版社,2015.

[54] 庄毓敏.商业银行业务与经营[M].北京:中国人民大学出版社,2014.

[55] 兹维·博迪,罗伯特·C.默顿,戴维·L.克利顿.金融学[M].2版.曹辉,曹音,译.北京:中国人民大学出版社,2018.

读者意见反馈

为收集对教材的意见建议,进一步完善教材编写并做好服务工作,读者可将对本教材的意见建议通过如下渠道反馈至我社。

咨询电话　400-810-0598

反馈邮箱　gjdzfwb@pub.hep.cn

通信地址　北京市朝阳区惠新东街 4 号富盛大厦 1 座

　　　　　高等教育出版社总编辑办公室

邮政编码　100029